普通高等学校"十四五"规划复合型高层次公共管理人才培养新形态精品教材

广西大学公共管理学院"应急管理与数字治理研究院"资助成果

公共危机与应急管理
理论与实务

编著　宋国恺　胡家镜

华中科技大学出版社
http://press.hust.edu.cn
中国·武汉

图书在版编目（CIP）数据

公共危机与应急管理：理论与实务/黎昌珍，陈璟浩编著．—武汉：华中科技大学出版社，2024.1
  ISBN 978-7-5772-0425-3

Ⅰ．①公… Ⅱ．①黎… ②陈… Ⅲ．①突发事件-公共管理-教材 Ⅳ．①D035

中国国家版本馆 CIP 数据核字（2024）第 020276 号

公共危机与应急管理：理论与实务　　　　　　　　　　黎昌珍　陈璟浩　编著
Gonggong Weiji yu Yingji Guanli：Lilun yu Shiwu

策划编辑：周晓方　宋　焱　庹北麟	
责任编辑：林珍珍	
封面设计：廖亚萍	
责任校对：张汇娟	
责任监印：周治超	
出版发行：华中科技大学出版社（中国·武汉）	电话：(027) 81321913
武汉市东湖新技术开发区华工科技园	邮编：430223
录　　排：华中科技大学出版社美编室	
印　　刷：武汉市洪林印务有限公司	
开　　本：787mm×1092mm　1/16	
印　　张：21.75	
字　　数：483 千字	
版　　次：2024 年 1 月第 1 版第 1 次印刷	
定　　价：68.00 元	

本书若有印装质量问题，请向出版社营销中心调换
全国免费服务热线：400-6679-118　竭诚为您服务
版权所有　侵权必究

普通高等学校"十四五"规划复合型高层次公共管理人才培养新形态精品教材

总主编

史云贵　教育部高等学校公共管理类专业教学指导委员会委员
　　　　广西大学公共管理学院教授

编　委（按姓氏笔画排序）

王碧艳　广西高等学校公共管理类教学指导委员会委员
　　　　广西中医药大学公共卫生学院教授

方盛举　云南大学公共管理学院教授

李　涛　广西高等学校公共管理类教学指导委员会委员
　　　　广西民族大学管理学院教授

周均旭　广西高等学校公共管理类教学指导委员会委员
　　　　广西大学公共管理学院教授

谢　舜　广西高等学校公共管理类教学指导委员会委员
　　　　广西大学公共管理学院教授

黎昌珍　广西高等学校公共管理类教学指导委员会委员
　　　　广西大学公共管理学院教授

作者简介

黎昌珍

广西大学公共管理学院教授，硕士研究生导师，公共管理专业学位（MPA）导师。兼任广西高等学校公共管理类教学指导委员会副秘书长、委员。2005年毕业于广西大学公共管理学院，获哲学硕士学位。2009年南京大学政府管理学院行政管理专业毕业，获管理学博士学位。主要研究方向为应急管理、数字治理。主持国家自然科学基金项目1项，广西社会科学基金项目1项，参与多项国家自然科学基金和社会科学基金项目的研究工作。在SCI二区、三区作为第一作者或通讯作者发表论文3篇，在其他刊物发表论文30多篇。出版学术专著《广西北部湾经济区基础人力资本投入研究》（中国社会科学出版社，2011年12月）、《突发事件应急处置的协调联动机制研究》（人民出版社，2018年5月）和《边际效应递减下民族地区持续减贫的内源发展研究》（人民出版社，2021年5月）3部。

陈璟浩

广西大学公共管理学院副教授，公共政策系副主任，硕士研究生导师，公共管理专业学位（MPA）导师。兼任武汉大学大数据研究院外聘研究员、广西大学区域社会治理创新研究中心研究员。2014年毕业于武汉大学信息管理学院信息管理专业，获管理学博士学位。在攻读博士期间，曾赴美国威斯康星大学密尔沃基分校信息管理学院访学。2014年9月，入职广西大学公共管理学院。多年来，从事突发事件网络舆情、数据分析和智能信息系统方面的研究工作，在《情报学报》等期刊和相关会议上发表论文10余篇。主持国家社会科学基金一般项目"短视频舆情情绪极化原理及干预策略研究"1项（在研）、国家自然科学基金地区项目"基于数据挖掘的跨区域网络情报智能分析研究——以东盟十国为例"（结题）1项，主持横向项目多项。参与3项国家自然科学及社会科学基金重大项目的研究工作。提交的多份决策咨询报告得到中宣部、教育部采纳。

内容简介

本教材主要介绍了公共危机与应急管理的基本知识、基本理论及实务，共分十一章。第一章介绍了危机过程管理理论中具有代表性的几种理论模型：三阶段模型、五阶段模型、六阶段模型、罗伯特·希斯 4R 模型、PPRR 模型、MPRR 模型、综合模型，对于学习分析公共危机事件提供理论支持和帮助。第二章详述应急管理的主体与利益相关者的相关内容，解析了具有中国特色的应急管理基本框架"一案三制"（应急预案，应急体制、应急机制、应急法制）这一应急管理运行体系的重大成果，同时讲述了公共危机中各重点领域的应急管理内容。第三章着重讲解了应急预案和应急准备的相关概念，阐释了应急准备和实施风险减缓的核心观点。第四章的重点内容是公共危机的监测与预警，包括公共危机的信息监测、公共危机预测与公共危机预警。第五章明确了突发事件应急响应与应急处置的定义、突发事件应急处置的措施、遵循怎样的处置流程与原则等。第六章介绍了灾后恢复重建的四层含义：一是物的恢复，二是人的恢复，三是社会秩序的恢复，四是社会规制的重建。这一章同时介绍了恢复重建过程的五个阶段以及在突发事件的恢复重建过程中人们面对的一系列关键而棘手的问题，如选址、住房、经济恢复、心理干预、灾害事故损失补偿以及救灾资金管理等。第七章的核心内容是应急社会动员的概念及其类型、主体以及客体、应急社会动员的管理实践。第八章重点关注公共危机应急管理的各种社会参与力量、参与形式及其优势与短板。第九章的核心观点是应急保障涵盖的六个基础要素及其构建。第十章主要介绍应急沟通的定义、特点与功能，应急沟通的原则、主体与客体、内部沟通与外部沟通；公共危机信息发布的原则、环节及策略；舆情监控的概念及策略；引导和干预公共危机舆情策略，促成和谐的网络舆论空间的构建。第十一章关注救灾捐赠及其活动，涉及劝募人、捐赠人、受赠人等多方相关者，捐赠款物在各利益相关者之间输送。从涉及部门来看，救灾捐赠需要应急管理、民政、宣传、交通、检疫、外交、卫生等多部门配合，灾情通报、物资需求与调配使用等信息在部门间传递。从运作机制上看，救灾捐赠并非一次性的工作，频发的灾害决定了救灾捐赠活动应当建立成熟的运作机制。这是应急管理所不可或缺的内容。

总 序

公共管理是以政府为核心的公共部门运用管理学、政治学、法学、社会学、系统科学等多学科理论与方法对国家和公共组织进行有效治理的管理活动。

20世纪初，对公共管理的研究和教育在西方国家兴起，迄今已有一百多年的历史。中国作为一个拥有几千年文明历史的国家，在政府管理和公共管理领域有丰富的经验，对世界上很多国家产生过重要影响，因此，从这个意义上说，中国是公共管理理论与实践的发源地之一。但现代意义上的公共管理是源于西方国家的，中国从20世纪80年代开始恢复重建与借鉴公共管理理论。自此，中国的公共管理研究和教育得到了长足的发展。

公共管理是一个不断成长和发展的学科，公共管理实践依然在不断发展，因而公共管理教育仍然处在探索和发展阶段。

实践是理论发展的持续动力。由于公共管理实践需求的拉动，同时为了促进公共管理学科的发展，20世纪80年代之后，我国出版了一些公共管理领域的教材。这些教材在公共管理专业人才培养方面发挥了重要的作用，但这个时期的教材比较分散、不系统，未形成完整的知识体系，理论与实践结合得不够紧密。随着公共管理学科的不断发展，为满足公共管理的研究和教育对教材和教学参考资料的迫切需要，不断探索回应公共管理实践中的相关问题，反映国内外公共管理研究的最新成果，由国内一些985高校牵头的公共管理系列教材不断面世，极大地满足了我国对公共管理学科和专业的研究和教学需求，推动了公共管理学科的发展。

近年来，云南大学、广西大学等西部高校的公共管理研究和教育也迎来了历史机遇，得到了很好的发展。云南大学公共管理学院的公共事业管理专业，是该院的三张名片之一，学院设置了公共管理系，构建"本—硕—博"一体化的人才培养体系。在本科生培养方面，学院建有行政管理、公共事业管理等本科专业。2019年，公共事业管理入选国家"双万计划"一流建设专业，2020年，行政管理入选国家"双万计划"一流建设专业。在研究生培养方面，拥有公共管理学的一级学科博士学位授权点，主要招收和培养行政管理、教育经济与管理、社会保障、公共政策、城市管理及公共管理硕士（MPA）等专业的研究生。在博士后培养方面，学院设有省级公共管理一级学科博士后流动站。

为有力支撑科学研究、人才培养、社会服务等工作，学院先后建成多个高端平台。其中，云南大学边疆治理研究中心是该校"边疆治理与地缘政治"一流学科（群）建设中边疆治理方向的负责机构；中国陆地边疆治理协同创新中心是国内首个专门开展陆地边疆治理研究的协同创新中心；云南省公共政策研究院为云南省人民政府与云南大学合作建设的高校智库；云南大学民族政治研究院为云南省哲学社会科学规划办设立的专业智库；云南省机关运行保障研究院是云南省机关事务管理局委托学院运营管理的智库；云南大学MPA教育中心是该校承担MPA教育的专门机构；云南大学公共管理教学实验示范中心为省级实验中心。

广西大学公共管理学院依托广西大学的雄厚资源，围绕国家和广西经济社会高质量发展的重大需求，依据广西大学建设有区域特色的高水平研究型大学的发展定位，形成以"绿色""民族""边疆"为基本特征的研究特色和学科优势，人才培养质量、办学规模、社会影响力不断提升。学院拥有公共管理一级学科博士点、公共管理一级学科硕士点和公共管理硕士（MPA）学位授权点。公共管理一级学科博士点和一级学科硕士点下设行政管理、公共政策、公共组织与社会治理、土地资源管理、绿色发展与边疆治理、应急管理与数字治理等6个研究方向。自2023年以来，在史云贵院长的推动下，广西大学公共管理学院成立了绿色发展与边疆治理研究院、应急管理与数字治理研究院，为该院绿色发展与边疆治理、应急管理与数字管理的研究搭建了很好的平台，并将以绿色发展与边疆治理、应急管理与数字治理等相关研究推动公共管理其他二级学科的研究。

我国高等教育改革的进一步深化以及新技术和新媒体的不断发展，对高校教材提出了更高的要求。为了满足广大高校公共管理类专业在公共管理方面的教学需要，回应新时代高等教育新形态的召唤，满足国内高校公共管理一级学科下设的行政管理、公共事业管理、应急管理与数字治理、公共政策、土地资源管理、城市管理、社会保障等本科专业的教学需要，在华中科技大学出版社的推动与支持下，普通高等学校"十四五"规划公共管理类专业新形态精品教材即将陆续出版。我们编写的这套教材只是一个初步的探索和尝试，还望广大读者对这套教材提出批评建议，以便我们不断修订、完善。

2023年7月6日

前 言

公共危机管理作为公共管理的重要管理活动,是一个既古老又崭新的话题。说其"古老",是因为人类的发展史本身就是一部危机应对史,中国自古就有"无灾不成年"的说法;说其"崭新",则是因为身处风险社会、危机四伏的时代,我们每一个人都逃离不了不确定性、复杂性与复合性极强的危机而被风险和危机"裹挟"的宿命。

世界各国政府都将公共危机管理作为一项基本职能,以确保社会公众的生命、健康与财产安全。

我国20年来遭遇了2003年的"非典型性肺炎"疫情、2008年的汶川大地震、2013年的雅安芦山地震、2015年的天津危险品爆炸事故、2019年底开始的新冠疫情等重大灾难事件和突发事件。伴随着这些突发事件,我国的应急管理体系从无到有、从弱到强,不断壮大,日臻完善。

从国际国内环境看,当今世界正在经历百年未有之大变局,机遇、风险和危机并存。科学、及时、有效地应对突发公共危机事件成为应急管理的当务之急。中国政府已经意识到应急管理对经济社会发展乃至国家战略具有重要意义,并将应急管理摆到重点加强建设的突出位置上来。

2018年,习近平总书记在《关于深化党和国家机构改革决定稿和方案稿的说明》中指出:"我国是灾害多发频发的国家,必须把防范化解重特大安全风险,加强应急管理和能力建设,切实保障人民群众生命财产安全摆到重要位置。"[①]面对严峻复杂的形势,以习近平同志为核心的党中央坚持底线思维、增强忧患意识,着力防范化解重大风险,保持经济持续健康发展和社会大局稳定。2019年11月,习近平总书记在主持中央政治局第十九次集体学习时强调,"应急管理是国家治理体系和治理能力的重要组成部分,承担防范化解重大安全风险、及时应对处置各类灾害事故的重要职责,担负保

---

① 关于深化党和国家机构改革决定稿和方案稿的说明[EB/OL].(2020-12-25)[2023-08-04]. https://sd.rmsznet.com/detailReading/2197/97912.

护人民群众生命财产安全和维护社会稳定的重要使命。要发挥我国应急管理体系的特色和优势,借鉴国外应急管理有益做法,积极推进我国应急管理体系和能力现代化"[1]。《国民经济和社会发展第十四个五年规划和2035年远景目标纲要》提出了"突发公共事件应急处置能力显著增强"的目标,也提出了"完善国家应急管理体系"的要求。党的二十大报告也提出了应对突发事件的新要求:"完善……风险监测预警体系、国家应急管理体系,完善重点领域安全保障体系和重要专项协调指挥体系,强化经济、重大基础设施、金融、网络、数据、生物、资源、核、太空、海洋等安全保障体系建设";"坚持安全第一、预防为主,建立大安全大应急框架,完善公共安全体系,推动公共安全治理模式向事前预防转型。推进安全生产风险专项整治,加强重点行业、重点领域安全监管。提高防灾减灾救灾和重大突发公共事件处置保障能力,加强国家区域应急力量建设。强化食品药品安全监管,健全生物安全监管预警防控体系。加强个人信息保护"。至此,应急管理以及政府应急管理能力的提升在国家层面上被提到了前所未有的高度。

但同时,中国政府还面临着在管理思维和管理实践层面的应急处置能力有待加强的挑战。中国政府在突发事件的应急管理和应急处置方面存在的问题主要表现在管理思维的切实转变和实践层面的社会各利益相关者的有效参与。

因此,探讨公共危机的主要活动与规律以及如何开展应急管理、提升应急处置能力,对于当前我国公共危机管理的教学与研究具有一定的启发与推动作用。

在此背景下,《公共危机与应急管理:理论与实务》一书的出版,能够为公共危机管理教学与研究活动提供一定的理论参考,为广大师生系统地学习公共危机与应急管理相关知识提供帮助,为应急管理人员开展工作提供一定的实践借鉴。

从内容上看,本书主要介绍了公共危机与应急管理的基本知识与基本理论,共分十一章。第一章和第二章主要解析公共危机与应急管理的基本概念和框架,探讨公共危机与应急管理的体制机制和社会动员两大问题;第三章和第四章分别探讨了应急预案与应急准备、公共危机的监测与预警问题;第五章和第六章分别探讨了突发事件的响应与应急处置、公共危机的恢复重建问题;第七章和第八章探讨了公共危机的应急社会动员与社会力量参与;第九章主要探讨了公共危机应急保障问题;第十章涉及公共危机应急沟通与网络舆情问题;第十一章探讨了公共危机救灾捐赠与受赠管理问题。

本书吸收了大量国内外最新的研究成果,站在前人的肩膀上看世界。在借鉴国内外优秀学术成果的基础上,本书构建了自己的特色与特点:首先,既有国内外相关领域优秀学术成果的集大成特质,又融理论与实务于一体,使得读者可从中习得公共危机与应急管理的精髓内容;其次,理论与实践、案例分析相结合,能够使读者加深对理论的理解,并提升分析问题和解决问题的能力;最后,在结构上,每章都设置了学习目标、本章概要和核心概念,介绍了理论实务内容以及相关案例分析,使读者在理论的基础上,学习更多的实务与案例内容。

---

[1] 统筹发展和安全 着力防范化解重大安全风险[EB/OL]. (2021-05-25)[2023-08-07]. http://www.xinhuanet.com/politics/2021/05/25/c_1127488420.htm.

本书在政治、学术、文化、社会方面都具有一定的价值。在政治价值方面，本书能够为政府提供一种科学有效的危机管理方案，帮助政府提高应急管理能力，维护社会稳定。在学术价值方面，本书不仅对公共危机管理理论和方法进行了深入解析，还涵盖该领域的热点问题、前沿技术和未来发展趋势等，为研究者提供了一个全面的学术研究平台，并提供丰富的实践指南，为应急管理从业人员提供有用的指导和建议。在文化价值方面，本书介绍了公共危机和应急管理的相关知识，揭示了应对公共危机的思考方式和态度。这种思考方式和态度能够引导公众更深入地了解公共危机和应急管理的相关知识和实践，从而提高面对危机时的应对能力和自救能力。在社会价值方面，本书对于应对危机事件提供了有效的指导，有助于降低公共危机事件对社会造成的危害，保护人民的生命财产安全。参与本书的编者有李涛、王碧艳。

本书的阅读对象涵盖高等学校公共管理、公共事业管理或相关专业的本科生、硕士研究生、博士研究生以及对公共管理领域有兴趣的社会读者。

目录 contents

第一章　公共危机与应急管理导论　…1

第一节　风险与危机概述　…3
第二节　应急管理概述　…13
第三节　公共危机与应急管理的理论基础　…20

第二章　应急管理的运行和重点领域　…27

第一节　应急管理的主体与利益相关者　…29
第二节　公共危机与应急管理的运行　…31
第三节　应急管理的重点领域　…39

第三章　应急预案与应急准备　…57

第一节　公共危机应急预案概述　…59
第二节　应急预案的制定与基本原则　…74
第三节　应急准备与风险减缓　…83

第四章　公共危机的监测与预警　…97

第一节　公共危机的信息监测　…99
第二节　公共危机预测　…106
第三节　公共危机预警　…113

第五章 突发事件的应急响应与应急处置 … 127

第一节 突发事件应急响应与应急处置概述 … 129
第二节 突发事件应急处置的措施 … 140
第三节 突发事件应急处置中的重要问题 … 148

第六章 公共危机的恢复重建 … 157

第一节 恢复重建概述 … 158
第二节 恢复重建的过程与管理 … 163
第三节 短期恢复与长期恢复 … 175

第七章 公共危机的应急社会动员 … 185

第一节 应急社会动员的概念和类型 … 187
第二节 应急社会动员的法律依据与基本原则 … 191
第三节 国外应急社会动员 … 195
第四节 应急社会动员的对象与网络构建 … 204

第八章 公共危机应急管理的社会力量参与 … 209

第一节 应急管理的企业参与 … 211
第二节 应急管理的非政府组织参与 … 217
第三节 应急管理的家庭和社区参与 … 223
第四节 应急管理中的志愿者参与 … 227

第九章 公共危机应急保障体系 … 239

第一节 公共危机应急保障概述 … 241
第二节 公共危机应急保障体系 … 244
第三节 公共危机应急保障能力 … 254

第十章　公共危机应急沟通与网络舆情　…263

第一节　应急沟通概述　…265
第二节　公共危机的信息发布　…273
第三节　公共危机事件的舆情监控　…280
第四节　公共危机网络舆情干预与引导　…285

第十一章　公共危机救灾捐赠与受赠管理　…293

第一节　救灾捐赠与受赠概述　…295
第二节　救灾捐赠与受赠体系构成　…299
第三节　我国救灾捐赠与受赠管理的模式　…312
第四节　捐赠与受赠行为管理　…320

参考文献　…326

第一章

公共危机与应急管理导论

学习目标

1. 深刻领会风险社会、危机管理、公共危机管理的基本概念，公共危机的基本特征，以及公共危机的理论基础。

2. 重点理解应急过程管理理论中具有代表性的几种理论模型，即三阶段模型、五阶段理论、六阶段理论，以及罗伯特·希斯 4R 模型、PPRR 模型、MPRR 模型、综合模型，为进一步学习分析公共危机事件奠定理论基础。

3. 熟悉公共危机管理在整个公共管理体系中的系统定位、基本框架和配套建设要求。

情景导入

难民危机持续困扰欧洲

2016 年 7 月 18—25 日，一周时间内德国境内连续发生四起由难民（移民）引起的杀人事件。其中第一起为火车砍人事件，第二起为伊朗籍移民开枪致使至少 9 人死亡事件，第三起为叙利亚难民街头砍死孕妇事件，第四起为巴伐利亚州叙利亚难民自杀式爆炸事件。这些事件引发人们有关德国能否承受这么多难民以及移民融入社会是否成功的思考。

国际移民组织表示，截至 2017 年 10 月 22 日，共有 14.89 万名移民和难民通过海路进入欧洲，75% 的难民抵达意大利，其余到达希腊、塞浦路斯和西班牙。自 2015 年起，"欧洲难民危机"的字眼开始频频见诸报端。源源不断的叙利亚、利比亚等中东、北非地区难民为躲避贫困或战乱涌向欧洲。意大利和希腊是中东、北非地区难民登陆欧洲的首选避难所，这两个国家的财政和经济早已不堪重负。然而非法移民问题并不仅仅是意大利和希腊的难题，而是令欧洲各国都头疼的共同难题。

欧洲难民危机其实也可以说是战乱综合后遗症。2003 年，美国军队开始陆续对伊拉克、利比亚展开军事行动，之后几年战乱持续发酵，战乱地区的难民苦不堪言。高福利的欧洲各国，尤其是北欧各国以及德国等地，福利政策十分吸引中东、北非地区难民。他们把这几个国家作为登陆欧洲的起点，通过潜逃、非法偷渡等各种手段潜入，而按照国际共同签订的协议，欧洲国家是不能够随意遣返难民回战乱国家的。

《北京商报》相关数据显示，目前德国是欧洲各国中接收难民数量最多的国家，早在 2021 年接收难民人数就已逾 150 万。不仅仅是德国，欧洲其他各个国家都没有做好充分的准备来应对难民危机。难民不断涌入，占用了接收国居民的大量福利及设施，而政府和社会组织也没有为这些难民提供充分的住房和生活补助。难民所消耗的资金、物质、人力成本不断增加，使原本就经济萎靡的欧洲各国更加不堪重负。因此，很多国家的本土国民展开强烈的抗议，瑞典、丹麦等国家开始爆发反难民活动。现在，难民危机影响下的欧洲各国政府面临内忧外患、苦不堪言，如何应对难民危机成为欧洲各国的重要事项之一。

第一节　风险与危机概述

风险（risk）指人身或财产遭受损失的可能性。风险可以被定义为在特定时间和地点发生会造成伤亡和损失事件的可能性。这种风险必须被有效地传达给可能受影响的人，使其知晓有关致灾因子及致灾因子调整的信息。在这个过程中，沟通是非常重要的，因为不同类型的人员对致灾因子有不同的认识。不论是针对自然致灾因子、技术致灾因子，还是针对恐怖致灾因子，风险沟通都遵循大致相同的原则。现实中我们习惯把危机和突发事件混为一谈，认为对突发事件的研究就是对危机的研究。其实不然，从词源学的角度来看，英文中"危机（crisis）"一词最早来源于希腊语中的 krinein，意即"决定"。"危机"一词最初被普遍用于医学领域，是一个医学术语，指人濒临死亡、游离于生死之间的状态。后来，社会学引入了"危机"一词，但其含义与原意大相径庭。按照汉语的理解，"危机"是"危险"和"机会"构成的复合词，一方面表示危险的境界，另一方面意味着一定的机遇。

数字资源 1-1
拓展线上课程
"政府危机管理"

一　风险社会与风险管理

（一）风险社会及其特征

德国著名社会学家尼克拉斯·卢曼（Niklas Luhmann）提出，风险是现代社会系统的固有特征。他认为，现代社会是一个具有风险的系统，处在这样一个充满多变性和复杂性的社会系统中，即便是不发展的技术决策本身也依然存在风险。

而"风险社会"这一概念首次被提及是在 1986 年,当时德国著名社会学家乌尔里希·贝克(Ulrich Beck)和约翰内斯·威尔姆斯(Johannes Willms)在其著作《风险社会》中对"风险社会"进行了深入论证。此后,贝克在一系列著作中进一步对"风险社会"进行探讨与论证,由此形成了"风险社会"理论。贝克认为:"风险可以被界定为系统地处理现代化自身导致的危险和不安全感的方式……工业化所造成的副作用具有可控性。这的确是一个设计精妙的通过制度化的解决方法预防不可预见的事情的反思程序,是一个设计巧妙的控制社会,它把针对现代化所造成的不安全因素而提出的控制要求扩展到未来社会。"① 他用"风险社会"界定现代社会系统的主要特征。他发现,在现代社会中,人类面临诸多威胁生存的风险,这些风险是人为制造的,风险的制造者以牺牲他人为代价来保护自己的利益。这些风险的制造者是现代社会中经济制度、政治制度和法律制度的制定者。他认为,人们需要通过反思性现代化来洞察现代性中的理性困境,以理性精神来看待并突破这种困境。

英国著名社会学家安东尼·吉登斯(Anthony Giddens)推动和发展了风险社会理论,他与贝克之间关于风险社会的论述具有高度互补性。吉登斯在探究现代性基础上考察风险社会,他将风险社会这一概念阐释为随着科学技术的加速进步和全球化的不断发展,现代社会面临许多与传统社会中不同的风险,这些风险是现代性造成的结果。吉登斯认为风险社会具有两重性,"风险一方面将我们的注意力引向了我们所面对的各种风险——其中最大的风险是我们自己创造出来的,另一方面又使我们的注意力转向这些风险所伴生的各种机会,风险不只是某种需要进行避免或者最大限度地减少的负面现象,它同时也是从传统和自然中脱离出来的、一个社会中充满活力的规则"②。

虽然贝克是"风险社会"这一概念的创立者,但他并没有对其下明确的定义,只是描述了一些基本特征。一般来讲,我们可以将风险社会理解为随着全球化和现代化的高速发展,由人类实践造成的全球性风险开始占据主导地位,并可能给人类生存带来毁灭性损失的社会发展阶段。与以往的风险不同,在风险社会中,风险具有以下一些特点。

数字资源 1-2
拓展阅读:
2008 年美国
金融危机的
深度解析

第一,风险具有全球性与延展性。随着全球化与现代化进程加快,国与国之间的距离缩短,一个国家发生的风险与突发事件,可以迅速影响其他国家,甚至延展到全球。在资本全球性扩张和发展背景下,各种经济、政治、文化和社会风险日益增多,比如 2008 年的美国华尔街金融危机几乎波及全世界,再如,目前世界贫富差距逐渐加大,其中蕴藏的巨大风险是发展中国家,甚至也是一些发达国家面临的共同难题。贝克指出,"占据中心舞台的是

---

① [德]乌尔里希·贝克,约翰内斯·威尔姆斯. 自由与资本主义——与社会著名社会学家乌尔里希·贝克对话[M]. 路国林,译. 杭州:浙江人民出版社,2001:124.
② [英]安东尼·吉登斯. 现代性的后果[M]. 田禾,译. 南京:译林出版社,2000:56.

现代化风险和后果，它们表现为对于植物、动物和人类生命的不可抗拒的威胁，不像19世纪和20世纪上半期与工厂相联系的或职业性的危险，它们不再局限于特定的地域或团体，而是呈现出一种全球化的趋势，这种全球化跨越了生产和再生产，跨越了国家界线。在这种意义上，危险成为超国界的存在，成为带有一种新型的社会和政治动力的非阶级化的全球性危险"[1]。

第二，风险具有人为性。吉登斯提出："我们生活在这样的一个社会里，危险更多地来自我们自己而不是来源于外界。"[2] 当代风险社会中的风险与自然灾害等自然风险不同，它是人为的，是由人类制造出来的，如环境污染所造成的生态问题、食品安全等社会问题，全球变暖，石油等化石燃料的开采等。在风险社会中，损害的发生更多的与人类的错误决策相关。正如贝克所说的，"自然和传统领域不再具备控制人的力量，而是处于人的行动和人的决定的支配之下，夸张地说，风险概念是个指明自然终结和传统终结的概念；或者换句话说，在自然和传统失去它们的无限效力并依赖于人的决定的地方，才谈得上风险"[3]。因此，人类必须反思自身的行为，促进人与人、人与自然、人与社会的和谐发展。

第三，风险具有不确定性和破坏性。风险社会理论源于人们对现代性的反思。人们不断审视工业社会给现代社会造成的诸多影响，在认识到工业社会的发展给人类带来了诸多便利与利益的同时，也认识到了其给人类带来了一系列不确定的风险以及破坏性后果。这些风险威胁着人类的生存，可能会造成不可预期的灾难性的伤害与破坏。与金钱和物质的确定性相比，未来的风险具有不确定性，但它给人类造成的结果会是破坏性的。我们可以根据已经造成的破坏和风险的表征，估算未来风险发生的潜在可能。

第四，风险具有平等性。风险的平等性是指风险承受者平等地分摊风险造成的损失和破坏。这种平等性打破了固有的社会阶层划分。正如贝克所说的，"贫困是等级制的，化学烟雾是民主的，随着现代民主的扩张——自然、健康、营养等危机——社会分化和界限相对化了……客观来说，风险在其范围内以及它所影响的那些人中间，表现为平等的影响……在这种意义上，风险社会确实不是阶级社会所独有的：其风险地位或者冲突不能理解为阶级地位或冲突"[4]。随着全球化趋势的加强，世界各国之间的联系越发密切，在重大突发事件和危机发生时，人类共担风险、彼此合作、患难与共。

---

[1] [德]乌尔里希·贝克. 风险社会——新的现代性之路[M]. 张文杰，何博闻，译. 南京：译林出版社，2022：7.
[2] [英]安东尼·吉登斯. 失控的世界[M]. 周红云，译. 南昌：江西人民出版社，2001：31.
[3] [德]乌尔里希·贝克，约翰内斯·威尔姆斯. 自由与资本主义——与社会著名社会学家乌尔里希·贝克对话[M]. 路国林，译. 杭州：浙江人民出版社，2001：124.
[4] [德]乌尔里希·贝克. 风险社会——新的现代性之路[M]. 张文杰，何博闻，译. 南京：译林出版社，2022：38.

（二）风险管理

1. 风险管理的起源

风险管理起源于美国。风险管理思想的萌芽阶段是第二次世界大战时，这一时期开始出现与风险管理相关的各种学说，同时出现多种风险管理技术，从而为之后风险管理理论的发展奠定了基础。随着工业革命的纵深推进，在大规模生产实现工业化的同时，安全生产逐渐进入企业管理者的视野。20 世纪初，美国钢铁公司凯里董事长总结长期接连不断的事故教训后探索变动公司经营方针，把"安全第一"放在了第一位，安全事故明显减少，这对整个美国实业界的管理影响很大。此后，西方国家的各大中型企业开始逐渐设置负责安全的专职管理岗位，并对企业所面临的各种类型的风险进行全面的识别、评估和分析，最终筛选出最优的风险处理方案并全力实施。

2. 风险管理的发展

在 20 世纪 30 年代的全球经济危机时期，风险管理在美国完成了基本构架，并成功应用到了保险领域。当时的风险管理最主要的考虑是能否科学有效地控制风险，以及能否减少或消除风险带来的不良后果，而那些无法预测的风险并不被当时的保险所包括。在第二次世界大战结束后，随着西方现代工业迅猛发展，国际贸易和金融以前所未有的速度增长，世界逐渐步入经济全球化时代，但与此同时，风险的种类更多、概率更大、后果更严重，与风险管理需要之间存在的差距越来越大，因此风险管理在世界范围内逐渐受到了重视。20 世纪 50 年代，企业风险管理活动逐渐兴起。20 世纪 60 年代，R. I. 麦尔（Robert I. Mehr）和 B. A. 海基斯（Bob A. Hedges）合著的《企业风险管理论》（*Risk Management in Business Enterprise*）以及 C. 小阿瑟·威廉斯（C. Arthur Williams）等人的《风险管理与保险》（*Risk Management and Insurance*）横空出世，学者们开始将数理统计和概率论的思想逐步运用到风险管理的实践当中，并出色地完成了由定性分析风险的方法向定量研究风险的转换，系统化风险管理研究逐渐深入，也逐渐发展成为管理科学中的一门独立学科。风险管理科学蓬勃发展，在社会实践中得到了广泛的应用。随着时间的推移和经济、社会的发展，人口、资源和环境之间的矛盾逐渐尖锐，风险管理也逐渐从经济风险、自然风险等传统风险领域扩大到环境风险、技术风险、公共健康风险以及社会风险等领域。目前，风险管理已经实现了由传统的风险管理理论向现代风险管理理论、全面风险管理理论的转变，人们看待风险管理也实现了从单一、局部角度向多维、系统角度的转变。

3. 风险管理的过程

风险管理是应用一般的管理原则去管理一个组织的资源和活动，并以合理的成本尽可能地降低风险损失及其对所处环境的不利影响。风险管理的过程如下。

（1）风险识别

风险识别是在特定的系统中确定风险因素并定义其特征的过程。风险识别是风险管理的起点，也是风险管理的重要组成部分。企业通过风险识别，可以辨别企业所面临的风险、确定风险的性质、分析可能发生的损失、明确风险损失所处的部门。

（2）风险估计

风险估计是在特定的系统中对风险损失进行定量计算的过程。人们在这个过程中分析特定风险发生的概率或者可能性，也需要分析特定风险因素可能导致的损失和后果。

（3）风险评价

风险评价是在风险估计之后，判断企业是否能够承受该风险、是否需要进一步采取相应措施。

（4）风险决策

风险决策是根据风险评估的结果以最低成本最大限度地降低系统风险的动态过程。

（5）风险监控

风险监控即对风险进行跟踪，识别已有风险和潜在风险，并在实施应对计划之后评估应对措施的效果。

二 危机与公共危机

（一）危机的概念及其特征

1. 危机的概念

"危机"一词起源于希腊语的"krinein"，当时主要应用于医学领域，表示病情变化的关键转折点。20 世纪五六十年代，西方国家关于灾害的研究发展迅速，当时的人们大大提升了对危机的认识。而真正意义上的危机学的发展，是从 20 世纪七八十年代开始的，当时全球化趋势日益加深、新技术不断出现、经济快速增长，这些方面的改变所带来的经济、政治及社会问题远远超出了政府的处理能力。传统的危机抵御和危机预防管理方式无法解决现代社会产生的这些新兴危机，因此人们开始对技术和现代化进行反思。

研究危机的先驱赫尔曼对危机下过一个经典的定义："危机是一种情境状态，其决策主体的根本目标受到威胁，改变决策之间可获得的反应时间有限，其发生也出乎决策主体意料。"[①] 关于危机的定义，我国学者讨论较少，大多借用国外学者的定义。在国外众多学者中，最具代表性的为荷兰学者乌里尔·罗森塔尔（Uriel Rosenthal），他将危机定义为"一个系统的基本结构或基本价值和规范所受到的威胁，由于受到时间压力和处于高度不确定状态，这种威胁要求人们做出关键性的决策"[②]。这一定义被我国学者接受并大量引用。自非典（SARS）事件后，我国学术界对危机的研究开始将突发事件作为研究对象，基本上把"危机"和"突发事件"等同，但是从2005年我国成立国务院应急管理办公室（2018年起不再保留）开始，学者们的相关研究开始从"危机管理"转向"应急管理"。

通常情况下，"危机"一词主要用来形容负面情境。英文中"危机"一词为"crisis"，其含义主要为"危机，紧要关头，决定性时刻"。我们可以将"危机"理解为在关键或紧急时刻我们所需要做出的决策。《现代汉语词典》（第7版）对危机有两个方面的解释，一是"潜伏的危险"，二是"严重困难的关头"。因此，我们将危机定义为在一定时间内发生的对整个社会系统稳定造成严重威胁的需要做出关键性决策的事件。

2. 危机的特征

（1）威胁性

在现代社会，人们常常面临自然灾害、病毒传染、恐怖袭击等各种威胁，当这些威胁情况严重甚至危及生命时，则被人们称为危机。这些危机不管是自然性质还是人为性质，都不仅仅对某个个体生命造成威胁，而是会对许多人的生命造成威胁，甚至会影响整个社会系统的正常秩序。危机常常威胁社会公众的生命、财产、健康安全，也对社会运行秩序造成一定程度的影响。

（2）不确定性

危机的不确定性主要是指人们通常很难预测到危机的发生，也无法事先对其造成的损失进行估量。在危机发生时，决策者获取危机信息的能力受限，因此，获取的危机相关信息并不一定全面，而且由于危机具有很大的不确定性，处于不断变化的状态，所以决策者很难根据已有经验和掌握的信息预测并判断危机的具体情况。当危机发生时，常规的解决办法和措施不一定能充分应对危机，决策者面临很大压力：一方面，公众与受害者需要决策者有所作为和提供解决方案；另一方面，决策者自身掌握信息有限，并不一定能做出最优选择。由于危机具有这种不确定性，决策者需要具备一定的创新精神和应对能力。

---

① Hermann C F, Fischerkeler M P. Beyond the Enemy Image and Special Model Cognitive—Strategic Research After the Cold War [J]. International Organization，1995，49（3）：415-450.
② Rosenthal U. Crisis Decision Making in The Netherlands [J]. Netherlands' Journal of Sociology，1986（22）：103-129.

(3) 紧急性

危机往往来势汹汹且发展迅猛，如不及时制止，会造成巨大的损失，后果不堪设想。这里的紧急性有两重含义：第一，危机是由外部环境突然发生变化或内部因素积累到一定程度突然爆发而形成的；第二，危机一旦发生就不会保持原状态，而是会在很短的时间内，在来不及采取有效管理措施的情况下，进一步扩大范围、加剧程度，使决策者更加难以处理，因而蒙受更大的损失。

(4) 跨界性

危机的跨界性是指危机能够跨越地理界限、时间界限以及功能界限，迅速演变升级，朝着无法预见的方向扩散，并产生各种错综复杂的不良影响，甚至会演变为全球性危机。近些年，危机变得越来越具有跨界性：一是随着社会各因素和各个环节的依存性逐渐增强，系统性风险在不断加剧，不同的风险间不断演化、叠加或耦合；二是威胁与风险的来源属性不断变化，进一步加速了跨界危机的发展。

为了更有效地应对跨界危机，很多国家和国际组织探索开展跨界危机合作治理模式。这种治理模式能够跨地区、跨时段、跨层级、跨行业甚至跨部门。比如，比如，自20世纪40年代末期开始，美国各个州共同签署州际应急救助协议；2001年欧盟成立了成员国之间的民事保护机制，将其作为跨区域协同应对跨境突发事件的应急体系。

(5) 媒体性

在如今科技化与信息化发展的时代，新闻媒体在危机中扮演着越来越重要的角色。随着网络技术的不断发展，新闻媒体的信息能够及时传播，这些信息的海量性和交互性也在不断增强，公众舆情在危机传播中的影响力逐渐增强。公众能够随时在网络平台上复制信息，并能够自由转发与共享，这都使危机传播越来越呈现网络化特征。媒体信息突破了地域限制，实现了跨国传播，使得危机信息传播的全球化水平有了明显的提高。政府在此过程中通过媒体发布危机信息，并能够对网络舆情加以干预与引导。因此，危机与媒体有着十分密切的联系，危机具有媒体性。

（二）公共危机

1. 公共危机的定义和特点

公共危机是指突发事件引起严重威胁或危害社会公共利益和公共安全，并引发社会混乱和公众恐慌，需要运用公共权力、公共政策和公共资源紧急应对和处理的危险境况和非常事态。对社会而言，公共危机有很大的危害性和广泛的影响力。公共危机损害的客体包括公共财产、公共安全、公共秩序和公共福祉。

公共危机的特点包括以下几点。

一是破坏性，即对组织或社会的生存和发展构成威胁。

二是突发性、不确定性，即出乎决策者的意料。

三是紧迫性，即应对和处理行为具有很强的时间限制。

四是公众性，即影响公众的利益，公众舆论高度关注。

五是信息有限性，即信息不完全、不及时导致信息极度匮乏和有限，而且常常难辨真伪。

六是双重效果性，即冲突和危机能够促进社会的协调和整合，既是危险，也是转机和契机。

七是超国家属性或全球性，即在全球一体化的背景下，危机的原因和结果往往是世界性的。发生在一国的危机，其传播和影响也常常具有全球化特征。

国外学者关于公共危机的研究主要分为三个阶段：第一阶段为 20 世纪 90 年代以前，主要研究政治；第二阶段为 20 世纪 90 年代，主要研究自然灾害和人为灾害；第三阶段为 21 世纪之后，是公共危机研究的多元化阶段，国际公共危机事件涉及领域呈现多元化趋势。在第三阶段，公共危机的研究范围从政治、自然灾害等事件向整个经济社会领域扩展，并且危机事件类型日益多样化，跨领域、跨边界成为 21 世纪的主要危机，这对公共危机管理系统的建立和公共危机管理能力的提升提出了更高的要求。

2. 公共危机事件的类型

（1）按起因分类

根据公共危机事件的不同起因，可以将其分为人为危机事件和非人为危机事件，前者如恐怖袭击、集体骚乱、重大事故等，后者如流行病、地震、海啸等自然灾害。

（2）按可预知程度分类

根据公共危机事件发生之前人们的预知程度，可以将其分为在一定程度上可预测的危机事件（如灾害性天气）和难以预测的危机事件（如恐怖袭击、重大事故等）。

（3）按可避免性分类

根据公共危机事件的发生是否有必然性，可以将其分为有避免可能的危机事件（主要指人为的危机事件，如一些重大责任事故、群体性过激行为等）和无法避免的危机事件（主要指非人为的突发事件，如地质灾害、洪水、飓风等）。

（4）按影响范围分类

根据公共危机事件规模和影响范围的大小，可以将其分为全球性危机事件、地区性危机事件和局部性危机事件。

（5）按复杂程度分类

根据公共危机事件形成的冲击的复杂程度，可以将其分为单一型危机事件和复合型危机事件。前者是指某一危机事件的影响局限于事件本身，没有引起继发性的危机事件；后者是指公共危机事件的涟漪效应引发了新的危机事件。

(6) 按发生顺序分类

按照公共危机事件的发生顺序，可以将其分为原发性危机事件和继发性危机事件。前者是指最初发生的危机事件，后者是指由最初的危机事件诱发的新的危机事件，两者之间存在因果关系。

(7) 按发展速度分类

根据公共危机事件发展的速度，可以将其分为龙卷风型、腹泻型、长投影型和文火型。龙卷风型即事件来得快去得也快，而且问题解决以后不留什么后遗症；腹泻型即事件是逐渐发展而来的，但爆发后很快就结束了；长投影型即事件是突然爆发的，但后果会持续比较长的时间；文火型即事件在爆发前会经历一个酝酿的过程，爆发后也需要一段比较长的时间才能逐渐化解。

(8) 按来源分类

根据公共危机事件的来源，可以将其分为内生型危机事件与输入型危机事件。前者是指公共危机事件由系统内部某些因素发展失衡引起，与系统外部关系不大；后者是指公共危机事件由系统外部的输入引起，与系统内部关系不大。两者显然是相对的，站在不同的角度有时会发生转化。

(9) 按所涉及人群的倾向分类

按照公共危机事件所涉及人群的态度和倾向是否一致，可以将其分为利益一致型公共危机事件和利益冲突型公共危机事件。前者是指公共危机事件所涉及的所有人的利益基本上是一致的，不存在强烈的冲突，所有人都会为应对公共危机事件的不良影响而共同努力；后者是指在突发事件所涉及的人群中存在利益不一致的两个或多个群体，他们对事件的态度是完全不同的。

(10) 按发生的具体领域分类

按照公共危机事件发生的具体领域分类，可以将其分为许多类型，如政治危机事件、经济危机事件、自然灾害危机事件、事故型危机事件、公共卫生突发事件、群体冲突危机事件、环境生态危机事件。这种分类方法没有强调公共危机事件特定方面的性质，但具有直观、具体的优点，所以会在很多情况下用到。

3. 公共危机的内涵

"公共危机"是国内公共管理相关文献的专用术语，其在西方文献中并不常见，西方文献常用"危机"来指代"公共危机"。当危机事件发生在企业组织时，危机就成为企业危机；当危机事件发生在公共部门时，危机就成为公共危机。即使是企业危机，也经常涉及政府和公众利益，此时的企业危机也就成了公共危机。即便是自然危机，由于涉及不同群体利益之间的矛盾和冲突，如果危机管理失当，它也会从自然危机转化成一种社会结构不良性危机，进而形成公共危机。基于此，危机和公共危机之间并没有严格的界限，两者最大的区别在于公共危机的公共性，即它代表的是社会的公共领域和公众的共同利益，而不是个体或私人的利益。国内外学者使用危机、社会危机、突发事件、突发公共事件和紧急事件等来表述公共危机，这些术语的本质与内容基本相同，只是侧重点稍有不同。

我们通常认为，危机指代的是包括公共危机在内的所有危机情景，而公共危机指代的是以政府为治理核心的、影响社会系统平衡的情景。二者之间的区别有两点：一是治理核心不同，公共危机的治理核心是政府，其他危机的治理核心是其他社会主体，如企业学校等；二是影响程度不同，公共危机必然影响社会系统的平衡，其他危机影响的仅仅是一个微观组织系统，一般不会对社会系统造成冲击。当其他危机的影响扩展至微观组织系统之外，对社会系统造成冲击时，也就演化为公共危机。例如，吉林石化爆炸事件、重庆开县特大井喷事故、康菲溢油事件等，都是由于企业危机应对不力，导致社会风险不断扩大，一步一步演化为公共危机。由此可见，在危机事件中，如果政府协调不力（包括应急信息、应急管理、应急制度等），企业危机就可能演化为公共危机。

数字资源1-3
拓展线上课程
"政府危机管理概论"

综上所述，我们可以将公共危机进行层层深入的界定：一种情景；这一情景可能是真实的也可能是幻想的；公共危机情景会产生间接压力或直接破坏力，存在多种变化的可能性空间；可能性空间的性质和范围取决于政府的治理行为以及治理主体之间的互动关系。正因为存在公共危机演化的多种变化的可能性空间，政府协调才具有存在的意义和必要。

案例

澳大利亚丛林大火

2019年11月，澳大利亚东部丛林大火肆虐。截至11月9日午夜，火灾已造成至少3人死亡，30多人受伤，150所房屋烧毁，数以千计的居民被迫逃离家园。此外，当地保护区大约350只考拉也在大火中丧生。

澳大利亚气象局在推特发图解释道，在澳大利亚，森林大火的蔓延不是从一片树林烧到另一片树林，而是"跳跃式前进"的。火灾产生的热量与烟雾顺着风向在远处成云致雨，在更远处则是干打雷不下雨，引燃另一片干燥的植被，很快形成星罗棋布的起火点。

2019年12月31日，澳大利亚东南部新南威尔士州、维多利亚州、南澳大利亚州等多地发生严重山火，过火面积超过600万公顷，当地数以千计的民众被迫离开家园。持续数月的山火危机中，浓烟甚至飘到距其2000千米外的新西兰，导致新西兰空气质量下降，甚至出现雾霾。

截至 2020 年 1 月 8 日，这次山火已经造成至少 25 人死亡，超过 2000 间房屋被毁。巴西一家气象公司的报告显示，澳大利亚这次山火产生的浓烟飘到了巴西南部地区。

第二节 应急管理概述

一、应急管理

应急管理是指政府及其他公共机构在突发公共事件的事前预防、事发应对、事中处置和善后管理过程中，通过建立必要的应急机制，采取一系列必要措施，保障公众生命财产安全，促进社会和谐健康发展的有关活动。应急管理是公共安全管理的一个重要组成部分。

急、应急与应急管理之间的关系可以用图 1-1 表示。

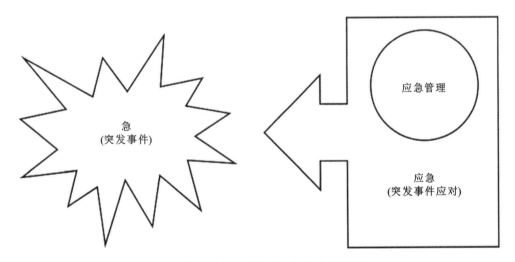

图 1-1 急、应急与应急管理概念关系示意图

需要指出的是，不少学者对应急管理给出了不同的定义，这些不同的概念界定都有其合理性，只不过各自的侧重点不同。尽管不同时期的定义都有其历史局限性，但学习和了解不同的定义有助于人们深化对应急管理的认识。

（一）应急管理的构成

为进一步理解应急管理，我们可以从以下三个维度对其进行剖析：一是精神思想维度，即应急管理理念；二是体系构成维度，即应急管理体系；三是管理行为维度，即应急管理职能。其中，应急管理理念是应急管理的灵魂，应急管理体系是应急管理的框架，应急管理职能是应急管理的行为，三者一起构成了应急管理这个有机整体。

1. 应急管理理念

应急管理理念是指应急管理机构和应急管理者所遵从的一系列管理突发事件应对工作的指导思想与工作原则。广义地说，应急管理理念既可能属于一个应急管理体系，也可能属于应急管理者个人或团队。

应急管理理念似乎是无形的，却是应急管理工作的精神内核与精神统领。应急管理理念统领应急管理的主体行为、过程展开、规范制定和实施。优质高效的应急管理体系的首要因素是拥有普遍认同的完整而恰当的理念。

2. 应急管理体系

应急管理体系是指一个机构、一个地区，乃至一个国家的应急管理相关要素构成的整体，具体包括应急管理主体、应急管理过程、应急管理规范以及应急保障四个方面。这些要素解决了应急管理由谁做（主体）、做什么（过程）、依据什么做（范）、使用什么做（保障）等问题。

应急管理主体是指在应急管理过程中承担突发事件应对职责的组织机构和个人。这其中，政府系统是应急管理的主导性主体。

应急管理过程是指应急管理活动各工作环节组成的有机整体，包括对突发事件事前、事中、事后各环节的管理。《突发事件应对法》规定的突发事件应对包括突发事件的预防与应急准备、监测与预警、应急处置与救援、事后恢复与重建，这可以被视为我国官方对应急管理的四个主要过程的界定。

应急管理规范是以法律规范为统领的制度体系，其中包括国家法律规范、技术规范，以及各类组织内部的各种应急管理制度。

应急保障是突发事件应对活动的各种保障性工作所构成的整体。应急保障包括人员保障、资金物资与场所保障、信息通信体系保障、应急产业保障等。这些内容既是总体突发事件应对的保障，也是应急管理发挥作用的重要物质基础与保障。

3. 应急管理职能

（1）应急管理职能的含义

管理职能（management functions）是对管理过程中各项管理行为内容的概括，

也是人们对管理工作应有的一般过程和基本内容所进行的抽象概括。管理学历来重视对管理职能的研究。国际上,最早系统提出管理职能的是法国管理学家亨利·法约尔(Henri Fayol)。他提出管理的职能包括计划、组织、指挥、协调、控制五项。此后,随着管理实践的发展和研究的深入,关于管理职能的阐述不断丰富和深入,以管理职能为主线阐述管理学基础知识也成为主流管理学著作的基本规范。

应急管理的基本职能有应急计划、应急组织、应急领导、应急沟通、应急控制等。在应急管理领域,应急管理主体在应急管理过程中的任何环节都需要落实计划、组织、领导、沟通、控制等基本职能。当然,在这其中,离不开应急管理理念的统领、应急管理规范的遵循和应急保障条件的支撑。

以美国为例,"9·11"事件以来,美国政府高度重视应急管理能力建设,美国国土安全部把计划、信息沟通与警报、行动协调等应急管理职能作为国家突发事件应对的通用核心能力加以建设。

在我国,突出研究和落实应急管理的计划、组织、领导、沟通、控制等基本职能有助于提升应急管理专业化水平、提升应急管理能力。

需要指出的是,管理职能通常是指施行于一个组织内的若干工作职能。而本书将管理职能概念应用于应急管理领域,实际上是将管理职能学说创造性地延伸到社会治理领域。因此,本书所阐述的应急管理各职能概念的内涵在与一般管理职能内涵一致的同时,也根据具体情况进行了扩展和调整。

(2) 应急管理职能与过程的关系

对应急管理过程的描述通常体现为应急管理全部活动的阶段性划分,而应急管理职能是贯穿于应急管理全过程的不同类型的管理机制与行为方式。两者的关系可用表 1-1 表示。

表 1-1　应急管理过程与应急管理职能的关系

应急管理过程	事前管理	事中管理	事后管理
应急管理职能	应急计划		
	应急组织		
	应急领导		
	应急沟通		
	应急控制		

多数应急管理概论著作以过程为主线,对应急管理相关工作分阶段进行描述,本书则以职能为主线进行论述。以应急管理职能为主线阐述应急管理,有利于揭示性质相同的工作的原理与方法。例如,不论是事前的应急管理战略规划、应急预案,还是事中的应急行动方案、事后的恢复重建规划,都属于计划管理的范畴,有着共同的特征和相似的工作流程与方法框架。

(3) 主要应急管理职能

① 应急计划。应急计划是指应急管理机构针对突发事件的预防与应急准备、监测与预警、应急处置与救援、事后恢复与重建等应对活动制定并实施战略规划、应急预案、行动方案的机制与过程。应急计划既包括常态的战略规划与应急预案，也包括非常态的应急行动方案。

② 应急组织。应急组织是指对突发事件应对各个环节的应急管理主体和人力资源进行有效整合的机制与过程。在各应急管理主体职责相对明确的基础上，应急组织职能主要探讨跨部门的应急组织机制与过程。其中的常态应急组织是指主要在预防与应急准备工作中发挥作用的组织机制与过程，非常态应急组织主要指在应急响应与恢复重建中发挥作用的组织机制与过程。

③ 应急领导。应急领导是指在突发事件应对各个环节中，应急领导者把握自我、动员他人、完成突发事件应对任务的领导行为过程。为带领他人实现应急目标，应急领导者要有过硬的领导素质和高超的领导艺术。

④ 应急沟通。应急沟通是指政府和其他应急管理主体与其体系内部，以及与媒体、公众等受众沟通信息、相互交流的机制与过程。沟通是突发事件应急管理的基础性工作，它贯穿于应急管理工作的始终，体现在预防与监测、应急准备、应急响应、恢复重建等各个环节。应急沟通既包括内部沟通，也包括外部沟通；既包括日常的风险沟通，也包括非常态的危机沟通。

⑤ 应急控制。应急控制是指在应急管理工作中，应急管理主体对相关单位、组织和人员的活动进行监督检查，从而能够全面妥善地应对和处置突发事件的机制与过程。应急控制包括常态下事前预防与应急准备的部门绩效管理和督查机制，非常态下的事中应急处置与救援、事后恢复与重建的督查机制。

（二）应急管理的主要特征

一种管理实践的特征，可以从管理理念、体系、职能等多角度做出界定。对于应急管理实践，同样可以从不同角度做出各种概括。为了便于读者深入理解应急管理实践的本质，这里对于应急管理的若干基本特征加以阐述。

第一，应急管理的目的具有公共性。突发事件是发生在公共领域的事件，其威胁全社会或局部社会的利益，可能给全体公众或者部分公众的生命健康及财产安全造成巨大损失。因此，突发事件影响到的是公共利益，而应急管理的目的就是最大限度地避免和减少突发事件给公众造成的生命健康和财产损失，维护公共利益，维护公共安全。

第二，应急管理主体以政府为统领。应急管理主要是针对突发公共事件的应急管理。公权力机构对应急管理依法负有重要责任。国家和各级政府通过法律法规和各种公共管理工具为一国、一地区的应急管理工作设定体系框架。政府既是应急管理活动的主要执行者，也是应急管理活动的主要监督者。

第三，企业、非政府组织、社区等的应急管理从属于国家的应急管理体系。一方面，任何机构的应急管理都要在国家应急管理制度框架下进行；另一方面，各类机构的应急管理工作往往要配合政府的应急管理总体工作，是具有公共性的应急管理工作体系的组成部分。

二 突发事件应急管理

（一）突发事件应急管理的含义

所谓突发事件应急管理，是指有关组织、国家乃至国际机构为避免或者减轻突发事件或者紧急事态所带来的严重威胁、重大冲击和损害，而有计划、有组织地学习、制定和实施一系列管理措施和因应策略，包括对组织面临的政治的、经济的、法律的、技术的、自然的、人为的、管理的、文化的、环境的和不可确定的所有相关因素的管理，还包括对突发事件的准备、突发事件的应对、突发事件的解决与突发事件解决后的复兴等不断学习和适应的动态过程。这一定义相当于突发事件应急管理的基本内涵。

从某种意义上说，任何防止突发事件发生的措施，任何消除突发事件产生的风险与疑惑的努力，都是突发事件应急管理。而上述定义强调了突发事件应急管理的有组织性，即平时就有组织地进行突发事件预防，直至突发事件解决、事态恢复正常这样一个不断学习和适应的连续过程。

由此可见，突发事件应急管理的目的主要有两个：其一，通过对可能导致突发事件等危机的原因进行限制，避免突发事件的发生；其二，建立和完善突发事件应急管理的组织及制度，以应对未来可能发生的突发事件，在有限的时间等严格制约的条件下，使事态恢复正常。

（二）突发事件应急管理的结构

对于突发事件而言，其涉及的内在结构体系并非单纯的线性逻辑或平面关联，而是一个包含决策、信息、执行、保障等系统的四位一体的构架体系。

1. 决策系统是突发事件应急管理结构体系的核心

决策系统的主要任务是制定突发事件处理预案，构建预案储备库，对突发事件的性质、程度、潜在范围和影响进行预先判断，并在此基础上根据预案或紧急处理导则启动危机处理过程，进而导入对事件处理的意志，不断调整细化对事件的判断，从而对事件的处理做出敏捷的、具有针对性和可执行性的决策，并根据决策执行调整或重新制定决策以及总结突发事件运作绩效等内容。

由于突发事件发生突然，其现场抢救、控制和转运救治、中长期监控、原因调查和善后处理往往涉及多系统多部门，必须倚仗多重政府部门综合协调处理。因此，突发事件应急管理的决策体系不但涉及某一部门内部的治理结构问题，还涉及多部门的整合与协调问题。从国外的一般经验来看，分级管理、各负其责的从属性原则是各国突发事件管理的普遍原则。决策系统的重要作用就是在尽可能短的时间内、在不完备信息的情况下，迅速做出反应，启动相应规模和层次的处理机制，既要屏蔽危害，又要减少对危机事件处理所产生的负面影响。

2. 信息系统是突发事件应急管理结构体系内各个系统关联衔接的重要通道

信息系统的任务是适时、适度地发布警情和公示，让居民获取有益、可信、清晰、及时、有权威和具有安定效力的信息。同时，其任务还突出表现在三个方面。其一，对突发事件的事前宣传。只有通过良好的宣传才能在突发事件产生时降低恐慌和其他不利影响，掌握基本应急措施的居民在第一时间内的正确反应，是防止和控制突发事件恶性结果爆发、蔓延的核心要旨之一，而良好的宣传体系和信息发布制度可以有效地降低人们的恐慌。其二，信息系统还必须肩负多部门、多层次、多主体之间的信息传递任务。在对警情的总结和统计中，实现信息低损耗的敏捷的传递是制定正确决策的基础，也是决策得以执行的首要保障。其中，应当特别强调各种突发事件直接管理部门内部的信息共享。这一点对于我国健全和完善突发事件处理机制也具有十分重要的作用。其三，信息系统还必须具有强化监控与即时反映突发事件特征性指标变化的功能，定期公布突发事件的现时状况，预测其发生、发展及流行趋势，并向政府提出政策建议。

3. 执行系统是突发事件应急管理结构体系中最直观的表征

执行系统的任务是对决策进行敏捷、全面的贯彻。具体来看，执行系统必须保障能够迅速启动预案，对于首次出现的情况应能够迅速转化采取近似处理方案；即时反馈执行结果，并通过信息系统向决策系统进行执行反馈；对执行决策需要的资源进行细化和整合，保障在较小的投入下能够完备地实现对突发事件的处理，对执行中的短缺资源进行评估，并及时反馈至决策系统，采取替代或加大投入的方法来保障执行的绩效。

对执行系统而言，最重要的方面是执行的敏捷化程度，而这一点又与信息系统的完备和信息渠道的顺畅息息相关。在执行过程中，还必须明确部门职责，密切部门配合。

4. 保障系统是突发事件应急管理结构体系的支撑

前面提到的三个系统建设，并非空中楼阁，它们需要诸多方面的支撑，而保障系统就是人、财、物、智、时空、信息等诸元素的集成者。对保障系统而言，其主要作用集中于以下三个方面：一是为应对突发事件提供物质资源保障；二是为应对突发事件提供非物质资源保障，如信息库、数据库、人才库等；三是提供有效的作为绩效评估系统绩效的物质载体。

（三）突发事件应急管理的功能体系

根据突发事件的发展特征，突发事件应急管理的功能体系相应地可以分为预防、准备、反应、恢复、总结五个重要方面。必须明确的是，功能体系的某一点并非对应于结构体系的某一元，而是与四位一体的结构体系产生方方面面的联系。

1. 预防

预防是突发事件应急管理最重要的功能要求，是重中之重，也是各个国家突发事件处理中最关注的焦点。普遍来看，贯彻"预防为主"的原则主要从四个方面执行：一是宣传教育；二是准备预案；三是构建预警机制，推行公示措施；四是加强网络建设和管理，使官、产、学、民、媒之间的信息传递通畅。

2. 准备

总体而言，准备包括根据预案制定应急防范方案，落实应急防范的组织措施和技术措施，从组织队伍、人员培训、应急演练、通信装备、物资、检测仪器、交通工具等方面加以落实，做到有备无患。一旦发生各类有可能危及公众，造成社会影响的中毒、污染、事故、疫情等突发事件，能迅速及时地组织力量，有效地处置，最大限度地快速处理，控制和减少危害面。准备包括三个层次，即平时准备、"战时"转换、"战时"准备。特别需要注意的是"平""战"结合与"平""战"转换的问题。迅速实现"平""战"转换，并尽快形成"战时"积累能力，是各个城市应对突发性事件时取得胜利的关键。

3. 反应

反应是处理突发事件的主要"舞台"。反应的要旨是在认清级别的基础上，实施快速反应。对突发事件而言，实现快速反应是降低危害程度的最重要方面。坚持快速反应，就必须把握"快、准、齐、实"四个要点。"快"就是信息完整、准确和快捷，在此基础上，召集突发性事件处理队伍进行快速反应，赶赴现场处理。"准"就是在接到报告后，特别是在到达现场后，对突发事件的发生、发展和事态现状进行综合分析，做出准确判断，拟定强有力的针对性措施。"齐"就是对突发事件的调查处理要做到统一领导、统一方案、统一发布信息。"实"就是在调查处理方案确定之后，分工负责，狠抓落实，并且进行督促检查，督办到位。对反应而言，留有足够的"预备队"是十分关键而又往往容易被忽视的环节。

4. 恢复

在突发事件的影响逐步消除的过程中，另一个功能是实现社会经济生活的全面恢复。这一功能的实现包含四个方面的内容：一是恢复生产、生活；而是应对突发性事件周期性特征中的下降、回复阶段，进行全面的宣传，通过包含媒体、政界等在内的多方多重影响，提升居民预期，改变和提升外界对地方的预期；三是坚决避免事件"死灰复燃"现象的发生，强化扫尾工作；四是逐步实现突发事件相关资源和"生产"能力从"战时"向"平时"的转化。

5. 总结

对突发事件的处理还必须十分关注对突发事件处理的总结。这里所说的总结，并非单一强调对经验教训的总结，而是把总结提升为突发性事件管理的一个功能元，把突发事件应急管理的理念拓展到城市和区域管理的方方面面。

第三节 公共危机与应急管理的理论基础

一 危机过程管理理论

应急管理是对突发事件的全过程管理，贯穿于突发事件发生前、中、后的各个过程，充分体现了"预防为主、常备不懈"的应急思想。美国联邦应急管理署提出了准备、减缓、响应、恢复四阶段危机管理模型。

危机过程管理将危机管理看作一种过程，在危机发生与发展的每个阶段制定相应的政策，以此来遏制危机的发生或者减少危机事件带来的损失。危机过程管理理论的典型代表有三阶段模型、五阶段模型、六阶段模型、罗伯特·希斯4R模型、PPRR模型、MPRR模型、综合模型等。

（一）三阶段模型

三阶段模型是最基本的模型。三阶段模型无从考证是谁先提出的，但为伯奇（Bersch）和古斯（Gus）等很多危机管理专家所推崇。它将危机管理按危机发生前、危机发生中、危机发生后三个阶段大致分为危机潜伏期管理、爆发期管理和重建恢复期管理。每一个阶段还可以分成不同的子阶段。三阶段模型强调事前做好危机预防与预警，事中做好应急处置，事后做好危机总结与评价。国外学者阿金（Arjen）则认为这三个阶段分别是准备、应对危机和恢复正常；准备即组织或社会如何为应对未知情况而进行准备以及危机管理者如何获得资源与支持；应对危机即危机管理者在面对具有不确定性、时间压力及极端威胁的情形下做出正确的决策，并确保快速、有效地实施决策；恢复正常即危机管理者使受到影响的系统复原，从中进行学习并将教训应用于实践，以避免同类危机再度发生。

（二）五阶段模型

美国危机管理专家米特洛夫（Mitroff）提出了五阶段模型。他将危机管理分成以下五个阶段：第一阶段是信号侦测阶段，识别新的危机发出的警示信号并采取预防措施；第二阶段是探测和预防阶段，组织成员搜寻已知的风险因素并尽力减少潜在损害；第三阶段是控制损害阶段，在危机发生时，组织成员控制危机，努力使其不影响组织正常运作的其他部分或外部环境；第四阶段是恢复阶段，尽可能快地让组织运转正常；第五阶段是学习阶段，组织成员回顾审视所采取的危机管理措施，并进行整理，使之成为今后的运作基础。这是一个识别可能发生的危机，并对可能发生的危机做好准备、尽力减少潜在损害，在危机发生后努力使危机不影响其他部分或外部环境，尽快从危机的伤害中恢复并正常转换，汲取经验教训，避免危机再次发生的过程。危机管理者在每一阶段做出的决策都很重要。

（三）六阶段模型

六阶段模型的典型代表是美国学者诺曼·奥古斯丁（Norman R. Augustine）。他提出的六阶段模型的六个阶段分别为危机的避免阶段、准备阶段、控制阶段、解决阶段、活力阶段和确认阶段。他认为，要尽可能避免陷入危机，而一旦危机发生，就要接受它、管理它。

与诺曼·奥古斯丁的分类类似，有学者将危机管理分为以下六个阶段：一是危机避免，即首先列举危机发生的各种可能性，加强保密措施；二是应对准备，即制定细致的应急预案和行动计划并进行多种演练，为实战打下基础；三是危机确认，即通过各种有效手段确定是否真正发生了危机，预测或演练所面对的各种可能性是否真正转变为现实，用以排除假象，有效应对真正发生的危机；四是危机控制，即危机或突发事件发生后，出动人员有步骤地运作以控制危机或突发事件的范围或程度，努力使其产生的负面影响不再扩大；五是危机解决，即面对已经发生的危机或突发事件，出动人员，按照应急预案和行动计划有步骤地进行危机处置，以尽快恢复常态；六是危机中获利，即危机过后，总结经验和教训，将危机或突发事件所形成的挑战转变为提高能力的发展机遇。

（四）罗伯特·希斯 4R 模型

危机管理的 4R 模型由罗伯特·希斯在其《危机管理》一书中率先提出。危机管理 4R 模型理论认为，危机管理由缩减、预备、反应、恢复四个阶段组成。他认为有效的危机管理是对这四个方面的整合。其中，缩减阶段的主要任务是预防危机的发生、减少危机发生后的冲击；预备阶段是做好准备和反应计划、做好培训和演练，使得危机发生时能够很好地应对；反应阶段是在危机爆发后，运用各种资源来解决危机；恢复阶段是在危机发生后迅速将事态恢复到正常状态。

（五） PPRR 模型

危机管理学家罗伯特·罗森塔尔（Robert Rosenthal）提出了危机管理的 PPRR 模型，这也是危机管理中应用得比较广泛的理论之一，即危机管理过程包括预防（prevention）、应对准备（preparation）、反应（response）和恢复（recovery）四个阶段。在预防阶段，要分析危机的环境，对管理范围内的政治、社会、经济、自然等条件进行评估，并找出可能导致危机的关键因素，尽可能提早加以解决。在应对准备阶段，一方面要制订应急计划，另一方面要建立危机预警机制。在反应阶段，首先要遏制危机，其次要注意隔绝危机、避免其蔓延，最后要加强媒体管理，防止谣言和虚假信息。在恢复阶段，对恢复或重建进行管理。

（六） MPRR 模型

美国联合安全管理委员会后来对危机管理 PPRR 模型的四个阶段进行了修正，形成了包括危机缓和（mitigation）、应对准备（preparation）、危机回应（response）和危机恢复（recovery）四个阶段在内的 MPRR 模型。第一，危机缓和意味着在危机发生之前遏制危机。第二，应对准备是指公共危机管理者为了应对可能发生的危机事件所做的各种准备工作，以便在危机出现时有效地应对。第三，危机回应是指危机管理者根据事先制定的应急预案，采取应急行动，控制或者消灭正在发生的危机事件。第四，危机恢复是指通过各种措施，恢复和重建正常的社会运作和秩序。

（七） 综合模型

除了以上诸多危机管理理论，美国著名的公共关系和危机管理学家卡波尼格罗（Jeffrey R. Caponigro）也提出了政府应急管理的综合模型。这一综合模型包括五个方面的工作：第一，防范危机的发生，即政府提供一定范围的人力、物力、财力的保障，随时监控有可能发生的危机；第二，制订危机计划，确定政府在有效危机管理方面将要采取的步骤，并为每一个步骤确定具体人员的责任；第三，对危机进行研究，收集有关危机认知的信息，探求危机发生的根源；第四，危机应对期间和危机结束之后进行沟通，沟通的对象既包括政府组织内的成员，也包括政府组织外的成员，通过及时有效的沟通，提醒人们提高防范意识、减少危机，这也可以降低组织内外人员的心理恐惧程度；第五，对违纪处理过程进行监控、评价，并做出调整。

二 危机生命周期理论

（一）危机生命周期

危机问题的形成与发展有着自身的运行规律，也就是说，公共危机有其发展的生命周期。应急管理专家斯蒂文·芬克（Fink）运用医学术语把危机的神秘周期形象地进行了描述，将危机的生命周期分为征兆期、发作期、延续期和痊愈期四个阶段。这一模型后来逐步适用于公共危机的周期和管理的阶段分析，成为最为权威、影响最为广泛的危机管理理论模型之一。他在《危机管理：必然的计划》一书中写道：每个人都应当像看待和应对死亡与纳税等必然性那样来看待和应对危机的必然性，这并非出于虚弱或恐惧，而是出于你知道怎样去应对这种危机的力量，"打好命运给你的那副牌"。[①]

第一阶段是征兆期。这一阶段是危机发生前的阶段，也是危机的预警阶段。在危机爆发前，如果人们能够及时发现危机的征兆，对危机进行有效的控制，就有可能将危机消灭在萌芽状态。

第二阶段是发作期。如果征兆期的危机预防管理工作未做到位，导致具有伤害性的事件发生并引起危机，此时期最要的工作是争取主动权，尽量控制危机。这是四个阶段中时间最短但感觉最长的阶段，它会对人们的心理造成严重的冲击。此阶段的特征是事件的急速发展和严峻态势的出现。

第三阶段是延续期。这个阶段危机的影响将持续很长一段时间，但如果危机管理有效，将会大大缩短这一时间。此阶段主要的任务是纠正危机发作期所造成的损害，主要进行自我分析与检讨，这也是努力消除危机的过程。

第四阶段是痊愈期。这一阶段已经完全清除造成危机的因素及危机所产生的影响，危机事件得到解决，并有了新的发展机会。此时期的某些因素可逐渐演变为新的危机的潜在因素，引发新一轮危机。因此，仍要保持高度警惕，防止危机"死灰复燃"。

（二）危机管理生命周期

危机管理行为渗透于危机生命周期，与危机生命周期相对应，危机管理可以划分为不同的阶段，亦称危机管理生命周期。

我国学者王宏伟将公共危机管理的生命周期划分为减缓或预防、准备、响应、恢复四个阶段。减缓或预防即减少影响人类生命、财产的自然或人为致灾因子，其

---

① 斯蒂文·芬克.危机管理：必然的计划[M].韩应宁，译.台北：台湾经济与生活出版事业股份有限公司，1987：125-136.

目的主要是减少公共危机发生的可能性或限制公共危机的影响；准备即发展应对各种公共危机的能力，如制定应急预案、建立预警系统、成立应急指挥中心、进行灾害救援培训与演练等，以提高备灾水平。响应即采取行动以挽救生命、减少损失，如激活应急预案、启动应急系统、提供应急医疗援助、组织疏散与搜救等。恢复即按照最低运行标准将重要生活支持系统复原的短期行为，也指推动社会生活恢复常态的长期活动，如清理废墟、控制污染、提供灾害失业救助、提供临时住房等。

以上危机阶段划分为我们构建一个以时间序列为基础、较为完整、结构合理的现代危机管理的框架和机制提供了条件。对应危机阶段的划分，公共危机事件的处理一般包括预警和准备、管理应对、善后三个阶段。为了有效地进行危机管理、建立完备的危机管理体系，每一个阶段都必须用现代专业的方式来处置，如提高危机监测能力、建立信息公开机制、危机公关工作等。

三 复杂系统理论

（一）复杂系统

复杂系统理论（system complexity，SC）是系统科学、复杂性科学及控制论等的交叉学科。在复杂系统理论看来，世界所有事物都自成系统又归属于一个高于其结构的更大系统。每个系统相对于高于其结构层次的大系统而言，都只是构成这个大系统的一个或几个要素，或作为大系统的某一层次的事物而存在。因而复杂性是建立在多样性、差异性之上的客观存在，不同的层次有不同的复杂性。

根据复杂系统理论可知，随着计算机技术的发展，事物的复杂性已经可以量化，这使得复杂系统具有可预测的方面，也有不可预测的方面。正是这种两重性让应急管理主体对突发公共危机有了一定的认识基础。然而，复杂性的本质是明确的，复杂性就是复杂系统的涌现性和不确定性。复杂系统理论研究的对象就是系统科学理论研究的对象，这就决定了复杂性是客观复杂性，而客观复杂性是客观存在的，不依人的主观认识而变化，即便被认识了，它也是复杂的。因此，人类在面对公共危机时，要将科学管理与实践经验相结合，保持高度的警惕，以预防为主，做好应急预案，做好随时应对各种突发事件的准备。

（二）公共危机的复杂管理

公共危机是一个复杂性范畴，与其他类型事件的应对与管理不同，突发事件应急管理所涉及的计划方案往往具有多专业、多领域、多层面的特点，因而应急管理具有复杂性特征，是一项复杂的系统工程。从系统论来看，危机管理可以看作一种决策，是危机管理主体为了维持或者改变组织的状态在事务演变基础上所做的科学决策，只不过由于危机管理的复杂性，这类决策极为复杂和困难。因此，我们在研究公共危机管理时,应该把握公共危机管理的敏感点、关键点、控制点来杜绝和解决危机。

突发事件具有突然性和偶然性,一旦发生,通常发展迅速、危害巨大,必须快速处置、果断遏制,否则后果不堪设想。但在实践过程中,事态总是超出预想,很多时候应急处置措施效果甚微,究其原因,就在于应急处置过程中蕴含巨大的复杂性。因此,在以复杂系统理论为指导构建危机管理系统时,要做到以下几点:第一,充分认识危机以及危机管理系统的复杂性,对危机的管理必须运用复杂系统的方法;第二,针对"蝴蝶效应"的启示,切实加强危机信息系统尤其是危机预警系统的建设;第三,准确认识并把握构成危机管理系统的各种复杂因素及现状,从而发现规律,更好地预防、控制危机,尽量减少其负面影响;第四,运用头脑风暴以及智能分析等方式对危机管理系统的构建进行分析,形成一个高度智能化的人机结合体系。

数字资源 1-4
河南郑州
"7·20"特大暴雨
灾害调查报告

案例研讨

山西长治苯胺泄漏事故

2012 年 12 月 31 日,山西长治市潞城区山西天脊煤化工集团股份有限公司(以下简称天脊煤化工集团)发生一起苯胺泄漏事故。事故原因已初步查明。12 月 31 日上午 7 时 40 分,企业巡检人员发现苯胺罐区一条软管破损,而雨水排水系统阀门未关紧,导致泄漏的苯胺通过下水道进入排污渠。当时该企业采取措施,封堵源头,清理污染物,并加大水质监测力度,防止新的污染物向下游扩散。事发后,山西省环保厅(现山西省生态环境厅)1 月 5 日才获知消息。1 月 6 日,长治市政府和天脊煤化工集团迅速启动应急预案,在浊漳河河道对水质污染物进行活性炭吸附清理。长治市政府通报称,此次泄漏在山西境内辐射流域约 80 公里,波及约 2 万人。泄漏事件导致河北邯郸发生停水和居民抢购瓶装水现象,河南安阳境内红旗渠等部分水体检出苯胺、挥发酚等因子,且含量超标。民众质疑为何事发 5 天才通报事故,长治市政府有关负责人表示是按规定报告的,"只要污染不出长治的边界好像就不用往省里报"。山西省委宣传部在 1 月 5 日透露,当天下午山西省政府接到此次泄漏报告,报告称泄漏苯胺可能随河水流出省外。山西省委、省政府高度重视,立即启动应急预案,成立了省级应急处置小组,启动了事故调查处置工作,要求长治市和有关部门尽快采取有效措施,封堵源头,清理污染物,加强对污染物的全面检测,防止新的污染物向下游扩散，积极做好与兄弟省市的沟通、协助、预警工作，共同处理好这起泄漏事故。

 讨论题

1. 这个公司的雨水排水系统阀门是容易发生意外的薄弱环节，为何没有引起足够的重视？如何提高企业的危机意识？
2. 如何提升政府及环保部门应急处置的能力和水平？
3. 如何加强区域协同、信息共享、资源共享，形成应急管理的合力？

数字资源 1-5
案例研讨参考答案

本章概要

公共危机是在社会运行过程中，由自然灾害、社会运行机制失灵引发的可能危及公共安全和正常秩序的危机事件。应急管理是指政府及其他公共机构在突发事件的事前预防、事发应对、事中处置和善后恢复过程中，通过建立必要的应对机制，采取一系列必要措施，应用科学、技术、规划与管理等手段，保障公众生命、健康和财产安全，促进社会和谐健康发展的有关活动。本章主要介绍风险、风险社会、危机管理、公共危机的概念、相关特征及理论基础，着重介绍了应急过程管理理论中具有代表性的几种理论模型——三阶段模型、五阶段模型、六阶段模型、罗伯特·希斯 4R 模型、PPRR 模型、MPRR 模型、综合模型，对于读者学习分析公共危机事件提供理论支持和帮助。

核心概念

风险　风险社会　危机　公共危机　应急管理　突发事件应急管理　应急过程管理理论　危机生命周期理论　复杂系统理论

第二章

应急管理的运行和重点领域

学习目标

1. 了解应急管理的主体与利益相关者的相关内容。
2. 深刻理解具有中国特色的应急管理基本框架"一案三制"是中国应急管理运行体系的重大成果。
3. 掌握按性质划分的公共危机中各重点领域的应急管理内容。

情景导入

应急管理部发布 2022 年全国自然灾害基本情况

经应急管理部会同工业和信息化部、自然资源部、住房和城乡建设部、交通运输部、水利部、农业农村部、卫生健康委、统计局、气象局、银保监会、国家粮食和物资储备局、国家林业和草原局、中国红十字会、中国国家铁路集团有限公司等部门和单位会商核定，2022 年，我国自然灾害以洪涝、干旱、风雹、地震和地质灾害为主，台风、低温冷冻和雪灾、沙尘暴、森林草原火灾、海洋灾害等也有不同程度的发生。受极端灾害天气影响，发生珠江流域性洪水、辽河支流绕阳河决口、青海大通及四川平武和北川山洪灾害、长江流域夏秋冬连旱以及南方地区森林火灾等重大灾害，四川泸定 6.8 级地震造成重大人员伤亡。各地区、各有关部门认真贯彻落实习近平总书记重要指示精神和党中央、国务院决策部署，应急管理部加强统筹协调，全力做好抢险救援救灾工作，最大限度地降低了人员伤亡和财产损失。全年各种自然灾害共造成 1.12 亿人次受灾，因灾死亡失踪 554 人，紧急转移安置 242.8 万人次；倒塌房屋 4.7 万间，不同程度损坏 79.6 万间；农作物受灾面积 12071.6 千公顷；直接经济损失 2386.5 亿元。与近 5 年均值相比，因灾死亡失踪人数、倒塌房屋数量和直接经济损失分别下降 30.8%、63.3% 和 25.3%。

2022 年全国自然灾害主要特点有以下几点：一是全国自然灾害时空分布不均，夏秋季多发、中西部受灾严重；二是洪涝灾害南北重、中间轻，局部地区山洪灾害频发、重发；三是长江流域发生历史罕见夏秋冬连旱，影响范围广，造成损失重；四是森林草原火灾时空分布较为集中；五是强对流天气过程偏少、风雹灾害偏轻，雷击事件相对较突出；六是西部地区中强地震较为活跃，地震灾害损失偏重；七是台风登陆省份个数少，登陆地点相对集中；八是低温雨雪冰冻影响西南、中南地区，新疆局地雪灾严重。

问题

请阅读上述由应急管理部发布的 2022 年全国自然灾害基本情况，并思考为何自然灾害事件是应急管理的重点领域。

第一节 应急管理的主体与利益相关者

一 应急管理者的主体与责任

政府是应急管理的主体，应急管理是政府的一项重要职能。对于政府而言，应急管理是保证社会经济良性运行、避免冲突发生的必要手段；而应急管理职能的实现有赖于日常化的公共管理，比如通过良好的制度安排，培养公民的危机意识，提高公民的危机应对能力，为应急管理储备资源。与其他任何类型的社会组织相比，对于公共利益至上的价值观念的坚守，使得政府在应急管理中具有绝对优势，也是政府作为应急管理主体的理念保证。

二 应急管理的利益相关者

除政府之外，应急管理的参与主体还应该有社会组织、企业、公民以及媒体等。

（一）社会组织

社会组织是第三部门、志愿者协会、社团、社区组织、利益团体等各类非政府组织的统称，它是介于政府与企业之间的一种组织。公益性、志愿性和非营利性是社会组织的特点。

（二）企业

企业的社会责任要求企业做企业公民，也就是说，一个企业应将社会基本价值与日常经营实践、运作和战略规划相结合。企业在谋求自身发展、力求所有者利润最大化的同时，必须注重企业的社会责任。由于企业的营利性特征，相比社会组织和个人，企业在应急管理中具备资源优势。积极参与社会公益、参与应急管理，主动承担社会责任的行为有助于塑造企业的正面形象。

（三）公民

在应急管理中，公民是力量最为薄弱的一方，也是公共危机最直接的受害者。在面对公共危机时，公民的自我危机意识和自救互救能力是至关重要的。

（四）媒体

媒体是应急管理中重要的信息传播渠道，是政府和公众之间沟通的桥梁。一方面，在公共危机发生时，政府可以利用媒体向社会公众发布危机信息，使公众及时了解公共危机信息，进行及时的危机自救和互救；另一方面，政府可以利用媒体采集社情民意，掌握公众在公共危机状态下的情况，及时安抚社会，避免社会恐慌。另外，应急管理信息传播最大的威胁是谣言的传播。只有实行有效的传播管理，才能进行有效的应急管理。

三 权力类型

各种利益相关者给应急管理过程带来的权利和资源在类型上是互不相同的。以弗瑞屈（French）和雷文（Raven）为代表的组织理论家描述了六种权力基础，即奖酬权（reward power）、强制权（cercive power）、合法权（legitimate power）、专家权（expert power）、参照权（referent power）、信息权（information power）。

奖酬权和强制权经常被称为"胡萝卜加大棒"法。强制权会导致客体以欺骗的手段来避免惩罚或者由于受到惩罚而出现敌视心理。奖酬权和强制权的使用者得紧接着去查看他们的"胡萝卜加大棒"法是否起作用。

合法权产生于一人相对于另一人的关系，也可来源于一个正式的职位。

专家权基于某人对特定领域关于因果关系的广博知识。比如内科医生拥有专家权，因为他们能根据特定的症状诊断疾病，并且知道如何医治疾病。

参照权基于一个人希望变成权力持有者的愿望。很多人都希望自己看起来像某位光彩照人的名流，于是，那位名流就有了参照权。

信息权涉及关于某一状况的真实、及时和相关的事实或评论。信息权通过介绍或截留信息而得以行使。在许多方面，信息权是最有影响力的权力基础，因为它具有社会独立性。也就是说，一旦新的信息被获悉和接受，其来源就变得无关紧要了。因此，个人不需要去监督目标对象的预期行为。然而，信息权要求信息被核实是准确的，而这么做可能又是费时的。

第二节 公共危机与应急管理的运行

一、应急管理体制与机制

（一）应急管理体制

1. 应急管理体制的概念与特点

（1）应急管理体制的定义

应急管理体制是应急管理机构的组织形式，也就是不同层次的应急管理机构各自的法律地位、相互间的权力分配关系及其组织形式等。应急管理体制是一个横向机构和纵向机构、政府机构与社会组织相结合的复杂系统，包括应急管理的领导指挥机构、专项应急指挥机构以及日常办事机构等不同层次。

（2）应急管理体制的特点

① 组织正规化。应急管理体制具有高度的规范化、制度化与程序化特征，这类组织结构层次分明、分工清晰、职责明确，其中的每个组成部分都有确切的定位，任何活动与行动都严格遵守法律法规、规章制度与管理程序的要求，强调步调一致、统一领导、统一指挥和统一行动的一体化集权管理。

② 结构紧凑化。应急管理体制几乎涉及社会中的所有部门，有众多的组织、部门与个体成员。从管理效率来看，此类组织结构形式简洁，机构设置精练，能够确保应对突发公共事件时组合灵活与运行高效。

③ 结构模块化。应急管理体制中每个组成部分都有相似的内部结构与外部功能，每个部分都是独立的作战主体，由不同单元体形成的复合作战体也具有类似的结构与功能，具有模块化的组织结构。人们在面对不同类型、不同级别、不同区域的突发公共事件时，可通过机动灵活的单元体组合，形成相应的应急处置机构与队伍。

④ 职责多重化。职责多重化包含以下三方面含义。一是组织成员的职责具有双重性。应急工作人员多来自不同的领域与部门，他们在常规状态下从事其他工作，在紧急状态下才参与应急活动，体现应急方面的职责。二是组织内部政府机构工作内容的双重性。常态下，政府机构从事本部门的日常工作；非常态下，政府机构的

工作重心转向突发危机事件。三是事件应对中角色的多样性。有些机构在一些事件中处于领导地位，在其他事件中则处于被领导地位，在不同的应急活动中发挥着不同的角色作用。

2. 应急管理体制的架构

应急管理体制包括行政责任与社会责任系统、事件响应与评估恢复系统、资源支持与技术保障系统和防御避难与救护援助系统四个系统。

行政责任与社会责任系统包括两个子系统：行政责任系统和社会责任系统。前者主要指与突发事件应急管理相关的政府机构及其管理效率评价等辅助规则；后者则包括非政府组织、各类企业及普通公民等责任主体，以及他们之间的关系界定。

事件响应与评估恢复系统则可以分为信息收集与加工子系统（信息中心与采集终端）、预警与现场指挥子系统、灾难评估系统，以及灾难恢复重建系统。其中，灾难评估系统包括灾前预评估，灾中可挽救性、可恢复性和可减缓性评估，灾后实测性损失评估等。

资源支持与技术保障系统，一方面包括应急资源的存储、调拨与集成等功能；另一方面包括能够保证业务持续发展的技术支持手段，常见的例子如数据备份中心、灾害备份系统等。

防御避难与救护援助系统包括三个部分：一是工程防御子系统，主要提供对于人员和设备免受攻击或减少冲击影响的保障；二是紧急避难子系统，主要指灾害事件到来时为受灾人员提供的临时避难设施和场所；三是救护援助子系统，主要处理事件发生后的现场救助问题。

3. 应急管理体制结构的内容

（1）行政责任与社会责任系统

行政责任系统主要包括法律和制度上与应急管理相关的政府机关、事业单位等组织。此外还包含这些机构对于应急管理权责的确认、应急管理效率的评价以及应急措施不当的问责。

社会责任系统牵涉应急管理中没有法定责任归属的弱相关主体，其构成基础以及维持结构的核心是道德观念、公众舆论、媒体宣传等。社会责任系统可以完成一部分危机预警、应急救援及灾后恢复的工作。社会责任系统分为组织化系统和非组织化系统两大类。组织化系统包括协会、学会等半官方的组织以及企业、部分事业单位等非政府组织。它们有义务协助政府进行突发事件的应急处置，弥补政府机构存在的不足。非组织化系统则涵盖每个可能与应急管理相关的普通公民，无论是直接相关还是间接相关。同时，那些临时组建的非常规组织也可以被认为是非组织化系统的一部分。

(2) 事件响应与评估恢复系统

信息收集与加工子系统是事件响应系统的神经末梢，主要负责收集突发事件的所有相关信息，对信息进行加工处理，提取有效信息，摒弃冗余信息，将有效信息传输给各个重要的需求单元（包括预警系统和决策者等）。

预警与现场指挥子系统是事件响应系统的前沿机关，主要负责监控关键信息与数据，对事件发生和发展状况进行预警，包括现场调度子系统、灾难评估子系统、灾难恢复重建子系统等组成部分。

灾难评估系统贯穿事件响应系统的整个过程。灾前预评估是对一个潜在的突发事件的危险程度和可能造成的破坏损失程度的预测性评价，其目的是为应急预案和应急决策提供依据。灾后实测性损失评估是指在突发事件处理结束后，对突发事件的损失等情况进行的全面评估。

灾难恢复重建子系统包括可恢复性评估和可减缓性评估等。可恢复性评估是对于在可用资源的约束下受灾客体恢复正常运行状态或初始状态的度量；可减缓性评估则是对于采取应急措施后能够减少灾难造成的损失程度及延缓灾难发展演化时间的度量。

(3) 资源支持与技术保障系统

资源支持子系统主要是指应急资源的布局配置、调度和补偿等。平时的应急资源配置和布局直接影响战时应对突发事件的时效性。能否在突发灾难降临时，迅速地将存放在各个地点的各种应急资源运送到指定地点，在一定程度上决定着应急管理的成败。

技术保障子系统主要侧重于软件层面的技术保证和技术维护。根据应急管理中主要使用的技术，可以把该子系统进一步细分为信息技术保障、通信技术保障、检测技术保障、监测技术保障、备份技术保障等。它们可以单独调用，也可以灵活联动，是事件响应系统与资源支持系统能够有效运行和保持高度稳健性的不可或缺的技术支持。

(4) 防御避难与救护援助系统

当突发事件发生时，最先发挥直接作用的是防御避难与救护援助系统。它包括三个子系统，即工程防御子系统、紧急避难子系统和救护援助子系统。其中，工程防御子系统和紧急避难子系统为救护援助工作提供保障和支持。工程防御子系统主要提供使可能遭遇突发事件的人员和设备免受攻击或减缓冲击程度的硬件基础。紧急避难子系统的设计目的是在灾害事件到来时为受灾人员提供临时的避难场所，它往往是利用城市公园、绿地、广场、学校操场等场地，经过预先科学的规划、建设与规范化管理，为社区市民提供安全避难、基本生活保障及救援和指挥的场所。救护援助子系统则主要面对突发事件发生后的现场，是在灾难发生之后能够积极有效地发挥救援功能的系统。地震应急搜救中心、海上搜救和雪山救援等都是比较典型的救护援助系统。

（二）应急管理机制

1. 应急管理机制的概念和主要内容

应急管理机制就是应急管理系统中各种程序、关系构成的动作模式，表现为制度化、程序化的方法与措施的集合。其特征表现为客观与主观的统一性、作用抽象性与结果具体性的结合、系统性、广泛性等。

应急管理是一个综合的、动态的博弈过程。应急管理机制由体系运行机制、监控与预警机制、紧急处置机制、善后协调机制以及评估机制五大部分构成。

2. 应急管理机制的运行原则

应急管理机制最重要的运行原则可以概括为以下四个方面。

（1）统一指挥、分工协作

应急管理机制由七个具有不同职责的系统构成，要想实现同一目的，需要统一指挥、分工协作。这是管理体系有效运行的要求，也是由突发事件的综合性决定的。

（2）分级分类处理

应急管理要对突发事件进行分类、分级处理，针对不同类型、不同级别的突发事件采用不同的应对方法。同时对机构进行分类、分级处理，使得相应的机构与相应的突发事件挂钩，以便明确机构职责，同时为整个体系的应急能力评估做好准备。

（3）及时切换

这主要包括平战切换和级别切换。平战切换包含两个方向的动作。一是在信息反馈体系一旦发现突发事件的先兆，及时根据分级判定机理标识突发事件级别，采取应对措施，并发出早期警告；如果这一阶段不能消除该突发事件，则立即发出警报，激活战时保障系统。二是在对突发事件处理结束后，关闭战时保障系统，进入平时状态。

（4）资源的协调及管理

这里的资源包括人力、信息、知识、物力、财力等。它们可能来自政府、企业、公共组织、大学以及其他社会相关单位。应急处置中，本地区或系统的内部应急资源应首先得到最大限度的利用，当本地的资源和能力难以承受时，再向外部寻求支持和救援。同时要建立并完善应急处置过程中征用不同所有者资源的法律法规等，制定相应的补偿方案。

3. 应急监控与应急预警机制

（1）应急监控机制

应急监控机制是指事件发生前对致灾因子及其与承载体之间的关系和运行方式

进行监控，其目的是及时发现突发事件的安全隐患，并通过应急预警机制预防或制止突发事件的发生。应急监控机制的基本组成要素包括监控设备的选择、监控结果的预设、监控时间、监测点设置、监控周期和信息报送等。

（2）应急预警机制

按照突发事件发生的紧急程度、发展态势和可能造成的危害程度，《突发事件应对法》将自然灾害、事故灾难和公共卫生事件的预警级别分为一级、二级、三级和四级，并分别用红色、橙色、黄色和蓝色表示，其中一级为最高级别。通过对国内公共场所突发事件的总结和分析，借鉴国外的研究思路，我们可以将应急预警过程简单分为准备、事件检测、风险因素分析、抑制、报告等阶段。

4. 应急处置和应急协调机制

应急处置和协调机制是公共场所突发事件应对的核心，它们往往同时存在于突发事件的应对过程中。

（1）应急处置机制

公共场所一旦出现突发情况，根据现代应急管理的一般性机理分析，应急处置机制应遵循人本性、资源优原则，在事件达到一定的预警等级后，应急工作人员应快速启动相应类型的应急预案和相关等级的应急响应，成立突发事件应急指挥部。指挥人员收到事故预警报告相关信息后，应尽快组织人员对事态进行快速评估，充分考虑事态的发展路径和可能衍生的次生灾害及连锁反应和后果，迅速确定有效的处置方案。

（2）应急协调机制

应急协调机制是指通过整合应急管理过程中各组织、人员、信息以及物资，达成应急管理体系的纵向信息畅通以及横向部门协调，实现应急管理各职能部门的统一指挥和相互协调，最终提高应急管理的效率。

5. 事后恢复与评估机制

事后恢复与评估机制中的评估机制内容主要包括建立突发事件的分类分级指标体系，评估预案及预案库的有效性，建立应对效果的评估体系，对体系整体和各机构应对能力进行评估，对处置效果进行动态评估等。

二 应急管理法制

（一）应急管理法制的概念

我们可以从广义与狭义两个层面对应急管理法制进行界定。

广义的应急管理法制包括各种具体的制度。应急管理制度建设内容十分丰富，涵盖日常工作制度、会议制度、民主决策制度、学习制度、廉政监督制度等。规范化的制度一般包括三部分：一是条件，即规定本制度的适用范围；二是规则，即规定应该做什么、应该怎样做、禁止做什么、禁止怎样做；三是制裁，即规定违反本制度必须承担的责任和后果。

狭义的应急管理法制指应急管理法律、法规和规章，即在突发事件引起的公共紧急情况下处理国家权力之间、国家权力与公民权利之间、公民权利之间各种社会关系的法律规范和原则的总和，其核心和主干是宪法中的紧急条款和统一的突发事件应对法或紧急状态法。

（二）应急管理法制的特点

应急管理法制主要适用于紧急状态下的突发事件，它区别于常态社会下的情形，它的特点有以下几方面。

1. 权力优先性

在紧急状态下，和立法、司法等其他国家权力与法定的公民权利相比，行政紧急权力具有更大的权威性和优先性。

2. 紧急处置性

在紧急状态下，即使没有法律上的具体规定，政府也可针对特殊情况进行紧急处置，以免公共利益与公民权利受到更大的损害。

3. 程序特殊性

在紧急状态下，行使行政权力不必遵循一般的惯例，可按照一些特殊的法定程序执行，例如简化程序出台某些紧急政令之后，再设置事中或事后审查制度。

4. 社会配合性

在紧急状态下，社会团体与社会组织包括公民个人都有责任和义务配合政府实施紧急法令，必要时为自己的财物被政府征用提供力所能及的帮助等。

（三）应急管理法制的功能

对于现代法治国家而言，依照应急管理法制行使权力有助于公民权利的保护、有助于行政权力的合法化。其功能包括以下几个方面。

1. 有助于规范行政紧急权力

在应对突发公共事件过程中，为保证应急活动的顺利展开，使人、财、物及各种资源协调一致，应急管理法律法规需要赋予政府一定的紧急权力，以便政府更有效地采取措施，恢复生产、生活和社会秩序，降低突发公共事件的危害程度。

2. 确保公民权利与政府权力的平衡

法治的作用在于确保权力与权利之间的动态均衡。突发公共事件的发生，打破了这种均衡，政府权力会得到强化，公民权利会在一定程度上受到削减。应急管理法制在保证政府实施紧急权力的情形下，保障公民权利不受侵犯，避免出现权力与权利的失衡，保持二者之间的合理配置。

3. 确保法律法规的完整性

常态社会中，法律法规的作用在于协调各种社会关系。紧急状态下，控制与消除突发事件造成的损害，恢复社会秩序成为全社会的首要任务。紧急状态下，政府会采取一切手段与方法控制事态的发展，甚至超出常规法律法规的范畴。如果缺少紧急状态下的应急管理法制，法治真空地带就会出现。应急管理法制填补了紧急状态下常规法律的空白，延续了危急状态下的法治，保证了法治的完整性。

4. 保障公民的合法权利

突发公共事件可能会让一部分公民的合法权益受到损害，在常态社会中法律法规规定的正当权益无法得到保障。应急管理法制对此做出必要的规定，可以避免公民的基本权利受到侵害。

三 应急预案

（一）应急预案的概念

应急预案是指预先制定的紧急行动方案。它是依据国家和地方的法律、法规和各项规章制度，特定部门或单位的历史经验、实践积累，以及当地特殊的地域、政治、民族和民俗等实际情况，针对各种突发事件而事先制定的一套能切实迅速、有效、有序解决突发事件的行动计划或方案。制定应急预案的目的在于使政府应急管理工作更为程序化、制度化，做到有法可依、有据可查。

（二）应急预案的分类

根据不同的分类标准，应急预案有不同的分类。

1. 按照应急管理的对象划分

我国的《突发事件应对法》将突发事件分类为自然灾害、事故灾难、公共卫生事件和社会安全事件。应急预案也可以相应地分为自然灾害应急预案、事故灾难应急预案、公共卫生事件应急预案和社会安全事件应急预案。

数字资源 2-1
《突发事件应对法》
法律条文

2. 按照应急预案的编制和执行主体划分

国家以及各级地方政府都会制定应急预案，因此根据不同的地域或者行政主体，可以将应急预案划分为国家级应急预案、省级应急预案、县市级应急预案，以及以及社区、企业级应急预案。

3. 根据功能和目标划分

应急预案可以分为总体应急预案、专项应急预案和部门应急预案。应急预案的不同划分标准是可以结合的，例如国家级应急预案可以有国家总体应急预案、国家专项应急预案以及国家部门应急预案。另外，国家级应急预案也可以有自然灾害应急预案、事故灾难应急预案、公共卫生事件应急预案和社会安全事件应急预案。

（三）应急预案体系的运行机理

1. 单项预案的运行机理

对于单项预案，第一步就要做到风险识别，单项预案的适用性主要取决于风险识别的结果。第二步则要多部门协作与合作。突发公共事件区别于一般性突发事件的根本在于其公共性，对它的应对需要各个部门协作完成。第三步是应急预案的数据基础。应急预案除明确行动程序外，还必须明确不可消除风险所需和可得资源。因此，单项预案的操作性主要取决于应急预案的数据基础。

2. 应急预案体系的运行机理

由于风险类型的多样性和风险损害程度的不确定性，针对单一风险类型、既定损害程度的单项预案必然形成横向上的并列关系和纵向上的层级关系，构成应急预案体系。单项预案在横向上的并列关系为"类",在纵向上的层级关系为"属",这种类属关系是应急预案体系内相关单项预案进行联动的基础。

第三节 应急管理的重点领域

一 自然灾害

(一)自然灾害的概念

自然灾害是某种突然出现的自然现象给人类社会造成了损害,使人员伤亡、财产损失和社会秩序混乱,影响与阻碍社会、经济生活正常发展。以自然灾害发生的主导因素为依据,可以将自然灾害分为气象灾害、洪涝灾害、海洋灾害、地震灾害、地质灾害、农业生物灾害和森林灾害七大类。作为突发公共事件的一种类型,自然灾害使人们的生命受到威胁,财产遭到损失。面对自然灾害,人们并非束手无策,采取积极措施进行应对,可以将损失降到最低限度。

(二)自然灾害的类别

我们可以从不同的角度对自然灾害进行分类。

1. 按统计管理口径进行分类

(1)气象灾害

气象灾害指由气象因素引起的灾害,可分为天气、气候灾害和气象次生、衍生灾害。它具体包括旱灾、暴雨灾害、热带气旋灾害、风灾、低温冷冻灾害、雪灾、雹灾、雷电灾害、风沙灾害、洪涝灾害、其他气象灾害和混合型气象灾害等。

(2)地震灾害

地震灾害是指地震造成的人员伤亡、财产损失、环境和社会功能的破坏。地震及其震源有多种类别,主要为构造地震,此外还有陷落地震、水库地震等。

(3)地质灾害

地质灾害是地球表面地形运动和其他地理作用造成的灾害,主要包括崩塌(土崩、岩崩、山崩、岸崩)、滑坡灾害、泥石流灾害、地面沉塌陷裂缝化灾害、盐碱地灾害以及土地沙漠化灾害、海水入侵灾害等。

(4) 海洋灾害

海洋水体、海洋生物和海洋自然环境发生异常变化导致海上或海岸带发生的灾害都属于海洋灾害，主要包括风暴潮灾害、风暴海洋灾害、海啸灾害、海冰灾害和赤潮灾害等。

(5) 农业生物灾害

农业生物灾害是一类对农业造成严重破坏的自然灾害，包括外来生物物种入侵等，具体指农业病菌、虫害、杂草、害草和鼠害等有害生物引发的灾害。

(6) 森林灾害

森林灾害主要指有害生物肆虐、森林大火及其他危害森林或林木的因素造成森林和林木损失的灾害，具体包括森林病虫害、森林鼠害和森林火灾等。

2. 按成灾过程进行分类

自然灾害形成的过程有长有短、有缓有急，因而自然灾害又可分为突发性自然灾害和缓发性自然灾害。

(1) 突发性自然灾害

突发性自然灾害是指当致灾因素的变化超过一定强度时，就会在短短的几天、几小时甚至几分钟、几秒钟内形成灾害灾难，如火山爆发、地震、洪水、飓风、风暴潮、海啸、冰雹、山体或地面崩塌等。突发性自然灾害具有突发性、破坏性和复杂性等特点。

(2) 缓发性自然灾害

一些自然灾害是在致灾因素长期发展的情况下逐渐显现成灾的，例如部分旱灾、土地沙漠化、水土流失、海平面上升和环境恶化等。这类灾害通常要经历几年甚至更长时间的发展，因此被称为缓发性自然灾害。缓发性自然灾害的特点在于缓慢发生，逐渐成灾，影响广泛，持续时间长，具有隐蔽性。如不及时防治，缓发性自然灾害同样可能造成巨大损失。

3. 按灾害先后作用进行分类

许多自然灾害，特别是等级高、强度大的自然灾害的发生，会诱发连串的其他灾害，这种现象叫灾害链。

(1) 原生灾害

灾害链中最早发生的起主要作用的灾害称为原生灾害，又称始发或原发灾害或直接灾害。例如火山爆发、地震灾害突然发生，直接造成人员伤亡和经济损失，这里的火山爆发和地震灾害就是原生灾害。

(2) 次生灾害

由原生灾害诱发的灾害称为次生灾害。例如火山或地震引起的森林火灾和城市火灾等就是次生灾害。

(3) 衍生灾害

自然灾害的发生破坏了人类生存的和谐条件,并通常由此衍生一系列其他灾害。衍生灾害就是指原生灾害和次生灾害所衍生的较为间接的灾害。例如火山爆发和森林火灾发生后对天气趋势和气候等人们生存环境的影响以及社会经济发展造成的间接损失就是衍生灾害。

(三) 自然灾害的特点

自然灾害作为突发公共事件中的一种类型,具有以下特点。

1. 普遍性与必然性

自然灾害的普遍性既表现在空间区域上,也体现在时间跨度上。自然灾害是一种与人类共存的、必然的、难以避免的自然现象。它的发生是由自然灾变引起的。自然灾变与地球运动一样,是一种客观的运动现象,它的发生是人们无法回避的客观现象。

2. 影响性与多样性

自然灾害给人类造成的影响极大,会造成人员伤亡、财产损失,对一个地区的影响可长达几十年之久。比如,唐山大地震造成 20 多万人失去生命,70 多万人受伤,心理、精神受创伤者更多。在唐山地震后的半年里,几乎整个中国东部地区都笼罩着悲痛和对地震的恐慌气氛。自然灾害的孕灾环境、致灾因子和承灾体的情况多种多样,认识和判定自然灾害的角度与标准不同,自然灾害的种类划分也极为繁多。

3. 韵律性与随机性

自然灾害活动从长期观察来看具有周期性与韵律性,但这种规律并不能让人们准确地测得它具体发生的时间节点,它具有很大的随机性。这是由于自然灾害活动是在多种条件作用下形成的,它既受地球活力控制,又受地球圈层隔阂总物质性、结构和地壳表面形态等因素的影响;既受自然条件控制,又受天体活动影响。这就意味着自然灾害发生的时间、地点和强度具有很大的不确定性,自然灾害活动是复杂的随机事件。

4. 突发性和缓发性

地球及其表面的物质和环境是以突发和缓慢变化两种方式交替进行的,这也决定了自然灾害具有突发性和缓发性特征。突发性自然灾害是地域圈层的能量积累到一定程度后突然释放爆发的结果，具有强度大、历时短、爆发力强、成灾快和破坏严重等特点，但其影响范围相对较小。

5. 群发性与链发性

在时间分布上，自然灾害在某些时段相对集中，一些相同或不同类型的灾害常常接踵而至或是相伴发生，形成灾害的群发性现象。研究表明，我国自然灾害的群发期可分为夏禹群发期、西汉群发期、明清群发期和清末群发期等。在群发期，各种灾害的频率和强度高于其他时期，相应的灾情也重于其他时期。

许多自然灾害，尤其是影响范围广、破坏强度大的自然灾害，在其发生、发展的过程中，往往诱发一系列次生灾害和衍生灾害，形成多种形式的灾害群发和灾害链。在众多灾害链中，最主要的是暴雨灾害链、干旱灾害链、地震灾害链和台风灾害链。比如，2008 年 5 月 12 日，汶川发生 8.0 级特大地震。这次地震直接触发和间接诱发了一系列次生灾害。因地震发生在山区，次生灾害以山地灾害为主，包括滑坡（5117 处）、崩塌（3575 处）、泥石流（358 处）和堰塞湖（大型 34 个）等。这些次生灾害以地震为激发环，形成了地震—崩塌/滑坡—（泥石流—）堰塞湖灾害链和地震—结构破坏—设施受损灾害链等一系列灾害链。

数字资源 2-2
汶川地震诱发的
多种地质和
生态灾害及
其链式结构

6. 可预防性与可控制性

人类虽然不能阻止自然灾害的发生，但可以采取积极的态度与正确的方法对自然灾害进行一定程度的预测、预防与控制。在长期与自然共存的实践中，人类形成了许多行之有效的预防和减轻自然灾害的措施。例如，人类通过不断深入地下、海域和进入空间（遥感）等扩大对自然灾害的观测场地；发展超声、次生和红外等多波段观测手段；提高计算机计算速度；提升通信设施功能等。面对自然灾害，人们研究应对自然灾害的应急机理与预案措施，提出应对自然灾害的应急组织体系及职责、预测预警、信息报告、应急响应、应急处置、应急保障和调查评价等机制，形成包含事前、事发、事中和事后等各环节的一整套工作运行机制。

二 事故灾难

（一）事故及事故灾难的含义

事故是系统及其环境中的人流、物流和信息流在交换过程中对系统的消极作用所导致的突变。事故灾难是指引发了灾难性后果的事故，是在人们生产、生活过程中发生的，直接由人的生产、生活活动引起的，违反人们意志的、迫使活动暂时或永久停止，并且造成大量的人员伤亡、经济损失或环境污染的意外事件。它包括民航、铁路和水运等重大交通运输事故，工矿企业、建筑工程、公共场所和公共设施（设备）发生的重大安全事故，造成重大影响和损失的供水、供电、供油和供气等城市生命线事故，特种设备安全事故，核辐射事故，化学危险品爆炸事故，重大环境污染和生态环境破坏事故等。

（二）事故灾难的特征及类别

1. 事故灾难的特征

事故灾难是突发事件中的一类，具有突发事件的所有属性，但与其他类型的突发事件相比，事故灾难也具有明显的特性。归结下来，事故灾难的事故发生具有因果性、随机性、必然性、规律性、预测性、高损害性、不易觉察性、危害性与紧迫性、跨区域性、社会性。

2. 事故灾难的种类

按照不同的分类标准，可以对事故灾难进行不同的分类。

一般来说，按不同的责任性质，可将事故灾难分为责任事故、非责任事故和蓄意破坏事故。其中，责任事故又可以分为生产事故和非生产事故。生产事故按照发生的场所，又可以分为生产矿山事故、非矿山事故、交通事故、空难事故和海难事故等。

（三）事故灾难理论

事故理论对于帮助人们认识事故的发生、发展和形成过程，以及避免事故再次发生具有重要的作用。系统安全科学发展史较短，许多原理、方法有待进一步完善和发展，作为系统安全科学基石的事故理论更需要得到进一步重视。由于事故理论涉及社会科学、自然科学和人文科学等学科，它的许多观点和见解存在争议。对事故理论的深入研究需要广泛开展社会调查、公众咨询和案例分析等工作。下面简单介绍两种较为常见的事故理论。

1. 事故致因理论

人们对事故致因理论的研究越来越活跃，研究涉及的内容越来越全面，从简单的单因素理论到不断增多的复杂因素的系统理论，出现了许多值得借鉴的新理论与新观点。

(1) 单因素理论

该理论认为事故与人的个性有关，某些人因具有某些个性特征而比其他人更容易发生事故。换句话说，这些人具有事故倾向性。有事故倾向性的人，无论从事什么工作都容易发生事故。由于有事故倾向性的人是少数，事故通常发生在这些少数人身上，所以，只要通过合适的心理测量，就可以发现具有这种个性特征的人，把他们调离危险系数大的工种岗位，安排在事故发生概率较小的岗位，这样就可以大大降低事故率。事故致因理论还有一种理论叫心理动力理论，它认为受伤害人员的刺激心理是事故的成因，事故是一种无意识愿望的结果，而这种愿望通过事故象征性地得到满足。

(2) 双因素理论

这一理论的代表性观点是科尔（Kerr）在1957年提出的社会-环境模型，即事故遭遇倾向理论。这一理论认为产生事故的因素有两个，一是个人，二是工作环境。这一理论认为企业工人中某些人员在某些生产作业条件下存在发生事故倾向，事故的发生不仅与个人因素有关，也与生产作业条件有关。为了验证这一理论，科尔调查了53个电子工厂中40项个人因素及生产作业条件因素与事故发生频度和伤害严重度之间的关系，他发现影响事故发生频度的主要因素有搬运距离短、噪声严重、临时工多和工人自觉性差等，与事故伤害严重度有关的主要因素有工人的"男子汉"作风、缺乏自觉性、缺乏指导、老年职工多和不连续出勤等。这证明事故发生情况与生产作业条件密切相关。科尔把这种状况的主要原因归结为四个方面：不正确的态度，技术、知识不足，身体不适，不良的工作环境。针对这四种原因，美国学者海因利希（Heinrich）提出了四种对策，即说服教育、工程技术方面的改进、人事调整和惩戒。

(3) 三因素理论

早在1949年，葛登（Gordon）就使用流行病学方法论述了事故与疾病的相似性。该理论认为要像理解结核菌素、小儿麻痹症等病症一样去理解事故的发生与易感性，并指出事故形成要考虑三个因素，即人、环境和媒介。实际上，该理论认为事故的发生是人的不安全行为与物的不安全状况及环境的不良影响和干扰等因素叠加在一起造成的。

2. 事故因果连锁论

该理论是美国学者海因利希提出的，也被称为多米诺骨牌理论，其先后经历了博德事故因果连锁理论、亚当斯事故因果连锁理论和北川彻三事故因果连锁理论，最终形成了对安全生产事故治理起有效指导作用的事故因果连锁论。

事故因果连锁包括事故的基本原因、事故的间接原因、事故的直接原因、事故以及事故后果这五个互为因果的事件。人们常用多米诺骨牌来形象地描述这种事故因果连锁。在多米诺骨牌系列中，一颗骨牌被碰倒，将产生连锁反应，即其余的骨牌将相继被碰倒；如果移去其中的一颗骨牌，则连锁反应被破坏，事故过程也将中止。

3. 能量意外释放论

能量在生产过程中是不可缺少的，人类利用能量做功以实现生产目的。人类为了利用能量做功，必须控制能量。在正常的生产过程中，能量受到种种约束的限制，按照人们的意志流动、转换和做功。如果由于某种原因，能量失去了控制，超越了人们设置的约束或限制而意外逸出或释放，我们就称发生了事故。这种对事故发生机理的解释被称作能量意外释放论。

能量意外释放论阐明了伤害事故发生的物理本质，指明了防止伤害事故就是防止能量意外释放事故发生，防止人体接触能量。根据这种理论，人们要经常注意生产过程中能量流动、转换，以及不同形式能量的相互作用，防止发生能量的意外逸出或释放。

三 突发公共卫生事件

（一）突发公共卫生事件的基本含义

世界卫生组织在《国际卫生条例（2005）》中指出，国际关注的突发公共卫生事件是指按特殊程序确定的不寻常的公共卫生事件，包括通过疾病的国际传播构成对其他国家的公共卫生风险，以及可能需要采取协调一致的国际应对措施。2003年5月，我国国务院公布的《突发公共卫生事件应急条例》指出，突发公共卫生事件是"突然发生，造成或者可能造成社会公众健康严重损害的重大传染病疫情、群体性不明原因疾病、重大食物和职业中毒以及其他严重影响公众健康的事件"。

（二）突发公共卫生事件的分类

一般来说，人们对于突发公共卫生事件主要从表现形式和事件发生的成因与性质两个层面进行分类。

1. 根据表现形式分类

一种是指在特定时间、特定范围和特定人群中，病例数额累计达到警戒值时所形成的事件；另一种则是指在一定的时间、一定的范围内，外界环境中的危害因素达到规定的预警数值时所形成的事件。需要注意的是，许多病例为事后发生，也可能未出现病例。

2. 根据事件发生的成因与性质分类

（1）重大传染病疫情

这类事件特指传染病在集中的时间、地点发生，导致大量的传染病患者出现，其发病率远远超过平常的发病水平。这些传染病包括《传染病防治法》规定的3类37种法定传染病；国家卫生健康委员会根据需要决定并公布列入乙类、丙类传染病的其他传染病；省、自治区和直辖市人民政府决定并公布的按照乙类、丙类传染病管理的其他传染病。例如，1988年上海发生的甲型肝炎，2004年青海部分地区发生的鼠疫等。

(2) 群体性不明原因疾病

这类事件是指在一定时间内，在某个相对集中的区域同时或者相继出现多个共同临床表现患者，又暂时不能明确诊断的疾病。例如新冠疫情发生之初，人们对其发病机制、诊断标准和流行途径等认识不清，这便是群体性不明原因疾病的典型案例。

(3) 重大食物和职业中毒

这类事件是指食物或职业因素引发的人数众多或者伤亡较重的中毒事件。例如，2002年9月14日，南京市汤山镇发生一起特大投毒案，造成395人中毒，42人死亡；2002年年初，保定市白沟镇发生苯中毒事件，箱包生产企业数名外地务工人员陆续出现中毒症状，并有6名工人死亡。

(4) 新发传染性疾病

狭义的新发传染性疾病是指全球首次发现的传染病。广义的新发传染性疾病是指一个国家或地区新近发生的、新变异的或新传入的传染病。世界上新发现的32种传染性疾病中，有半数左右已经在我国出现，其中肠道传染性疾病对人类健康构成的潜在危险十分严重，处理的难度及复杂程度也比较大。

(5) 群体性预防接种反应和群体性药物反应

这类事件是指在实施疾病预防控制时，出现疫苗接种人群或预防性服药人群的异常反应。这类反应原因较为复杂，可以是心因性的，也可以是其他异常反应。

(6) 重大环境污染事故

这类事件是指在化学品的生产、运输、储存、使用和废弃处置过程中，由各种原因引起化学品从其包装容器、运送管道逸出，在生产和使用环节中造成空气、水源和土壤等周围环境的污染，严重危害或影响公众健康。例如2004年4月发生在重庆江北区的氯气泄漏事故，造成7人死亡、15万人紧急疏散的严重后果。

(7) 核事故和放射事故

这类事件是指由放射性物质或其他放射源造成或可能造成公众健康受到严重影响或严重损害的突发事件。例如1992年山西沂州钴-60放射源丢失，不仅造成3人死亡，数人住院治疗，还造成了百余人受到过量辐射的惨痛后果。

(8) 生物、化学、核辐射恐怖事件

这类事件是指恐怖组织或恐怖分子为了达到其政治、经济、宗教和民族等目的，通过实际使用或威胁使用放射性物质、化学毒剂或生物战剂，或通过袭击、威胁袭击化工（核）设施（包括化工厂、核设施、化学品仓库、实验室和运输槽车等）引起有毒有害物质或致病性生物释放，导致人员伤亡，或造成公众心理恐慌，从而破坏国家和谐安定，妨碍经济发展。例如1995年发生在日本东京地铁的沙林毒气事件，造成5510人中毒、12人死亡。

四 社会安全事件

（一）社会安全事件的内涵

社会安全事件给人们的生命财产造成严重的威胁，给国家安全带来危害，已成为理论界与实际工作部门关注的焦点。然而社会安全事件不同于其他突发事件，它涉及国家安全、社会安全等敏感问题，因此在研究和实践中难以把握。《突发事件应对法》把社会安全事件和其他三类事件（自然灾害、事故灾难和公共卫生事件）相并列。

（二）社会安全事件的特征

社会安全事件属于突发事件的范畴，它具有与自然灾害、事故灾难和公共卫生事件等突发事件相同的特征，也具有自身的不同特征。

1. 社会安全事件与其他突发事件的共同特征

（1）事件的公共利益性

这里的公共利益性一方面表现在事件本身可以引起公众的高度关注，不能引起公众高度关注的事件就不具备公共利益性；另一方面表现在对公共利益会产生较大的负面影响，例如危及公共安全、损害公共财产或广大民众的私有财产，甚至严重破坏正常的社会秩序、危及社会的基本价值等。

（2）事件消极影响的适度性

事件消极影响的适度性主要是指事件给社会公共安全造成影响的程度适度，即仅凭市民社会、市场的力量难以应对和处置，需要公权力的介入并动用社会人力、物力，但又不需要动用国家紧急状态权进行紧急处置。现代社会公共领域治理的机制主要有三种类型，即公民社会治理、市场治理及国家治理。其中，国家治理机制又可以分为常态管理、突发事件应对以及紧急状态应急管理三种。

（3）事件的紧迫性

正如前文所述，突发事件会对社会造成极大的危害，因此，突发事件一旦发生，政府部门如果采取常规的法律、行为方式是难以应对的；人们必须在短时间内做出判断，在有限的信息条件下判断事件的性质与发展趋势，并迅速采取各种应急措施，以便遏制紧急事态的扩张，快速恢复公共秩序。

2. 社会安全事件与其他突发事件不同的特征

（1）事件引发因素的人为性

社会安全事件是由人的活动直接引发的，这主要表现在两个方面：一是人为的故意导致社会安全事件；二是恶意直接导致社会安全事件。除此之外，还可能由于人为处置不当导致其他突发事件衍生、次生的社会安全事件。这里的人为处置不当，既非故意更非恶意，而是疏忽大意或能力不足等导致的。

（2）事件发生领域的特定性

社会安全事件主要发生在以下几个领域：一是涉及不特定人群的生命、健康和财产安全的领域；二是涉及多数人的生命、健康和财产安全的领域；三是涉及重大公私财产安全的领域；四是涉及重大生产安全的领域；五是涉及公共生活安宁的领域；六是涉及重大公共利益安全的领域。

（3）事件发生的预谋性

社会安全事件的发生通常会经历一个行为人预谋、策划或者从量变到质变的过程。这主要表现在以下几个方面：一是社会安全事件发生之前往往要经历一个缓慢而平静的积累过程，其发生是缓慢积累过程的集中展现；二是有些社会安全事件是社会结构、经济结构和法律结构失衡所致，经历了一个从量变到质变的过程，例如恐怖活动；三是尽管对于社会安全事件的受害者，或者对于政府或公众而言，社会安全事件的发生始料未及，但对于引发者而言并非出乎意料。例如，各种重大刑事案件所致的社会安全事件对于作案者而言显然是有预谋的。

（三）社会安全事件的本质

1. 社会安全事件的本源性分析

全球化时代的来临以及社会转型的发展使得社会安全事件的本源性因素日益凸显。它具体表现在社会结构与经济发展不协调、社会资源分配不公平、贫富差距越拉越大和价值观念日益多元化等多个方面。

2. 非传统安全因素引发的社会安全事件

全球化背景下，一些非传统安全因素也成为诱发社会安全事件的主导因素，具体表现在以下几方面。

（1）文化侵蚀威胁

在全球化背景下，不同文化的相互交流、渗透和融合，构成了生机勃勃的国际文化发展图景。但在这种交互过程中，个别奉行霸权主义和强权政治的西方国家为达到其政治、经济目的，不断推行"文化殖民"政策，形成了日益严重的"文化帝国主义"倾向。它们在世界其他国家和地区传播本国的文化价值观念和生活方式，以损害其他国家本土文化为手段，图谋在新的历史条件下以新的方式延续和强化帝国主义与霸权主义对全世界的控制。

(2) 网络信息安全威胁

随着网络时代的到来，政府职能运行以及各类经济活动都依赖于复杂的网络系统。然而，信息基础设施具有较强的安全脆弱性，受到多种潜在攻击者的威胁：一是敌对双方或者竞争双方之间的信息战争，例如，敌对国家为了达到损害或破坏对方经济的目的，用先进的技术扰乱对方银行的计算机系统；二是借助计算机（IT）技术，进行经济情报的掠夺；三是通过计算机实施犯罪，使信息社会面临巨大的安全威胁；四是黑客袭击；五是恐怖组织利用信息实施恐怖活动，信息战技术的出现为恐怖组织提供了更为强大的进行恐吓或制造混乱的工具；六是内部人员的出卖，心怀不满的人、被收买的告密者、被欺压或是被伤害的雇员、以前的雇员以及商业合作者出于报复或经济等目的都可能出卖信息。

3. "安全阀"不足或失效导致的社会安全事件

社会学中的"安全阀"即抑制、控制社会矛盾与问题的社会机制。在现代性的全球化与社会转型的双重作用下，当前抑制、控制社会矛盾与问题的社会机制出现失范现象。正是这种"安全阀"的失效，让社会安全事件的发生变得现实与可能。当前我国的社会安全事件主要是在现代性的全球化与社会转型的双重作用下"累积"的社会矛盾，被"导引"条件激活，冲破国家有序组织的控制而释放的突发事件。社会安全事件的引发因素除了上述因素直接诱发以外，还有雨雪灾害等自然灾害以及事故灾难、公共卫生事件衍生和次生引起的。

（四）社会安全事件处理

1. 社会安全事件处理的基本原则

(1) 以人为本原则

在社会安全事件处理过程中坚持以人为本，就是做好预警防范工作，尽量防止社会安全事件的发生，保障人的生命财产安全。

(2) 立足尽早化解原则

这一原则有两层意思：一是尽早，二是化解。社会安全事件一旦发生，就必须及早介入处理，防止事态进一步扩大，减轻社会受损程度。这是处理好社会安全事件的关键所在。尽早化解原则要求人们在社会安全事件出现后，马上采取相应行动，着眼于把事态化解于初始阶段、化解于基层、化解于当地。

(3) 依法处理原则

依法行政是依法治国方略在政府管理工作中的具体体现，也是政府管理和处理各项事务必须遵循的基本准则。对社会安全事件的处理,应当严格执法、依法办事,纠正和防止一切损害社会主义法治的行为。

(4) 慎用警力原则

慎用警力是指慎用警械武器,慎用强制措施,防止处置不当激化矛盾或酿成新的事端。当然,慎用不等于不用,面对冲击机关、阻拦交通、哄抢财物、绑架扣押人质之类的行为,则须果断使用警力,控制事态发展,维持社会秩序,防止造成更大的损害。

数字资源 2-3
慎用警力案例

(5) 当地领导负责原则

当地领导负责原则是指社会安全事件发生后,所在地党政领导应当负起领导责任,特别是对规模较大的群体性事件,应当确立一把手总负责、分管领导抓落实的领导体制,协调各方行动,并对处理结果负起政治责任,绝不能上下互相推卸责任。

2. 社会安全事件处理的基本措施

(1) 迅速控制事态

社会安全事件一旦发生,首先要做的就是提出整体方案和对策,迅速控制事态发展,防止其蔓延扩大。突发事件一般表现为一种群体性行为,参与者层次、思想和要求各不相同,局势变化多样,必须及时拿出切实可行的整体方案和对策,使事件尽快平息下来。

(2) 统一行动

组织实施方案、统一各方行动是处理社会安全事件的关键。平息较大规模的社会安全事件,要精心组织部署,明确责任分工,各方联合行动,形成合力和战斗力,全面解决问题。

(3) 直接对话

在性质上属于人民内部矛盾的社会安全事件属于具体利益、具体问题方面的矛盾,不存在根本利害的冲突。处理这种社会安全事件时,有关领导及时出面,认真倾听群众的意见,解答群众的问题和疑虑,阐明政府的态度和诚意,可以起到增进双方理解与信任,消除误解和对立情绪的效应。当然,这种处理方法只限于对人民内部矛盾的处理。

(4) 主导舆论导向

处理社会安全事件,要充分重视舆论导向的作用,利用各种主流宣传媒体,对事件进行积极的宣传报道,及时公布信息,控制舆论导向,减少和消除谣言或传闻的影响。

(5) 组织纪律约束

处理社会安全事件,应当注意利用各种组织的联系和影响,约束或劝阻组织成员，使其终止参与影响社会稳定的社会安全事件，放弃过激行为，最大限度地减少参与事件的人数规模和越轨言行。

（6）采取法律措施

社会安全事件往往是合理要求伴随着违法行为，必须依照法律规定和法制原则处理。在执法过程中，执法机关和执法人员必须严格依法办事，处理好打击违法犯罪与保护公民合法权益的关系，既要依法惩处一切违法犯罪行为、维护法律权威，又要灵活运用法律保护公民合法权益。

五 突发群体性事件

（一）突发群体性事件的含义

根据国内外学者对突发群体性事件的界定，并结合我国处于社会转型期的时代特征，本书将突发群体性事件定义为：为了满足某种共同利益或表达某种共同关心，在集体共同的鼓舞和影响下，由部分公众参与形成，并对政府管理和社会秩序产生影响的失范行为。

（二）突发群体性事件的特点

1. 利益主导性

引发群体性事件和群体性上访的大多是利益纠纷，例如下岗失业人员再就业、土地征收补偿、房屋拆迁安置、土地承包流转、村务管理、企业破产改制重组和拖欠农民工工资等。这些事件均涉及一部分人的利益，而且大多数都有合理诉求，容易得到社会的同情与支持。共同的利益追求将这一群体维系在一起，同时极易吸引利益相关者的注意，使聚集的群体逐步扩大，事态不断蔓延，并引起社会舆论的同情，从而导致突发群体性事件的发生。

2. 主体多元性

目前，突发群体性事件参与者除了众所周知的失地农民、下岗工人和城镇拆迁居民外，还有大学生、教师、离退休干部和职工，甚至还有一定数量的在职领导干部。这种多元化参与主体主要是处于弱势地位的大多数利益受损群体。

3. 行为过激性

由于利益受损群体自身利益的要求得不到妥善及时的解决，再加上有的单位及其领导在处理问题时采取的方式方法比较简单，甚至回避问题、躲避群众，致使群众产生怨气和怒气，采取过激行为。突发群体性事件冲突猛烈、声势浩大、人员众多、行为激烈，表现形式多样，如围堵和冲击党政机关、阻塞公路、制造交通瘫痪、武装械斗等。这些事件如果处理不当，会引发许多新的问题，从而造成内部问题社会化、经济问题政治化和相关问题连锁化。

4. 事态反复性

突发群体性事件在一些地方和行业发生次数较多，规模较大，对抗性较强，同时因问题长期悬置没有得到及时解决，导致同一诱因的事件反复发生，事态具有反复性。

（三）社会转型期突发群体性事件的类型与成因

1. 突发群体性事件的类型

（1）有关城市问题的突发群体性事件

这主要是指城市中由企业改制、职工下岗、拖欠工资和养老金、再就业、大中专毕业生安置和分配、地方性乱摊派乱收费、干部违纪、供水供暖、供电供气、城市拆迁安置、城市管理和社会治安等问题引发的突发群体性事件。

（2）有关农村问题的突发群体性事件

这主要是指农村中由土地纠纷、农民负担过重以及村级换届选举等引发的矛盾冲突。部分农村干部素质较差，作风不良，工作方法不当，引起群众的对立情绪，甚至导致传染效应。加上农村民主法制不健全，政府职能部门工作不力，最终导致突发群体性事件的发生。经济利益矛盾是引发农村突发群体性事件的主要矛盾。

（3）涉及民族宗教问题的突发群体性事件

这主要是指由于不同民族的人民在交往过程中利益关系、生活习俗等不同，宗教信仰者之间、宗教信仰者与宗教管理部门之间因沟通不力等引起误会、摩擦和冲突，并由此所引起的涉及民族宗教问题的突发群体性事件。民族宗教问题的突发群体性事件，一般都以看似合理的某种原因为借口，蒙蔽部分群众，煽动宗教情绪，挑拨民族关系，制造民族仇恨。闹事者往往打着"人权""宗教自由"等幌子，非法集会、游行和示威，聚集政府门前静坐，甚至有组织地打砸抢烧、围攻政府机关。

（4）涉及金融问题的突发群体性事件

这主要是指非法集资和金融风波严重危害部分群众利益而引起的突发群体性事件。我国加入世界世贸组织（WTO）后，随着金融业的开放，国外资金的流入，投资和融资体制的改革，金融业暴露出不少问题。非法集资、地下钱庄和黑典当等现象屡禁不止。由于我国金融市场不成熟，金融监管不到位，有关金融法规不健全，有的基金会、互助会、储金会、信用社和银行管理不善或违规经营，出现兑付危机，发生挤兑风波，损害了人数众多的中小储户的利益，导致突发群体性事件发生。

(5) 涉及环境问题的突发群体性事件

涉及环境问题的突发群体性事件已成为引发社会矛盾、影响社会稳定的重大问题。这种事件是因环境矛盾引发，由部分民众参与并以集体上访、阻塞交通、围堵党政机关或工厂等方式对政府或企业造成影响，达到维护自己因环境问题而受到侵害的合法权益，具有一定的地域性、规模性、可预见性、反复性和危害性的群体行为。

2. 突发群体性事件的成因

经济转型、体制转轨是突发群体性事件的根本原因，政策不周、执行不力是突发群体性事件的体制原因，组织软弱、官僚腐败是突发群体性事件的政治原因，观念落后、法制意识淡薄是突发群体性事件的主观原因，非法诱导、人为干预是突发群体性事件的社会原因。

(1) 社会转型期利益格局重组与群体利益冲突

社会转型期的改革是一场革命，是对人们利益关系的重新调整和组合。社会范围内不同社会集团的利益相互影响，形成了错综复杂的矛盾关系。首先，既得利益集团和非既得利益集团的矛盾容易使问题凸显。其次，改革成本和代价的付出与改革成果享受的不对等导致人们心理失衡，加剧利益关系的紧张与摩擦。最后，收入分配的不均以及损害社会公正的现象导致人们思想情绪上的冲突。

(2) 社会转型期民主法制缺失与群体法制淡漠

① 群体法制意识的不良性。

群体法制意识的强烈性使群体性事件的整个过程裹藏着"不见黄河心不死"的求助激情，而群体法制意识的不良性则使充满这种激情的群体在行为上虽然表现为种种法盲迹象，但实质上流露出有意识地规避法律，向党和政府发难的恶劣情绪。

② 群体法制意识的模糊性。

群体法制意识的模糊性是以群体法律知识的缺乏为基本前提的。由于一些群体在面对难以解决的问题时，或者想不到法律，或者想到了法律却依然手足无措，不知如何运用法律，他们就往往会置法律于不顾，走极端道路维权。这些群体或者认为所遇到的问题不是法律问题而不去寻求司法救济，或者认为所遇到的问题虽是法律问题，但"法大不如权大"。法制意识的模糊性折射出部分群体对法治认识的种种误区，这种认识不仅泯灭了群体寻求司法救济的正当考虑，而且助长了群体寻求党政权力救济的迫切愿望。

③ 群体法制意识的浅薄性。

毫无疑问，法治知识是上访群体自身方面的基本素质，它决定着上访群体识别上访事件、选择上访形式和预测上访后果的基本能力。多数情况下，上访群体在行动之前总是运用已知的法律知识来分析或预判其行为后果。无法律后果或法律后果不严重的上访形式是上访群体的基本选择。他们常常以群体自身对法律含义的认知能力来指导群体行为，使之尽量合乎规范。但其认知能力毕竟有限，排除不了可预的但是不可控的对社会造成极坏影响的种种违法行为，甚至造成悲惨的严重的恶果。

3. 社会转型期"文化堕距"加剧与群体价值多元化

我们深入研究我国的突发群体性事件就会发现，它们大部分直接起因于群众的合法权益未得到保护，但如果从宏观的文化视角看，根源则在于社会转型期广义文化的多个层面未能协调发展。在研究文化变迁的特性时，美国社会学家威廉·奥格本（William F. Ogburn）提出了"文化堕距"理论，认为社会中相互依赖的各部分组成的文化在发生变迁时，各部分变迁的速度是不一致的，有的部分变化快，有的部分变化慢，结果造成各部分之间的不平衡、差距和错位，由此引发社会问题。该理论进一步指出，一般来说，物质文化总是先于非物质文化发生变迁，两者是不同步的。就非物质文化的变迁看，它的各构成部分的变迁也不一致，一般来说，总是制度首先变迁，或变迁速度较快，其次是风俗、民德变迁，最后才是价值观念的变迁。"文化堕距"理论揭示了社会变迁过程中的一个普遍规律。各国社会现代化过程中大都先后出现了"文化堕距"现象。

4. 社会转型期社会权威失衡与群体权威情结

社会转型期的体制转轨与社会结构转型交错进行。伴随着体制的改革，社会结构会相应调整，各种社会矛盾随新旧体制的更替和摩擦更加复杂化、尖锐化，社会出现结构性失衡。旧的规范、价值观念和行为模式被否定或遭到破坏，逐渐失去对社会成员的约束力，新的规范、价值观念和行为模式尚未形成或未被普遍接受，还不具备对社会成员的有效约束力，社会成员的行为缺乏明确的规范约束，出现社会规范权威失落、社会规范真空或规范冲突的状况，新旧规范杂然并存，法制不健全，道德滑坡，行政控制能力减弱，社会管理机制出现明显的滞后和弱化，社会控制出现过渡性失调。当各种矛盾、冲突发展到一定程度，不能得到及时有效的调节和控制时，就必然产生冲破社会规范、破坏正常社会秩序的过激行为，引发突发群体性事件。

案例研讨

栖霞矿难突发危机事件

2021年1月10日13时13分许,山东五彩龙投资有限公司栖霞市笏山金矿在基建施工过程中,回风井发生爆炸事故,造成22人被困。事故发生后,中央领导同志高度重视,做出重要批示,应急管理部派出工作组现场指导,山东省委、省政府成立省市县一体化指挥部,坚持人民至上、生命至上,不计一切代价,穷尽一切手段,迅速开展应急救援工作。经全力救援,11人获救,10人死亡,1人失踪,直接经济损失6847.33万元。同时,省委、省政府成立事故调查组,邀请国内权威专家参加,同步开展事故调查工作。

调查认定,事故发生的主要原因是井下违规混存导爆管雷管、导爆索和炸药,井口违规动火作业,民用爆炸物品管理、建设项目外包管理混乱,涉事企业落实安全生产主体责任缺失;相关部门未落实安全监管责任,地方党委政府落实属地管理责任不到位。调查同时认定,山东五彩龙投资有限公司和栖霞市均构成迟报瞒报。

根据事故原因调查和事故责任认定,依规依纪依法对45名相关责任人员追责问责。对山东五彩龙投资有限公司法定代表人贾巧遇、外包负责爆破作业并严重违规混存爆炸物品的浙江其峰矿山工程有限公司驻栖霞项目部经理吴宗形、外包负责井下设备安装并违规井口动火作业的烟台新东盛建筑安装工程有限公司实际控制人李东等15名企业相关责任人,依法追究刑事责任。浙江其峰矿山工程有限公司驻栖霞项目部1名负责人在事故中死亡,免予追究刑事责任。同时,山东五彩龙投资有限公司法定代表人贾巧遇和时任栖霞市委书记姚秀霞,市委副书记、市长朱涛,因负有迟报瞒报事故责任,由公安机关立案侦查。对烟台市委、市政府主要负责人等28名公职人员给予党纪政务处分和组织处理。

 讨论题

1. 此次栖霞矿难突发危机事件发生,暴露了地方政府及相关部门在安全监管中存在的什么问题?
2. 政府和相关部门如何预防此类突发事件的发生?

数字资源2-4
案例研讨参考答案

本章概要

本章第一节详述应急管理的主体与利益相关者的相关内容；第二节解析具有中国特色的应急管理基本框架"一案三制"（即应急预案，应急体制、应急机制、应急法制）这一中国应急管理运行体系的重大成果；第三节按不同性质，讲述了公共危机中各重点领域的应急管理内容。

核心概念

公共危机　应急管理　利益相关者

第三章

应急预案与应急准备

学习目标

1. 理解应急预案和应急规划的相关概念。

2. 理解并掌握应急规划和应急预案是管理者面对不确定的危机影响因素，预先设想危机情境，为降低危机事件所带来的危害和损失而制定的前瞻性方案集合。

3. 熟悉地方政府和职能部门制定和完善本地区、本部门的应急预案体系的方式，以及在应急预案过程中应该遵循的原则。

情景导入

加油站员工 6 分钟处置着火车辆

2017 年某月，适逢中国石化销售股份有限公司山东烟台海阳第一加油站开展优惠促销活动，站上所有员工都紧张地忙碌着。

15 时 54 分，该站领班员马红霞突然发现加油站出站口处一辆货车正冒出滚滚浓烟，马红霞大声喊道："站长，加油站出站口的车辆起火了！"

事发突然，站长姜淑晓立即命令员工启动车辆灭火预案。马红霞、董良杰、王小臣每人手提一台 8KG 干粉灭火器直奔起火车辆。这时火借风势，已蹿起了两米多高的火苗，司机已六神无主，拿着一个微型灭火器不知从何下手。马红霞等三人手持喷嘴对准起火的地方喷了下去。

在灭火剂的作用下，火势迅速被控制住了，但现场依然浓烟滚滚，大家丝毫不敢马虎。与此同时，加油场地上员工纪青已实施断电，员工王妮、梁晓玉正在疏散车辆，维护场地秩序。

15 时 56 分，站长姜淑晓紧急拨打 119 电话，同时向县公司经理报告，简单说明起火地点和火势控制情况。16 时消防车辆赶到，消防人员将火完全扑灭。

救火后现场一片狼藉，大家心有余悸。

事后，不知怎样表达感激心情的司机握着经理的手，哽咽地说道："谢谢你们，如果没有你们挺身而出，我这 6 万多的车和货物就全完了。"

原来这位姜姓司机，平时以贩卖蔬菜为生，他今天来东村时拉了满满一车菜。为了防止蔬菜被太阳晒，他给蔬菜盖上了几层大棉被。可能是有人无意中把烟头扔到了车上引燃了棉被，车辆在经过加油站时突然起火，便发生了刚才那惊魂的一幕。

该加油站员工紧急时刻临危不惧，离不开平时训练有素的消防预案演练。他们处置得当有效地保障了人员、财产安全，获得了在场消防官兵和附近居民的一致称赞。

第一节 公共危机应急预案概述

一 应急规划

（一）应急规划概述

1. 应急规划的概念

应急规划作为有效回应危机的前提之一，其雏形为第二次世界大战期间欧洲各国为应对空袭等战争行为所造成的人员伤亡和基础设施损坏，而制定的民防战略或计划。直到第二次世界大战后，这种战略或计划才逐渐演变、扩展到应对自然灾害和技术灾难等领域。

应急规划是危机爆发之前的前瞻性管理活动。广义的应急规划包括危机管理循环过程中各个阶段的行动规划；狭义的应急规划则指的是在危机准备阶段，危机管理者为了有效回应危机而制订的行动计划。总的来讲，应急规划是指在危机发生之前，为了更好地防灾、减灾和及时响应危机，管理者面对不确定的危机影响因素，预先设想危机情境，制订一系列回应危机的综合计划，并在危机切实发生之时，根据事件实际情况制定现场指挥规划的过程。

2. 应急规划的价值

作为应急管理的关键，应急规划是应急准备和应急响应过程中的核心问题。应急规划明确了突发事件中各部门的职责和权力以及各方物资的调度，是针对可能发生的各类突发情况和突发事件的影响所预先做出的详尽安排，也是应急处理救援工作的行动指南。

(1) 应急规划明确了应急处理工作的目标和范围

在应急规划的基础上,管理者能有据可依地处理突发事件,尽可能地避免盲目处置事件所引发的各类问题。

(2) 应急规划有利于及时的应急响应

突发事件对于时间的要求十分严格,任何延误和耽搁都可能使事态加剧、无法挽回。应急规划在事前设定响应机制、对人员进行培训演练,能够让人们在事件发生时迅速高效地展开应急处理工作,降低事件损失。

(3) 应急规划是指导应对各类突发事件的基础

面对各类意料之外的突发事件,应急规划的综合性和基本性能保证其应急处理指导功能的实现。

(4) 应急规划有利于提高社会公众的风险防范意识

应急规划并非管理者的"一言堂",其规划过程需要各方的配合,在应急规划的准备和演练过程中,社会公众的风险防范意识和能力也得到了增强。

3. 应急规划的特征

(1) 务实性

应急规划是一种结果导向的规划过程,注重的是规划行动的结果和目标的实现。应急规划注重行动方案的可行性,并以提供可能的行动方案为主要任务。

(2) 全面性

应急规划的内容宽泛全面,不仅包括安排危机准备过程中的活动,而且关注设定危机回应的行为合集,力图提供全面、综合的行为选择。

(3) 预测性

应急规划是危机发生的前瞻性规划,是通过预测可能发生的危机情境制定响应行为的过程,其对于危机的预测必然带有一定的预判性。

(4) 灵活性

由于危机事件和危机情况通常复杂多变,因此危机管理者所做的规划必然带有灵活性,以弹性的行为规划、预测和处理危机。

(5) 协调性

应急规划是多方参与的综合计划,其规划和预案实施过程需要各方的支持,同时危机规划又是对各类危机状况的综合处理计划,这决定了危机规划必然是各方行为与利益相互协调和整合的过程。

（二）应急规划的内容与结构

1. 应急规划的内容

应急规划的基本内容包括目的、工作原则、法律法规依据、适用范围和级别界定等，具体概括如下。

第一，突发事件应急规划机构的组成和相关部门的职责权限，其中包括不同类别的应急组织机构和职责、组织体系的框架等，即以落实组织工作为第一要务。

第二，对突发事件进行检测和预警，包括预警信息、预警行动、预警支持系统等。

第三，收集、分析、报告和通报突发事件信息的制度。

第四，突发事件应急规划技术和检测部门，以科学的方式提高应急管理的专业化水平。

第五，对突发事件进行分级并制定应急规划的工作方案，包括协调指挥、人员疏散、应急避难所、医疗救助、疾病控制、新闻发布等。

第六，突发事件预防、现场控制、应急设施、设备、药品、医疗器械及其他重要物资储备与调度，通信、交通、技术、医疗、治安、资金和社会动员保障等。

第七，突发事件应急处置专业队伍的组织和培训，包括演练等。

第八，突发事件结束后进行科学评估、善后处置，通过问责将非常态事故处置转为常态事故处置。

总之，应急规划必须在依照相关法律法规的基础上，尽早地进行监测、报告、控制和解决，同时需要有具备实用性、权威性与可操作性的处置方案。

2. 应急规划的结构

应急规划主体通过应急规划，形成应急规划文本，即应急预案，并以此作为应对危机事件的指南。应急规划的结构一般可分为两个部分，即战略规划和行动计划。

（1）战略规划

战略规划是对应急规划过程的总体目标、行动方略、规划环境所进行的概述，是对规划应对危机事件的背景、责任和作用的总体规定。应急规划的战略规划通常包括评估危机并确定危机的处理顺序、危机的应对战略、组织结构设置、人力资源状况、信息共享系统、事前培训和演练等内容。战略规划一般不直接设计危机应对的回应行动计划，而是对危机回应行动的前提背景和支持系统进行确定、设计和安排。

（2）行动计划

行动计划是对具体措施与行动进行的描述，包括基本计划、应急功能、特殊风险管理、标准操作程序和支援计划。

基本计划规定了应急的组织体系、应急资源、各类应急组织在应急准备和应急行动中的职责、基本应急响应程序以及应急计划的演练和管理等。

应急功能是对各类中（重）大事件应急救援中需要采取的一系列应急行动和任务进行的规划结果，包括指挥和控制、警报、通信、人群疏散、人群安置和医疗等。每一项应急功能都要对应明确其负责机构和支援机构，确定每一项功能的目标、要求、任务、应急准备和操作程序。

特殊风险管理是在对重大突发事件风险进行判别、评估和分析的基础上，针对每一种类型的特殊风险，明确其主要负责部门、有关支持部门及承担的职责和功能，并提出特殊要求和指导，制订针对该类危机的专项计划。

标准操作程序是按照应急功能的设计所设置的与各类应急功能相对应的标准操作程序，提供详细指导，使得组织或个人明确履行应急计划中所规定的职责和任务。

支援计划是对应急救援支持保障系统的描述，包括其他各个系统的支持、专家和技术的支持等。

（三）国内外应急规划体系

1. 国内应急规划体系

如图 3-1 所示，国内应急规划体系是以国家应急规划的框架为模板，各级政府部门、企事业单位结合自身实际情况进行规划，最终形成国家总体应急规划、部门应急规划、地方应急规划和企事业单位应急规划四层体系框架。国家总体应急规划是全国应急规划的总纲，由国务院制定执行；部门应急规划是由国务院有关部门根据国家总体规划制定的专项性部门规划；地方应急规划由地方人民政府及其有关部门负责；企事业单位应急规划由企事业单位依据相关法律法规自行规划。各方规划形成多层次应急预案，并辅以体制、机制和法制协调支持，共同构建多层次、多维度的动态应急规划体系。

数字资源 3-1
一图读懂
"十四五"国家
应急体系规划

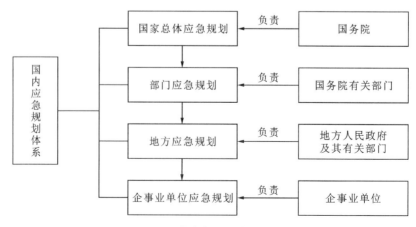

图 3-1　国内应急规划体系结构图

2. 国外应急规划体系

国外的应急规划体系具有一些共同特点，主要以执行首脑为应急规划最高领导，设立应急规划委员会辅助决策，由常设机构处理日常事务，由地方政府负责具体操作，下面简要说明美国、德国和日本的应急规划体系。

如图3-2所示，美国国土安全部制定了《全国响应计划》，该计划将反恐任务、核生化威胁应对计划、基础设施保护规划等内容归入全国响应计划的框架范畴，强调整体性、统一性，以应对所有重大危害，重视预防、准备、响应、复原等环节的全方位管理，规范了联邦向州政府、地方政府和部族政府提供应急支援的组织框架，阐明了联邦直接授权的应急程序和机制，设定全国各类灾害管理的首席联邦官员为国土安全部部长。在美国应急管理体系中，当地政府必须首先采取行动，满足公众的紧急需求。州政府和联邦政府根据紧急情况的性质和规模，向地方政府或部族政府提供援助。地方政府和部族政府应急规划将预警、紧急公共信息发布、疏散和提供避难场所作为重点保护措施。

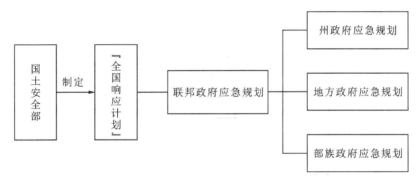

图3-2 美国应急规划体系结构图

为加强对风险管理工作的统一领导，德国联邦政府专门成立了"联邦风险分析与公民保护"指导委员会。该委员会的成员单位包括内政部、环境部、卫生部、交通部、经济与技术部、劳动与社会事务部等与公共安全相关的所有联邦部门。该委员会的负责主体由德国内政部部长牵头构成。该委员会的主要任务包括制定危机分析的方案框架、选择需要进行处理的危机等级、要求各职能机构参加相关工作组、协同开展时间风险分析、向工作组发布委托工作任务、评估工作组的效果等内容。同时，该委员会在联邦公民保护与灾难救助局下设了"联邦风险分析与公民保护"工作组。

日本政府对应急规划体系的整体制度设计十分重视，以此构建了相互衔接、职责明确、系统连贯的制度体系。日本中央政府把防灾计划分为三类：一是防灾基本计划，这是日本应急管理领域的最高层计划，由政府应急管理的最高机构——中央防灾会议制定；二是防灾业务计划，这是由相应行政机构及指定的公共机构根据基本防灾计划制订的计划；三是地区防灾计划，这是由都道府县及市町村的防灾会议结合本地区的实际情况制订的防灾计划。

（四）应急规划的过程

1. 应急规划的指导原则

（1）正视应急规划的阻力

应急规划是需要多方参与、支持合作的过程，其中的行动必然涉及个别群体的利益问题。这些群体出于对自身利益的保护，自然会产生对规划的阻力。同时，某些部门为了获得更多的人力资源和财政预算，在规划过程中图谋私利，导致规划偏离目标。开展应急规划时，必须正视内外部阻力，一开始就将缓解和克服阻力纳入规划考虑范畴。

（2）基础的危机策略

应急规划过程面对的是多类别且无法准确估计其规模形式的危机事件，因此必须通过具体事件识别，选择不同的危机回应方式。事件发生前的应急规划，需要制定更为基础且通用的危机应对策略，在人员、流程、设备和培训方面共享资源，降低规划过程成本。此外，应对转向应急规划时，可在基础策略上附加特定的回应策略，增加危机响应的灵活性。

（3）全面协调参与

良好的应急规划能够通过寻求共同诉求途径，使参与者主动认可危机规划所赋予的目标和责任，促成不同参与者间的协调合作。在应急规划过程中，所有参与者要就承担责任、处理顺序和资源整合达成协议，整合各个组织的能力，形成合力，共同发挥作用。

（4）基于正确的假设

应急规划的基础是对于危机风险、危害范围和程度的假设，假设的正确程度将影响规划制定的合理性。故而应急规划必须识别最具危害性的危机，确定其风险范围，并掌握规划区域的可调控资源情况。此外，规划主体还需要预设危机可能的爆发速度、影响范围和持续时间等基本内容。同时，人们要谨防错误的危机认知，应急规划的过程必须以科学为基础。

（5）确保适当与弹性

没有任何突发事件是可以完全被估算到的，应急规划的过程应该以全局为重，遵循宏观原则，统筹全局，而不是过分关注细节。细致的应急规划可以带来高效的回应，但这并非规划过程的唯一目标，规划过程还应为危机现场的规划留有适度的弹性与动作空间。只有基于承认危机持续变动性的即时评估，才能更好地响应事件中无法预料的突发情况。

（6）坚持培训与评估

应急规划过程要求规划与响应涉及的群体都参与培训，培训的目的是更好地贯彻危机规划的宗旨与内容，提高人们对于危机的警惕性和危机的响应能力。个体需要通过培训了解自身在危机发生时应履行的职责，以及回应危机的行动与责任，还可以通过培训评估规划方案的可行性，检查各个部门间的合作情况，反馈更新规划方案。

（7）坚持规划的持续性

应急规划不是成果式的分享，而是持续性的过程，因为危机环境具有多变性，应急规划必须及时地随之变化。如果将应急规划作为结果式的产物，会使人们产生危机响应机制已经完善的错觉，错过危机准备的最佳时机。因此人们应将应急规划看作持续变动的过程，不断根据环境情况的改变，检查、更新和修正应急规划的内容。

2. 应急规划的步骤

应急规划既是以文本形式为载体的计划，也是一个持续的行动过程。如何形成高效、透明、科学的应急规划过程是备受关注的研究问题。一个相对完整的应急规划应由情境分析、目标设定、应急预案制定、可行性分析和规划调整与更新五个步骤组成。

（1）情境分析

情境分析作为应急规划的第一步，是规划主体依据危机信息和预警系统所提供的信息，分析突发事件可能产生的危害和影响，对未来可能发生的危机进行预测和描述。情境分析包括风险分析和环境脆弱性分析，其内容蕴含突发事件发生的特征、持续的时间、事件的影响范围、环境的反应及事件的危害程度和范围等。

（2）目标设定

任何没有目标的行动都意味着盲目与消极，目标设定是应急规划做出具体行动安排的前提。设定应急管理目标对于规划过程有指导作用，适当的目标意味着危机回应的有效可行。应急规划的目标应是包含战略总目标及其下设的具体行动目标在内的目标体系，各层次目标的设定应秉持适当原则，不能苛求危机威胁完全消除。

（3）应急预案制定

在应急规划过程中，规划主体通过信息整合与分析，假设危机的情境，并据此拟定各种行动方案，最终形成的文本状态便是应急预案。应急预案是包括应急行动和危机回应方案的集合产物，是根据设定的目标，将所有可行方案有序组合在一起发挥合力作用的整合体。

（4）可行性分析

可行性分析是对已经形成的方案集合进行分析评价的过程，评价的内容不仅包括当前方案的全面性和对目标的实现能力，还包括具体环境是否能够实施方案的考量。在环境和资源限制下，通过可行性分析，规划主体可能需要舍弃部分效果好但消耗巨大的方案而选择次优方案。

(5) 规划调整与更新

应急规划是持续变动的过程,规划结果不仅需要在做出可行性分析后进行调整,还需要随着时间和环境的变化不断地调整与更新。应急规划主体在完成应急预案制定后,还需要定期或不定期地对应急规划本身进行检视,并根据应急信息与预警系统传递的信息及时进行方案的调整和修改。当原有的应急预案已经无法适应外部环境和资源等的变化时,应急规划者应及时舍弃老旧的方案体系,进行新一轮的应急规划过程。

(五)应急规划的评估

应急规划的评估应贯穿应急规划的全过程,在应急预案制定、可行性分析、规划调整与更新过程中都需要随时进行评估,以保证规划的正确性与科学性。

1. 应急规划评估的准则

(1) 合法性准则

应急规划应符合相关法律法规和国家标准的要求,应急规划主体必须遵守相关程序性法律法规规定,保证规划过程透明、高效,防止因追求个人利益而出现非法行为。此外,应急规划过程中的规划内容也需要遵循国家相关实体法律法规规定,例如,生产安全专项应急规划的内容需要符合《安全生产法》《危险化学品安全管理条例》的相关规定。

(2) 全面性准则

应急规划过程应全方面覆盖应急行动,不仅要鼓励所涉及的群体全面参与规划过程,而且在规划对象范围上要实现全面覆盖,对所有可能发生的危机事件都有所准备。同时,应急规划的响应行动也应全面,尽可能避免由于缺乏完整的响应规划而无法应对危机的情况。

(3) 针对性准则

针对性准则要求评估应急规划过程是否考虑专项重点危机事件,以及对各类专项危机事件的特殊处理措施是否到位。专项重点危机事件是指由于环境或工作性质而极易发生危机的脆弱性危机事件,在应急规划过程中需要重点地、有针对性地考虑这类事件。

(4) 科学性准则

科学性准则要求评估应急规划过程中的情境假设和分析过程是否科学合理,这不仅涉及规划内容的科学性,还注重评估规划手段的科学性,如是否参考了专家意见等。

(5) 可行性准则

可行性准则与可行性分析相对应，其注重规划过程是否充分进行了可行性分析，这是应急规划结果具有使用性和可操作性的重要保证。

(6) 衔接性准则

衔接性准则评估的是应急规划过程是否保持不同层级、不同类别的规划具有衔接性与兼容性。应急规划过程并非单一的规划行动，而是多层次多维度的完整规划体系，只有协调兼容、衔接良好的规划过程才能使应急处理有序进行。

2. 应急规划评估的内容

(1) 形式评估

形式评估评价的是应急规划过程的制度规范性。以应急规划为主体确定应急规划是否遵循相关法律法规以及规章制度的评判标准，是应急规划过程符合法律法规规定并且透明、公正、高效的重要保障。形式评估属于中期评估，是在应急规划过程中进行的评价形式。

(2) 要素评估

要素评估是一种内容评估，其评价的是应急规划过程中各个要素的效度以及要素之间的整合程度。应急规划评估的要素包括危险性分析、应急行动机构及其职责、危机预防与预警、规划培训与演练、应急响应以及事后调整与更新等。

(3) 实施过程评估

实施过程评估的对象是应急规划过程中的实施过程，即危机的处理响应过程。这是针对应急规划过程的后续评估，考虑实施过程是否符合应急规划。实施过程评估具体包括接警以及出警的及时性、操作过程的逻辑性、应对者职责的明确性、资源的充分性、资源运送的及时性、调整的灵活性等标准。

(4) 实施效果评估

这是针对应急规划过程的结果式评估，评估的标准是应急处置实际效果与应急规划目标的偏差值。用于考量应急规划过程实施效果的标准有社会损失挽回情况、经济损失挽回情况和生命财产损失挽回情况等。

二 应急预案

(一) 应急预案概述

1. 概念

应急预案又称应急救援预案，是通过应急规划形成的文书成果。它是为了应对可能发生的危机事件，保证应急救援行动高效、有序、及时展开，尽可能降低危机事件所带来的危害和损失而制定的前瞻性方案集合。通过应急规划对潜在性危机的识别与分析，应急预案运用文书形式，确定与规划相对应的应急机构、职责、人员、技术、设备、物资、救援行动以及指挥与协调等的具体安排，使应急救援行动有据可依，并迅速、有序地按步骤进行。

2. 应急预案的作用与功能

（1）应急预案的作用

应急预案明确了应急响应的范围和体系，让应急救援行动有章可循，并及时有序进行，降低危机可能造成的损失。同时，编制基本应急预案可以在发生突发状况时，发挥基本应急预案的指导作用，以保持一定的规划灵活性。此外，在多方参与的应急预案的制定和实施过程中，各个群体在危机事件发生前有了预先磨合的时间，提高了各个群体对危机的防范意识。

（2）应急预案的功能

应急预案具有危机预防、应急处理和抢险救援等功能。危机预防是应急预案的前置功能，可以将危机尽可能扼杀在萌芽阶段。应急预案在危机事件发生时，提供了应急处理的程序和办法，让人们及时处理危机，防止事态蔓延。应急预案的现场处置功能是抢险救援，强调面对危险情形时第一时间做出反应，防止危机带来大规模的破坏，保护人们的生命和财产安全。

（二）我国应急预案的发展历程

20世纪八九十年代，我国一些领域把应急预案称作"应急计划"，如1990年的《国外海洋溢油应急计划简介》；1994年11月17日建设部（现已撤销）颁布的《建设工程抗御地震灾害管理规定》中使用了"预案""计划""规划"等词汇。1995年2月11日国务院颁布的《破坏性地震应急条例》中"第三章"第9条至第14条有应急预案相关规定，但是没有对应急预案列出官方定义。

2006年9月20日国家安全生产监督管理总局颁布的《生产经营单位安全生产事故应急预案编制导则》，首次明确给出了"应急预案"的定义：针对可能发生的事故，为迅速、有序地开展应急行动而预先制定的行动方案。随后地方政府也在相关文件中做出规定，如北京市应急办在2006年11月28日发布的《北京市突发公共事件应急预案管理暂行办法》中第2条规定："应急预案是各地区、各部门、各单位组织管理、指挥协调相关应急资源和应急行动的计划、程序和规程。"2009年8月7日陕西市人民政府办公厅颁布的

数字资源 3-2
中国应急体系
在危机中催生，
在暴雨中完善

《陕西省突发事件应急预案管理暂行办法》第2条规定："应急预案是各市、各部门、各单位为预防和处置可能发生的突发事件，预先制定的工作计划或行动方案。"

早期的应急预案大多集中在自然灾害中的地震灾害、森林火灾等方面,也与一些事故灾害、公共卫生事件有直接联系。总体来看,这一时期的应急预案是在对危险源进行辨识的基础上事先制订的用于应对突发危险的行动计划,其最初大量应用于安全生产领域。2003 年之后,国家开始建立应急预案体系,并出台《突发事件应对法》。

(三)应急预案的分类

2013 年国务院办公厅印发《突发事件应急预案管理办法》,根据应急预案的责任主体,将应急预案划分为政府及其部门应急预案、单位和基层组织应急预案两大类。其中,政府及其部门应急预案由各级人民政府及其部门制定,包括总体应急预案、专项应急预案、部门应急预案等;单位和基层组织应急预案由机关、企业、事业单位、社会团体和居委会、村委会等法人和基层组织制定,侧重明确应急响应责任人、风险隐患监测、信息报告、预警响应、应急处置、应急处置、人员疏散撤离组织和路线、可调用或可请求援助的应急资源情况及如何实施等,体现自救互救、信息报告和先期处置特点。

按照应急预案的对象进行分类,可将其分为自然灾害应急预案、事故灾难应急预案、公共卫生事件应急预案和社会安全事件应急预案。

按照应急预案的功能目标进行分类,可将其分为综合应急预案、专项应急预案和现场应急预案。综合应急预案是总体、全面的预案;专项应急预案是针对某种特别的、具体的突发事件所编制的预案,例如台风、地震或矿难等,采取特殊、具体、有针对性的防灾、减灾、救灾和灾后重建工作;现场应急预案是针对现场设施或救援活动而具体制定和实施的应急预案。

(四)应急预案的体系

我国的应急预案体系建立时间较晚。在经历了 2003 年"非典事件"后,应急管理才逐渐得到国家重视。国务院于 2006 年发布《国家突发公共事件总体应急预案》,标志着国家应急预案体系的建立。应急预案体系按照责任主体的不同,可以划分为国家总体应急预案、国家专项应急预案、部门应急预案和地方应急预案四个层次。

1. 国家总体应急预案

国家总体应急预案是应急预案体系的总章程,明确了各类突发事件的等级与分类和应急预案的框架体系,确定了国务院在重大危机事件中的职责职权和反应机制,是准备指挥和应急处理各类突发事件的规范性文件。制定国家总体应急预案的目的是提高政府处理处置突发事件的整体能力水平,增强政府应对重/特大危机事件的反应能力,为各层次应急预案的制定提供指导性范本,维护国家安全和社会稳定,促进经济社会全面、协调、可持续发展。

2. 国家专项应急预案

国家专项应急预案是国务院及其有关部门为应对不同类型的突发事件所制定的专业性预案。由于不同性质、类型的危机事件所要求的处理措施和方案各不相同，所以需要制定有差异的国家专项应急预案。目前，已制定的国家专项应急预案可以分为自然灾害类、事故灾难类、公共卫生事件类和社会安全类。

3. 部门应急预案

部门应急预案是国务院有关部门根据总体预案、专项预案和部门职责制定的应急预案，主要由制定部门负责实施。目前，我国已经制定80余件部门应急预案，有关部门还根据实际需要，陆续编制发布了《铁路防洪应急预案》《农业重大有害生物及外来生物入侵突发事件应急预案》等预案。

4. 地方应急预案

地方应急预案是由地方各级政府结合实际情况制定的，具体包括省级政府的总体应急预案、专项应急预案和部门应急预案；各地市、县市及基层政府组织的应急预案。地方应急预案按照分类管理、分级负责的原则，由地方人民政府及其有关部门编制。

（五）应急预案的培训

1. 培训的形式

（1）发送学习资料

向应急行动人员发送学习资料，由受训者自学。

（2）培训班

集中举办授课培训班，请专家对应急预案内容进行讲解。

（3）应急案例讨论会

参与人员针对特定案例，共同分析讨论应急响应过程中的各种问题。

（4）功能模拟训练

运用多媒体、计算机模拟软件、模拟训练系统等，对个人的应急技能进行培训。

（5）实战训练

在真实装备及操作环境下对应急行动人员开展特定应急技能培训。

（6）应急演练

应急演练活动既是对应急预案的检验，也是一种有效的应急预案培训手段。

2. 培训的内容

应急预案的培训内容包括组织成员定期参加研究讨论会议、指导专业技术、应急响应疏散演练、全面演练等。应急响应和处置行动的相关人员的培训内容包括明晰个人的职责、危害信息的获取、应急行动的程序、危机事件中的救援技巧、疏散和避难的程序与职责、应急设备的运用、应急过程结束后的善后工作等。

（六）应急预案的演练

1. 演练的类型

应急预案的演练必须满足统一指挥、科学计划、结合实际、突出重点、讲究实效等要求。应急预案的演练可以分为桌面演练、功能演练和全面演练三类。

（1）桌面演练

桌面演练主要运用于应急预案的规划阶段，以会议形式展开，一般是参会人员在会议讨论中针对演习情境进行口头演练，对参与者的分析与规划能力要求较高。

（2）功能演练

功能演练是针对应急响应某项具体功能所展开的演练，检验的是应急响应相关人员的策划和响应能力。

（3）全面演练

全面演练是检验、评估应急预案整体应急运行能力的演练活动，是规模最大且最复杂的演练形式。它对于时间和资金的耗费较大，但能够取得最直观的演练成果。

2. 演练的步骤

应急预案的演练主要分为四个步骤，分别是准备演练、实施演练、评估演练和总结追踪演练。

（1）准备演练

准备演练时，首先需要组织应急演练的规划小组，由其进行应急预案演练的准备工作，包括编写演练的方案、制定演练的现场规划等。

（2）实施演练

针对假设的可能发生的应急事件展开演练，要真实呈现应急预案的内容，同时需要注意演练过程中的安全问题。

（3）评估演练

对演练过程中的应急预案表现情况与应急目标的偏差值进行评估，注意评估必须全面客观。

（4）总结追踪演练

通过演练结束后的总结工作，发现当前应急预案的不足，修改和完善应急预案。

案例

2019年广东省湛江市举行食品安全示范性应急演练

2019年12月25日，由广东省市场监督管理局、湛江市人民政府主办的"2019年广东省食品安全示范性应急演练暨湛江市较大（Ⅲ级）食品安全突发事件应急演练"在湛江市广播电视台举行。广东省市场监管局副局长、广东省食品安全委员会办公室副主任黄绍龙，湛江市副市长欧先伟出席了演练活动。

演练活动以"实战"为背景，按照"实案、实兵、实装、实地"的要求进行，演练以赤坎区某纺织有限公司的员工和麻章区某中学的学生因食用某冷冻水产有限公司销售的秋刀鱼引起的食物中毒事件为背景，通过播放实景预拍视频和人员实战模拟，先后进行了发现问题、先期研判、信息报送、启动响应、应急处置、舆情控制、终止响应、善后总结等环节的演练，对食品安全突发事件应急处置关键环节、主要程序进行全过程的展现，对食品安全监管职能部门牢固树立全程预防意识、全员应急理念，提升实现应急处置能力具有重要意义。

三　应急规划与应急预案

应急规划与应急预案是相似的概念，两者既有区别，又有联系。

（一）区别

如果说应急预案是静态的，应急规划则是动态的；如果说应急预案是结果，应急规划则是过程。

应急规划作为应急准备的重要内容，是一个永无止境的动态过程，而应急预案则是这一过程中不断变换的成果输出。应急准备反映的是一种状态：社会严阵以待，随时准备对外部威胁做出响应。而决定应急准备程度的三个因子是社会的脆弱性、资源及组织结构。其活动主要包括以下三种：一是脆弱性分析，评估社会相对于各种危险的易损程度；二是能力评估，确保人力、物力资源能够应对威胁；三是制定预案，确定组织结构以进行协调反应。

王宏伟等学者提倡以"应急规划"的概念来取代"应急预案"概念，以凸显应急预案工作的过程性、动态性和持续性。在国外应急规划的过程中，风险评估被置于突出的位置。也就是说，编制应急预案的前提是对预案覆盖范围的致灾因子和脆弱性进行调查分析，这样应急预案才具有针对性。

（二）联系

在应急预案和应急规划的编制过程中，应特别关注以下五个方面。

第一，致灾因子评估和风险削减是应急规划的两个驱动目标。应急规划的作用不仅在于突发事件发生时为应急响应行动提供行动"路线图"，还在于不断识别社会系统中存在的危险要素，并对风险进行有效处置。应急规划的过程中应最大限度地提高利益相关者的参与，实现应急规划的公共安全教育功能。

第二，威胁评估是一个持续性的过程。即使在突发事件影响发生后，威胁评估也要持续进行。应急规划并非一蹴而就的行为。应急规划的过程是动态的，其输出的产品即应急预案也必须是不断修正的。

第三，应急规划要将后勤保障作为重要内容之一，确保应急预案的实施具备坚实的人力、物力与财力基础。

第四，不同的社会系统有不同的规划环境。应急预案的实施不仅取决于应急规划的动机和目的，也取决于应急人员所掌握的应急资源和应急技能。国家层面的应急规划可以为地方层面的应急规划提供知识及技能方面的指导，但不能越俎代庖，否则应急预案就不会体现规划环境的差异。由于突发事件及其应对所产生的需求不同，现实中并没有一个放之四海而皆准的应急预案模式。

第五，应急规划必须为基层的应急响应者预留充足的自由裁量空间。大量的证据表明，灾害计划在不可预见的独特事件发生过程中只能提供有限的指导。尽管应急规划过程十分重要，但其输出即应急预案并不太重要。一线响应者的临机决断是必要的，也是可以预期的。因此，我们在日常的应急预案培训中，不仅要强调应急管理者对应急预案的忠诚与遵守，还要突出应急管理者的灵活性、适应性与创造性。

第二节 应急预案的制定与基本原则

一 应急预案的制定

地方人民政府、各职能部门和企事业单位要从本地实际出发，制定完善本地、本部门、本单位的应急预案体系，包括总体应急预案、分类应急预案、专项应急预案和具体应急预案。下面主要介绍总体应急预案和具体应急预案的制定。

（一）总体应急预案的制定

地方政府、职能部门或行业制定的本地区、本系统或本行业的总体应急预案，应包括以下基本内容。

1. 第一部分：总则

（1）目的

说明制定本地区、本系统或本行业应急预案的原因和要求。

（2）工作原则

阐明实施突发应急事件处置所必须遵循的基本原则。一般而言，包括以人为本、社会参与，依法规范、尊重科学，统一领导、分级负责，条块结合、整合资源，平战结合、快速反应等。

（3）编制依据

根据《突发事件应对法》和其他有关法律法规，以及上级人民政府及其有关部门的应急预案、相关规章制定。

（4）突发公共事件及其类别

从本地区、本行业的实际情况出发对突发公共事件进行认定和分类，一般可分为自然灾害、安全生产事故、突发环境事故、食品药品安全事故、突发公共卫生事件、突发社会安全事件等六大类。制定具体预案时可再对各类突发事件进行细分。

（5）突发公共事件分级

按照突发公共事件的可控性、严重程度和影响范围，原则上可以将其分为一般

(Ⅳ)、较大（Ⅲ）、重大（Ⅱ）、特别重大（Ⅰ）四级。而各类突发公共事件的具体分级标准可在应急具体预案中明确。

（6）适用范围

说明本预案适用的区域和包括的具体预案。

（7）预案体系

阐明本预案分列的层次，包含的分类应急预案、专项应急预案和具体应急预案。

2. 第二部分：组织机构与职责

（1）应急组织机构与职责

明确地方政府建立的突发公共事件应急机构的名称、下属部门及其组成人员和各自职责、专家咨询机构或专家组等。

（2）组织体系

上述应急组织机构体系如图 3-3 所示。

（3）应急联动机制

阐明应急救援队伍、资源保障、信息平台等应急力量的具体指挥和协调行动规范。

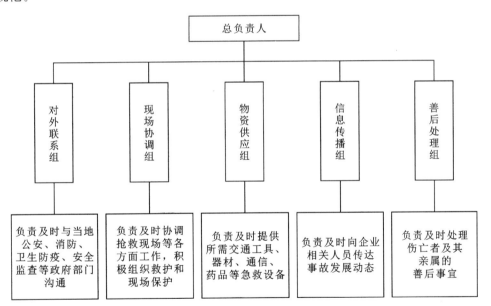

图 3-3 应急预案的组织结构及其职责

3. 第三部分：预测、预警

（1）信息监测报告

必须明确规定，按照早发现、早报告、早处置的原则，发生或可能发生的各类突发公共事件报告时间一般不得超过两小时，在当前的社会现状下，更不得迟报、谎报、瞒报或漏报；同时，在接报后按照有关规定及时通报有关地区和部门。

（2）信息管理

一是必须明确应急管理的各种信息是资源共享的，因此，预案必须对突发公共事件信息的收集、发布、传递制定科学的管理制度和具体的规定，以确保及时、准确、高效、有序地传递信息；二是建立健全突发公共事件常规信息数据库和信息交流、风险分析与分级制度。这些信息一般包括可能诱发各类突发社会安全事件的不稳定因素，主要危险物质和重大危险源的种类、特性、数量、分布区域及有关内容，潜在的重大安全事故隐患。

（3）预警级别及发布

按照可能发生的突发公共事件的紧急程度、影响范围和危害性，地区或行业预警级别可分为一般（Ⅳ）、较重（Ⅲ）、严重（Ⅱ）、特别严重（Ⅰ）四级，依次用蓝色、黄色、橙色和红色表示。

一般（Ⅳ）、较重（Ⅲ）级别的突发公共事件的预警由事发当地人民政府发布；严重（Ⅱ）、特别严重（Ⅰ）级别的突发公共事件的预警必须经过省应急管理委员会主要负责人批准，由省应急管理办公室向事发地发布，确定必要的可向全省发布。

预警信息内容包括突发公共事件的类别、可能的程度和波及范围、提醒公众及相关部门防范的事宜和应该采取的措施等。

（4）预警处置

预案中规定，对一般（Ⅳ）、较重（Ⅲ）级别的突发公共事件的预警信息，事发地地方政府分别启动相应的应急预案进行处置，并及时报告上一级政府及其应急管理机构；对严重（Ⅱ）、特别严重（Ⅰ）级别的突发公共事件的预警信息，省级应急管理机构启动相应的省级应急预案进行处置，并及时报告国务院及相关应急管理机构。

4. 第四部分：应急响应

（1）分级响应

不同区域发生不同级别的突发公共事件由相应的地方政府做出响应。明确规定：发生一般（Ⅳ）级别的突发公共事件，启动县级应急预案；发生较重（Ⅲ）级别的突发公共事件，启动市（州）级及以下应急预案；发生严重（Ⅱ）、特别严重（Ⅰ）级别的突发公共事件，启动省级及以下应急预案。

（2）响应程序

在应急预案中明确以下响应程序和步骤。

一是基本应急。在发生或即将发生突发公共事件的信息得到核实和确认后，但尚未确定其级别和实施分级响应之前，要求当天当地政府立即派员赶赴现场，组织指挥有关人员进行先期处置，并在预案中明示先期处置可以采取哪些针对性措施。

二是适时响应。在实施先期处置措施的同时，事发地政府立即着手对发生的突发公共事件的性质、类别、危害程度、影响范围及可能变化态势等进行初步评估，及时向上一级应急管理机构报告，并进入分级响应程序。

三是扩大应急。预案中明确规定，突发公共事件如进一步发展，超出本级别处置能力或达到严重（Ⅱ）或特别严重（Ⅰ）级别标准时，事发当地政府必须及时报告上一级政府和应急管理机构，由上级机构决定启动更高级别的应急预案。

(3) 指挥与协调

以文字和图表方式明确规定处置突发事件的领导指挥机构、职能部门、救援力量组成、资源配置流程、行动方式等；明确领导指挥负责人，各部门负责人及其职责、通信和联络方式。

(4) 涉外处置及救援

由于近年来国外交往不断增多，大量国外人士和港澳台公民到内地旅游、投资、工作和访友，突发公共事件也难免会涉及这部分人群。为此，应急预案中也需要对如何处置涉外人员和涉港澳台人员事宜做出明确规定。

(5) 信息发布和新闻报道

按照《突发事件应对法》第53条的规定，履行统一领导职责或者组织处置突发事件的人民政府，应当按照有关规定统一、准确、及时发布有关突发事件事态发展和应急处置工作的信息。地方政府或行业主管部门必须严格遵守这一规定，在应急预案中专文明确有关信息发布和新闻报道的事宜：一是各地各级地方政府应建立新闻发言人制度，通常新闻发言人由地方政府的秘书长兼任，政府有关部门和政府新闻办协助处置突发事件的新闻发布工作；二是发生各类严重（Ⅱ）或特别严重（Ⅰ）级别的突发公共事件后，地方政府新闻部应在4～8时内向社会发布有关信息，并按一定时间间隔发布事态发展和应急处置工作进展的信息；三是地方政府新闻办及时掌握突发公共事件事态发展和应急处置工作进展的信息，分析舆情，加强同负责处置事件的地方应急管理机构、政府有关部门的沟通协调，提出新闻报道意见；四是负责处置突发事件的政府有关部门要依照有关法律和规定，主动联系和配合新闻宣传部门对新闻报道提出建议，并做好媒体发布的审核、控制工作。

(6) 应急结束

应急预案必须清楚表明，在突发公共事件的现场应急救援工作完成以及危险因素消除后，经现场应急指挥部确认后，可及时解除预警和应急措施，应急处置队伍撤离现场。一般（Ⅳ）、较重（Ⅲ）级别的突发公共事件可由事发地应急指挥部综合各方面意见，报经地方政府应急管理机构同意并做出终止本级应急预案的指令后，由本级应急办通过新闻发言人宣布应急处置工作结束；而严重（Ⅱ）或特别严重（Ⅰ）级别的突发公共事件，应由上一级应急指挥部综合各方面意见，报经上一级应急管理机构同意，并做出终止上一级应急预案的指令后，由上一级应急办通过新闻发言人宣布应急处置工作结束。

5. 第五部分：后期处置

（1）善后处置

预案必须指明，突发公共事件事发地的地方政府负责组织善后处置工作，通过善后处置工作尽快消除事件后果和影响。善后处置工作一般包括以下几点：一是受灾人员的安置、补偿和受影响人员的安抚；二是征用物资的归还、补偿；三是灾后重建，组织公众尽快恢复生产、生活、工作和社会秩序，制订当地恢复重建计划，并向上一级人民政府报告；四是收集、清理和处置各种污染物；五是修复被损坏的交通、通信、供水、排水、供气等公共设施；六是对参加应急救援工作或协助维护社会秩序表现突出、成绩显著的人员，由县级以上政府给予表彰或奖励；七是组织对突发事件造成的损失进行评估；八是向上一级政府请求资金、物资支持和技术指导；九是妥善解决因处置突发事件而引发的各种矛盾和社会纠纷；十是组织调查突发事件的发生经过和原因，总结突发应急处置工作的经验教训，制定改进措施并书面报告上一级政府。

（2）社会救助

预案要明确规定，地方政府及有关部门负责事后政府救济、司法救济，根据实际损失和危害状况组织协调社会、个人救助；按照有关程序和要求组织协调境外机构的社会救助。

（3）保险

该项工作是应急处置工作过程中的重要一环，不容忽视。应由当地或上一级的中国银行保险监督管理委员会、劳动保障局等机构负责组织、协调保险赔付工作，承保的保险机构应及时派员赶赴现场开展受灾组织、公民和应急处置人员的保险受理、赔付工作。

（4）调查和总结

按照《突发事件应对法》有关条款规定，突发公共事件发生后，必须由法律法规规定的部门按有关程序组织或参与突发事件的调查处置。为此，地方政府应明确参与调查处理的部门和人员，组织其及时、准确地查清事件性质、原因和责任，总结经验教训并提出防范和改进措施，同时以书面形式向上级应急管理机构报告。

6. 第六部分：应急保障

（1）应急队伍保障

预案可规定，各级地方政府、行业应建立专业应急队伍，并在有关应管理机构的统一指挥下，协调联动、配合行动。

(2) 现场救援和工程抢险装备保障

预案可规定，各地各级政府和应急管理机构要清楚本地区、本系统建立的应急数据库和物资装备库的基本情况，明确现场救援和工程抢险装备的类型、数量、性能及其存放位置，保证应急处置时能够及时统一调用。

(3) 通信保障

预案可规定，发生突发事件时，政府职能部门要负责组织协调各类各级电信运营机构根据应急处置工作的需要，具体开展以下工作：一是架设必要的临时专业通信路线，出动应急通信车或其他特种通信设备；二是建设现场应急处置机动通信枢纽，确保现场指挥部与政府应急管理机构之间音频、视频和数据信息的实时传输畅通；三是各级应急指挥部要建立并维护自己的通信数据库；四是组织协调抢修本地瘫痪、损坏的通信设备，确保应急状态时的通信畅通；五是提供备用方案。

(4) 信息保障

预案可规定，各地各级应急管理机构要按照各自的职责建立六大类突发公共事件应急处置综合信息管理系统、应急处置力量信息数据库等，有关部门和单位则建立相应信息系统分别连接到应急指挥部。

(5) 交通运输保障

预案可规定，当地公安、交通、铁路、民航、水运等部门应为应急救援人员及物资运输提供交通运输上的方便。

(6) 医疗卫生保障

预案可规定，当地医疗卫生部门负责组织医疗卫生保障工作，应急指挥部和食品药品部门协调配合，根据"分级救治"的原则，实施医疗救援。

(7) 治安保障

预案可规定，当地公安部门负责制定并实施应急状态下维持社会秩序的各种工作方案，包括警力集结、执勤方式、布控重点和行动措施等。

(8) 物资保障

在物资保障方面，预案可做出以下规定：一是当地政府负责应急预案救援行动的基本物资保障；二是各级政府和有关部门要研究制定应急物资征调及管理办法；三是当地民政部门负责组织协调救援物资的社会救助工作。

(9) 经费保障

预案可规定，按照"分级负责、多方筹集"原则，建立以政府投入为主、社会投入为辅的应急经费保障机制。各级政府负责本级应急经费保障机制建设，统筹安排突发事件应急所需经费，各级政府有关部门在本地财政经费年度预算中必须安排专项资金。

(10) 紧急避难和救助场所保障

预案可规定，各地政府和有关部门要规划、建设和完善重大突发事件的人员避难和救助场所，一般可与公园、广场、体育场、学校操场等公共设施的建设或改造相结合。

7. 第七部分：宣传、培训和演练

（1）宣传

预案可规定，各地各级政府和有关部门应采取多种形式、通过多种渠道、利用各种媒体，在当地社会广泛宣传应急法律、法规和预防、避险、自救、互救、防灾、减灾等应急常识。

（2）培训

培训应急管理人员和救援人员是一项具有经常性、计划性和系统性的工作，各地各级政府和部门的相关人员必须进行常规性培训和上岗培训。

（3）演练

预案可规定，各地政府和应急管理机构可以根据本地实际状况，适时组织当地进行突发事件应急演练，并对演练全过程和结果进行严肃认真和实事求是的评估总结。

8. 第八部分：附则

（1）预案管理

明确各地各级政府负责当地突发公共事件总体应急预案的制定、修订、评审、备案与发布等工作，同时指导分类、专项和具体预案的制定、修订和完善工作。

（2）监督检查与奖惩

应急预案中必须明确本预案的监督检查主体，各级各地政府应急管理机构和监察部门。

（3）制定与解释

说明总体应急预案、分类应急预案、专项应急预案和具体应急预案的制定单位和执行过程中出现具体问题的解释单位。

（4）应急预案实施时间

各地制定的应急预案一般均自应急管理机构发布之日起组织实施。

9. 第九部分：附录

附录部分主要包括两方面的内容：第一，标明各职能部门制定的分类应急预案、专项应急预案的名称；第二，列示应急处置的各种规范化格式文本。

（二）具体应急预案的制定

在总体应急预案之下，公共卫生、医疗救援、消防、公安警务等公共服务部门必须制定分类应急预案、专项应急预案和具体应急预案；矿山、建筑施工企业和易燃易爆物品、危险化学品、放射性物品等生产、经营、储运和使用单位，公共交通工具、公共场所和其他人员密集场所的经营单位、管理单位必须制定具体应急预案。

与总体应急预案相比，除已做出明确规定的外，各部门各单位的分类应急预案、专项应急预案和具体应急预案要细化和具体规定应急处置的各项工作内容及指标、应急指挥部人员构成及职责、队伍、物资资源、装备等调动数量和方式、可实施的应对方法和处置手段、信息通报和发布方法及时限、责任人、注意事项等。

二 应急预案的基本原则

（一）统一领导，分级负责

应急预案体系的建设应当成立统一的领导部门，对应急预案的编制工作进行总体规划，以保持预案体系的完整性和规范性。

（二）遵守程序，注重细节

应急预案的编制强调不同工作环节之间的先后顺序、逻辑关系和衔接要求，要遵守程序，注重细节。

（三）通盘考虑，整体布局

制定应急预案时，应考虑周全、统筹规划，战略性地看待系统其他部分的应急资源储备和应急反应能力。

（四）一险一案，定期演练

制定应急预案时，尽可能多地假设危机事件，根据不同的危险制定不同的应急预案，同时坚持对预案的演练，检验其科学性和有效性。

案例

四川修订重污染天气应急预案，增设蓝色预警

1. 城市 AQI 日均值＞200 并持续 1 天，将启动蓝色预警

此次修订版最明显的不同是对预警等级的划分。与以前相比，修订版增设了蓝色预警。根据修订版，城市预警分级计划分为四个等级，由低到高依次为蓝色预警、黄色预警、橙色预警、红色预警。

预测城市 AQI 日均值＞200 将持续 1 天，启动蓝色预警；预测 AQI 日均值＞200 将持续 2 天及以上，启动黄色预警；预测 AQI 日均值＞200 将持续 3 天，且 AQI 日均值＞300 将持续 1 天，启动橙色预警；AQI 日均值＞200 将持续 4 天及以上，且 AQI 均值＞300 将持续 2 天及以上或预测 AQI 日均值达到 500 并将持续 1 天及以上，启动红色预警。

相应地，区域预警分级同时划分为四个等级，依次为区域蓝色预警、区域黄色预警、区域橙色预警和区域红色预警。当 5 个及以上连片地级城市预测将启动某级别城市预警（其中高于该级别预警城市数量不超过 3 个），需要省级督促、指导开展区域性联防联控时，启动该级别区域预警。

2. 区域Ⅱ级响应启动，居民或可免费乘坐公交

对应区域预警级别，区域重污染天气应急响应级别分为区域Ⅳ级应急响应、区域Ⅲ级应急响应、区域Ⅱ级应急响应、区域Ⅰ级应急响应四个级别。区域红色预警启动区域Ⅰ级应急响应，为最高级别。

修订版不仅对重污染天气的监测和预警进行细致分类，还从健康防护措施、倡议性污染减排措施、强制性污染减排措施等三方面对响应措施进行明确。

健康防护措施包括对室外活动的建议，幼儿园、中小学上课的规定等。在倡议性举措方面，当区域Ⅱ级及以上级别预警启动时，有条件的城市可免除公交乘车费用，企事业单位可采取调休、错峰上下班、远程办公等弹性工作制。

针对重污染企业，修订版也有详细的规定。区域Ⅰ级响应启动时，重点排污工业企业至少减排 70% 的大气污染物排放量，其他企业最低减排 50% 的大气污染物排放量。区域Ⅱ级响应启动时，重污染企业至少减排 50%，其他企业最低减排 30%。区域Ⅲ级响应启动时，重污染企业至少减排 30%，其他企业最低减排 15%。

第三节 应急准备与风险减缓

一 应急准备的概念

古人有云:"兵马未动,粮草先行。"应急准备必须做好高效系统的人力、物力、财力、交通运输、医疗卫生及通信保障工作,以保证满足应急救援工作的需要、保障灾区群众的基本生活,使得恢复重建工作顺利进行。

(一)应急队伍

1. 应急队伍的层级、种类

这主要牵涉由谁组建、专业与否、哪一层级这三个问题。组建部门可以是政府、政府部门、单位、公益组织等。根据不同的组建主体,应急队伍有不同的分类。

(1)综合性应急队伍

主要是县级以上人民政府整合应急资源,建立或者确定的综合性应急队伍。

(2)专业应急队伍

政府部门可以根据实际需要设立专业应急队伍。

(3)成年志愿者组成的应急队伍

县级以上人民政府及其有关部门可以建立由成年志愿者组成的应急队伍。

(4)单位应急队伍

单位可以建立由本单位职工组成的专职或者兼职应急队伍。

2. 应急队伍的性质、构成、保障

(1)性质

针对突发事件性质,根据不同行业领域,重点分布在医疗、地震、传染病防控、灾难事故救援、公共设施抢修等领域。

(2)构成

成员经过科学程序的筛选,从各行业内部精英人士中选出。

（3）保障

政府部门、单位应当为专业应急人员购买人身意外伤害保险，配备必要的防护装备和器材，减少应急人员的人身风险。

（二）应急物资

1. 应急物资生产储运体系

（1）开发应急产业

通过建设专门的应急产业装备体系，研发生产专业应急装备供国家急需和社会使用。

（2）开辟应急物流通道

交通部门要为应急物资的运输开设专门的应急救援绿色通道。

2. 应急物资储备制度

（1）设立系统的安全的应急物资储备库

应急物资储备库是储备能满足"自然或其他灾害救助应急预案"规定的救灾物资的场所。其建设内容包括房屋建筑、场地、建筑设备和基本装备。

（2）完善应急物资种类，并对应急物资进行定期维护、检测与更新

应急物资种类包括紧急救援装备、生活用品、医疗用品、防疫用品等。具体提供通信、煤、油、电、水、气、热、帐篷、被褥、卧具、衣物、食物、基本药物、照明等，确保灾区群众有饭吃、有水喝、有衣穿、有住处、生病能得到及时医治。

（三）应急设施

1. 应急设施种类

（1）交通设施

如道路、舟桥、运输车辆、通勤车辆、救援飞机、各类醒目标志等。

（2）通信设备

如电话、手机、对讲机、收音机、通信应急车、应急卫星等。

（3）能源设备

如发电机、电池、电瓶、照明灯具、石油等。

（4）医疗卫生设施

如伤员用具、医疗用具、诊疗设备、防疫消毒设施等。

（5）居住设施

如帐篷、简易板房等。

（6）指挥设施

如指挥车、应急指挥系统等。

（7）警戒设施

如隔离栅栏、警戒线等。

2. 应急设施提供的方式

应急设施的提供包括征调、租借、购买、捐赠、紧急生产等多种方式。这些有赖于特种设备行业的扶持。

（四）应急科技及研究

1. 开展公共安全科学研究，提供应急理论

可以通过高校、研究所等建立专门的研究机构进行，也可以通过成立专业学会、协会和国际组织促进专门的交流和科学研究进程。

2. 加大公共安全和应急处置技术研发，改进技术装备和应急平台

这既要发挥高校和科研院所的作用，更要联合企业，发挥企业的技术和工程及生产优势。

（五）应急资金与保险

突发公共事件应急装备和救援工作所需要的资金必须得到保证。对受突发公共事件影响较大的行业，企事业单位和个人要及时研究提出相应的补偿或救助政策，并对突发公共事件财政应急保障资金的使用和效果进行监督和评估。

政府和企事业单位还可以鼓励公民、法人或者社会组织（包括国际组织）等按照我国《公益事业捐赠法》等有关规定进行捐赠和援助。

二 风险认知

（一）公共风险识别

公共风险识别的原则有以下几点。

(1) 全面系统性原则

公共风险通常具有不确定性、公共性、外部性等特征。这些特征决定了公共风险的影响对象和作用方式往往具有很强的不确定性，从而导致公共风险识别工作具有复杂性，因此在识别公共风险的时候必须坚持全面系统性原则。

(2) 动态连续性原则

现代社会是一个快速变化发展的社会，社会中孕育产生的公共风险具有较强的变动性；其本身的质和量、表现形式、作用方式以及结果随时都在变化，同时新的风险还会随着各种条件的变化层出不穷。

（二）公共风险评估

1. 公共风险评估的概念

公共风险评估是指在公共风险识别的基础上，运用一定的方法对收集的大量信息加以分析，估计和测定公共风险发生的可能性及其影响程度，确定其风险级别和管理优先级的过程。这一过程包括风险分析和风险评价。

2. 公共风险评估的原则

公共风险评估的原则主要包括以下几点。

(1) 整体性原则

整体性原则是公共风险评估的最基本原则。公共风险造成的损失往往是多方面的，公共风险评估必须考虑整体性；从系统的角度出发，尽可能全面、充分地考虑各种风险的相关性、叠加性等。

(2) 统一性原则

公共风险评估是针对某一公共风险事件或风险单位进行的，这就要求公共风险评估保持统一性原则，不能将与风险事件或者风险单位无关的材料考虑进去，同时，公共风险评估工作要有统一的组织领导。

(3) 客观性原则

这要求公共风险评估尽可能使风险预测、评估的结果与实际发生的损失相一致，以反映客观存在的风险，如果偏差过大会造成不必要的损失。

(4) 可操作性原则

这要求风险管理人员掌握评估方法、灵活运用风险评级方法，使得风险评级具有可操作性和通用性，避免运用高深繁杂的评级方法。

（5）规范化原则

这要求公共风险评估使用的方法和程序有统一规范的基本准则，其中包括评估程序、评估方法、评估指标体系等方面的内容。规范化有利于信息的交流沟通以及不同风险的对比分析。

（6）动态性原则

我们必须持续地进行监测，动态性地进行评估，对公共风险进行持续跟踪，不断地获取、处理数据，为进行公共风险评估奠定坚实的基础。

3. 公共风险评估的途径

（1）基线评估

如果系统运作不是很复杂，并且对信息处理和网络的依赖程度不是很高，或者组织信息系统采用普遍且标准化的模式，基线评估就可以达到基本的安全水平。

（2）详细评估

详细评估要求对风险进行详细识别和评价，对可能引起风险的威胁和弱点水平进行评估，根据风险评估的结果来识别和选择安全措施。

（3）组合评估

基线评估耗费资源少、周期短、操作简单，但不够准确，适合一般风险评估；详细评估准确而细致，但耗费资源较多，适合严格限定边界、较小范围内的评估。目前多采用二者结合的组合评估方式。

4. 公共风险评估的方法

（1）基于知识（knowledge-based）的分析方法

这也称经验方法，其涉及对来自类似系统的最佳惯例的重用，适合一般性的信息安全社团。

（2）基于模型（model-based）的分析方法

这种方法通过多种途径采集相关信息，识别系统的风险所在和当前的安全措施，与特定的标准或最佳惯例进行比较，从中找出不相符的地方，并按照标准或最佳惯例的推荐选择安全措施。

（3）定性（qualitative）/定量（quantitative）分析

定性分析和定量分析的共同目标是找出面临的风险及其影响，以及目前安全水平与系统安全需求之间的差距。

三 主要致灾因子、脆弱性及风险分析

（一）致灾因子及其类型

1. 致灾因子的概念

致灾因子是指在特定的地点有可能对人的生命、财产和自然环境产生影响的致灾因子源或极端事件。也就是说，致灾因子可能给人类社会带来人员伤亡、财产损失、公共设施瘫痪、环境破坏等不良影响。人类社会能否对可能发生的危机事件做出快速、有效的响应和致灾因子发生作用的速度、致灾因子发生作用的可预见性、致灾因子的强度、致灾因子的影响范围、致灾因子的持续时间以及致灾因子引发灾害的可能性密切相关。

2. 致灾因子的类型

不同学者对致灾因子的分类有所不同。人们通常根据致灾因子成因的不同，将致灾因子分为自然致灾因子、技术致灾因子以及人为致灾因子。

自然致灾因子是指在自然环境中存在的、可能给人类社会带来威胁的风险源。它可以细分为气象致灾因子、地质致灾因子、海洋致灾因子等。其中，气象致灾因子包括洪水、雷击、赤潮、干旱、冰雹、冻雨、龙卷风等；地质致灾因子包括地震、火山爆发、泥石流、滑坡、地裂、沦陷等；海洋致灾因子包括海啸、飓风、台风等。

数字资源 3-3
拓展阅读：
湖南长沙"4·29"
特别重大居民
自建房倒塌事故
调查报告

技术致灾因子是指在工业背景或技术背景下，由于当前技术的发展和变化以及新技术的引进而给公众的生命安全、财产安全以及生存环境带来威胁的风险源，如毒气泄漏、化工污染、瓦斯爆炸、核辐射、工厂爆炸、油车爆炸等。

人为致灾因子是指由人为因素引起的，可能给公众的生命安全、财产安全以及生存环境带来威胁的风险源，如暴乱、恐怖袭击、犯罪活动、战争等。

除以上分类方式之外，致灾因子还可以分为原生致灾因子、连带致灾因子和次生致灾因子。其中，原生致灾因子是指和脆弱性进行互动而带来灾害的因子，如地震、台风、飓风等；连带致灾因子是指和原生致灾因子同时发生的致灾因子，如地震和滑坡、火山喷发和地震等；次生致灾因子是指因原生致灾因子产生的致灾因子，如地震导致建筑物坍塌、洪水引发传染病、化学物品泄漏导致水土污染等。

（二）致灾因子的内容

1. 致灾因子发生作用的速度

致灾因子发生作用的速度决定了人们是否有足够的时间发出警报。比如地震发生时，可瞬间导致人员伤亡和财产损失，应对起来极为困难。

2. 致灾因子发生作用的可预见性

相比之下，无先兆的致灾因子比有先兆的致灾因子更令人措手不及。

3. 致灾因子的强度

在很大程度上，致灾因子的强度取决于所释放的能量或有害物质的数量。例如，3级以下的地震是无感地震，3级以上的是有感地震。

4. 致灾因子影响的范围

致灾因子影响的范围即所涉及地理区域大小以及人员、财产的数量。

5. 致灾因子影响持续的时间

致灾因子影响持续的时间有长有短，即有害物质泄漏的影响可能长达数十年。

6. 致灾因子引发灾害的可能性

可能出现的致灾因子更能动员社区群众，使其参与到降低脆弱性的致灾因子减缓和应急准备的措施之中。

（三）脆弱性

脆弱性主要是指人或事物相对于致灾因子的易损性。脆弱性包括物理脆弱性、社会脆弱性、经济脆弱性和环境脆弱性。

1. 物理脆弱性

物理脆弱性主要衡量既有物理空间中人与物相对于致灾因子的易损性。例如，位于行洪区的建筑、道路与居民相对于洪灾致灾因子的脆弱性就比较强。

2. 社会脆弱性

社会脆弱性是指由个人、社会、政治、文化等因素所决定的相对于某一致灾因子的易损性，例如，随着老龄化进程的加快，老年人的防灾能力成为社会的一个重大问题。

3. 经济脆弱性

经济脆弱性指一个国家、城市、社区的财政状况所决定的相对于致灾因子的易损性。例如，海地是世界上最贫困的国家之一，相对于 2010 年 1 月 12 日发生的强震而言，其经济脆弱性强。

4. 环境脆弱性

环境脆弱性是指由一个地区环境状况所决定的该地区相对于致灾因子的易损性，例如，一个地区乱砍滥伐森林、环境受到极大的破坏，其环境脆弱性就比较强。

（四）控制致灾因子与削减脆弱性

由于风险是由致灾因子和脆弱性共同决定的，因此为了做好突发事件的预防工作，我们一方面要实施减缓工程，降低社会系统的脆弱性；另一方面要着眼未来可能发生的突发事件，提高社会的恢复能力。

一般来说，减缓工程包括以下方面的内容。第一，制订致灾因子减缓计划。政府组织减缓团队，并与社会各方的利益相关者合作，识别风险，采取行动，应对风险。第二，对发展进行管理。政府根据土地使用规划及发展安排，不在危险地带修建建筑，并将危险地带的人口转移到安全地带。第三，保护建筑物及公共设施。新建的建筑及设施必须符合防灾标准及法规，在役建筑应参照防灾标准及法规进行改造。第四，保护自然。保护湿地、沙丘、森林，保留开阔地带，禁止在危险地带进行开发。第五，控制风险。采用技术手段，控制风险。第六，限制公共支出。政府不支持在高风险地区兴建道路、桥梁、污水处理设施等。第七，风险沟通与公众教育。建筑施工单位要进行安全教育、掌握减缓技术、居民要知道疏散计划和避难场所。

2018 年 10 月 10 日，在中央财经委员会第三次会议上，习近平强调要针对关键领域和薄弱环节，推动建设若干重点工程：灾害风险调查和重点隐患排查工程，掌握风险隐患底数；重点生态功能区修复工程，恢复森林、草原、河湖、湿地、荒漠、海洋生态系统功能；海岸带保护修复工程，建设生态海堤，提升抵御台风、风暴潮等海洋灾害能力；地震易发区房屋设施加固工程，提高抗震防灾能力；防汛抗旱水利提升工程，完善防洪抗旱工程体系；地质灾害综合治理和避险移民搬迁工程，落实好"十三五"地质灾害避险搬迁任务；应急救援中心建设工程，建设若干区域性应急救援中心；自然灾害监测预警信息化工程，提高多灾种和灾害链综合监测、风险早期识别和预报预警能

数字资源 3-4
建立高效科学的自然灾害防治体系

力；自然灾害防治技术装备现代化工程，加大关键技术攻关力度，提高我国救援队伍专业化装备水平。

四 风险减缓

（一）风险减缓战略

风险减缓的目标在于事前控制，将突发事件可能引发的危机扼杀在摇篮之中。然而，由于人类自身认知存在盲区，加上事件的突发，这一目标很难有效实现。毋庸置疑，有效的风险减缓是当前应对突发事件引起公共危机的第一道屏障。具体来说，风险减缓战略主要包括以下几个方面的内容。

1. 制订致灾因子减缓计划

政府部门应积极组织风险减缓团队，并与社会各界利益相关者进行合作，识别风险、分析和评估风险，然后采取相应的致灾因子减缓计划来应对风险。

2. 对发展进行管理

政府应严格根据土地使用规划及发展安排，不在危险地带修建各类建筑，并将危险地带的人口转移到安全地带。

3. 保护建筑物及公共设施

新修建的工程及设施必须符合防灾标准及相应的法律法规要求，在建建筑及公共设施应按照防灾标准及法规进行改造。

4. 保护自然环境

自然环境是人类赖以生存的前提，对自然环境的破坏将会引发一系列的自然灾害，如地面塌陷、滑坡、泥石流、洪涝等。因此，人类社会在发展进程中必须保护森林、草场、湖泊、沙丘等，保留开阔地带，限制对自然环境脆弱的地点进行开发。

5. 控制风险

控制风险是指通过运用现代化的科学技术，事前对致灾因子进行监测、分析，然后采取针对性的手段把风险控制在萌芽阶段。

6. 限制公共支出

政府对公共支出应进行严格的审批，对于在自然环境脆弱的高危险区进行的公共基础设施建设应不予财政支持，如在植被稀疏的山脚下修建公路、在地震多发区修建公园等。

（二）实施步骤

1. 组织相关资源

组织相关资源就是使风险减缓计划获得相关方面的人力、物力、财力的支持。

2. 评估风险

评估风险主要包括识别风险要素及其脆弱性，估计危机可能带来的损失。

3. 制订计划

制订计划必须以获得资源的多少和风险的大小为基础。风险减缓计划主要涉及清晰的目标、公共参与、明确的问题、以事实为基础、结合相关政策、便于实施等几个方面的内容。

4. 实施计划

对整个计划进行评估是实施计划的过程中必不可少的一个环节。同时，风险减缓计划必须根据评估的结果及其反映出来的问题及时进行修订和完善。

案例研讨

韧性城市视角的城市安全与综合防灾系统
——以上海市浦东新区为例

城市安全不仅取决于城市自然环境，还与城市物理系统和城市社会系统密切相关。城市的脆弱性程度直接影响城市安全状态。一个安全的城市是既能有效防御和减轻灾害事故的发生，又能在突发事件发生时及时应对、灾害发生后快速恢复的韧性城市。以风险管理理论和韧性城市理论为指导，结合上海市浦东新区建设全球城市核心城区的2035远景规划，对浦东新区城市安全和综合防灾系统规划进行研究。

风险管理的核心是从原有的以灾害应急为中心的灾害应对体制向灾害预防、灾害减轻的全过程风险管理转变，并且实现从单一灾害应对模式转化为全灾害风险管理模式。韧性城市理论来源于物理学的韧性（resilience）概念，由生态学家郝灵（Holling）引入，并且扩展到生态系统研究之外，已经成为不同学科的研究内容，包括自然灾害和风险管理、气候变化适应、工程以及规划。面对环境、社会经济不确定性和风险，韧性也成为城市规划建设和发展的核心目标。

浦东新区沿江滨海，区域面积大，土地利用复杂，人口分布不均，产业功能布局集中，是由多个特殊功能区域构成的超复杂城市系统。不同功能区域具有各自的风险特征，特别是当人流物流的集聚和危险源叠加时，城市风险将可能进一步放大。综合分析浦东新区自然环境、城市发展状况以及历史灾害特征，浦东新区主要面临气象灾害、地质灾害、地震、火灾事故、危险化学品事故、交通事故、环境污染事故、传染性疾病、食品安全事故、动植物疫情事件、恐怖袭击事件、群体性事件等灾害风险。这些灾害风险将可能不同程度地引发城市积水、洪涝、交通瘫痪、大面积停电、房屋损毁、通信中断、人员疏散和救援困难、大面积感染、社会秩序混乱、人员伤亡等城市安全问题，极端灾害事故将可能导致重大人员伤亡和财产损失，对浦东新区城市安全运行造成严重影响。

浦东新区规划建设全球卓越安全城区，"安全、舒适、便捷"是其发展的目标。基于此，浦东新区城市安全和综合防灾系统规划任务聚焦于下列八个方面的能力建设：第一，强韧性城市基础设施，确保城市基本功能安全运行；第二，高安全房屋建筑体系，确保房屋建筑不易遭受灾害损毁；第三，最优化重点区域规划，有效减少事故灾害及其影响；第四，全覆盖安全保障设施，确保特大灾害发生时安全避灾、快速救助；第五，智能化综合防灾系统，实现智能化的应急指挥和决策辅助、科学决策；第六，立体化应急救援体系，实施快速有效的救援和应急处置；第七，多层次应急管理体制，实行多层次网络化管理，确保管理责任全覆盖；第八，多元化安全治理体系，建立多元参与、社会协同治理的长效机制。

浦东新区城市安全与综合防灾系统构建如图 3-4 所示。

 讨论题

1. 浦东新区的脆弱性表现在哪些方面？
2. 浦东新区的城市安全和综合防灾系统规划有什么特点？
3. 谈谈你对韧性城市治理的看法。

数字资源 3-5
案例研讨参考答案

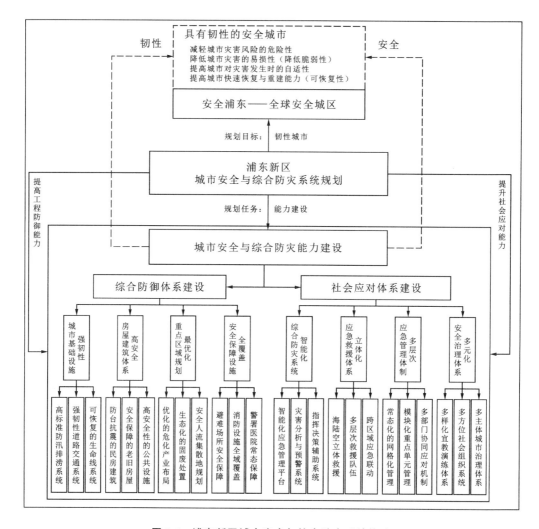

图 3-4 浦东新区城市安全与综合防灾系统构建

本章概要

本章着重讲解了应急预案和应急规划的相关概念，阐释了应急准备和实施风险减缓的核心观点。应急规划和应急预案是管理者面对不确定的危机影响因素，预先设想危机情境，为降低危机事件所带来的危害和损失而制定的前瞻性方案集合。如果说应急预案是静态的，应急规划则是动态的；如果说应急预案是结果，应急规划则是过程。地方政府和职能部门要从本地实际出发，制定并完善本地区、本部门的应急预案体系，在制定过程中，应当遵循统一领导、分级负责，遵守程序、注重细节，通盘考虑、整体布局，一险一案、定期演练等原则。应急工作离不开高效系统的人力、物力和财力的有力支持，因此，应急准备需要建设应急队伍、统筹应急物资、完善应急设施、加强应急科技。在整个应急规划和准备过程中，识别和评估公共风险，重视公共危机沟通，对后期的致灾因子控制和脆弱性削减极为重要。

核心概念

应急规划　应急预案　应急准备　致灾因子　脆弱性　风险减缓

第四章

公共危机的监测与预警

学习目标

1. 了解危机事件信息监测是指有关部门在危机事件发生前对各种可能引发危机事件的重要危险源及其表现进行实时、持续、动态的监视和测量，收集相关的数据和信息的活动过程。
2. 理解危机事件预测是对监测得来的信息进行鉴别、分类、定级和分析。
3. 理解并掌握危机事件预警就是根据一些危机事件的特征，对可能出现的危机事件的相关信息进行收集、整理和分析，并根据分析结果进行设施规划，给出警示的过程。

情景导入

微博地震预警：创新技术在公共危机监测与预警中的应用

2023年1月5日，成都高新区中国地震台网测定，5日13时6分，在德阳市绵竹、安县、阿坝州茂县交界（北纬31.7度、东经104.1度）发生3.8级地震，震源深度13公里。成都高新减灾研究所在该区域安置的地震预警台网成功捕获此次地震信息，在地震发生9秒后，通过新浪微博发布地震预警第一报信息："2013年1月5日13时6分14秒四川绵竹（N31.7，E104.1）发生3.0级地震，发送本信息时（13时6分23秒）地震横波还有15秒到达成都，预计烈度0.0度。"该条微博信息发布时间比地震横波到达成都时间早15秒，震级数据与中国地震台网发布的权威信息相差0.8。这是国内首次实现通过微博自动发送地震预警信息，标志着我国成功实现了首次微博地震预警信息发布测试。此次地震预警信息在震中震后9秒，也通过计算机网络、手机客户端、专用预警接收服务器、汶川电视台等实现同步发布。据公开数据，截至2023年1月，新浪微博、腾讯微博的注册用户数累计达10亿。相比此前测试成功的计算机终端、手机客户端、专用预警接收服务器、电视等预警渠道，微博预警具有跨操作平台、覆盖面更广泛、使用便捷廉价等优势，在防震减灾中具有极大的应用前景。通过微博及时发布地震预警信息，进一步扩大了地震预警信息的发布渠道，使普通民众多了一种方式及时获知地震信息。这既能对民众进行地震科普教育，也能在破坏性地震发生时提供地震预警，引导民众及时避险，以达到减少伤亡的目的。

第一节 公共危机的信息监测

公共危机在发生之前有一个孕育的过程，且都表现出一定的征兆或迹象。如果人们能在危机萌芽状态或起初之时及时发现这些征兆，对其发生发展做出准确的预测和判断，及时采取有针对性的措施，就能防止公共危机的发生和升级，有效控制事态发展，或能提高应对的针对性和有效性，减轻应对压力，减少损失。

一 信息采集的概念、原则与方式

（一）信息采集的概念

"信息采集"顾名思义就是对所监测到的有关信息进行收集。在公共危机应急管理过程中，信息采集是指公共危机应急管理主体通过信息技术等方式把散乱存在于环境中的危机信息收集起来并组织入库的过程，这有助于相关公共危机应急管理人员及时获取危机处理所需要的信息，从而最大效率地进行公共危机预警，降低公共危机的危害性。公共危机信息采集活动贯穿于包括事件发生的前期、中期以及后期在内的整个危机管理生命周期，并为各个阶段服务，但是采集的信息内容在不同的阶段也会有所不同。采集的信息内容主要包括公共危机的类型、发生的地点和时间、事态的规模和影响、可能的引发因素和未来发展趋势等。对于已经发生的公共危机，其内容还应包括已造成的损害和已采取的初步应对措施。在明确了危机发生的信息各式各样的渠道来源之后，下一步的工作就是从这些信息源着手，尽可能地收集可能与潜在危机相关的信息，总结归纳隐藏在这些信息背后的核心要素。

信息是进行一切分析和决策的首要基础和前提，在公共危机应急管理过程中，能否及时获得正确、全面的信息事关危机决策的正确与否，事关危机能否得到及时的处理，事关人民群众的生命财产安全和社会的稳定能否得到保障。而对于公共危机应急管理部门来说，监测并采集公共危机的相关信息是它们进行应急决策、有效应对危机的基础。鉴于此，我国 2007 年颁布的《突发事件应对法》第 41 条规定："国家建立健全突发事件监测制度。县级以上人民政府及其有关部门应当根据自然灾害、事故灾难和公共卫生事件的种类和特点，建立健全基础信息数据库，完善监测网络，划分监测区域，确定监测点，明确监测项目，提供必要的设备、设施，配备专职或者兼职人员，对可能发生的突发事件进行监测。"

目前，实时、准确、全面地监测和收集与公共危机相关的各种数据和信息，强调对危机征兆信息的捕捉，重视遥感、遥测、GIS（地理信息系统）、GPS（全球定位系统）等信息技术的使用以及信息的实时动态更新。随着社交媒体的兴起，社交媒体正成为公共危机信息监测与收集的重要渠道。

（二）信息采集的原则

危机信息的采集对于有效应对公共危机具有不可或缺的作用，而为了保证所采集信息的质量和有效性，信息采集一般需要遵循以下几个原则。

1. 及时性原则

信息一般都具有较强的时效性。信息是否有利用价值通常取决于信息是否及时提供，能否保障相关各方第一时间做出反应。因此及时地获取公共危机信息能够有效地避免或者延缓公共危机的爆发。

2. 可靠性原则

可靠性即准确性，它要求收集的信息必须是真实对象或环境所产生的，必须保证信息的来源是可靠的，必须保证收集的信息能够反映真实的状况、特点、趋势。坚持可靠性原则可以确保公共危机预警系统做出准确的预测和预警。

3. 针对性原则

坚持针对性原则可以确保危机管理者和决策者进行特定危机管理和决策的针对性和有效性。

4. 系统性原则

公共危机的发生会经历一个从量变到质变的过程，这要求所收集的信息广泛、全面、完整，这样才能正确地预测危机可能造成的影响，从而使公共危机预警管理更有效率，也更有意义。

（三）信息采集的方式

当前，公共危机信息采集的方式主要有两种，第一种是基于 Internet 的公共危机信息获取，第二种是基于现场的公共危机信息获取。基于 Internet 的公共危机信息获取主要是对公共危机的舆论信息进行采集和分析，该类信息从侧面反映了公共危机事件的发展趋势；基于现场的公共危机信息获取主要是针对不同类型的公共危机事件的信息获取，该类信息通过不同的设备和技术对公共危机事件的相关属性信息进行获取。人们通过现场公共危机信息的获取来实现公共危机虚拟化模拟，从而为公共危机信息预警提供参考依据。

1. 基于 Internet 的公共危机信息获取方式

（1）网络爬虫

网络爬虫（web crawler）是实现网络海量信息自动采集的主要应用程序。它的原理是通过提取网页中的超链接来发现新的网页，即从网站的首页开始，在读取首页内容的同时提取超链接地址，并不断地循环同样的操作，直至将该网站所有网页的全部内容抓取完。

网络爬虫一般有三种抓取网页的策略：广度优先抓取策略，深度优先抓取策略和最佳优先抓取策略。这三种策略各有利弊。广度优先抓取策略有利于程序实现并行处理，提高速度，所以经常被采用。深度优先抓取策略虽然在抓取速度上比较慢，但是其设计实现的难度较小。最佳优先抓取策略只抓取经分析后有价值的网页，由于其采用的局部最优算法会导致一些相关网页的丢失，因此需要结合具体应用进行改进。

网络爬虫通常由三个部分组成：一是用来读取页面数据的网页读取部分；二是用来分析并提取网页上超链接的超链分析部分；三是用来分析网页内容的内容分析部分。一般的爬虫程序的主要工作流程如图 4-1 所示。爬虫程序依次从 URL 列表中取出一个 URL 并放入未访问 URL 列表，接着执行如下步骤：若未访问 URL 列表不空，则取出其中一个 URL 并进行判断，如果未访问过则抓取此网页，并进行分析，将从其中提取的超链接地址放入未访问 URL 列表，同时将抓取页面存入数据库，并将该 URL 归入已访问 URL 列表，直至未访问 URL 列表为空。此时再从 URL 列表内取出新的 URL，依次循环直至未访问 URL 列表为空。

（2）Web 日志分析

Web 日志分析就是从 Web 服务器所产生的庞大的日志文件中，挖掘隐含的、有用的、尚未发现的信息和知识，经过分析加工得到直观的、能被用户看懂的、包含价值信息和知识的各种分析结果。各种日志文件包括访问日志、引用日志、代理日志、错误日志等文件，这些文件中包含大量的用户访问信息，如用户的 IP 地址、所访问的 URL、访问日期和时间、访问方法、访问结果、访问的信息大小等。Web 日志分析挖掘被认为是目前解决网站数据丰富、信息贫乏问题的一种有效方法。这些信息的分析报告可以让网站运营者了解用户的行为和偏好，了解信息内容的受关注程度，了解网站可能存在的问题，促进网站运营者对网站及其内容的维护和管理，提高服务的质量和效率，为网站运营者提供资源建设的决策支持等。

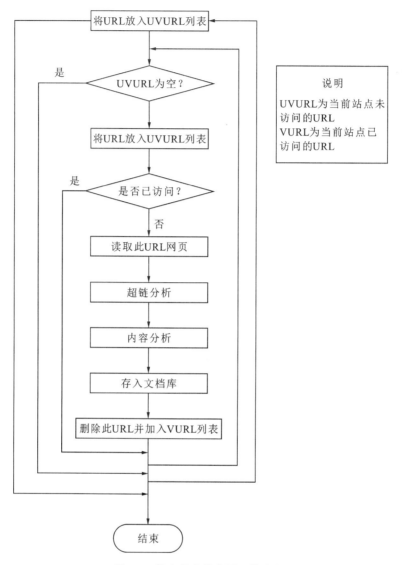

图 4-1 爬虫程序的主要工作流程

2. 基于现场的公共危机信息获取方式

（1）制度性信息获取渠道

日常公共危机信息的制度性获取渠道也就是官方获取渠道，它对公共危机的管理具有极其重要的价值。制度性信息获取最关键的是保证信息获取的长期性、持续性，以便为公共危机的管理和决策提供参考。

第一，报告渠道。为了及时收集公共危机信息，我国建立了明确的信息报告制度。《国家突发公共事件总体应急预案》规定："特别重大或者重大突发公共事件发生后，各地区、各部门要立即报告，最迟不得超过 4 小时，同时通报有关地区和部门。应急处置过程中，要及时续报有关情况。"以自然灾害信息报告制度为例，国家为了规范各级民政部门灾情信息的报告，为抢险救灾、灾后重建、灾后救助提供依据，专门制定了系统的自然灾害情况统计报表体系。突发性自然灾害快报就属于其中之一。根据灾害过程的不同阶段，灾情信息报告分为初报、续报和核报三类。初报在灾害发生的第一时间进行，报告的内容不必完整，但要及时；续报是初报后每天报告一次，便于相关部门动态跟踪灾情的变化；核报是在灾情稳定后，核实全部的灾情与救灾信息。

第二，举报渠道。为了尽快获取公共危机信息，国家鼓励单位和个人向政府及其有关部门报告危机隐患，向上级政府及其有关部门举报地方政府及其有关部门不履行或不按规定履行危机应急处理职责的情况。为此，国家建立了突发事件的举报渠道，公布统一的举报电话，并由政府对举报突发事件有功的单位和个人给予奖励。

第三，公文渠道。这是在行政管理过程中通过行政渠道下发或上报的文件、政策、法规、通知、简报、报表等材料来收集信息。一般下发的文件、法规、通知等材料政策性较强、涉及面较广，是收集公共危机管理宏观指导性信息的主要渠道；上报的简报、报表、情况反映，特别是事故及隐患鉴定报告等，大多较为真实可靠，是获取微观层面、基层民众信息的重要途径，从中可以筛选出一些内容重要、事关全局的重大信息和带有苗头性、倾向性问题的信息。此外，还有人民代表大会的各类文件和调研报告等。

（2）非制度性信息获取渠道

相较而言，危机状态下的信息属于一种非常态的信息资源，它体现了具体爆发的危机具有哪些特征，会影响哪些群体和社会领域等，更具针对性和特殊性。这些信息所反映的情况和事态往往也更为深入和具体。这些信息的形成时间短、变化速度快，因此不能通过制度性信息获取渠道获取，而是需要建立非制度性信息获取渠道，便于人们积极主动、有计划地获取危机状态下的公共危机信息。目前，较为常用且效率较高的非制度性信息获取渠道主要有公共危机信息监测系统和公众与媒体监测渠道。

① 公共危机信息监测系统。

以自然灾害为例，我国自1949年开始逐步建立和完善全国自然灾害监测系统，并且已经形成了与自然灾害相关的气象、水文、海洋、地质、环境、农作物和森林草原等要素的监测系统。这些监测系统一般由国家综合台站、区域监测台站和各地方台站组成。现阶段，中国的自然灾害监测系统功能分散在不同的部门，包括气象监测系统、水文监测系统、地震监测系统、地质灾害监测系统、林业火灾监测系统、海洋灾害监测系统、农林病虫害监测系统等。

数字资源 4-1
拓展视频：
山洪灾害
监测预警
系统建设
主要内容

公共危机信息监测系统的运行除了要有完善的监测指标体系，还必须有先进的监测方法和技术的支持。物理、化学、地理、生物、信息等学科和相关工程技术的不断发展，为突发事件的监测提供了先进的科学技术手段，如定位系统、遥感监测、视频监测、无线监测等。随着物联网时代的到来，构建公共安全监测物联网来感知风险以及解决突发事件发生后各部门之间如何互联互通等问题，将成为公共危机信息监测系统的一大发展趋势。

② 公众与媒体监测渠道。

公众与媒体作为公共危机事件的近距离接触对象，是非制度性信息获取的重要渠道。公共危机事件发生时，公众往往最先感知到危机的存在。目前，在许多地质灾害多发的农村，数万名兼职信息员第一时间发出灾害信息，为保障人民的生命财产安全做出了重要贡献。媒体与生俱来的敏感性使其成为非制度性信息获取的另一个重要渠道。目前主流的媒体渠道有两种：一是通过报刊、电视、广播等新闻媒体的公开报道及内部参考等获取信息；二是通过网络媒体渠道获取信息。

非制度性信息获取的两种渠道各有优劣势。公共危机信息监测系统的优势在于在科学系统的监测指标和监测方法的指导下，监测系统可以获取精确度较高的公共危机信息，劣势在于无论其监测指标如何完备、监测方法如何先进，都无法获取突发性的、不可预测的公共危机信息。而公众与媒体监测渠道虽然没有系统的监测体系作为指导，但是其近距离的危机感知和先天的危机敏感度可以使其很好地捕捉不可预测的、容易遗漏的公共危机信息。因此，多渠道相辅相成的公共危机信息收集方式，不仅能够保证公共危机信息的完整、准确，为公共危机预警和决策管理提供不可缺少的依据，而且对于研究公共危机的发生规律，从而积极主动地防范公共危机具有重要的意义。

二 公共危机信息研判与发布

（一）公共危机信息研判

公共危机信息研判是指有关部门对采集到的信息进行识别、分析和判断的过程，以便有关决策者可以及时做出反应，从而尽快消除危机影响。公共危机信息研判的主要内容包括：判断什么类型的危机信息是科学有效的，什么样的公共危机信息是无效的；判断什么样的公共危机信息需要向公共危机预警系统传递；判断什么样的公共危机信息是有待检验的。为了避免不必要的危机恐慌，以及准确地发出公共危机预警信号，公共危机管理主体必须对公共危机信息进行有效的信息识别，并制定客观的、有针对性的公共危机信息研判标准。

（二）公共危机信息发布

公共危机信息发布是指公共危机管理主体在公共危机管理过程中对所监测到的信息进行整合、分析，然后根据分析的结果研判该危机是否会发生及可能会造成的损害，进而对潜在受影响的人群发布有关信息，以便他们可以及时采取有效的措施来预先避免或减缓危机对他们带来的伤害。及时发布全面、准确的危机信息，一方面有利于应急处置机构对事态发展进行科学分析,最终做出准确判断,从而采取有效措施将危机消灭在萌芽状态,或者为公共危机发生后具体应急工作的展开赢得宝贵的准备时间;另一方面有助于社会公众知晓公共危机的发展态势,以便及时采取有效防护措施避免损失,并做好有关自救和他救的准备。如同危机信息监测一样,公共危机信息的发布贯穿于危机发生的整个生命周期,但在不同的危机阶段有不同侧重点,因而所发布即公开的信息也会有所差别。

危机管理专家斯蒂文·芬克(Steven Fink)认为,任何一个危机都要经历四个阶段,即潜伏期、爆发期、扩散期和消退期。美国学者斯特奇斯(H. A. Sturges)深化了斯蒂文·芬克的危机发展四阶段理论,他认为有效的危机信息传播需要使所传播的内容满足公众在危机不同过程中的需求。在危机爆发前或者在危机发生的较早阶段,消息的制作应关注内化性信息,这些信息要告知公众的是"组织在危机中处在何种位置",并发布一系列关于组织正面的观点,以此稳定人心、获取支持;当危机迅速蔓延、进入爆发阶段时,信息内容将转化为指导性信息,组织应向公众传播"如何应对危机"的信息;当危机减退时,信息传播则应转为调整性信息,帮助公众从心理上恢复正常;在危机平息阶段,信息内容将再次强调内化性信息,这有利于树立组织的正面形象。

基于上述理论,我们认为公共危机信息发布主要包括以下内容。

首先,在公共危机潜伏期发布的信息主要包括与公共危机有关的法律法规、政府规章、应急预案、预测预警信息等。发布这些信息的目的主要有以下三点:一是让公众了解相关的法律法规,明确其在危机状态下的权利与义务;二是让公众知晓应急预案,了解周围环境中可能存在的危险、预防措施及自身在政府公共危机管理中的角色;三是让公众接受预测预警信息,督促其采取相应的措施,避免或减少危机可能带来的损失。

其次,在公共危机爆发期和扩散期发布的信息主要包括公共危机的性质,影响的程度和范围,初步判断的原因,已经采取、正在采取和将要采取的措施,对发展态势的预判,对公众的建议,物资分配,社会各界捐赠情况等。发布这些信息的目的主要有以下四点:一是传递权威信息,阻断谣言,避免引起社会恐慌;二是使公众掌握公共危机的实时状况,有目的地采取措施,避免出现更大的损失;三是监督政府在公共危机中的行为,维护公共利益,维护公众基本权利;四是凝聚公众意志,统一危机认知,便于实施社会动员。

最后,在公共危机消退期公布的信息主要包括应对危机的经验和教训、相关责任的调查、认定和最终处理情况、恢复重建的政策安排和执行情况、损失补偿的政策与方法、公共危机预防预测的新举措、捐赠物资、款项的使用情况等。发布这些信息的目的主要有以下三点:一是反思公共危机的教训,总结公共危机管理的经验,增强全社会的危机意识;二是接受公众的监督,强化危机管理的责任制度,使政府的行为合法、合情、合理;三是广泛吸纳社会公众参与恢复重建活动。

需要注意的是,并非任何与危机有关的信息都是可以公开的。修订后的《政府信息公开条例》第14条规定:"依法确定为国家秘密的政府信息,法律、行政法规禁止公开的政府信息,以及公开后可能危及国家安全、公共安全、经济安全、社会稳定的政府信息,不予公开。"

总之,基于公共危机不同阶段的特点,信息公开的重点也应发生变化,公共危机潜伏期重在预防,公共危机爆发期和扩散期重在动员公众克服公共危机,公共危机消退期则重在总结反思以及帮助社会尽快恢复常态。

第二节 公共危机预测

一 危机监测、危机预测与危机预警

危机监测是指有关部门在危机事件发生前对各种可能引发危机事件的重要危险源及其表现进行实时、持续、动态的监视和测量,收集相关的数据和信息的活动过程。危机预测是指危机预测机构根据其判断对危机事件的未来前景和发展态势进行估计或者推测,为预防和应对危机确定方向的过程。危机预测主要遵循以下三条线索:一是历史上发生过的危机,因为发生过的危机有可能再次发生;二是其他国家或地区发生过的危机;三是监测现实环境,预测现实环境变化可能给组织带来的危机。[①] 危机预警是指危机管理主体根据预测研判的结果判断该危机事件的严重程度,并据此分级向有关部门和社会公众发出预警信息,以便有关部门和人群可以及时掌握危机信息及其可能造成的损害,进而采取相应的行动消除或减轻危机带来的影响。

(一)危机监测与预警

危机事件相关信息采集和监控均为危机监测的环节。危机监测中信息采集分为"平时"和"战时"状态,而危机预警中的信息采集已经进入"战时"状态。此时,信息采集着重于信息的长期采集(直至预警结束为止)以及对相关信息的跟踪。"战时"状态与"平时"状态下信息采集的区别在于以下两点:一是"平时"状态下信息采集范围广,"战时"状态下信息采集针对性强;二是"平时"状

---

① 谢玉华,李亚伯. 管理沟通:理念·技能·案例[M]. 3版. 大连:东北财经大学出版社,2017:186.

态下的信息采集凌乱无章，而进入"战时"状态后，经过危机事件相关信息研判，危机事件的类型和级别已明确，此时危机事件相关信息采集注重危机预警的目标选择和重点选择。

危机监测获得的真实可靠的信息和数据是危机预测和预警的基础，准确的危机事件相关信息有利于危机管理后期工作的正确展开；危机预测就是通过对危机监测环节中的信息采集所提供的信息数据进行分析，选取合适的预测方法，对可能发生的危机事件以及危机事件的危害程度等进行估计并预测危机的演变发展和趋势等，为预警决策提供科学的依据。

由此可见，危机预测是以信息监测为基础的，且危机预测是信息监测的延续；信息监测是对危机事件状态的监控和描述，危机预测是对其发展态势的估计和判断。

（二）危机预测与预警

危机预测是人们运用已有的知识、经验和科学方法对未来危机是否发生、发生何种事件、在哪里发生以及如何发生等进行预见，并推测事件未来的发展趋势。危机预测是对监测得来的信息进行鉴别、分类、定级和分析的过程，贯穿于整个危机管理的监测与预警活动。

危机预警就是根据一些危机事件的特征，对可能出现的危机事件的相关信息进行收集、整理和分析，并根据分析结果进行设施规划，给出警示。根据管理学理论，决策分析可以分为三类，即确定性决策、不确定性决策和风险性决策。危机预警本身就是一种决策分析，且属于决策分析的第三类——风险性决策。危机预警的决策分析就是根据信息研判、预测的结果，确定危机预警级别的临界点，决定是否发出危机预警信号和预警指令的过程。

数字资源 4-2
拓展视频：
气象灾害
预警信号之
台风预警信号

从内涵上看，危机预警的内涵比危机预测要广，危机预警既包括对预警对象现状的评价，也包括对预警对象未来状况的预测。从结果上看，危机预测的结果可以是定量的，也可以是定性的，仅仅表现为对危机趋势和动向的估计，而危机预警的最终结果是向特定的受众发出警示，并针对危机事件给出相应的对策性建议。

二 危机预测的作用

在危机事件发生前，危机预测可以帮助公共危机应急管理主体及时根据预测的结果，判断是否向有关部门和社会公众发出预警信号，并采取相关措施去阻止、减缓危机的发生，从而减少危机事件带来的损失。具体来说，危机预测的作用有以下几点。

第一,在风险向危机转化的临界点,敏锐地发现危机的征兆,根据对征兆的分析,得出或验证有关危机演进的初始判断。

第二,及时预测危机的发展速度和影响程度,以规划危机应对的总体原则和可行步骤。危机的"度"决定了危机管理的"度",依据前者的变化趋势确定后者的"行"与"止"的边界,是危机预测所解决的一个基本问题。

第三,调查研究利害关系者的态度和行为,在检测中发现主要矛盾、重大损害和紧迫问题,以制定针对性策略,实现重点突破。

第四,追踪预测危机议题,了解议题的形成原因、传播机制和变化趋向,为有效设置、引导或改变议题提供决策资讯。

第五,收集和利用与危机密切相关的其他信息,例如类似危机的应对案例与历史记录、压力团体的法规政策与管理规章、市场格局的形成和发展态势以及危机预警的相关知识等。

三 危机预测的机构

危机事件应急管理中预测是一个难点问题。危机事件如果前兆明显,可凭借历史数据、信息研判标准及方法进行识别与预测,但对于前兆不明显的危机事件,则需要通过专业的机构进行预测。根据突发公共事件的大类,预测机构也有不同的类别。

(一)自然灾害预测机构

自然灾害的形成有其自身规律,对它的监测为预测灾害提供了基础。目前,国内关于各类自然灾害的监测系统有气象环境监测预警系统、地震监测台网、中国地壳运动监测网、地质灾害远程实时监测网、气象卫星和环境监测卫星、风暴潮监测和赤潮灾害监测等。

1. 气象灾害预测机构

县级以上人民政府各级气象主管机构所属的气象台站、其他有关部门所属的气象台站、与灾害性天气监测和预报有关的单位等均属于气象灾害的预测机构。我国气象灾害种类多、分布地域广,台风、暴雨(雪)、寒潮、大风、沙尘暴、低温、高温、干旱、雷电、冰雹霜冻和大雾等自然灾害发生频率高,造成的损失严重。中国的自然灾害中70%为气象灾害,由于农业生产基础设施薄弱,抗灾能力差,对气象条件的依赖程度高,所以中国每年因各种气象灾害造成的农作物受灾面积达0.5亿公顷以上,影响人口达4亿人次,经济损失2000多亿元。因此,需要气象灾害预测机构按照职责协同配合开展气象灾害的预测工作,及时向气象主管机构与有关灾害防御、求助部门提供雨情、水情、风情和旱情等监测信息。我国在2010年颁发的

《气象灾害防御条例》指出"县级以上地方人民政府应当根据气象灾害防御的需要，建设应急移动气象灾害监测设施，健全应急监测队伍，完善气象灾害监测体系"。我国政府高度重视对气象灾害的预测，地方政府积极响应，结合本地实际情况建立了自己的灾害预测预警系统。例如，青岛在2015年初步建成适应青岛现代农业和农村经济社会发展需求的现代农业气象业务体系，实现农村气象灾害性天气监测率95%以上、突发灾害性天气监测率90%以上；建成全覆盖的农村气象预警信息发布网络，灾害性天气预警信息提前15～30分钟发出，气象灾害预警信息公众覆盖率90%以上，基本满足农村防灾减灾、应对气候变化的需要。该监测预警体系建设项目包括自动气象观测站、自动土壤水分观测站、农业小气候观测站、风云三号气象卫星数据接收处理和分析应用业务系统、车载简易多普勒雷达和移动气象预报服务系统、农村气象灾害预警信息发布平台和农村气象灾害预测预警业务平台等。同时，试点构建基层农业气象信息传播服务体系，包括气象信息服务站、气象灾害预警信息接收分发配套硬件设施、电子显示屏和气象灾害预警大喇叭等。

2. 地质灾害预测机构

地质灾害预测涉及自然资源部、地矿局、气象局和环境监测中心等。地质灾害预测需要多个部门、多个机构配合协同完成。地质灾害是诸多灾害中与地质环境或地质体的变化有关的一种灾害，主要是自然的和人为的地质作用导致地质环境或地质体发生变化，当这种变化达到一定程度时，产生的后果给人类和社会造成危害，例如崩塌、滑坡、泥石流、地裂缝、地面沉降、地面塌陷、岩爆、坑道突水、突泥、突瓦斯、煤层自燃、黄土湿陷、岩土膨胀、砂土液化、土地冻融、水土流失、土地沙漠化及沼泽化、土壤咸碱化以及地震、火山和地热害等。以省级地质灾害预测为例，其预测过程是首先由省中心气象台以电话形式每天分两次把未来24小时降雨预报数据及前期的降雨数据报省级地质环境监测院；省级地质环境监测院预报组根据区域地质环境背景、地质灾害规律与本省易发区域分布图，结合当天预报降水量、降水区域和降水累加值等资料，分析判断降雨诱发地质灾害的空间范围及可能程度；最后把确定的预测结果报省中心气象台，由省中心气象台向社会及相关部门发布。

3. 地震预测机构

由于地球的不可入性、地震韵律的复杂性以及地震发生的小概率性，地震预测被视为一个世界性科学难题。全世界人们都在努力研究地震预测，探索地震预测的有效途径，但就现在来说，不管国内还是国际，都很难完全准确地预报地震。一次真正的有社会显示度的预报意见必须给出未来地震的时间、地点和震级，即时空强三要素。一种实用的预报方法必须具有较高的准确率。每个国家对地震预测的管理都有一套行可行的办法，我国地震灾害预测的专业机构是中国地震局地震预测研究所。国务院地震工作主管部门和县级以上地方人民政府负责管理地震工作的部门或者机构，根据地震监测信息研究结果，对可能发生地震的地点、时间和震级做出预测。其他单位和个人通过研究提出的地震预测意见，向所在地或者所预测地的县级以上地方人民政府负责管理地震工作的部门或者机构书面报告，或者直接向国务院地震工作主管部门书面报告。收到书面报告的部门或者机构应当进行登记并出具接收凭证。观测到可能与地震有关的异常现象的单位和个人，可以向所在地县级以上地方人民政府负责管理地震工作的部门或者机构报告，也可以直接向国务院地震工作主管部门报告。国务院地震工作主管部门和县级以上地方人民政府负责管理地震工作的部门或者机构接到报告后，应当进行登记并及时组织调查核实。

（二）事故灾难预测机构

事故灾难预测是对人为造成的紧急事件进行预测。

1. 火灾预测机构

火灾的发生发展都是有条件的，预测火灾一般根据三个因素，即可燃物、一定温度的着火源和助燃物。例如，森林火险预测机构有国家林业局和草原局与气象部门。国家林业局和草原局具体负责森林防火的部门是森林公安局，它掌握全国森林火情，发布森林火险和火灾信息，协调指导重特大森林火灾扑救工作；组织、指导、协调武装森林警察部队和专业森林扑火队伍的防扑火工作；承办国家森林防火指挥部的具体工作等。国家林业局和草原局依据气象部门气候中长期预报，分析各重点防火期的森林火险形势，向全国发布火险形势宏观预测报告；在森林火灾发生后，气象部门全面监测火场天气实况，提供火场天气形势预测。

2. 环境污染监测机构

全国环境保护部际联席会议有关成员单位、国务院有关部门和地方各级人民政府及其相关部门，例如环保部门、交通部门等均是环境污染监测的主要机构。根据早发现、早报告和早处置的原则，全国环境保护部际联席会议有关成员单位通过对国内（外）环境信息、常规环境监测数据和辐射环境监测数据的综合分析，对可能的环境污染情况进行预测。根据《国家突发环境事件应急预案》的规定，由环境保护部牵头，住房城乡建设部、水利部、农业部、气象局、海洋局、总参作战部、总后基建营房部等参加，设立应急监测组，根据突发环境事件的污染物种类、性质以及当地气象、自然、社会环境状况等，明确相应的应急监测方案及监测方法；确定污染物扩散范围，明确监测的布点和频次，做好大气、水体、土壤等应急监测，为突发环境事件应急决策提供依据；协调军队力量参与应急监测。

（三）突发公共卫生事件预测机构

为有效进行突发公共卫生事件的应急管理工作，国家建立了应急处理专业技术机构，将其作为突发公共卫生事件的预测机构，具体包括医疗机构和疾病预防控制机构、卫生监督机构和出入境检验检疫机构。其中主要进行突发公共卫生事件预测的机构是疾病预防控制机构，其预测流程如下：第一步，在各级政府及卫生行政部门的领导下开展突发公共卫生事件监测、预测，提供预警所需的相关信息，建立健全突发公共卫生事件监测网络；第二步，根据突发公共卫生事件的类别制订监测计划，科学分析、综合评价监测数据；第三步，对发现的隐患以及发生的突发公共卫生事件，按国家规定的程序和时限及时报告。

（四）社会安全事件预测机构

在我国，社会安全事件的预测工作是各地方党委、政府以及公安系统等部门通过对信访信息、网络舆情信息的掌握与综合分析进行的。各地方党委、政府以及公安系统等部门要依照信访工作应急预案的相关规定，根据"属地管理、分级负责""谁主管、谁负责"的社会安全事件信访应急管理原则，严格落实信访工作责任制，坚持以人为本、预防为主，将群体性事件等有可能扰乱社会安全的社会安全事件化解在萌芽状态。中国社会科学院、大学和政府的政策研究机构等单位也致力于社会安全事件的预测工作。

四 危机预测的原则与措施

（一）危机预测的原则

由于危机事件具有特殊性，时间等因素在危机管理中具有重要的影响作用。因此，危机预测与危机监测、危机预警一样，应该注意及时性、准确性和全面性等原则。

1. 及时性原则

危机预测功能实现的前提是在突发公共事件发生前识别各种潜在威胁，然后在此基础上采取适当的措施发出警报，告知社会公众迅速采取行动，避免突发事件的发生，最大限度地减少损失。及时的预测可以为后面的预警赢得宝贵的时间。

2. 准确性原则

准确性原则要求在尊重历史与现实资料的基础上，从客观实际出发，分析危机事件相关因素之间的内在联系，把握危机事件演化、发展的规律与态势，进行准确的预测，为后续的预警提供客观真实的依据。因为一旦发出预警，公众就会采取相应的行动，产生一定的成本，如果预测不准确，预警就会像寓言故事中的"狼来了"

一样失信于公众，给政府公信力造成不可挽回的影响，人们或许会对后续的预警信息熟视无睹。

3. 全面性原则

全面性原则要求预测信息覆盖所有利益相关者，不能出现顾此失彼的现象，在后续的预警环节把预测信息通过多种多样的渠道传递给所有人群，特别是弱势群体。此外，危机预测也需要全方位考虑事件的信息和环境条件等，从而减少预测结果的偏差，确保预测的正确性。在危机事件中损失的降低程度与预测的全面性密切相关，预测信息的全面性与预警信息是相辅相成的。

能否把上述三个原则贯彻落实到位，直接影响着预测预警效果。有学者曾用一个公式这样表述：预测预警效果＝及时性×准确性×全面性。

这一公式表明，预测预警越及时、越准确、越全面，效果就越好。

（二）危机预测的措施

危机预测的主要措施如下。

1. 建立科学的监测指标体系

监测指标体系是应急管理重要的测量手段与工具，它根据科学的方法和分析发现公共事件的演进过程，发现突发事件的敏感因素，识别并确认社会的风险，监测突发公共危机事件的危险源，评价事件发生的可能性。

2. 综合分析监测信息

本着全风险预测预警原则，建立统一的预测预警信息平台，对地震、气象、水利和森林防火等部门的监测结果信息通过技术手段进行综合分析和研判。

3. 规范风险管理流程

从风险管理角度做好诸多环节的工作，包括风险监测、风险识别、风险评估、风险排序、风险控制与风险沟通等，如图4-2所示。尤其注意兼顾危险要素与脆弱性这两个层面，考察其交互作用的结果。

4. 降低预测重心

降低预测重心实际上就是发挥基层单位特别是社区的作用。每个社区都应该编制应急预案，对风险进行科学分析与预测，同时成立社区应急领导组织与救援队伍，在突发公共事件到来时能够有条不紊地应对社区内居民的登记造册工作，对经过培训的人员进行应急管理业务资格的认定，组织居民签订灾害互助协议等。社区也要

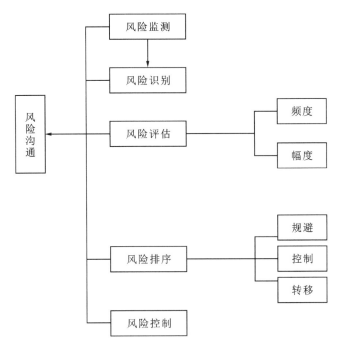

图 4-2 风险管理流程

考虑结合自身的风险状况配备一定的应急硬件设施,一旦收到相关的预警,就能及时有效地做出响应。

一 预警的内涵及构成要素

"预警"一词源于军事,也最常用于军事,原指通过预警来提前发现、分析和判断敌人的进攻信号,并把这种进攻信号的威胁程度报告给指挥部门,使其提前采取应对措施。后来,人们把这个词逐步应用到政治、经济、社会、自然等多个领域,预警日渐成为一个广义的概念。[①] 在危机应急管理中,预警主要是指在危险要素尚

---

① 肖鹏军. 社会危机管理 [M]. 广州:华南理工大学出版社,2018:28.

未转变为危机事件之前,将有关风险的信息及时告知潜在的受影响者,使其采取必要的行动,做好相应的准备。因此,可将公共危机预警定义为公共危机管理的主体根据有关危机事件过去和现在的数据、情报和资料,运用逻辑推理和科学预测的方法、技术,对某些危机现象出现的约束性条件、未来发展趋势和演变规律等做出估计和推断,并发出确切的警示信号或信息,使公共部门和公众提前了解危机发展的状态,以便及时采取应对策略,防止和消除不利后果的一系列活动。

危机预警的警示作用是由其内在规律决定的。通过预警把握事件的状态、特征及趋势,首先要了解危机预警包含的几个要素,即警情、警源、警兆、警度以及警限。

1. 警情

危机预警中的警情就是社会发展过程中出现的异常情况。《突发事件应对法》中所规定的自然灾害、事故灾难、公共卫生事件和社会安全事件四类以及各小类例如干旱、地震和交通事故等,都是警情。

2. 警源

警源是指某种警情发生的根源,也是影响社会稳定的根源,还是应急管理活动中突发事件预警的基础。明确警源是指在危机事件预兆出现之前就对其运行状态进行监测,发现危机事件发生的根源。

3. 警兆

警兆是能够直接提供预警信号的一类预警指标。一般而言,在社会发展发生异常变化导致警情爆发之前,总有一定的先兆。警兆就是警情爆发之前的先兆性指标,应急管理工作人员可以根据警兆预知、预测尚未发生的事情,以便做到及时预警。虽然危机事件具有突发性和偶然性,但偶然性寓于必然性之中。任何突发事件的发生都有一定的必然性,这些必然因素就是我们要发现的警兆,同时也是对突发事件进行预测和预警的前提。

4. 警度

警情的轻重程度称为警度,又称警级。警度是危机事件信息研判的结果,也是危机预警的最终产出形式。警度不仅反映警情的变化程度或强度,还间接反映警情可能造成危害的程度。《突发事件应对法》规定,按照社会危害程度、影响范围等因素,自然灾害、事故灾难、公共卫生事件分为特别重大、重大、较大和一般四级。相应地,警度也分为四个级别,即巨警警度、重警警度、中警警度和轻警警度。

5. 警限

警区和警点统称警限。警区就是预警区间，即警兆指标的变化范围；警点是预警的分界点，是突发事件由量变转化为质变的临界点。

二 危机预警的原则及功能

（一）危机预警的原则

目前，学者在危机预警的原则方面还没有达成共识，但是总体来看，危机预警的原则主要有以下几点。

1. 层次性原则

危机预警应该坚持分级分类的层次性原则，依据危机事件发生的类别和级别，建立分级制预警机制。若预警高于应对的级别，既会造成大量的资源浪费，也会引起公众恐慌，使政府失信于民；若预警低于应对的级别，会在危机事件到来时，应急能力不力，无法控制事态发展，造成更大的损失。

2. 及时性原则

危机预警功能实现的前提是在危机事件发生之前，根据危机监测与预测识别各种潜在威胁，采取适当的措施发出警报，敦促社会公众采取行动，避免危机事件的发生或者最大限度地减轻危机事件的影响。预警如果不能及时传递与危机事件潜在风险相关的警情，就不能为提前采取相应措施赢得宝贵的时间。《国家突发公共事件总体应急预案》规定："各地区、各部门要针对各种可能发生的突发公共事件，完善预测预警机制，建立预测预警系统，开展风险分析，做到早发现、早报告、早处置。"

3. 准确性原则

危机预警要具备准确性，即既不会针对不是危机发生的信号发出错误的预警，也不会忽视危机发生的征兆。警报一旦发出，公众就会采取应对措施，也就产生一定的成本。如果预警不准确，付出的成本就不会带来预期的收益。长此以往，社会公众对预警的信任度就会降低，进而导致人们对预警信息熟视无睹，预警机制将名存实亡。

4. 简明性原则

危机预警内容表述必须简练、清晰、易懂，避免使用冗长、晦涩、难懂的专业性语言，否则，公众难以在短时间内理解预警信息内容，会延误逃生避险时间。换句话说，如果正确的风险判断不能够及时传递给目标受众，预警的意义将会被削弱或为零。此外，模糊的信号往往容易引发混乱，人们或者对模糊的信号麻木不仁，或者反应过度，因此，危机预警信息要言简意赅、直截了当、信息确凿，把精确的行话和专业的术语变成简单、朴实、明确的公众用语。

5. 全面性原则

全面性原则要求预警信息覆盖所有的利益相关者，而不能出现挂一漏万、顾此失彼的现象。在突发危机事件中，损失的降低程度通常与获得警报的人数呈正比。为此，在预警信息的传播中，要使用多样化的信息传递渠道，不仅要运用现代化的信息传播手段，如电视、广播、互联网、手机等，还要兼顾传统的预警方式，如高音喇叭、鸣锣敲鼓、奔走相告等。同时，传播预警信息要特别关注弱势群体，如鳏寡孤独者、残疾人、老人、儿童、语言不通的外国人等。

（二）危机预警的功能

危机预警是危机管理的首要阶段，也是危机管理的第一道防线。危机预警可以帮助政府和公众对可能发生的各种形式的危机事件预先有一个充分的估计，从而提前做好应急准备，谋划并选择最优的应对方案，最大限度地减少危机所造成的损失。一般来说，危机预警的功能主要包括以下几个方面。

1. 预见功能

政府部门通过跟踪各区域、行业、企业、社区的运作、管理或生产生活及生态信息，将其历史资料、现实情况、所定目标或标准进行综合比较及客观分析，对其当前状况的优劣做出诊断，找出其管理、运行中的弊病或失误之所在，判断各区域、行业、企业、社区存在的隐患及其发展扩大或演变的可能性。这种预见性功能是危机预警机制的首要功能，该系统中的其他功能基本由此衍生出来。

2. 警示功能

如果预测的事态发展为一场危机的可能性较大，那么，政府就应通过预警系统向有关部门或社会及时发出警报，警告各区域、行业、企业、社区公众做好相应的躲避危险或防范风险的准备。即使警报的危险或风险最终没有发生，也可以给公众一定的警示，促使其自查自纠，消除潜在隐患、化解风险。

3. 减缓、延缓功能

这一点往往容易被人忽视。实际上，许多危机的损害程度和规模之所以最终难以收场，很大程度上是由于没有认识到一些危机可能是难以完全避免的，比如一些非人力所能及的自然灾害，对此就只能尽可能地利用已存在和潜在的条件来尽力减缓、延缓其发展的速度，减少其带来的损失，避免危机的扩大和升级。

4. 阻止、化解功能

危机预警通过向公共危机管理主体和社会公众发出关于可能即将爆发的危机事件的警示，使得他们能够提前了解可能引发公共危机的相关要素，从而及时做出反应，消除潜在的威胁因素，达到阻止、化解危机事件发生的目的。对于许多现实问题，政府可以通过一定的措施进行阻止和化解，这实际上也在某种程度上防范了未来危机事件的爆发。这是危机预警最重要也是最现实的目标。

三 预测预警系统

社会公众能否及时接受警报、理解警报并采取正确的避灾行动与有关部门能否有效地进行预警密切相关，而有效的预警又主要取决于良好的预测预警系统。一般而言，预测预警系统主要分为风险评估、监测预警、警报传递以及响应行动几部分。

（一）风险评估

不同的人对风险的理解可能有所不同。有人认为风险就是危险，有人认为风险就是概率，也有人认为风险就是不好的结果或者潜在的负面影响等。韦氏词典（1989年）对风险的定义是面临伤害或损失的可能性。《辞海》对风险的定义是"人们在生产建设和日常生活中遭遇能导致人身伤亡、财产受损及其他经济损失的自然灾害、意外事故和其他不测事件的可能性"。《汉语词典》（第7版）对"风险"一词的解释是"可能发生的危险"。国际标准化组织和我国的国家风险管理系列标准，如《风险管理 原则与实施指南》（GB/T 24353—2009）采用的定义是"不确定性及其对目标的影响"。

综上，本书认为，风险就是事件的不确定性带来的人身伤亡、财产受损及其他经济损失等恶劣结果和潜在负面影响及其可能性。因此，在公共危机管理中，可将风险评估定义为，有关部门和人员预先对危机事件发生的可能后果及其概率大小进行识别和评估，以便有关部门做好预测预警工作，从而有效应对危机，减轻或避免公共危机给社会和公众所带来的伤害。风险评估的内容主要包括会发生什么以及为什么会发生，后果会是什么，这些后果发生的可能性有多大，是否存在一些可以减轻后果或者降低风险可能性的因素，风险等级是否可容许或可接受，是否要求进一步采取措施应对等。

风险评估是预测预警的重要内容与承上启下的环节：一方面，它是对人们通过科学监测手段获得的数据的加工与处理；另一方面，它是人们做出报警决策的基础和依据。

结合社会对危机的风险承受能力，我们将风险划分为三个等级：第一个等级是可接受风险（acceptable risk），这种风险基本不会对社会造成安全威胁，需要预测预警系统持续监测；第二个等级是可容忍风险（tolerable risk），这种风险会让社会受到一定程度的扰动，但可以依靠自身的能力加以修补和矫正；第三个等级是不可容忍风险（intolerable risk），这种风险会让社会受到严重影响，需要采取特别手段进行紧急处置。在面临第三个等级风险的情况下，预警系统就要做出决策，发出警报。

（二）监测预警

报警服务处于预测预警体系的核心。对于致灾因子的预测预报需要以科学技术为基础，全天候地持续进行，因为持续性地对致灾因子的参数和先兆进行监测是及时发出准确警报的前提。不同部门开展的报警服务可以通过制度、程序、沟通等方面统一整合，以适应危机诱发因素的复合性与事态演变的复杂性。为此，建立有效的监测预警必须突出以下几个方面的内容。

数字资源 4-3
拓展视频：
广东省地震局
粤港澳大湾区
地震监测
预警系统

1. 全方位整合预测预警资源

在西方发达国家，监测预警活动的参与力量是多种多样的，涵盖不同的层面，它们包括：联合国国际减灾战略、联合国粮食及农业组织、世界气象组织、联合国教科文组织等；地区预警技术中心；国家气象、水利等与灾害预警密切相关的部门；专业观测台站及预警中心；大学及研究机构；通信部门；提供预警设备的私人企业；公民个人（如质量管理专家等）。面对这种主体分散的形势，如果能将不同主体提供的服务通过一定的渠道和手段加以整合，必将为公共危机管理机构的决策提供更加全面翔实的参考信息。

2. 实现监测预警的标准化

随着时代的发展，科学技术特别是信息技术在危机监测预警中发挥着越来越重要的作用。公共危机管理对监测预警的时效性、准确性都提出了很高的要求。现代科技手段的应用恰恰可以满足这一要求。比如：气象卫星的应用极大地提高了气象预报的准确性；河道水文测量系统能及时地将水位数据传输到监测指挥中心，通过对上游数据的分析，准确预测下游洪峰到达的时间；卫星遥感技术能全天候监控森林火灾情况，及时发出警报。

我们要借助方便快捷的信息技术及其他技术，实现危机监测预警机制的标准化，进而提高危机监测预警的效率，具体措施包括建立标准化的监测预警指标体系、规范监测预警信息的表述语言、确立监测预警信息的统一发布程序、构建不同监测预警主体之间的合作伙伴关系等。

3. 保持全天候持续监测

监测预警是需要持之以恒、常备不懈的工作。危机的风险是动态演进、瞬息万变的，监测预警工作必须对其进行持续性的动态跟踪，及时分析、研判。唯有如此，当风险达到警戒阈值时，才能在第一时间发出警报。

4. 分级进行预警

警报发出后，人们会对预警情况做出响应，社会的正常生产、生活秩序会受到一定程度的影响。因此，预警要分级。这样预警信息更加明确，人们也就能够有针对性地采取适当的响应行动，避免造成响应不足或响应过度的问题。

美国的危机预警级别从高到低依次分为五级，对应的颜色分别是红色、橙色、黄色、蓝色和绿色。我国《突发事件应对法》第42条规定："国家建立健全突发事件预警制度。可以预警的自然灾害、事故灾难和公共卫生事件的预警级别，按照突发事件发生的紧急程度、发展势态和可能造成的危害程度分为一级、二级、三级和四级，分别用红色、橙色、黄色和蓝色标示，一级为最高级别。预警级别的划分标准由国务院或者国务院确定的部门制定。"

由于危机种类繁多，预警分级的标准很难实现完全统一。预警分级并以颜色标示，其初衷是方便社会公众及时做出响应。但是，在实践中，社会公众往往不知道在具体的灾害预警中各种颜色意味着什么，也不知道该采取什么相应的措施。为此，公共危机管理部门要加强公共安全教育，可根据风险评估的结果，以通俗易懂的大众语言，而不是深奥晦涩的科学语言向社会公众普及危机的监测预警知识。

5. 重点监测"三敏感"事件

所谓"三敏感"事件，就是指发生的时间敏感、地点敏感、性质敏感的事件。由于时间、地点和性质的敏感性，危机的影响程度可能会急剧升级，影响范围可能会急剧扩散，因而需要重点监测。

（三）警报传递

预测预警能否真正发挥作用，不仅取决于所传递信息自身的准确性，也取决于传播速度的有效性和快捷性。因此，警报传递是预测预警的又一个关键环节。在警报传递的过程中，我们要特别注意以下几个方面。

1. 警报传递的信息

警报传递的信息要充分考虑人的特定需要，以受众为导向。但是，受众的情况千差万别，拥有不同的教育水平、不同的经济实力、不同的民族身份与信仰、不同的母语、不同的健康状况、不同的灾害经历等,这些都应成为警报传递过程中要特别关注的内容。

警报的语言必须简洁、清晰、易懂,避免使用冗长、晦涩的专业性语言;警报的内容必须表述清楚可能发生的危机将会带来的威胁和影响,考虑受众的价值判断与利益权衡等因素,为社会公众采取有针对性的响应措施提出建议,警报发布的对象仅限于可能受到危机影响地区的公众,以免出现警报扰民的现象;警报的传递应该考虑受众在文化、社会、性别、语言、教育程度等背景方面的差异,做到有的放矢。因此,我们需要研究人们获取警报的具体途径以及不同群体阐释警报的方式,在警报传递的过程中充分考虑人的特定需要。

2. 警报传递采取的手段

有效的警报传递手段具备以下特征。第一,多样性。警报传递媒介既包括报纸、广播、电视、网络等大众传媒,也包括奔走相告等人际传播方式,还可以借助无线电爱好者等特殊群体的特殊传播渠道。当然,我们也可以多种手段并用。第二,针对性。警报传递要针对不同的群体采用不同的手段,如在广播、电视信号无法接收的情况下,可采用发出警报或奔走相告的方式。第三,全覆盖性。警报传递要确保可能受到危机影响的所有公众都知晓警情。通常情况下,应急部门应保持对特定群体发布警报手段的稳定性和经常性,使其能够密切关注相关信息。第四,互动性。警报传递手段最好具备双向可达性,以便社会公众及时反馈警报、接收信息。

人们在选择警报传递手段时可考察以下几个指标:一是精确性,即是否可将警报传递给精确锁定的受众,而不会影响其他公众;二是渗透力,即警报引起风险承受主体的关注程度;三是具体程度,即警报描述威胁、脆弱性等内容的详细程度;四是易被扭曲的程度;五是传播速度;六是发送和接受的资源需求。

3. 警报传递的制度

通常,警报传递要由社会公众所信赖的权威机构完成,如气象局发布天气灾害预警、卫生局发布公共卫生事件预警等。但是,非政府组织、志愿者机构等社会力量经过必要的培训后,也可以在警报传递的过程中发挥十分重要的作用。这些社会力量拥有庞大的组织、联系网络,能够及时地将警报传递给自己的成员;同时具有很强的亲和力,能够使所传播的信息为广大社会公众所理解和接受。

一般而言,政府要负责警报原始信息的发布,以保证信息的真实性和权威性,杜绝流言和谣言。在警报传递的过程中,可以有多个主体参与其中。但是,政府必须制定相关的法律,约束其他主体的传播行为,严禁故意发布虚假警情或故意夸大、缩小警情,避免有人趁机造谣惑众。

不仅如此,危机发生变化,警报也要相应地进行调整。对此,我国《突发事件应对法》第 47 条规定:"发布突发事件警报的人民政府应当根据事态的发展,按照有关规定适时调整预警级别并重新发布。有事实证明不可能发生突发事件或者危险已经解除的，发布警报的人民政府应当立即宣布解除警报，终止预警期，并解除已经采取的有关措施。"

（四）响应行动

社会公众根据所接收的警报采取必要的响应行动，减少危机所造成的损失，预警的目的才算最终达到。也就是说，预测预警既要通过警报给特定的社会公众以一定的刺激，也需要社会公众对警报做出相应的适当反应。比如，在卡特里娜飓风发生前，美国气象部门对风速、降雨量等预测很准确，并在几个小时之前就已经发出预警，但是，出于种种原因，公众和政府对飓风预警响应不足，最终导致1000多人丧生。

社会公众对警报做出适当响应的概率受两个因素的影响：一是对警报可靠性的评判；二是对风险的认知。如果公众认为警报不可靠，那么，他们就不会采取行动；如果公众低估或高估了风险的严重性，那么，他们就会响应不足或响应过度。一般而言，社会公众对警报做出响应需要经过一个过程，表4-1所示的八个步骤至关重要。

表 4-1 警报阶段和行动

步骤	活动	问题	结果
1	风险识别	是否存在需要我注意的现实威胁？	威胁判定
2	风险评估	我是否需要采取防护行动？	防护动机
3	防护行动寻求	怎样才能实现防护？	决策（替代行动）
4	防护行动评估	最好的防护方案是什么？	适应性计划
5	防护行动实施	现在需要采取防护行动吗？	威胁响应
6	信息需求评估	我需要哪些信息来回答我的问题？	识别信息需求
7	沟通行动评估	我可以从哪里以及怎样获取所需信息？	信息搜寻计划
8	沟通行动执行	我现在需要信息吗？	决策信息

资料来源：Lindell M K, Prater C S, Perry R W. Introduction to Emergency Management [M]. New York, John Wiley & Sons Inc, 2007: 349.

为了增强警报的可靠性，我们首先需要确保警报的原始发布是由公众所信赖的权威机构完成，并且该机构在警报传递的过程中注意维护信息的真实性，防止其被扭曲。其次，由于危机风险具有高度的不确定性和动态演变性，不准确的警报的发布与传播在所难免，但是，有关部门必须尽最大努力，减少其发生的概率，并进行持续性的改善，以保持社会公众对于预警的信任。

案例

印尼海啸预警系统失灵

2010年10月25日，印度尼西亚苏门答腊岛附近海域发生海啸。西苏门答腊省救灾部门表示，10月28日已确认死亡人数增加至343人，随着搜救工作的继续开展，伤亡人数可能还会大幅增加。时任印度尼西亚副总统布迪奥诺27日乘直升机抵达明打威群岛北巴盖岛，视察几处遭受海啸冲击的村庄。政府随后发布从空中拍摄的首批照片和录像，照片和录像显示，海岸附近几处村庄已被夷为平地，树木倒地，大片陆地积水，先前的居民区可见轮胎、家具碎片、衣服等杂物。一些遇难者的遗体散布在道路和海滩上，救援人员戴着口罩，收集接近腐败的遗体。根据一些幸存者回忆，海啸来袭前没有接到预警。印度尼西亚政府官员27日也承认，海啸预警系统1个月前就失灵了，因而在25日海啸前，预警系统没有发出警报。

四 预警等级

（一）预警分级

公共危机预警的等级是指有关部门按照事件的紧急程度、发展态势和可能造成的危害程度对所发生的公共危机事件进行的等级划分。公共危机预警的等级体现着危机事件的严重程度，因而能够为公共危机管理主体做出危机应急决策提供依据。

当前国际上的一个主要预警趋势是对可能的危机事件的范围、影响程度进行科学分级，制定分级预案，进行分级预防和应急处理；通过依法规范和宣传突发事件的级别，科学应对危机。我国依据西方先进经验，依据突发公共事件可能造成的危害程度、紧急程度和发展势态，一般将预警级别划分为四级：一级（特别严重）、二级（重大）、三级（较严重）和四级（一般），依次用红色、橙色、黄色和蓝色表示，其中一级为最高级别。具体如表4-2所示。

表 4-2 中国的预警分级

颜色	威胁程度	确认与响应
红	一级（特别严重）	规模极大，后果极其严重，严重超出本省范围，需要动员全省的力量，甚至请求中央政府增援和协助方可控制，其应急处置工作由发生地省级政府统一领导和协调，必要时（超出地方处理能力范围或者影响全国的）由国务院统一领导和协调应急处置工作
橙	二级（重大）	规模大，后果特别严重，发生在一市以内或是波及两个市以上，需要动用省级有关部门力量方可控制
黄	三级（较严重）	后果严重，影响范围大，发生在一个县以内或是波及两个县以上，超出县级政府应对能力，需要动用市有关部门力量方可控制
蓝	四级（一般）	影响局限在基层范围，可被县级政府控制

（二）预警的程序

1. 发布预警

对于自然灾害、事故灾难和公共卫生事件来说，根据监测分析得出的结果，如果事件即将发生或者发生的可能性增大，在接到相关监测站点与研究机构发出的警告建议之后，县级以上地方各级人民政府要依据预警发布程序做好以下三项工作：一是发布相应级别的警报，决定并宣布有关地区进入预警期；二是向上一级人民政府及其有关主管部门报告；三是关注突发危机事件的发展态势，如果认为有必要，可以越级上报，同时向当地驻军和可能受到危害的毗邻或者相关地区的人民政府通报。按照预警的级别不同，通常由相应层级的政府机构分级负责对社会发布预警。

2. 激活应急响应

发布预警信息以后，需要及时对突发危机事件做出反应，激活有关各方的应急响应行为，否则监测预警工作就失去了实际意义。根据《突发事件应对法》第 44 条和第 45 条规定，当接到不同级别的预警时，县级以上地方各级人民政府要马上宣布进入预警期，并根据即将发生的突发事件的特点和可能造成的伤害，及时采取相关措施。

发布三级、四级预警以后，县级以上地方各级人民政府要及时采取的措施有：启动应急预案；责令有关部门、专业机构、监测网点和负有特定职责的人员及时收集、报告有关信息，向社会公布反映突发事件信息的渠道，加强对突发事件发生、发展情况的监测、预报和预警工作；组织有关部门和机构、专业技术人员、有关专家学者，随时对突发事件信息进行分析评估，预测发生突发事件可能性的大小、影响范围和强度以及可能发生的突发事件的级别；定时向社会发布与公众有关的突发事件预测信息和分析评估结果，并对相关信息的报道工作进行管理；及时按照有关规定向社会发布可能受到突发事件危害的警告，宣传避免、减轻危害的常识，公布咨询电话。

发布一级、二级预警以后，县级以上地方各级人民政府除了采取上述措施之外，还要采取下列一项或者多项措施：责令应急救援队伍、负有特定职责的人员进入待命状态，并动员后备人员做好参加应急救援和处置工作的准备；调集应急救援所需物资、设备、工具，准备应急设施和避难场所，并确保其处于良好状态、随时可以投入正常使用；加强对重点单位、重要部位和重要基础设施的安全保卫，维护社会治安秩序；采取必要措施，确保交通、通信、供水、排水、供电、供气、供热等公共设施的安全和正常运行；及时向社会发布有关采取特定措施避免或者减轻危害的建议、劝告；转移、疏散或者撤离易受突发事件危害的人员并予以妥善安置，转移重要财产；关闭或者限制使用易受突发事件危害的场所，控制或者限制容易导致危害扩大的公共场所的活动；法律、法规、规章规定的其他必要的防范性、保护性措施。

3. 调整预警

预警发布以后并不是一成不变的，突发事件本身就是一个动态的过程，从孕育、发生到消亡往往伴随很多不确定的因素，如果突发事件发展势态或者对其判断发生变化，负责发布预警的人民政府应当适时调整预警级别并重新发布，将过高的预警级别适当调低，以避免造成应急资源浪费、过度干扰正常的社会秩序，或者将过低的预警级别适当调高，以避免应急响应不足、扩大突发事件损害范围与程度。

4. 终止预警

预警发布以后，如果经过核查，发现原先的监测判断有误，或者经过预先采取有针对性的措施，已经将危险隐患排除，近期不可能发生突发事件；或是在突发事件发生以后，由于突发事件的破坏力量已经得到宣泄，人们及时投入抢险救灾行动等因素，突发事件的危险得到解除，这时负责发布预警的人民政府应当立即宣布解除警报，终止预警期，并解除已经采取的有关措施。

案例研讨

甘肃白银马拉松事件

2021年5月22日上午，由甘肃白银市委、市政府主办，景泰县承办的 2021（第四届）黄河石林山地马拉松百公里越野赛暨乡村振兴健康跑在黄河石林景区举行，共有近万人参加比赛和健康跑。其中 172 名参赛人员参加了百公里越野赛。该项赛事从 2018 年开始举办，此次为第四届赛事，前几届赛事都举办得很成功，本以为此次也会延续前面的顺利。但是，当天 13 时左右，百公里越野赛高海拔赛段 20 公里至 31 公里处受突变极端天气影响，局地出现冰雹、冻雨、大风灾害性天气，气温骤降，参赛人员出现身体不适、失温等情况，部分参赛人员失联，比赛当即停止，当地立即组织多方力量搜救失联人员。23 日 12 时许，甘肃白银市景泰第四届黄河石林山地马拉松百公里越野赛公共安全事件前方应急指挥部宣告搜救行动结束，最终确认遇难参赛者 21 人，这一数字比 2014 年至 2016 年三年的马拉松猝死人数还要高出很多，是马拉松史上伤亡人数最多的单次比赛。其危险系数也超出了世界上任何一项极限马拉松赛事。不得不说，这是中国马拉松跑的至暗时刻，也是世界马拉松历史上的一次悲剧。

事件发生后，许多媒体和网友对此高度关注，并就事故发生的原因进行了深入的探讨。最后发现此次悲剧发生最主要的原因在于主办方没有根据气象部门监测到的预警信息做出正确的预判，从而及时停止比赛或制定相应预案。实际上，关于"局部地区天气突变"，气象部门已有预警。5 月 21 日 21 时 50 分，白银市气象台发布大风蓝色预警信号。随后，景泰县气象台也于 2021 年 5 月 21 日 22 时 16 分发布大风蓝色预警信号，称预计未来 24 小时内，该县大部分地方平均风力将达 5—6 级，阵风 7 级以上，并伴有扬沙或浮尘天气。但不知出于何种原因，主办方不仅在 5 月 22 日早 9 时正常发枪，而且没有因可能会发生特殊紧急情况，为参赛选手提供应对装备或是增设沿途志愿者以便能够在危机事件发生时及时察觉，从而及时采取行动。更糟的是，当大风如约而来，急雨也不期而至时，赛事依然没有及时中止，直至噩耗传来……

 讨论题

1. 本案例中，悲剧发生的最根本原因是什么？
2. 如何构建较为完善的危机预测预警机制？
3. 如何清楚地辨别危机预警的界限？

数字资源 4-4
案例研讨参考答案

本章概要

危机信息监测是指有关部门在危机事件发生前对各种可能引发危机事件的重要危险源及其表现进行实时、持续、动态的监视和测量，收集相关的数据和信息的活动过程。

危机预测是人们运用已有的知识、经验和科学方法对未来危机是否发生、发生何种事件、在哪里发生以及如何发生等进行预见，并推测事件未来的发展趋势。危机预测贯穿于整个危机管理的监测与预警活动，是对监测得来的信息进行鉴别、分类、定级和分析的过程。

　　危机预警就是根据一些危机事件的特征，对可能出现的危机事件的相关信息进行收集、整理和分析，并根据分析结果进行设施规划，给出警示。根据管理学理论，决策分析分为三类，即确定性决策、不确定性决策和风险性决策。危机预警本身就是一种决策分析，且属于决策分析的第三类——风险性决策。危机预警的决策分析就是根据信息研判、预测的结果，确定危机预警级别的临界点，决定是否发出危机预警信号和预警指令的过程。

核心概念

　　公共危机　应急管理　危机信息监测　危机预测　危机预警

第五章

突发事件的应急响应与应急处置

学习目标

1. 理解突发事件应急响应与应急处置的定义，以及突发事件应急处置的内容、遵循的原则与流程。

2. 了解突发事件的分类及依据，以及处置不同类型突发事件的一般性措施与特殊性措施。

3. 掌握突发事件处置过程中需要注意的次生灾害的防范、应急人员的人身安全、决策与指挥、处置的科学性与专业性、社会心理的引导和评估与问责等重要的内容，进一步提升应急响应与应急处置的水平。

情景导入

"5·22"青海玛多地震的应急响应与应急处置

2021年5月22日2时4分，青海果洛州玛多县发生7.4级地震，该次地震是汶川地震之后中国发生的震级最高的一次地震。2时20分，青海省政府根据预案立刻做出响应，成立指挥机构，启动重大地震灾害Ⅱ级响应，立刻进入响应状态。同时，启动中国地震局应急指挥中心为后方指挥部，应急管理部、中国地震局主要领导坐镇指挥中心部署处置工作。省地震局现场工作队成立玛多县抗震救灾临时党支部，中国地震局相关领导立刻赴现场开展现场指挥调度工作。

"5·22"玛多地震灾害应对过程中，属地政府、省地震局、中国地震局等相关部门根据灾害和灾情在特定的时间节点都具有规定性的动作，特别是灾情发生后启动应急响应，快速成立前后方指挥部，调配救援力量及时开展救援。

突发事件的应急响应与应急处置是应急管理的核心环节。突发事件的应急处置离不开政府部门和社会各方力量的共同努力与协作。而各方力量的应急处置活动顺利开展，关键在于明晰应急处置的流程，遵循应急处置的原则，根据不同的突发事件类型，及时配备相应的专业救援力量与设备。当突发事件发生后，需要在精心准备的基础上，根据突发事件的特点、性质和危害程度，及时组织相关部门，调动各种应急资源，对突发事件进行有效的处置，以降低突发事件对社会公众生命、健康与财产的危害程度，消除突发事件带来的各种影响。在应急处置过程中，除了应对瞬息万变的现场情况外,还要特别注意防止次生灾害的衍生、应急现场决策与指挥的高度统一以及应急人员的安全等。

第一节 突发事件应急响应与应急处置概述

一 突发事件应急响应与应急处置的内涵

突发事件一般是指突然发生的、发展较为迅速且非常规的、难以用寻常方式解决的、能够造成较为严重的社会危害及影响的事件。根据突发事件发生的特点和事件的性质,可将其具体分为四类,即自然灾害、事故灾难、公共卫生事件以及社会安全事件。这些事件发生突然,具有高度的不可确定性,人们难以对事件的发生做出准确的预测和评估,只能通过过往的应对实践经验,启动相关的应急预案与应急机制。

(一)应急响应

美国2008年1月发布的《国家应急反应框架》对应急响应进行了定义,即立即采取行动以挽救生命、保护财产与环境、满足人的基本需求,还包括实施应急预案及支持短期恢复的活动。

也有学者认为,应急响应是指在突发事件发生状态下,在对突发事件进行分析评估的基础上,有关组织和人员按照应急预案采取的应急行动。

本书认为,应急响应就是紧急情况发生时人们做出特定的行动,以实现有秩序的救援,减少突发情况造成的损失。具体而言,应急响应活动是在突发事件的事态趋于稳定前所采取的一系列应急应对措施。应急响应具体有以下三个方面的作用:一是保护公众;二是减轻原生灾害造成的损失;三是最大限度地减轻二次灾害造成的损失。应急响应不仅要解决迫在眉睫的问题,如开展急救、搜索与救援、提供紧急避难场所等,还要为解决这些问题进行协调与支持活动。此外,关键基础设施的快速恢复也属于应急响应的范畴,如打通交通干线、恢复供电与通信等。

（二）应急响应活动

在突发事件即将发生时，应急响应活动包括以下三点。

第一，预警与疏散。应急部门向可能受到突发事件影响的社会公众发出警报，督促其进行最后的准备活动或采取正确的避灾行动，包括按照一定的路线安全地疏散到应急避难场所。

第二，预置资源和装备到受灾害影响的区域。例如，在灾害发生之前，将救灾装备、医疗设施、药品、食品、衣服等运输到应急现场。

数字资源 5-1 武警部队全力备战"尼伯特"台风及长江"洪峰"在安庆过境

第三，补充性减缓或准备措施。例如，在洪峰来临之前，加固堤坝。

在突发事件发生之后，救人成为应急响应活动的重中之重。在此过程中，应急响应活动包括以下几点。

第一，搜索与救援（以下简称搜救）。搜救可分为农村搜救、城市搜救、水上搜救、空中搜救等。搜救的主要目的是寻找被困者，并将其转移到远离危险的地带。搜救的具体活动包括寻找失踪者，确定被困者位置，制定和实施搜救策略，将被困者安全解救出来，提供初步的急救处理服务，将被困者转移到安全地带进行下一步治疗。

第二，医疗急救。在伤者众多、医疗资源有限的情况下，应急响应者应对伤者进行检伤分类，分出轻重缓急，予以救治。

第三，进行疏散。疏散要求人们预先到指定地点集合，然后沿着安全的疏散路线到达避难场所。

第四，开展灾害评估。灾害评估包括灾情评估和需求评估。危机管理者在响应阶段必须经常进行损失评估，以便协调装备和物资，并将其送到最需要的地方。此外，危机响应者需要针对恢复阶段进行前瞻性工作，根据损失评估，确定恢复阶段的资金、政策需求。

第五，处置危险源影响，例如灭火、抗洪、铲除冰雪等。

第六，提供水、产品及避难场所。

第七，进行卫生管理，包括将遇难者遗体和动物尸体进行妥善处理，防止传染病疫情的发生。

第八，维持治安，包括维持社会秩序，避免出现趁火打劫等影响社会治安的事件。

第九，提供社会心理咨询服务。突发事件发生后，人的情感、认知、生理及人际关系都会出现问题，会出现恐惧、易怒、焦虑、不自信等情绪。危机响应者应提供社会心理咨询服务，解决这些问题。

第十，恢复关键性基础设施。交通、通信、供水、供电、供气等基础设施服务应尽快复原。

第十一，对捐赠物品和资金进行管理。

（三）应急处置

应急处置是指政府及其他社会相关的组织机构，在突发事件中，依照事件的性质和发展势态，采取一系列措施来应对突发情况，如对社会公众的保护、人员的疏散、环境的监测、社会治安的维持以及社会秩序的稳定与维护等。应急处置指针对已经形成势态的事件采取紧急措施控制局势、恢复秩序、平息势态的现场应急行动；也指政府在突发事件发生发展过程中所进行的各种紧急处置工作，包括启动应急计划、实施控制隔离、评估灾难程度、向公众报告危机状况、提供紧急救援、提供基本的公共设施和安全保障的一系列工作。应急处置是应急管理的关键阶段、实战阶段，考验政府的应急管理能力。政府需要根据应急法律，组织、动员、协调各方力量，配备必要设施，共同应对危机状况。

不同类型的突发事件，在不同的环境中发生且无法提前准确地预知判断。在不同的国家和区域、不同的自然和人文社会环境当中，会发生各种各样的突发事件，同时，由于不同国家和区域的危机应急体制和机制不同，其应急处置方式也有所不同。不同的国家和区域都有适用于自身体制突发事件处置的科学合理的流程和原则。

二 突发事件应急处置的内容

应急处置是一个动态的持续的过程，从处置流程看，包含先期处置、应急救援与处置、综合应对和快速恢复等几方面；从处置内容看，包含应急快速评估、决策指挥、协调联动和应急救援等多项内容，具体内容取决于突发事件的规模和性质。

（一）应急快速评估

对政府处理突发事件而言，早发现、早报告、早控制是成功防范和处置突发事件的关键和前提。

接到危机信息后，政府应急部门应当在第一时间运用各种手段核实、掌握或补全事发时间、地点、事件的起因和性质、基本过程、已造成的后果、影响范围、事件发展趋势、已经采取的措施等信息要素，以对危机事件的性质和势态进行科学评估，为后续应急处置工作的开展提供翔实的信息。同时，研判是否符合向上级政府或主管部门报送的范围和标准，对符合报送范围与标准的应按规定及时上报。

对情况不明但事件紧急、性质严重的，可边了解边报告。接到多个单位同时报告同一事件信息的，原则上合并报送，但要特别注意有关数据是否有不同或存在冲突。

在突发事件发生之后，属地政府应当及时汇总分析危机事件存在的隐患和预警信息，必要时组织相关部门、专业技术人员、专家学者进行会商，对发生危机事件的可能性及其可能造成的影响进行科学快速评估。认为可能发生较大或以上危机事件的，应立即向上级人民政府报告，并向上级人民政府有关部门、当地驻军和可能受到危害的毗邻或者相关地区的人民政府报告。

接报较大及以上危机事件信息，或者情况紧急、情况不清晰的，接报信息的经办人员应主动与现场指挥人员保持密切联系，跟踪掌握事态发展变化，及时掌握第一手信息，并适时按规定报送。

（二）决策指挥

决策是指决策者（群）在时间压力和信息不对称的约束下，为有效减缓、控制危机所造成或有可能造成的严重社会危害，以及尽快从危机中恢复，制定以短期应对措施为主的行动方案的决策活动。突发事件应急处置决策指挥的总要求是高效统一，以在最短的时间内保证人民群众的生命和财产安全。

《突发事件应对法》第4条明确规定："国家建立统一领导、综合协调、分类管理、分级负责、属地管理为主的应急管理体制。"在突发事件应对处理的各项工作中，必须坚持由各级人民政府统一领导、成立应急指挥机构，对突发事件的处置实行统一指挥。有关部门要在应急指挥机构的领导下，依照法律、行政法规和有关规范性文件的规定，开展各项应对处理工作。突发事件应急处置的决策指挥，从纵向看包括中央、省（自治区、直辖市）以及市、县政府的应急管理体制，实行垂直领导，下级服从上级；从横向看包括突发事件发生地的政府及有关部门，形成相互配合、共同服务于指挥中枢的关系。只有这样，才能保证整个政府系统步调一致、行动一致，构筑严密的防控网络。

政府应急处置工作的决策指挥需要整合和协调机制：从协调对象上看，包括其他地方政府、军队、企业组织、民间组织、运输经营单位以及社会公众等各方面力量；从协调内容上看，有应急处置所需设备、设施、场地、交通工具和其他物资的征用。因此，需要充分依靠和动用公众力量，发挥乡镇、社区、企事业单位、社会团体和应急志愿者队伍的作用，形成统一指挥、反应灵敏、协调有序、运转高效的应急管理机制。

（三）协调联动

1. 部门联动

突发事件的不可回避性以及突发事件应急管理的紧迫性要求政府在事件发生后，与事件相关的部门齐心协力、通力合作，实现不同职能管理部门之间的协同运作，明晰政府职能部门与机构的相关职能，优化整合各种社会资源，充分发挥整体功效，最大限度地减少灾害和事故造成的损失。但在我国目前的体制下，由于"条块分割"的惯性，条线部门之间、条线部门和地方政府之间，容易形成"烟囱林立""各自为政"的工作格局。这种惯性形成了联合应急行动的一种障碍,制约甚至严重制约突发事件处置的时效性和实效性。因此,要实现部门之间的协调合作,形成应对和处置突发事件的合力,需要注意以下几个方面。

一是理顺部门的职责范围,划清部门之间的边界。在现实中,部门之间推诿扯皮往往是由于职责不清、范围不明。在职责体系中,有的规定比较模糊,有的多头管理,有的存在管理缝隙,这就给突发事件处置中的有关部门提供了相互推诿的可能。

二是发挥突发事件指挥部的综合协调功能。根据国家突发公共事件总体应急预案以及有关专项应急预案的规定,在突发事件发生后,要快速激活应急指挥平台,视情况成立应急指挥部和现场指挥部。

三是注重开展多部门之间的联合培训和应急演练。在跨部门联合联动指挥机构的领导下,围绕专项预案,定期组织有关部门进行联合培训和演练。通过这种联合培训和演练,有效增进部门之间的横向联系和沟通,加强应急管理人员之间的交流、合作,以有利于在突发事件处置过程中实现更好的相互配合与合作。

2. 跨区域应急联动

在应急管理实践中,对于涉及多个行政区域的突发事件,建立跨区域应急联动机制是非常必要的。国外不少大城市的危机治理过程中,跨区域应急联动机制已经逐渐建立和发展,从而极大地提高了政府应对危机的能力。中国是一个自然灾害等突发事件发生频繁的国家,尤其需要加强跨区域应急联动,有效应对各种跨区域突发事件。建立健全适合中国国情的跨区域应急联动机制,既是完善公共安全管理机制的重要内容,也是创新社会治理的重要举措。因此,有必要广泛借鉴吸收国外跨区域应急联动的相关经验和教训,从经济与社会的健康、安全、发展的现实需要出发,结合中国国情予以制度创新。

第一,健全跨区域应急联动的体系构成。公共安全的提高首先有赖于应急管理体制的健全,一个完备的跨区域应急联动体系包括以下三方面:一是以政府、专家和社会为主体构成的应急管理系统;二是由区域应急管理委员会、各地应急管理办公室和各地方政府的专业部门组成的跨区域应急联动机构;三是健全跨区域应急联动的基本职能,包括危机监控与处理职能、资源整合职能、服务职能、信息公开职能。

第二,完善跨区域应急联动的运行机制。在运行机制的设计上,至少应解决三个难题:一是统一指挥和属地管理,区域指挥中心、各地应急管理办公室和专业职能部门在跨区域应急联动指挥中心的统一领导下各司其职,科学处置突发事件;二是上下对接和区域互连,考虑到可能发生的区域性紧急事件和社会危机将产生跨区域应急救援和信息共享需求,应注重突发事件处置的上下对接和区域互联问题;三是广泛参与和合作共治,有效的应急管理需要政府、企业、社会组织、社会公众乃至国际社会等多元主体的共同参与和相互扶持。

第三，提高跨区域应急联动的技术水平。技术水平首先体现在管理层面上。跨区域应急联动机制建设的关键在于日常管理体系和危机处理系统这两大平台的整合和统一。

3. 社会联动

《突发事件应对法》第6条明确规定："国家建立有效的社会动员机制，增强全民的公共安全和防范风险的意识，提高全社会的避险救助能力。"

要实现全方位的社会联动，不能仅在突发事件发生时凭政府的行政权力来进行，或者靠社会组织的自觉性来开展。为了保证社会动员的时效性、有效性，必须建立一定的管理机制。这主要包括以下几点。

第一，建立常态互动机制。应该明确，政府拥有强大的行政能力和资源动员能力，现阶段在我国社会组织尚未成熟的现实条件下，政府仍然是突发事件治理中的权力核心。在这一前提下，政府和社会组织相互信任、相互支持、相互依赖，开展多种契约性、制度性的联合，为应急管理社会动员提供动力保障。

第二，提高社会应急能力。各种社会组织参与突发公共事件治理本身就是对自身形象、影响力和能力的重要检验，在突发公共事件中，平时很难察觉到的某些缺陷和不足会暴露出来并更加明显。因此，有效发挥各种社会组织在突发公共事件治理中的应有作用，需要大力加强其能力建设和制度建设，形成良好的募捐系统、动员系统、财务管理系统，培养人力资源与政府及公民的沟通和公关能力、管理和控制能力等。

第三，建立参与治理机制。社会组织是公民基于共同信任或利益自愿结成的社团。在应急管理活动中，社会组织使社会个体之间的平等互惠精神和社会责任感得到进一步培养，人们之间的信任和理解得到进一步加深。但在我国现阶段，由于社会组织理念还不为大多数人所熟悉，所以容易遭到公众的猜疑。这就要求社会组织必须进行合理、明晰的制度设计，明确自身在应急管理事务治理领域的权、责、利，以保证其参与应急多元治理的科学性与规范性。

（四）应急救援

1. 应急救援队伍

应急救援队伍是执行突发事件处置的主要力量，其任务就是合作完成突发事件处置所需的各项工作，包括信息收集、灾情控制、伤员营救、医疗救治、交通管制、人员安置等。应急处置最后要通过对灾情影响的实际控制和消弭来实现，这就要求应急救援队伍具有执行任务所需的专业技能、技术、信息、资金和设备等条件。应急救援队伍的素质和能力决定了一个国家应急处置的效果，是一个国家应急硬实力的直接表现。

2. 应急救援物资

应急救援物资是指运用于处置突发公共事件的一切物质资源。应急救援物资具有品种的多样性、数量和紧迫程度的差异性等特点。对应急救援物资进行分类管理，有利于平时在清楚各类应急救援物资变动、更改等情况下，及时根据物资的紧缺程度进行维护、购置，还可以在突发事件发生后，及时调动需要的应急救援物资，提高政府的突发事件应对能力。

我们一般可以把救援物资划分为三大类。第一类是灾区公众的基本生活用品，主要包括饮用水、饼干、面包、棉衣、棉被、救灾帐篷等物资。第二类是应急救援中的基本设备，比如一些照明工具，包括手套、靴子、防护服等在内的个人防护用具，还有运输人员和应急救援物资所需的各种交通工具等。第三类是应急救援中的专业设备，例如地震、矿难等救援中能帮助救援人员快速清理倒塌楼房和矿井，搜救被困人员的重型起重装备以及海上救援需要的船筏、救生衣和海上救援直升机等。

3. 应急救援技术与方法

在具有强大破坏力的突发事件面前，应急救援人员也具有自身不可克服的弱点，而一些设备仪器能很好地延伸应急救援人员的感官，增强救援人员的救援能力。在处理突发事件时，不仅要保证有足够多的救援人员，还需要为这些救援人员提供配套的设备。

一般来说，技术含量越高的应急设备，越能最大限度地减少人员伤亡，为指挥人员快速收集突发现场的信息，帮助突发事件现场救援人员快速进行障碍破除、伤员搜救、伤员搬运等应急救援工作。应急设备的研究与发明进度，对应急设备的供应与使用起着决定性作用。为了让突发事件处置能有更多的高科技救援设备支持，国家鼓励相关科研机构和企业进行应急设备研发，进行自主创新的核心技术研发，使研发成果能转化为实实在在的复杂突发事件的装备和科技手段，而不是一味地追求快与新。

三 突发事件应急处置的流程

（一）接警与处警

作为突发事件应急处置程序的首要环节，接警是指在接受群众报警后，清晰地记录报警的时间、地点、人、联系方式，以及报警事件发生的时间、地点、性质、规模、损伤情况等。

处警则是指处警人员接到报警台的指令后赶赴现场，核实报警内容，根据具体情况予以紧急处置。处警要求民警接到指令后第一时间赶往现场，迅速了解情况，初步判断警情性质，采取合理措施，对警情和处警情况进行取证。

（二）信息研判与定性

在突发事件应急处置中，信息（灾情）分析是一切决策与指挥的基础。事件发生后，往往原有的系统包括有关组织、环境都受到破坏或发生变化，因此，决策指挥需要根据突发事件的发展，制定不同的信息分析策略，并组织实施。

准确研判危机信息，可以提高信息沟通的效率，增强突发事件应对的前瞻性和针对性，这样才能快速、科学、客观地对事件进行专业化的研究判断，为后续高效科学的应急处置提供支撑。

（三）信息报告

按照突发事件的严重程度，应急管理人员应及时向有关领导报告，根据信息的详细情况，确定突发事件的级别与管辖范围。如果突发事件超出自己的管辖范围，应及时上报上级主管部门。重大或特别重大的突发事件发生后，应立即报告国家最高行政机关，从事件发生到报告国务院时间不得超过4小时。同时，根据应急处置的情况，及时续报相关信息。

（四）选择应急处置方案

对危机信息进行研判和定性后，需要根据已掌握的信息制定应急处置方案，并对应急处置方案进行评估。这主要包括两方面的工作：一是通过头脑风暴、调查、小组讨论等形式制定尽可能多的解决方案；二是对提出的解决方案进行评估。应急处置方案应根据实际情况制定多个备选方案，综合考虑各方面的因素，选择最切合实际的执行方案。一旦选出满意方案，并不是下达一些命令、指示就此结束，还须制订执行计划、确定资源预算，以满足实施方案各种可能的需要。

（五）启动应急预案

确定应急响应级别后，就要按照分级响应原则，启动应急预案，以保证应急处置工作有序进行。同时成立现场指挥中心，组织专家赶赴现场，调动应急救援队伍与救援物资支援现场处置行动，并将相关情况迅速报告给上级有关部门，同时向军区、武警部门通报信息。此外，在各类突发事件中，由于无法预料其发生及可能会造成的危害程度，很可能会发生二次危机，例如余震会造成危险房屋的二次破坏，需要政府相关部门进行相应的应急处置并对原方案进行调整，扩大应急处置工作内容，投入更多人力，并制定相关措施预防二次危机。

（六）救援行动

应急救援队伍抵达受灾现场后，相关部门应密切合作、各司其职、各负其责，立即开展抢险救援工作。值得注意的是，抢险工作和救援工作应同步协调进行。公安干警封锁现场、设立警戒线、实行交通管制、维护现场秩序、保证道路交通畅通，以有效控制灾害，使区域恢复至安全状态；专业救援队伍和医疗队伍加紧对受灾公众的搜救、治疗工作，及时专业地救治受伤人员。此外，救援行动的贯彻实施过程需要跟踪、监督原计划是否已经执行，有哪些偏离，执行决策结果导致内外部环境发生了哪些变化，各下属部门是否按要求完成了任务。在实施过程中不断得到反馈信息，回顾和比较所做出的决策和行动结果，这实际上是一个不断学习和改善今后决策的过程。

（七）信息发布

在突发事件应急处置的过程中，政府应做好信息发布工作，秉持及时、准确、公开、透明的原则，主动发布事件及其处置的准确权威信息，积极回应社会关切，与群众进行有效沟通，这也有利于提升政府的形象和公信力。信息发布要注意两个方面：一是政府相关部门有发布信息的职责，政府提供的信息越充分全面，社会上的不良信息或虚假信息就会越少；二是新闻媒体或者其他个人发布虚假信息对社会造成危害的，行政机关或者司法机关应当及时介入，追究造谣惑众者的法律责任。

（八）临时恢复

突发事件发生后期，相关政府部门的应急处置工作完成后，事件的危机程度得到很大程度的缓解。此时需要进行受事件影响地区的临时恢复工作。由于具体全面的恢复工作不可能在短时间内完成，且恢复工作需要其他各个组织机构的支持协助，故而该阶段只能进行临时的各类状况的短暂恢复，以恢复事件发生区域各项工作的正常运转。此环节的工作内容主要包括现场清理、人员清点、撤离、警戒解除和善后处理等。环保部门要对事发地及周边遭受影响的地区进行监测；防疫部门要对疾病、疫情加以监控，以防止次生灾害的发生。

（九）应急处置结束

突发事件平息后，影响人们生命财产安全的危害因素消除，现场指挥中心提出结束应急响应行动的建议，经本级指挥部或本级政府部门批准后宣布终止应急处置行动，撤销现场指挥中心，关闭应急预案。此时突发事件的应急工作重心已不是现场的处置协调，而是转变为事后的处理工作，包括对事件区域进行各类评估分析、维修重建和恢复环境、调查事件起因以及处置事件的责任人和对事发地点的修建进行方案的规划处理等。

（十）调查评估

突发事件的应急处置工作结束以后，需要对整个事件进行调查评估。应急处置后的调查评估主要针对人员伤亡和财产损失统计及响应者的责任两个方面。针对人员伤亡和财产损失的统计不仅可以让应急救援队伍确定人员的失踪情况，进而规划下一步的救援方向，也是对应急处置情况的一个重要评估。当然，还需要对突发事件的起因、经过、处置过程、造成的损失、成功之处和不足之处进行全面的复盘、反馈，以总结应急处置工作的经验教训，并对突发事件中应急部门和应急官员的失职行为进行问责，为以后处置类似事件提供参考。

四 突发事件应急处置的原则

（一）先期处置，属地管理

应急处置必须坚持属地管理为主，属地政府或职能部门要及时地开展先期处置工作，防止突发事件进一步扩大、升级，并尽可能地减少突发事件给人民的生命、财产和健康安全带来的损失。在突发事件的处置过程中，时间就是生命，应急响应速度与事故后果的严重程度密切相关。对事件受害人或受到威胁的环境与财产安全进行早期的抢险救援，对保障生命、保护环境和减轻财产损失具有决定性的意义。属地政府熟悉事发地周边情况，属地应急力量可以在第一时间赶到突发事件现场，有助于把危机事件消灭在萌芽状态。属地先期处置应做到以下三点：一是以人员安全为主进行危机应对；二是防止次生、衍生事故的发生，避免更大的人员伤亡、财产损失和环境污染；三是组织受威胁群众疏散、转移，做好安置工作。

（二）以人为本，安全第一

在突发事件的处置过程中，要始终坚持以人为本、安全第一。坚持以人为本，就是在任何情况下都要以确保人的生命和财产安全为应急处置工作最优先的目标和最重要的举措，绝对不能拿生命冒险。同时要注意保障应急救援队伍自身的安全，实际上，在极端危难的情况下，保障不了自己的安全，也就无法救助别人。每一个应急指挥员都有责任保障应急救援队伍的安全，任何一级应急指挥员都没有权利因为财产等物质因素让应急救援人员冒生命危险。当然，在保证人员生命安全的基础上，也应该尽力保障国家和公民的财产安全。

（三）系统思维，科学处置

突发事件应急处置通常是系统性、综合性的，在应急处置过程中要遵循突发事件的发生演变规律、被处置对象的特征以及事件周边自然环境及社会环境特征，进行科学有序的处置。在应急处置过程中要充分应用现代科技成果，避免不顾科学的蛮干。此外，一旦出现危机事件，主要领导要立即赶赴现场，快速掌握情况，及时制定措施，果断应对处置。主要领导要区分不同情况，抓住主要矛盾，因情施策，因人制宜，及时疏导、化解矛盾，及时平息事态。在应急危机处置过程中，必须依据科学、有序进行、专业处置：一是充分利用和借鉴各种高科技成果，特别是充分发挥先进的信息技术和有效的应急装备在应急处置中的重要作用；二是充分发挥各类应急专家的"外脑"作用，形成科学合理的应急处置方案；三是充分发挥专业应急处置力量的作用，专业应急处置力量有丰富的处置经验和熟练使用各种救援装备的能力。

（四）统一领导，分级负责

我国在党和政府的统一领导下，实行以分类管理、分级负责、条块结合、属地管理为主的应急管理体制，坚持应急处置过程中的统一领导、步伐一致。统一领导要求参与应急救援的各个部门各个单位都服从应急指挥部的统一指挥协同，相关部门、层级在统一指挥下不仅能够充分发挥自己的作用，还能协调合作，提高总体效能。在各级党委领导下，实行行政领导责任制，能够充分发挥专业应急指挥机构的作用。

（五）权力集中，程序简化

在正常情况下，公共决策必须遵循民主集中制原则，按照一定的程序进行。但是由于突发事件具有不确定性，突发事件处置决策是非程序化决策，常常无规律可循，因此应适当集中危机决策者的决策权，根据现场瞬息万变的状况，让决策者根据自己的经验、能力果断做出决策。此时的决策程序也应该是简化的，这样有利于节省时间，对危机迅速做出反应，及时采取措施加以化解。权力适当集中的另一个要求是在此种情况下，不能出现政出多门、多头指挥的现象，这就需要坚持统一指挥、协调一致的原则。危机决策是与危机指挥结合在一起的，虽然危机指挥在组织结构上可分为多种形式，但无论采用哪一种形式，无论涉及应急救援活动单位的行政级别和隶属关系如何，都必须服从应急指挥部的统一指挥协调，统一号令、步调一致、令行禁止。应急指挥最基本的功能就是统一协调执行应急救援任务各单位之间的活动，使各参与单位既能充分发挥自己的作用，又能相互配合、提高整体效能。

第二节 突发事件应急处置的措施

一 应急处置的措施及其分类

各种类型突发事件的应急处置措施或工具都有其特点，比如危险化学品事件需要专业的装备与物资进行处置，核泄漏事件更是如此，公共卫生事件有专门的流行病学调查处理，但从公共管理的角度研究，也可总结出一些应急处置的共性措施。

《突发事件应对法》第 49 条规定："自然灾害、事故灾难或者公共卫生事件发生后，履行统一领导职责的人民政府可以采取下列一项或者多项应急处置措施：（一）组织营救和救治受害人员，疏散、撤离并妥善安置受到威胁的人员以及采取其他救助措施；（二）迅速控制危险源，标明危险区域，封锁危险场所，划定警戒区，实行交通管制以及其他控制措施；（三）立即抢修被损坏的交通、通信、供水、排水、供电、供气、供热等公共设施，向受到危害的人员提供避难场所和生活必需品，实施医疗救护和卫生防疫以及其他保障措施；（四）禁止或者限制使用有关设备、设施，关闭或者限制使用有关场所，中止人员密集的活动或者可能导致危害扩大的生产经营活动以及采取其他保护措施；（五）启用本级人民政府设置的财政预备费和储备的应急救援物资，必要时调用其他急需物资、设备、设施、工具；（六）组织公民参加应急救援和处置工作，要求具有特定专长的人员提供服务；（七）保障食品、饮用水、燃料等基本生活必需品的供应；（八）依法从严惩处囤积居奇、哄抬物价、制假售假等扰乱市场秩序的行为，稳定市场价格，维护市场秩序；（九）依法从严惩处哄抢财物、干扰破坏应急处置工作等扰乱社会秩序的行为，维护社会治安；（十）采取防止发生次生、衍生事件的必要措施。"

以上这些措施可以被归纳为一般性措施和特殊性措施两大类。其中，一般性措施包括救助性措施、控制性措施、保障性措施、预防性措施、动员性措施和稳定性措施。一般性措施是应急处置的基本措施。例如对人员的救援与安置、实行交通管制以及保障生活必需品等的供应都属于一般性措施。

特殊性措施包括强制性措施、保护控制措施、封锁限制措施、重点保卫措施以及其他合法措施等。特殊性措施可以通过惩戒等强制性行为防止在灾难事件中人们出于自利性心理对社会秩序和安全的扰乱。对物价的强制性平稳和社会治安的维护等都属于特殊性措施。

此外，还有根据灾害类型进行的措施分类，不同类型的灾害具有不同的应对措施。

二 自然灾害应急处置措施

自然灾害发生前后可以采取以下措施来应对。

（一）预防性措施

自然灾害的预测与防范是灾害风险处置的关键环节，及时、准确的预警信息是有效备灾和灾害应急处置的前提，也是降低灾害突发性所造成损失的有效措施。

在对自然灾害的预测上，应特别设置机构和人员，运用特殊的科学技术对灾害可能发生的时间、地点和范围进行尽可能精准的预测，为接下来的应急响应和应急处置措施提供信息支持，提高应急响应的速度，减少突发自然灾害造成的损失。在自然灾害发生时，我们需要在很短的时间内组织一批专业的应急抢险救援队伍，因此要加强专业人员的培训和人力资源的储备工作。同时，救灾工作的紧迫性决定了必须建立必要的物资储备，以应对突发自然灾害带来的影响。此外，还需要采取预防类措施，例如排查自然灾害易发地的安全隐患、设置灾害防护和避难设施、加强公众的灾害教育与演练等，防止突发灾害发生时出现无序混乱状态。

（二）抢险救援措施

由于自然灾害的危害性强、危害范围广，自然灾害往往造成较大数量的人员伤亡和设施受损。因此，在自然灾害发生后，抢险救援工作成为应急处置的重中之重。作为灾害危机响应者的政府、事发地单位和群众必须第一时间对事发现场采取果断措施，及时控制灾区局势。自然灾害发生时，应急管理者必须在第一时间掌控自然灾害的风险阈值信息，并快速、准确地获取现场情报，实时监测灾情的发展，做到随时发现灾害，随时防控排险，以控制灾情扩大、减轻灾害损失，力求在最短的时间内最大限度地保护人民群众的生命和财产安全。

（三）动员联动措施

自然灾害具有自然和社会的双重属性，同时具有链发性、群发性、综合性以及危害面广的特点。如地震、海啸等重特大自然灾害造成的人员伤亡和财产损失是巨大的。因此，在自然灾害发生后，需要坚持在统一领导和指挥协调原则下，调动社会方方面面的力量参与应对。

首先，区域内与区域间各方力量实现协调联动。自然灾害系统复杂，其监测预警、防灾减灾和抢险救援的专业性强，一旦成灾，涉及范围广、影响大，给应急管理工作带来困难。因此，在应急管理过程中应注意自然灾害的动态性，除了提早准备、先期处置外，还必须建立一个综合响应的指挥平台，形成一套快速响应的联动网络，以防范灾情扩大和可能的次生、衍生灾害。在我国，对自然灾害的管理涉及众多部门，如公安、消防、军队、武警、卫生、医疗、交通、供水、供气、供电等，在重大自然灾害发生后，各部门应各司其职、密切配合，及时开展增援抢险和协同救援工作，形成统一指挥、功能齐全、反应灵敏、运转高效的应急联动系统。

其次，需要采取社会动员类措施。自然灾害的预防、处置和恢复必须紧紧依靠各种社会力量。有效防范和应对自然灾害，必须充分发挥政府的主导作用，广泛动员公民、企业和其他组织积极参与，建立和完善社会动员参与机制。第一，通过宣传、政策等工具，广泛开展群众性危机教育活动，提高社会参与抗灾救灾和互助共济的意识。第二，广泛发动社会力量积极做好突发事件的防范和应对准备。经验表明，灾害发生的第一时间，受灾地群众自救、互救能力的强弱直接关系灾害损失的大小。第三，完善分层分级的专业人员动员机制，建立完备的志愿者数据库，保证政府在指挥协调工作中充分发挥专业人员和志愿者资源。

（四）维稳安抚措施

虽然人们常说"人定胜天"，但人们在面对自然灾害时仍然容易陷入对大自然力量的恐慌中。这种恐慌的情绪不仅会使得人们遭受自然灾害时无法顺利逃脱，而且很可能影响应急救援行动。所以，在面对自然灾害时，应采取维稳安抚措施，稳定公众情绪，防止社会秩序进一步混乱。

维稳时主要采取两类措施，即信息发布措施和维稳强制措施。社会陷入恐慌的最大原因就是对于信息获取的缺失，在灾害发生时没有得到灾害范围、程度、救援情况等信息，使得公众陷入茫然混乱中，更有甚者被社会谣言误导。因此，在自然灾害发生时，政府应采取信息发布措施，及时向公众传递信息，稳定公众情绪。同时，对于在灾害发生时居心不良哄抬物价或是趁机哄抢物资等现象应采取维稳强制措施，对进行此类行为的人员实行处罚惩戒，以儆效尤。

（五）恢复性措施

灾情稳定后，需要对灾区进行恢复重建工作。恢复重建是一个过程，需要政府、社会、团体、企业和个人各尽自责、携手合作，以尽快恢复灾区原有的社会功能。我国灾后恢复重建工作坚持"依靠群众、依靠集体、生产自救、互助共济，辅之以国家必要的救济和扶持"的救灾工作方针，以科学发展观为指导，坚持以人为本、统筹兼顾、科学重建，以规划项目实施为主线，以住房重建、基础设施重建、城镇重建、产业重建、生态重建为重点，加强组织领导，调动各方力量，提高工作效率，加快重建步伐，努力建设新家园。

灾后恢复重建的工作程序和内容包括组织核查灾情，开展灾情评估，制定恢复重建工作方案，落实资金，恢复和重建项目开工，卫生防疫，社会秩序恢复保障，进度、质量和财务监督，恢复重建评估等。在恢复重建阶段中，要对人员、建筑物、农作物、生命线工程进行全面调查和评估，修复和重建损毁设施，使灾区的生产、生活、社会经济秩序等情况逐步恢复到正常状态。

三 事故灾难应急处置措施

事故灾难指发生在生产生活过程中、直接或间接由人的活动所引发的、出人意料导致生产生活活动停止，并造成人员伤亡、经济损失或环境污染的事件。事故灾难包括工矿商贸等企业的各类安全事故、交通运输事故、公共设施和设备事故、环境污染和生态破坏事件等。事故灾难发生在人们的生产生活过程中，是几类突发事件中发生频率较高的一类。事故灾难应急处置措施分为以下几类。

（一）预防性措施

正所谓"凡事预则立，不预则废"，良好的预防机制可以防患于未然，将事故扼杀在萌芽之中。预防机制属于事先治理机制，即通过一定的措施和办法，阻止事故的发生、增强抵御事故产生的能力，以降低事故发生的可能性。在某种程度上，事故的预防比事故发生后的处置更有意义，可以避免社会财富的浪费，节省人力、物力、财力，更有效地保障社会秩序的稳定。

事故灾难的预防措施有大部分已经以法律法规的形式保留下来，例如《安全生产法》规定了生产单位、从业人员等应采取的预防性措施。针对事故较为频发的企业部门应加强生产的规范性，日常定期检查设施设备及生产场所的安全，及时更新安全设备，并定期进行安全演练活动。高危产业的从业人员应提高危机意识，严格按照规范进行生产生活活动，服从管理，正确穿戴和使用生产防护用品，了解其工作场所和工作岗位存在的危险因子、发生事故时的防范措施及应急事故措施。

（二）处置救援性措施

事故灾难发生后，可按灾难的影响范围差异采取不同程度的救援措施，这能够最大化地利用应急资源，防止资源浪费。对于日常生活中的安全生产事故，应及时派出救援小队，解救受灾公众，及时将伤者就近送往医院进行治疗，并处置现场的危机情况。对于重大事故灾难，应根据应急预案组建应急处置团队，确立应急领导，根据领导指挥有组织有秩序地进行应急救援。在救援过程中应注意各部门的协作同行，特别需要采取救援队伍与医疗队伍的衔接措施，保障救援过程的有序高效，以完成对受灾人员的救援工作，尽可能多地挽救生命。

（三）控制保障措施

与自然灾害类似，事故灾难发生后也时常发生二次灾害，例如火灾中的房屋坍塌、爆炸事故中的二次爆炸等，给公众及救援人员的生命安全带来极大的隐患，故而对于事故灾难的处置应当包括对灾情的控制保障措施，防止事态进一步恶化。在处置事故灾难时，应注意对危险源的探测与阻断，例如及时将火灾、爆炸事故中的易燃易爆等危险物品排除，并通过运用相关设施设备控制险情，防止灾情扩大。

在控制灾情的过程中，要统筹规划现场的救援行动，首要关注事故灾难最为严重的区域。同时，在应急处置过程中，注意设置充分的保障措施，以保障公众生命财产安全和救援队伍自身安全；还要保障受灾公众的临时住宿和食品供应，使其能较为正常地生活。特别需要注意的是，二次灾害发生时，应对救援人员提供安全保障措施，防止二次灾害扩大灾情，危及救援人员的安全。

四 公共卫生事件应急处置措施

公共卫生事件是指突然发生的、造成或者可能造成社会公众健康严重损害的重大传染病疫情、群体性不明原因疾病、重大食物和职业中毒，以及其他严重影响公众健康的事件，也指突然发生的、造成或者可能造成严重社会危害，威胁人民健康，需要政府立即处置的危险事件。典型的公共卫生事件有 2003 年发生的"非典"事件和 2019 年发生的新冠疫情事件，它们造成大量的人员死亡，对社会生产生活造成了严重的干扰，社会影响极大。

公共卫生事件往往处于紧急状态，且事件具有突发性、群体性、强社会危害性和处置的系统性等特征，因此必须采取特殊的对抗措施来恢复秩序。公共卫生事件应急处置措施有以下几种。

（一）预防性措施

鉴于公共卫生事件的常态性与不确定性，要想永远避免它的冲击是不太可能的，关键在于预防。大多数公共卫生事件是可以预防的。

在公共卫生事件中，许多问题例如食品安全问题、动物疾病的蔓延传播问题和群体传染性疾病等，是可以通过事前充分的检查检疫措施来避免的。在食品卫生安全方面，政府相关部门应对地区间流通的食品及当地市面上的食品药品进行定期全面排查，严格把关食品药品的质量。在动物疫情的传播方面，可采取强制性措施加以防范，例如禁止随意在公共场所宰杀活禽、制定相应的养殖规范，

数字资源 5-2
拓展阅读：
预防夏季食物
中毒及应急
处置措施

从源头控制可能产生的禽类疾病。在群体传染性疾病方面，应加强区域内医疗基础设施建设，加大力度引进先进的医疗人才及设施；同时加强公众对流行疾病的预防，进行季节性的定期宣传教育，提高公众的传染病防范意识。

（二）监测预警与通报措施

在公共卫生事件中，值得重视的是在事件发生后的监测预警措施，通过这类措施可以及时发现情况，提醒公众注意，降低危害范围和程度。在监测机制方面，要重点对可能发生疫情的相关场所进行定期检测和不定期抽查；信息监测要实现互联互通，加强跨部门、跨地区的信息交流与情报合作。在预警机制方面，预警机制是实现应急管理社会功能的重要环节，包括预警分析和预警监控。其中，预警分析是对各种公共卫生事件征兆进行识别、诊断与评价，并及时报警的管理活动；预警监控是根据预警分析的结果，对公共卫生事件征兆的不良趋势进行矫正、预防与控制的管理活动。应急管理系统中的预警就是对导致危机的各种风险因子进行监控，提前发现潜在威胁并采取相应措施，对可能出现的危机进行预防。

但是，公共卫生事件的监测预警不应局限于政府部门，其监测范围、内容、方式应更多。如社区、商店、警察等都可以是监测的直接参与者和突发事件的报告者，都应掌握报告途径，确保应急工作在第一时间进行。人们及时、准确地对公共卫生事件做出预测、预报和预警，进而协同处理，将为公共卫生事件应对的启动和争取控制事态赢得宝贵的时间。

此外，国务院卫生行政主管部门应制定突发公共卫生事件应急报告规范，建立重大、紧急疫情报告系统并建立突发公共卫生事件的举报制度。任何单位和个人有权通过国家公布的统一的突发公共卫生事件报告、举报电话向各级人民政府及其有关部门报告突发公共卫生事件隐患，有权向上级政府及其有关部门举报地方人民政府及其有关部门不履行突发公共卫生事件应急处置职责，或者不按照规定履行职责的情况。

（三）专业化处置措施

由于公共卫生事件处置的专业性较强，需要根据病源、病情和传播途径的不同采取差异化的处置措施，故而在公共卫生事件发生前，应针对不同的类型事件分类制定应急处置预案，并根据实际情况选择具体处置措施。在群体性传染病发生时，应根据传染强度对传染病患者进行隔离治疗，并对尚未患病的人员进行排查预防。在动物传播疫情发生时，应对超市、菜市场、养殖场、饭店等可能产生病原体的场所进行监测消毒，扑杀掩埋所有感染病毒的动物，后续还需对这些场所进行卫生状况的改造整顿。

除了在事件类型上采取专业化分类的处置措施，不同类型危机情况在医疗用品设备的使用上也体现出差异性。某些特殊公共卫生事件需要专业性强的医疗设备，故而在应急处置中还应注意资源的整合和有效利用,为特殊情况提供专门的医疗物资和专业的医疗人员。

此外,还需要注重应急救援和应急消毒处置队伍的事前培训工作,提高医疗救助人员的专业化素养,以保障其能在危机应对中迅速反应。

(四)信息公开与舆情监测措施

公共卫生事件一旦发生,往往威胁到公众集体生命安全,因此必须满足公众的知情权。政府应及时通过各种媒体将事件真相公之于众,并进行相应的解释,以提高公众的辨别能力和对疾病的预防能力。只有开诚布公,才能切实有效地动员社会公众与政府共同面对危机,建立公关危机的防范系统。广泛的社会参与能够丰富应急管理工作机制,充分发挥其在突发公共事件预防与处置等方面的作用,配合行政法规的执行,从而迅速扭转不利局面。

(五)恢复措施

公共卫生事件的发生必然会给公民的财产和人身安全带来很大的损害,因此,如何做好居民的安置、危险源的消除、应急资金和物资的运送和分发工作,如何保持社会稳定进而缩短公共卫生事件后的恢复时间,是值得考虑的问题。

为防止公共卫生事件的复发,在处置公共卫生事件时应重点注意收尾恢复时的善后工作,严格按照相应规定采取专业化措施,运用专门的人员设备进行。群体性传染病事件发生后,需要彻底清除病源,在患病人员彻底痊愈后方可解除隔离状态,同时将隔离区域恢复原状,以恢复区域的正常社会运作;同时,在确保危机状态解除后,恢复医疗机构的正常工作状态。在动物传播疫情发生后,确保传染源完全消除,对养殖场、菜市场、超市、饭店或疫情始发地等区域进行整改,并恢复其工作运行状态;定期对这类危机易发场所进行卫生检疫检查,防止卫生事件的复发。对所有因疾病传播造成的骚乱恐慌、因隔离消毒造成的秩序混乱,都需在收尾工作中进行恢复性处置。

五 社会安全事件应急处置措施

社会安全事件指的是由于人们内部关系处理不当而长期积累、激发的矛盾,经由部分公众有组织、有目的的谋划参与,对社会秩序、政府管理造成影响甚至使社会在一定程度上处于混乱对峙状态的事件,主要包括重大刑事案件、群体性事件、恐怖袭击事件、公共场所安全事件以及民族宗教区域事件等。社会安全事件应急处置措施主要包括以下内容。

（一）预防性措施

对于社会安全事件，同样需要采取预防性措施，各级政府应建立有效的社会安全事件预防体系，对可能发生的危机有所准备。公安机关应当加强情报信息工作，建立和完善维护社会稳定的预警工作机制，对可能影响社会稳定的问题和社会安全事件苗头，做到早发现、早报告、早控制、早解决，最大限度地把不稳定因素消灭在初始阶段。在日常治安、民族宗教、公共场所的日常秩序维护及其他可能产生矛盾冲突的地方，要特别给予关注并增加警力预防管理，定期进行安全检查巡逻，加强治安管理。同时需要注意特殊区域的安全预防，如新疆、西藏等易发生暴恐袭击的地方，要加强预防治理和应对社会安全事件的宣传教育，并做好应急响应队伍的演练准备工作。此外，对于在某些特定时期易聚集大量人员的场所应特别注意采取防护措施，防止踩踏或拥挤导致的冲突，例如节假日期间的景点、车站等人流密集的场所，注意对人员的限流、疏散和宣传预警工作。

（二）强制隔离措施

社会安全事件发生时，应急管理部门应协调公安机关按照事件性质与危害程度，依法果断采取措施，进行强制干预，隔离冲突的双方，有效控制现场事态，维护社会正常秩序。首先，需要采取对现场的隔离保护和管制措施，检查出入封锁区人员的证件、车辆和物品等，限制相关公共场所的活动。这样做的目的有三个：一是保护现场，防止现场破坏导致证据损坏或遗失；二是减少不良影响；三是方便进行刑侦分析勘察。其次，面对恐袭、暴乱等社会安全事件，在疏散隔离现场防止其他无关人员进入后，应立即采取行动制服或击毙不法分子，以防止灾害等级的进一步扩大。最后，强制隔离使用器械相互对抗或者以暴力行为参与冲突的当事人，妥善解决现场纠纷与争端，控制事态的发展。

（三）保护救援措施

在社会安全事件发生后，应立即启动应急响应和处置预案，相关人员在应急指挥部门的领导下迅速赶赴事发地点开展应急保护和救援工作。首先，对事件中出现的伤员及时进行医疗救治，并尽快搜寻其他生还者，减少人员伤亡。其次，面对群体性事件，应注意保护出警人员的人身安全和特定区域的建筑物、交通工具、设备、设施以及燃料、燃气、电力和水的供应等，防止事件中公众情绪失控引发暴力冲突，进而导致人力、物力等方面的损失。最后，加强对易受冲击的核心机关和单位的警卫，在国家机关、军事机关、国家通讯社、广播电台、电视台、外国驻华使馆等单位附近设置临时警戒线。

（四）善后恢复性措施

在社会安全事件发生后，应采取一定的善后恢复性措施以暂时性恢复事发地点的社会秩序，使其能够恢复基础的运转。针对重大刑事类安全事件，应对当地治安状况进行检查反思，决定是否加大该区域的巡查力度，避免危机情况再次发生，同时安抚周边居民情绪，使之恢复正常的生活秩序。针对群体性事件，特别是其中影响较大、涉及面较广的事件，短期内应重点恢复该区域日常生活所需的必要基础设施，以使社会秩序恢复正常。在善后工作中，通常需要协同街道、城管、公安、武警部队等进行多部门参与的、计划较为周密的、长时间的恢复重建工作。事件平息后，事发地人民政府要继续做好人民群众工作，并加强跟踪和督导，防止事件反复。此外，事发地应急指挥机构应组织开展事件的损失评估工作，认真剖析引发事件的原因和责任，总结经验教训，并形成专门报告上报。

第三节　突发事件应急处置中的重要问题

在突发事件应急处置过程中，要注意一些重要的问题，比如：在灾害处置过程中，要注意事前和事后对于次生灾害的防范；在应急处置现场管理中，要注意决策与指挥得当，防止误判信息影响现场整体救援行动；在突发事件的处理中，应急救援人员的生命安全仍屡屡受到威胁，因此应急响应者的人身保护问题也应该得到重视。此外，对灾区人民和救援人员的心理援助以及事件发生后的评估与问责也是应急处置中的重要问题。

一　次生灾害防范问题

次生灾害也称二次灾害。在灾害发生过程中通常会伴生诱发一系列新的灾害和衍生灾害，形成一条环环相扣的灾害链。在灾害链中，最早发生并起主导作用的是原生灾害，而由原生灾害所诱发的灾害被称为次生灾害，有时次生灾害的危害和造成的实际损失会超过原生灾害，其杀伤力和危害不容小觑。特别容易发生次生灾害的原生灾害是自然灾害和事故灾难，如地震之后发生的山体滑坡和泥石流以及爆炸事件中的二次爆炸和毒气泄露等。如果在应急规划中对于次生灾害没有做好充足准备，在应急现场处置时就不能及时将人员撤离，就会导致救援行动处于次生灾害的威胁中。

防治次生灾害的共性措施如下。

第一，将对于次生灾害的防范纳入突发事件应急处置工作的重点，在应急处置前必须思考并准备解决次生灾害的各类方案，并进行对次生灾害防范的演练准备，以防止次生灾害发生时的无准备状态导致的救援行动杂乱无章。

第二，在防止次生灾害的过程中，要坚持以动态发展与普遍联系相结合的观点来看待突发公共事件。在应急处置过程中，必须时刻警惕次生灾害的发生，及时切断可能引发次生灾害的危险源，如及时处理爆炸现场的易燃易爆物品，防止二次爆炸。

第三，防止次生灾害的发生，必须打破"各自为战"的局面。在实践中，"各自为战"的结果就是在处理一种灾害的同时可能会引发另一种灾害。例如，在处置南方暴风雪灾害中，清理路面积雪使用的大量氯盐融雪剂造成高速公路两边的一些村镇水源受到污染，大面积绿色植被破坏，形成地区环境污染等次生灾害问题。

二 应急救援人员的安全问题

处置突发事件是一种风险性很高的工作，本着"以人为本"的原则，国务院有关部门、县级以上地方各级人民政府及其有关部门、有关单位应当为应急救援人员购买人身意外伤害保险，配备必要的防护装备和器材，降低应急救援人员的人身风险。应急救援人员因公殉职的现象提醒我们，在实际工作中，应密切关注对应急救援人员的保护，充分认识到保护应急救援人员也是突发事件应急处置的一项重要工作。在现代应急管理中，还应该把现场应急处置人员的安全预防、保护和救助等，列入应急处置、应急管理的方案和工作措施中，重视应急处置人员的安全防护工作。保护应急救援人员的生命健康，在鼓励应急救援人员具有赴汤蹈火的英雄主义精神的同时，还要大力提倡珍爱生命、科学救援。

为降低和避免应急救援人员可能遭受的危害，可以从以下方面入手。

第一，通过立法保障应急救援人员的职业健康。"非典"事件之后，我国出台了《突发事件应对法》《突发公共卫生事件应急管理条例》等法律法规，而关于应急救援人员的职业健康保障体系尚不健全，一些人在应急救援职业活动中面临职业风险，其防护和危害管理等法律保护仍未受到重视。

第二，应急救援人员要做好应急准备。应急准备包括应急培训、应急演练和应急预案等方面的准备，只有进行各方面的演练和熟悉应急知识，才能在面临灾难时从容应对，以最小的代价完成救援任务。

第三，其他措施的补充。这里的其他措施包括关键点控制、防护用品的维护和保修计划、救援后备体系、安全信息和相关法律制度等。

> **案例**
>
> **四川凉山森林火灾造成 30 名扑火人员牺牲**
>
> 2019年3月30日18时许，四川省凉山州木里县境内发生森林火灾，着火点在3800米左右，地形复杂、坡陡谷深，交通、通信不便。3月31日下午，四川森林消防总队凉山州支队指战员和地方扑火人员共689人在海拔4000余米的原始森林展开扑救行动。扑救行动中，风力风向突变，山火爆燃，瞬间形成巨大的火球，造成27名森林消防指战员和3名地方扑火人员牺牲。根据专家初步分析，此次火灾是由雷电引发的，在燃烧过程中发生的"轰燃"现象，导致部分灭火人员避难不及时。

三 应急现场的决策与指挥问题

应急处置的总指挥与现场指挥应注重高效、及时与科学合理。在突发事件处置过程中，应该赋予应急指挥部充分的指挥权，这是指挥员及其机关对所属力量进行的特殊的组织领导活动，是应急决策与处置的中枢神经，是决定应急处置高效与快捷的核心因素。结合国内外处置突发公共事件的实践与研究成果，进行现场应急指挥可以从以下几个方面考虑。

第一，建立高度集中的应急指挥体制。应急指挥体制是参与应急处置力量联合的指挥体制，其最大的特点是政军警民指挥大合成。针对突发公共事件参与力量多元、协同要求高的特点，需要建立高度集中的应急指挥体制。

第二，建立运转顺畅的应急指挥机制。处置突发公共事件行动涉及多个体系，力量多元、指挥程序复杂，应从实际出发，建立一套整体联动、严谨有效的科学应急指挥机制。由于应急处置行动力量的多元，为了增强指挥的效能，应建立综合情况掌握、信息研究会商和指挥手段调节等协调机制，加强政府与任务单位的沟通协调，跟踪掌握一线情况，对处置行动实施有效协调和控制，确保政令畅通。

第三，采取灵活多样的指挥方式。处置突发公共事件时，应针对不同的任务需求、参加力量多少和事态轻重缓急等情况，灵活采取集中指挥、靠前指挥、委托指挥和越级指挥等不同的指挥方式，迅速有效地处置各种突发情况。

四 科学处置与专业处置问题

突发公共事件往往原因复杂、影响面广，对它的处置涉及多个行业、多个学科、多个领域的知识、技术、经验和方法。在处理问题和制定各种决策的过程中，必须依靠权威人士的知识、经验和力量，开展各种事件的处置活动。权威人士可通过专家小组、顾问团队、指导小组、抢险成员等形式参与事件的处置工作，提高应对突发事件的能力和水平。相关方面的专家参与决策、提供咨询，能对此类事件进行科学的处置，将危害和损失降到最低限度。

在设施设备方面，应注意科学技术与处置工作的结合，运用先进的技术与设备（如人体生命探测技术和机器人救援技术等），提高应急处置的效率。这不仅可以优化应急处置工作，还可以更好地保障受灾人员和救援人员的人身安全。

此外，在应急处置的流程方面也需要进行不断的更新。优化应急处置的流程是顺应新时代环境变化的需要，也是适应日新月异的技术更替的必然要求。新型应急工作设备需要匹配优化的处置流程以更好地发挥作用，流程优化也能够使应急处置的过程更加高效科学、更具专业性。

五 社会心理的疏通与引导问题

（一）心理危机的界定

美国学者吉利兰德（B. E. Gilliland）等人认为，心理危机是一种认识，当事人主观上认为某一事件或遭遇是个人资源和应对机制所无法解决的困难。我国学者刘奕等人认为，心理危机是指由于突然遭受严重灾难、重大生活事件或精神压力，使生活状况发生明显的变化，尤其是出现了根据现有的生活条件和经验难以克服的困难，致使当事人陷于痛苦、不安状态，常伴有绝望、麻木不仁、焦虑以及植物神经症状和行为障碍。

频发的天灾人祸、跨区域的公共卫生事件及骤发的社会群体性事件所导致的人员身体伤残和生存环境的破坏或许可以在短期内得到恢复和改善，但由此引发的心理危机导致受灾群众和相关救援人员生理、心理和社会交流上的障碍，不仅会给个体带来严重而持久的影响，而且由个体心理危机问题所衍生的不安因素也严重影响社会稳定和经济发展。

因此，在突发重大灾害事件发生之后，如何有效防止重大灾害造成的群体心理障碍，对灾区群众实施及时有效的心理救助，成为应急处置中的重要问题。

数字资源 5-3
拓展视频：
灾后重建，
心理不容忽视！

（二）应急心理干预的对象

突发事件心理危机干预与引导的受众群体一般可以划分为以下三大类。

第一，受事件直接影响的公众、伤亡人员和其他可能的受害者，例如事发现场或直接受影响、有可能受伤的幸存者，附近可能需要采取行动、避免受到进一步伤害的群体，伤亡人员的家属等。

第二，应急管理和应急救援人员，例如现场指挥管理者、现场搜救抢险人员、医疗救护人员、现场救援志愿者、参与应急的专家等。

第三，间接参与或间接受影响的人员，例如没有受到直接影响但知道或与那些可能受到直接影响的人有关系，没有受到突发事件影响但关心或为突发事件所震惊的一些人，包括媒体人员、参与救援行动人员的家属等。

（三）调控公众社会心理的措施

1. 重建中国民众的风险意识

中华民族是一个多灾多难、饱经风霜的民族。新冠疫情的流行使我们国家社会各阶层对社会风险有了新的认识。由于大部分灾难事件具有突发性，在日常生活中，人们不时有生命和财产受威胁的可能。因此，社会要良性协调地运行，就必须积极应对这种来自公共危机的挑战，而积极应对的前提就是让社会生活中的人们意识到这种状况，提高人们的现代风险意识水平。

2. 培养健康的公众心理

有效的公众心理疏导是突发事件及时处置的社会基础。公众对于突发事件往往缺乏必要的心理准备，突发事件发生后，惶恐、疑虑等情绪往往笼罩着公众。如果不能有效地引导公众心理，突发事件将引发社会混乱，造成社会不稳定。因此，有关部门要通过开展专门的知识教育，提高群众的文明素质和心理承受能力，增强全社会对突发事件的防范意识和应对能力，及时通过广播、电视、报纸、网络等媒介，以正确的舆论疏导公众心理，消除疑虑和恐慌。

3. 切实重视心理干预工作

心理干预就是在心理学理论指导下有计划、按步骤地对社会公众的心理活动、个性特征或心理问题施加影响，使之发生指向预期目标的变化。心理干预对社会突发事件的处理不仅是有效的，而且具有预防性。心理干预可以采取多种方式，例如开通专门的心理咨询热线电话、在报刊上开辟心理咨询专栏、请相关专家做客网站在线解答网民提出的问题等。

六　应急处置的评估与问责问题

（一）应急处置的评估问题

对应急处置过程进行科学适当的效果评估，是对整个实施过程的经验总结和教训吸取。应急处置过程中的每一次成功经验或失败教训都是宝贵的。科学的效果评估应该包含应急过程中的信息搜集和传递、准确的决策程序、科学合理的组织结构设置、有序的人员调配规模及分配，以及有效的沟通。这些内容可作为度量指标测量应急处置过程的管理效度。此外，还需要评估应急处置过程中的资金和设备等的使用情况。

（二）应急处置的问责问题

问责是指对行政主管职务责任范围之内的问题进行追责并促使其承担责任的过程。在应急处置完成并对其进行评估分析后，就应该进行应急处置的问责工作。这种问责区别于对事故发生原因的责任追究，是对整个应急处置过程效果的问责。只有落实对应急处置的问责，才能使应急组织进一步明确各职能部门所应承担的责任，使应急处置的责任分工更加完善科学，部门间能更好地协调合作，共同处置危机。

案例研讨

兰州布鲁氏菌病集体感染事件

2019年7月24日至8月20日，中牧兰州生物药厂在兽用布鲁氏菌疫苗生产过程中使用过期消毒剂，致使生产发酵罐废气排放灭菌不彻底，携带含菌发酵液的废气形成菌气溶胶，扩散后导致人体产生抗体阳性，造成兰州兽医研究所学生、工作人员及周边居民布鲁氏菌病集体感染。2019年12月26日晚，经事故调查组认定，在生产时段该区域主风向为东南风，兰州兽医研究所处于中牧兰州生物药厂的下风向，人体吸入或黏膜接触产生抗体阳性。

事件发生后，中国农业科学院第一时间启动应急处置预案，派工作组赴兰州指导和督促兰州兽医研究所做好应急处置等相关工作。国家卫健委、国家疾控中心、甘肃省疾控中心等多部门组成联合工作组，设立流行病学调查组、治疗专家组到兰州兽医研究所开展流行病学调查，协调诊断治疗。具体的应急处置措施如下。

一是积极对血清学阳性人员进行诊治。在首例阳性患者出现后，2019年11月29日，兰州兽医研究所组织学生进行诊治。阳性患者报告数量增加后，在甘肃省卫健委和兰州市卫健委及疾控中心的协调下，邀请相关专家研究制定治疗方案，确定诊治医院，并开辟绿色救治通道，对学生进行检查、诊治。

二是兰州兽医研究所配合兰州市卫健委认真追查疫源。收到报告后，封闭相关实验室、实验动物、动物舍，配合流行病学组调查40多人，配合调查组对动物实验室进行取样，对阳性人员用餐餐厅、研究所周边饭馆进行调查。

同时做了以下几方面的善后处置工作。

一是精准组织复查评估。对复核阳性人员进行二次检测复查，向省级评估专家报送符合评估标准的抗体阳性人员的评估材料。

二是积极宣传科普知识。积极组织省市疾控、医疗权威专家到兰州兽医研究所及周边社区开展现场专题宣传教育讲座，发放布鲁氏菌预防和治疗宣传手册，设立定点咨询点，一对一开展政策咨询和答疑解惑，实施心理疏导干预，全力消除群众恐慌心理。

三是做好群众免费检测工作，做到"应检尽检""愿检尽检"，对抗体阳性并导致不良反应的人员，进行免费、规范治疗，做到长期健康随访、终身负责。

四是认真落实赔偿补偿。按照群众健康评估结果，依法依规做好补偿赔偿工作，确保补偿赔偿工作科学合法、群众满意。同时，督促中牧兰州生物药厂进一步加快整厂搬迁和出城入园工作进度，从源头上消除隐患。

2019年12月7日，中牧兰州生物药厂关停了布鲁氏菌病疫苗生产车间，2020年10月8日，拆除了该生产车间，并完成了环境消杀和抽样检测。经国家和省级疾控机构对中牧兰州生物药厂周边环境持续抽样检测，未检出布鲁氏菌。兰州市农业农村局发言人在发布会上表示，此次事件为公共安全生产责任事故，中牧实业股份有限公司已对8名责任人做出严肃处理。

讨论题

1. 案例中，2019年七八月间已经发生菌气溶胶泄露，历经三个多月的时间才发现首例阳性病例，结合案例说明此次应急响应是否存在滞后性。

2. 结合案例，说明在此次事件中应急处置措施是否到位。

数字资源5-4
案例研讨参考答案

第五章 突发事件的应急响应与应急处置

本章概要

本章介绍了不同学者对突发事件应急响应与应急处置的不同定义、突发事件应急处置的内容、遵循怎样的处置流程与原则。

突发事件主要分为自然灾害、事故灾难、公共卫生事件和社会安全事件四类。处置这四类事件的共性措施有一般性措施和特殊性措施两大类。其中，一般性措施包括救助性措施、控制性措施、保障性措施、预防性措施、动员性措施和稳定性措施；特殊性措施包括强制性措施、保护控制措施、封锁限制措施、重点保卫措施以及其他合法措施等。由于每类事件的性质、特点不同，每类事件都有自己独特的处置措施。

在突发事件的处置过程中还需要注意次生灾害的防范、应急救援人员的人身安全、决策与指挥、处置的科学性与专业性、社会心理的引导和评估与问责等一系列重要的问题，以进一步提升应急响应与处置的水平。

核心概念

应急响应　应急处置　决策与指挥　协调联动

第六章

公共危机的恢复重建

学习目标

1. 了解恢复重建所包含的四个方面的内容:一是物的恢复,二是人的恢复,三是社会秩序的恢复,四是社会规制的重建。
2. 了解恢复重建过程的五个阶段,即准备阶段、计划阶段、实施阶段、验收阶段与反思阶段。
3. 理解危机恢复重建过程中,人们将会面对的一系列关键而棘手的问题,主要包括恢复重建的选址、住房的恢复重建、经济的恢复重建、心理干预、灾害事故损失补偿以及救灾资金管理等。
4. 熟悉危机恢复的两种分类,即短期恢复与长期恢复。

情景导入

河南暴雨灾后恢复重建

2021年7月中下旬,河南郑州等地持续遭遇历史罕见的极端强降雨天气,引发特大洪涝灾害,造成重大损失。灾情发生后,习近平总书记高度重视并做出重要指示批示,要求始终把保障人民群众生命财产安全放在第一位,抓实防汛救灾措施,妥善安置受灾群众,尽快恢复生产生活秩序。李克强总理做出重要批示,亲赴河南灾区看望慰问受灾群众,召开专题会议部署抢险救灾和灾后恢复重建工作,要求各方共同努力重建美好家园。河南省切实履行主体责任,组织动员全省上下全力做好受灾群众安置、水毁工程修复重建、生产生活秩序恢复等各项工作,灾后恢复重建工作取得了显著成效。

第一节 恢复重建概述

恢复重建是一项十分艰巨的工作,关系到灾区公众的切身利益和灾区社会的长远发展,必须充分依靠灾区社会公众,群策群力,有效利用各种资源,通过精心规划、精心组织与实施,重建物质家园和精神家园,使灾区社会公众在恢复重建中赢得新的发展机遇。

一 恢复重建的概念

恢复重建是消除突发事件短期、中期和长期影响的过程。从字面上来看，它主要包括两类活动：一是恢复，即使社会生产生活运行恢复常态；二是重建，即对受灾害或灾难影响不能恢复的设施等进行重新建设。

目前，学界对恢复重建的研究大多侧重于对"恢复"概念的诠释。美国学者哈斯（Haas）等人对"恢复"进行了初步阐释，认为恢复过程可分为应急期、恢复期、替代期、改善和发展期四个阶段。其中，应急期持续时间为几周，恢复期持续时间为几个月，替代期持续 2 年，改善和发展期持续 10 年左右。同时，哈斯等人认为，恢复重建是有序的，并能被人们认识和预知。此后，昆兰特里（Quarantelli）对"恢复"做了初步界定，认为恢复就是灾区恢复到人们可容忍的限度，但并非能达到灾前的水平。美国联邦应急管理署（FEMA）对"恢复"进行了界定，认为恢复就是在没有采取紧急措施情况下使所有系统达到灾前水平。许多学者对此并不认可，他们认为恢复到灾前水平可能并不会具备对未来灾害的免疫力，并强调恢复是一个动态的过程，并不存在明确的界点，也不是简单地回到灾前水平；成功的灾后恢复重建应该具备对未来灾难的一种抵抗和重塑的能力。

美国全国突发事件管理系统（National Incident Management System，NIMS）对"恢复"做了较为完整的界定：制定、协调和实施服务设施和现场复原预案，重建政府运转和服务功能，实施对个人、私人部门、非政府和公共的援助项目以提供住房和促进复原，对受影响的人们提供长期的关爱和治疗，以及实施社会、政治、环境和经济恢复的其他措施，评估突发事件，吸取教训，完成事件报告，主动采取措施减轻未来突发事件的后果。

威肯逊（Wilkinson）等人针对当前学界对"恢复"概念的争论，提出了独特的见解：首先，恢复到灾前水平混淆了灾难发生的内外因关系，过度渲染了外部环境的作用；其次，研究在能够预知灾难不发生的情况下会产生何种效果的可能性较低，因为不同研究者对长期预测的效果研究存在偏差；最后，对于达到与灾前水平不同的稳定状态这一观点，威肯逊等人也持中立态度，认为稳定状态只能描述，并不能具体地规范出来。

由此可见，尽管许多文献将恢复与重建融为一体进行探究，但多数侧重的是对恢复的界定，却鲜见对重建的描述。实际上，恢复和重建属于灾后恢复过程的两个不同阶段，正如部分国内学者所言，恢复一般指灾后早期的工程，持续时间比较短；而重建则是在灾难非常严重或已造成毁灭性破坏的基础上，进行的长远性应对工作，持续的时间相对较长。

一般而言，灾后的恢复重建主要包括以下四个方面。

（一）物的恢复

物的恢复包括对因灾受损的建筑物、生产和生活设施、各种设备等进行修复，对彻底损毁的基础设施、设备和建筑物等进行重新建设。

（二）人的恢复

人的恢复包括对受伤人员的救治、对危机相关者心理危机的干预、人们生产生活的恢复等。

（三）社会秩序的恢复

社会秩序的恢复主要指通过采取措施消除危机事件带来的恐慌来稳定社会秩序，它包括政治系统恢复运转、企事业单位复工、学校复课、市场恢复运行等。

（四）社会规制的重建

社会规制的重建主要指政府及其他公共管理机构危机管理观念的更新、危机管理制度的完善、危机管理政策的改进等。

二 恢复重建的原则

公共危机事件的恢复重建是由政府主导、社会多元主体共同参与的应急管理行为。在恢复重建过程中，为了高效、有序地开展对突发事件影响人群的生命救护、城市生命线恢复、物质设施重建、经济社会秩序恢复、灾后心理干预与生活救助、损失补偿与赔偿等各项工作，必须遵循一定的原则，以确保突发事件恢复重建目的真正实现。为了切实加强突发事件恢复重建机制建设，推进恢复重建工作，应当遵循以下原则。

（一）以人为本原则

库珀（Terry Cooper）在《行政伦理学：行政责任的实现途径》中提出了这样的观点：公共行政管理的核心价值是公众利益、公民民主参与和最终的民治。[①] 也

---

① Cooper T. The Responsible Administrator: An Approach to Ethics for the Administrative Role [M]. San Francisco: Jossey Bass, 1990.

就是说，在公共行政伦理中，更为根本的价值在于公共行政人员要对公民负责，为公共利益服务。价值是公共行政的灵魂，而公共行政首要的价值就是对公民负责。在中国语境下，我们常说"全心全意为人民服务"，现在还强调"以人为本"，这其实就是对公共管理者的伦理定位。按照以人为本的原则，在公共危机恢复重建管理中就要把保障公众健康和生命安全作为首要任务。危机发生后，要优先开展抢救人员的紧急行动；要加强救援人员的安全防护，最大限度地避免和减少危机造成的人员伤亡和伤害。救灾工作以人为本，重建同样要以人为本。因此，要以确保受害人的安全为前提，把保护人的生命健康和安全作为恢复重建的首要任务；应格外关照身处灾害中的老弱病残等弱势群体，采取特殊措施，维护其基本权益；要从维护人民群众根本利益的高度出发，有效开展各项恢复重建工作。

（二）多元主体原则

20世纪90年代，基本上所有的西方发达国家都进行了以新公共管理为蓝本的政府改革，愈来愈多的人热衷于以治理机制应对市场和国家协调的失败。治理理论成为这其中的显学。吉登斯（Anthony Giddens）在《第三条道路——社会民主主义的复兴》中提出，当代人有必要重构传统的对于国家的刻板理解，也就是超越"把国家当作敌人"和"认为国家就是答案"的片面认知，重新认识国家在目前以及未来应有的定位及角色。他认为，除了政府是治理的当然主体，非政府组织、第三部门，甚至私人组织的公共部分也可以成为治理的主体，通过调动国际组织、民间组织等各方面的积极性和主动性，协调各方利益要求，建立主体间的各种合作方式，结成伙伴关系分享权力。

就危机治理体系而言，危机管理主体由过去单一的政府变为政府、企业和社会组织各方有序参与的合作集体，治理规范由过去单纯的国家法令变为法令、道德和社会及公民的自主契约等并存，治理程序从仅仅考虑效率变为公平、民主和效率等并重，治理的手段由过去单纯强调法治变为重视法治、德治和社会公民自觉资源的合作补充，治理的方向由过去单一的自上而下变为上下左右互动。而具体到危机恢复重建管理上，政府是直接责任人，要调动所有可以利用的力量，使整个社会有效地从危机中恢复；大众媒体起着不可或缺的协理作用，要将危机的各种情况、信息及时传达给大众，使民众获得如何自救、互救的一些知识；民众（包括社会各界的力量）则是危机恢复重建的基础力量，危机危害程度的控制与危机后的恢复重建离不开社会各界的全方位参与。当然，还要充分利用国际资源，最大限度地实现资源在国际范围内的优化使用。

（三）法治原则

国家法律与危机事件有紧密的联系，公共危机的全面管理体系必须在国家法治建设的基础上建立。从法律建构的逻辑上讲，第一步应在国家宪法危机基本框架的先行法律体系中体现危机治理的基本精神，第二步则要建立对国家最高决策者启动危机管理机制的严密的法律约束与监督体系。危机治理中首要的危机管理权是一种特殊的权力，需要制度框架予以确定。就危机状态的发展进程而言，危机管理权可分为确认和宣布危机的权力、危机对抗的权力、延长危机状态的权力和终止危机状态的权力；就权力行使者角度而言，危机管理者可分为立法机关、行政机关、国家元首、司法机关、军事机关；就行使方式而言，危机管理权又可分为戒严权、军事管制权、宵禁权、动员权等。除了法律规定危机状态下的政府权力，法律还应规定危机状态下公民的合法权益（如知情权、紧急救助请求权、申请行政复议、提起行政诉讼权等），以及公民对政府的危机管理行为的监督权，要体现紧急状态下人权保障的比例原则、非克减原则和非歧视原则。特别是国家机关工作人员在紧急状态下行使必要职权时，对公民的人身权和公民、法人及其他组织财产权的侵犯，要依据《国家赔偿法》予以补偿或赔偿。

需要注意的是，危机得到控制或者消除以后，就必须尽快恢复常态下的法治状态。危机状态如不能及时恢复正常状态，同样会给国家和社会带来极大的危害。除此之外，政府还应进行责任追究，这是政府在危机事件后维持其合法性以履行正常统治的必要条件。政府必须设立第三方性质的独立调查机构，授予其调查披露真相的资质，使其进行公开透明的调查，制度化地解决问题。

（四）学习和发展原则

危机恢复重建机制的一项重要任务就是对危机教训予以总结，通过总结提炼这些教训，把认识反馈到组织的实践、政策和法律中。真正会学习的组织能够通过将组织的过程设定为不断的反思和学习，创设共同的愿景，通过集体的创造性学习来克服片面而局部的思考方式的弊端。

根据灾害的系统理论（system theory），物理系统、人的系统与建设系统之间的不匹配形成了灾害。物理系统包括大气等自然系统，建筑系统包括建筑、道路、桥梁、港口、设施等。当自然、建筑与人的系统的联系出现扰动时，灾害就可能发生。因而，在恢复重建过程中，人们要尊重自然环境的力量，同时创造更加具有抗灾能力的建筑系统及人的系统。

我们在恢复重建的过程中，不能仅消除某二次危机的消极影响，还应该总结经验、吸取教训，与自然合作，增强社会的防灾、减灾能力。同时，我们还要善于抓住机遇，放眼未来，使灾害成为灾区经济社会发展的新起点。[①]

奥古斯汀（Norman Augustine）认为，每一次危机既包含导致失败的根源，又孕育着成功的种子；发现、培育以便收获这个潜在的成功机会，就是危机管理的精髓；而习惯于错误地估计形势并令事态进一步恶化，则是不良危机管理的典型特征。由此可以看出，危机恢复重建阶段除了恢复之外，还要谋划更好的局面发展。因为

---

① 王宏伟. 公共危机管理概论［M］. 北京：中国人民大学出版社，2021：151.

危机可能是问题积聚到一定程度而爆发的,渡过危机只是解决了问题的表象,而问题后面的沉疴旧疾可能需要一系列的举措来进行革新。我们在这里套用金登(John Kingdon)的"垃圾桶模型"来解释危机恢复重建阶段的改革。在"垃圾桶模型"中,金登总结了美国联邦政府三个主要的"过程溪流":一是问题识别;二是政策建议的阐明和精炼;三是政治活动。这些"溪流"在一些关键的时刻汇合在一起。一个问题识别了,就能得到一个解决办法,这种政治气候便促成了适合变革的恰当时机,而且那些约束条件也阻止不了行动。要使一个来自某一能见度较低的领域的项目被提上政府的议程,必定要有什么事情发生,那种事情常常就是一次真正的危机——那种政府决策者所不能忽视的事情。也就是说,危机的发生、政策方案的拟定、决策者的果断,三者分别代表问题流、政策流和政治流,三流合一则"政策之窗"打开,这正是政府进行改革创新的绝好机会。可见,每一次发生的危机都是对政府及有关部门的一次新的考验,政府也可以从中获益,发现原有的危机管理体制中存在的种种问题,进而改进、完善危机管理体制和运作机制,修正应急管理预案,加强对已发生过的危机的管理和预防,最大限度地杜绝和减少新的灾难、事故的发生。

第二节 恢复重建的过程与管理

虽然不同的突发事件有不同的恢复过程,但是我们可以从中抽象出一些具有共性的步骤。在恢复重建的过程中,管理起着非常重要的作用。有效、科学的管理可以加快恢复重建的进程;反之,无序、低效的管理则会影响、延缓恢复重建的进程。

一 恢复重建的过程

我国有学者指出了灾后恢复重建的步骤:成立或重建领导组织—灾区灾情核查—明确重灾区的范围与恢复方针—提出灾区恢复重建规划并进行审定—制订每一项重建工程的具体计划并进行审定—落实恢复重建计划的资金及材料供应—实施恢复重建规划与计划—依照相关法律法规对恢复重建工程进行核查验收—进行质量评定和财务审计。[①]

---

① 邹铭,史培军,周武光,等. 中国洪水灾后恢复重建行动与理论探讨[J]. 自然灾害学报,2002(2):29-30.

美国学者从地方恢复重建方面进行分析，认为规划与行动要有以下 10 个步骤：组织起来；吸纳公众参与；协调不同的机构、部门与群体；确认问题情况；评估问题、确认机会；设定目标；探讨各种可替代战略；规划行动；就行动计划达成一致；实施、评估与修改计划。

比较中美两国学者的建议，我们可以看到恢复重建的过程大体相同，基本上可归纳为五个阶段，即准备阶段、计划阶段、实施阶段、验收阶段与反思阶段。仅从形式上看，中美两国恢复重建的过程区别并不大，不过，综合起来看，中国对危机的事后学习能力不足，比较容易忽视对公众心理问题的诊疗，灾后重建过分倚重国家扶持，对相关人员的事后责任追究制度流于形式。

在响应阶段，所有的行动都围绕一个中心进行。相较而言，恢复重建的功能或过程涉及一系列问题或决策。这些决策需要由个人和社区共同做出。恢复重建包括的决策和行动涉及重建家园、除旧布新、恢复就业、永久性地修复和重建基础设施。恢复重建具有七大功能：信息收集与评估，组织安排，资源动员，计划、管理与预算，管制与批准，协调与组织之间的关系，监督与评估。

一般来说，恢复重建的过程包括以下几个阶段。

（一）准备阶段

成立突发事件恢复重建领导小组，全面评估受灾地区的状况，做出损失评估报告。这一阶段要调查和评估危机的损失情况及消极影响、预案执行情况及相关部门职责履行情况、危机的成因及潜在发展的情况。准备工作对后续工作的实施起着重要的作用，在整个恢复重建过程中占据主导地位。

（二）计划阶段

恢复重建领导小组根据准备阶段的损失评估情况，制订恢复重建计划，向社会公众与执行部门公布。

（三）实施阶段

动员、准备和整合各种资源，实施恢复重建计划。

（四）验收阶段

对恢复重建工作进行验收和评估。

（五）反思阶段

站在应急管理的整体高度，反思整个恢复重建工作，并把得出的经验与教训纳入未来的防灾、减灾规划。这一阶段的反思工作包括建立和完善国家援助机制，提高政府和社会抵御危机的能力；建立规范的责任追究机制，这是有效预防危机的必然要求。我国需要从完善法律法规、加大问责力度、加强社会监督力度、打造服务政府、推行阳光行政等多个方面努力。

二 恢复重建计划与管理

（一）恢复重建计划与管理概述

虽然从时间逻辑上看，灾后恢复重建发生在突发事件之后，但随着应急管理的发展，人们越来越认识到事前的恢复重建计划也属于灾后恢复重建的重要组成部分。因为在灾难来袭时，人们往往处于恐慌中，加上时间紧迫，很难科学地制订恢复重建计划。因此，事前的恢复重建计划应包括短期内如何安置避难者、长期内如何支持重建，以及公共基础设施重建地址的选择等。恢复重建计划能帮助社会在面对巨大困难时尽快恢复正常，有利于提高社会在无援助情况下的恢复重建能力。

突发事件发生后，应急管理部门还要根据相关评估报告，再次制订更为详细的恢复重建计划。该计划执行完毕后，应急管理部门应及时反思，总结教训，制定新的防灾减灾方案，并修改和完善准备阶段制订的恢复重建计划。

可见，恢复重建并不是开始于灾后，而是开始于灾前。在突发事件发生前的准备阶段，应急管理部门就要根据风险评估的情况，考虑制订灾后恢复重建计划。比如，某座城市附近火山有喷发的风险，那么应急管理部门就要在准备阶段制订恢复重建计划，思考灾后如何处理火山灰等问题。

具体而言，恢复重建计划应符合以下要求：一是有利于实现恢复重建过程管理的正规化；二是有利于加快恢复重建的进程；三是有利于确定恢复重建活动的组织网络，明确每个组织的责任和任务；四是有利于将各方面的力量吸纳到恢复重建进程之中，确保社区参与；五是文字尽量简洁，但联系方式、资源列表要详细；六是由提供恢复重建服务的各相关机构共同制定；七是以各机构的日常职能为基础；八是经常进行评估；九是明确恢复重建管理的结构和过程；十是规定适当的资源安排制度。

恢复重建管理的目标是增进恢复重建活动参与各方的协调与合作，向灾区提供有效的恢复重建服务，加快灾区的恢复重建进程。恢复重建管理主要包括以下四个方面的内容。一是进行恢复准备。应急管理部门要与各相关机构保持动态联系，制订并不断更新恢复重建计划，促使恢复重建活动参与人员随时保持待命状态。二是促进协调。恢复阶段任务繁多，涉及资源动员、捐赠管理、废墟管理等方面。应急管理部门要维持内部的有力指挥和控制，促进多机构的协调合作。三是管理资源。应急管理部门要在需求评估的基础上，保证恢复重建资源供给充足，这涉及场地、装备、运输工具、资金、队伍等方面。四是管理信息。恢复重建过程中，应急管理部门要保持公共信息的及时更新和发布，特别要告知灾民恢复重建的政策和程序，同时向其他公民通报灾区恢复重建的进展。此外，应急管理部门还要收集、加工信息，为资源供给与需求搭建有效的平台。

（二）恢复重建的监管

恢复重建是一个漫长的过程，在这个过程中难免会出现一些意想不到的状况，这就需要对恢复重建工作进行监管，以保证社会的安定团结。

1. 监管的形式和措施

要保障恢复重建工作高效、合理地进行，对重建资金、物资及项目的监管、评估和审计是重要的环节。我国一些法律法规对于灾后的恢复重建监管责任、监管形式与措施等进行了规定。比如，《汶川地震灾后恢复重建条例》做了以下明确规定："县级以上人民政府应当加强对下级人民政府地震灾后恢复重建工作的监督检查。县级以上人民政府有关部门应当加强对地震灾后恢复重建建设工程质量和安全以及产品质量的监督"，"地震灾区的各级人民政府在确定地震灾后恢复重建资金和物资分配方案、房屋分配方案前，应当先行调查，经民主评议后予以公布"，"地震灾区的各级人民政府应当定期公布地震灾后恢复重建资金和物资的来源、数量、发放和使用情况，接受社会监督"，"财政部门应当加强对地震灾后恢复重建资金的拨付和使用的监督管理。发展改革、建设、交通运输、水利、电力、铁路、工业和信息化等部门按照职责分工，组织开展对地震灾后恢复重建项目的监督检查。国务院发展改革部门组织开展对地震灾后恢复重建的重大建设项目的稽查"，"审计机关应当加强对地震灾后恢复重建资金和物资的筹集、分配、拨付、使用和效果的全过程跟踪审计，定期公布地震灾后恢复重建资金和物资使用情况，并在审计结束后公布最终的审计结果"，"地震灾区的各级人民政府及有关部门和单位，应当对建设项目以及地震灾后恢复重建资金和物资的筹集、分配、拨付、使用情况登记造册，建立、健全档案，并在建设工程竣工验收和地震灾后恢复重建结束后，及时向建设主管部门或者其他有关部门移交档案"，"监察机关应当加强对参与地震灾后恢复重建工作的国家机关和法律、法规授权的具有管理公共事务职能的组织及其工作人员的监察"，"任何单位和个人对地震灾后恢复重建中的违法违纪行为，都有权进行举报。接到举报的人民政府或者有关部门应当立即调查，依法处理，并为举报人保密。实名举报的，应当将处理结果反馈举报人。社会影响较大的违法违纪行为，处理结果应当向社会公布"。

2. 恢复重建项目跟踪审计

灾后恢复重建项目的跟踪审计是由国家审计机关对政府投资的恢复重建项目进行的审计监督。以汶川地震为例，审计署专门下发通知强调对恢复重建项目进行跟踪审计，具体要求与内容如下。

(1) 审计的重点项目与内容

审计的重点项目按类别分为三大类：第一类是学校、医疗卫生机构、政府统筹统建的城乡居民集中居住区等公益性和民生工程；第二类是交通、水利、电力、通信和市政工程等重要基础设施项目；第三类是其他投资额大、社会关注度高的项目。

审计的重点内容包括五个方面。一是灾后重建总体规划的落实情况。二是资金物资的管理情况，包括财政资金、对口援建资金、捐赠资金和其他渠道用于灾后重建资金的到位情况；资金分配是否按照标准，是否公平、合理和公开透明，有无虚报冒领、滞留和截留等问题，资金管理是否规范、制度是否健全、责任是否明确、手续是否完善；资金使用是否合法合规，有无挤占挪用、损失浪费等问题；资金投向是否符合国家规定，有无用于灾后恢复重建以外的项目，有无用于"两高一资"项目。三是工程建设管理情况，重点检查恢复重建项目的审批、招投标、质量管理和竣工验收等环节。四是土地管理和环境保护情况。五是审计发现问题的整改情况。

审计中的专项审计调查主要是针对发现的共性问题进行的，具体包括中央重建资金结存、地方资金缺口、贷款的投向、产业重建政策、土地管理、受灾群众就业援助、已完工项目的资产移交、环境保护和可持续发展等，适时组织专项审计调查，以充分发挥审计的建设性作用。

(2) 重大违法违规问题和经济犯罪案件线索的问题

审计是发现违规问题与经济犯罪案件线索的重要方式。对于震后恢复重建项目，重点关注的内容包括以下几个方面：一是在国家规划和政策落实方面，有无违反基本建设程序、擅自修改规划、违规审批以及违反决策程序或决策不当造成重大损失的问题；二是在资金管理使用方面，有无转移、贪污、挪用和侵占恢复重建资金，以及通过虚报、冒领和关联交易等手段骗取、套取工程建设资金等问题，有无挪用、截留和克扣拆迁补偿资金等侵害人民群众切身利益的问题，有无重大铺张浪费和损失浪费问题；三是在工程招标、投标方面，有无化整为零规避招标、虚假招标和围标串标等问题；四是在征地拆迁和环境保护等方面，有无违规征地、非法批地、违规审批和擅自改变土地用途等问题，有无重大违背国家产业、投资和环境保护等政策的问题，地质灾害隐患防治是否到位；五是在工程质量管理方面，有无违规转分包、降低建设标准、偷工减料、以次充好、以假冒真和串换掉包等问题。要重视和加强对举报案件线索的核实，对重大问题一查到底。要加强与纪检监察和司法机关的沟通配合，及时跟踪审计移交案件线索的查处情况。

(3) 竣工决算的审计

对于竣工决算的审计一般要坚持几项原则：一是谁负责跟踪审计的项目，就由谁负责开展竣工决算审计；二是各地根据项目建设进展情况安排竣工决算审计，在时间上不做统一要求；三是突出重点，把政府统筹统建的城乡居民集中居民区、学校、医院等民生工程和公路、电力、水利、桥梁等基础设施，作为竣工决算审计的重点，对于投资额大、社会关注度高的重点项目，必须进行竣工决算审计；四是所有竣工决算审计项目都要向社会公告审计结果。

在竣工决算审计中，要重点检查以下内容：一是竣工决算编制情况，包括各项清理工作是否全面、彻底，编制依据和遗留问题是否合规，资料是否齐全，手续是否完备；二是项目建设成本情况，包括项目的建设规模是否符合国家标准和规划要求，项目建设是否严格按批准的概算执行，有无概算外项目，项目的成本核算是否正确，有无虚增成本多计投资，资产价值是否准确、合理；三是项目的质量管理情况，包括工程质量管理有无不符合国家标准和规范的问题，有无发生重大质量安全事故；四是交付使用的资产和资料，包括交付使用的资产是否真实、完整，是否符合交付条件，移交手续是否齐全、合规，成本核算是否正确，有无挤占成本、提高造价或转移投资的问题。

(4) 审计的工作要求

对审计工作要明确责任分工，严格工作要求。一是要加强组织领导，明确职责分工。各级审计机关要按照国家出台的相关规定要求，加强组织领导，做好各自管辖范围内恢复重建资金和项目的跟踪审计工作。各级地方审计机关要做好对地方财政投资和融资、社会捐赠资金、港澳援建资金和国外援助贷款等资金和建设项目的跟踪审计。对口支援省（市）审计机关在做好对口支援"交钥匙"项目跟踪审计的同时，要与受援省审计机关协商做好对以交支票方式援建或与当地政府联建项目的跟踪审计。二是要统筹安排力量，严格审计纪律。各级审计机关要统筹安排审计力量，采取分批轮换等方式，妥善安排审计人员的工作和生活。要严格遵守国家法律法规、审计工作纪律和各项廉政规定，不得让受灾地方补贴费用，也不得将审计经费计入项目建设成本。要加强对聘请的社会中介机构人员的监督和管理，督促其提高业务水平、遵守审计纪律。三是应及时如实上报审计情况，坚持定期公告制度。各级审计机关要按照统一要求，及时上报审计进展情况、月报表和半年度审计报告，及时上报审计发现的重大问题和共性问题，及时上报违法违纪案件线索的查处情况。对上报不及时、不准确造成不良后果的，将追究责任。要坚持每半年向社会公告一次审计情况，全面、客观、公正地披露审计发现的问题和情况，促进科学重建、高效重建、廉洁重建、阳光重建。

3. 外部监督和审计

外部监督和审计包含信息公开与社会监督、外部审计与评估两项内容。

(1) 信息公开与社会监督

国内外实践经验表明，赈灾与重建资金的安全运行是突出问题。如果资金使用缺乏监管机制，就无法保证灾后重建的效率与效果。尤其是对于社会公众献爱心、无偿捐助的资金，必须对社会公众有一个交代，否则会挫败他们的积极性、影响之后的捐助力度。为此，政府应高度重视监管机制建设。

① 信息公开。

灾后重建是全社会的责任，需要全社会力量的广泛参与，这就要求公开信息，让公众知情。信息公开的内容包括灾后重建资金使用决策、管理过程、投入情况、产出情况和民众参与情况等。在赈灾以及灾后重建过程中坚持全过程、全方位信息公开，邀请新闻媒体、灾区群众代表、志愿者代表、捐赠者代表、非政府机构、人大代表和政协委员等参与灾区重建项目决策、资金分配和资金管理全过程；负责灾后重建工作的各级组织，定期通过网络、媒体等渠道向社会报告重建工作情况；资金使用重大问题在社区或乡村范围内张榜公布，切实保证灾区群众的知情权，在信息的公开透明中实现社会各界的广泛参与和有效监督。

② 举报监督。

在保障信息公开的同时，建立健全渠道畅通的投诉举报体系也必不可少。恢复重建工作后，政府应第一时间设立灾后重建工作投诉处理机构，吸纳非政府组织代表、志愿者和受灾群众代表参与，通过多种媒介，如网络、媒体和电视等向社会公布举报电话、信箱、邮箱，形成包括各级纪检委、信访办以及社会机构等在内的投诉举报与处理机制。凡实名举报，案案必查；查证一经属实，必须追究相关人员责任；凡有核实处理结果，每案必须向举报人答复。对举报人的合法权益应予以保护，严肃处理打击报告投诉人、举报人的行为，保证赈灾与恢复重建工作在人民的有效监督之下进行。

（2）外部审计与评估

恢复重建工作过程监督的另一种形式是外部审计与评估。赈灾与灾后重建资金数量巨大、社会关注度高，资金使用效率关系重大。灾后建设没有固定的模式可以遵循，也没有放之四海而皆准的成功经验，都需要在实践中不断地完善。政府部门对资金使用情况进行全面审计是重要的一方面，外部专业评估机构的审计也必不可少。因此，还应委托专业的评估机构对灾后重建项目的实施、效果、资金使用情况与效益进行独立评估，向社会及时公布真实、完整和详细的审计报告、评估报告。针对审计、评估中发现的问题，应及时解决，从制度上进行规范，从项目设计上进行调整，从实施方式上进行完善。

三 恢复重建中的重要问题

在突发事件的恢复重建过程中，人们往往会面对一系列关键而棘手的问题，主要包括恢复重建的选址、住房的恢复重建、经济的恢复重建、心理干预、灾害事故损失补偿以及救灾资金管理等。这些问题能否得到有效解决，关系着恢复重建活动的公平与否与效率高低，也关系着恢复重建工作的成败。

（一）恢复重建的选址

恢复重建阶段面临的首要问题是选址。对于选址，人们可以做出三种决策：一是原地原址重建，二是原地异址重建，三是异地重建。选择的标准就是灾害事故减缓，即选址是否有利于降低未来突发事件发生的可能性。其中，原地原址重建是指不改变土地用途，完全在废墟上重新建设；原地异址重建是指在灾害事故发生的区域部分改变土地用途的重建；异地重建是指在一个全新的区域展开重建。

相较而言，原地原址重建的成本最低，但未来遭受灾害事故侵袭的风险也最大。不过，人们多倾向于原地原址重建。米莱蒂（Mileti）和帕萨里尼（Passerini）认为，这是基于政治、文化、经济、心理等四个方面的原因。

1. 政治原因

政府人员希望尽快重建，消除灾害的影响；而公众渴望恢复正常状态，希望所有事物复原如初。

2. 文化原因

公众习惯自己以往的社区生活。从某种意义上讲，变化会带来社会扰动，许多人在迁徙上存在困难。

3. 经济原因

迁徙成本高，特别是遭受灾害影响最为严重的弱势群体很难迁徙，他们不能在迁徙地购得便宜的住房，而且许多小企业也难以承受迁徙带来的震荡。

4. 心理原因

回避遭受灾害这一事实。迁徙会导致受灾地区公众的社会关系网络受到破坏。

（二）住房的恢复重建

在突发事件的恢复重建中，政府有责任采取积极主动的措施，减少和缓解突发事件所带来的有形物质损害，特别是关系民生的物质损害。其中，住房是重中之重。切实保障住房户的基本生活，是恢复重建工作中首先要加以解决的重要问题。

美国学者认为，住房的恢复重建要经历以下四个阶段。一是应急住宅（emergency shelter）。应急住宅是指社会公众在灾后紧急安身、躲避风雨的场所，如许多家庭在地震等灾害发生后暂时在汽车中休息。二是临时住宅（temporary shelter）。临时住宅不仅能为灾民提供休息的地方，还能满足灾民饮食的需要，比如，灾民投亲靠友或在宾馆、体育馆中暂时安身。在国外，教堂经常成为灾民的临时住宅。三是临时住房（temporary housing）。临时住宅带有避难场所的色彩，是多人共有的；而临时住房则是灾民个人拥有的、非长期的安身场所。许多时候临时住宅的选址并不理想。四是永久住房（permanent housing）。永久住房是在理想的地址重建的长期住宅。在永久住房完工后，灾民乔迁新居。

一般而言，国外的住房恢复重建有四种形式：一是依靠自身力量，由受灾家庭自己出钱、出人、出材料进行重建；二是依靠亲情关系，由亲朋好友共同帮助受灾户重新建房；三是依靠救灾制度，也就是说，依靠政府与非政府组织提供援助、重新建房；四是依靠保险赔付，灾民在灾后向保险公司提出理赔申请，以赔偿金重建房屋。

我国的公众在灾后多无力单独进行房屋的修复重建工作，这时，政府会给予必要的救助。与此同时，我们也应借鉴国外的经验，实现灾害事故损失补偿渠道的多样化，如大力推行灾害事故保险等。

（三）经济的恢复重建

突发事件经常导致基础设施损毁、工业停产、商业中断、农业绝收等严重的直接经济损失。此外，它还可能引发物价上涨、就业率降低、居民收入下降等难以估算的间接经济损失。特别是重大自然灾害，它往往给农业、渔业、畜牧业、养殖业、林业带来灭顶之灾。因此，降低突发事件造成的经济损失非常困难。现代社会的运转高度依赖基础设施，在灾后恢复重建中，首先，我们要恢复关键基础设施的运行。其次，对于工农业生产受到严重影响的灾区，政府应及时出台减免税收、提供低息贷款等一系列优惠和扶持政策，帮助灾区恢复正常的生产秩序，甚至实现产业的升级。政府及非政府组织应及时收集、传递对恢复生产有用的信息，派专家提供技术支持和指导，推动灾区经济快速恢复与发展。当然，灾区也应发挥自身的主观能动性，自力更生，积极探索生产自救的有效方式。

（四）心理干预

心理干预是恢复重建阶段的重要工作之一，因为突发事件会对受害者及其家属甚至救援者的心理造成极大的影响，引起焦虑、恐惧、抑郁、强迫反应、脾气暴躁、过度警觉等心理行为反应，甚至有人留下了终身挥之不去的心理创伤。

根据国外学者的研究，突发事件与人们的心理有密切的联系。首先，突发事件对人的心理既存在负面影响，也存在正面影响。波林（Bolin）和波尔顿（Bolton）在1986年发现，得克萨斯州飓风灾害产生了负面影响，如人们缺少耐心、家庭关系紧张，但是，也产生了一定的正面影响，如人们不再看重物质财富、家庭幸福感增强等。

其次，突发事件一般不会给人造成重大的心理创伤，但许多人会出现中度的心理紧张情绪，在恢复重建的过程中感到沮丧。随着时间的流逝，大部分人能进行很好的自我调节，心理压力趋缓。精神卫生部门应该特别关注以下对象：灾前有精神疾病的人、目睹亲人死亡或严重受伤者、单身女性家长、儿童、参与艰难搜救任务的应急响应者、工作负担沉重的医务人员。

国际危机心理学者对创伤后应激障碍（Post-traumatic Stress Disorder，PTSD）给予了高度的关注。它是指个体对异乎寻常的威胁性的、灾难性的生活事件的延迟出现或持续存在的反应，以再度体验创伤为特征，并伴有情绪的易激惹和回避行为。PTSD症状通常在创伤后立即出现，但也可以经过一段无明显症状的间歇期后才发病，间歇期可长达半年，一旦出现，则可持续1个月至数年。

1999年8月，土耳其发生强烈地震，造成灾区人员重大伤亡。多年后，伦敦大学的精神病学家对当年土耳其地震的769名幸存者进行了调查。这些幸存者已经从震中地区迁居到了为无家可归者修建的永久住所中。81%的幸存者接受调查的时间距离地震发生3.1年，其余的为3.9年。调查结果显示，40%的人患有创伤后应激障碍，18%的人患有应激障碍与抑郁并发症。他们通过线性回归分析，得出结论：创伤后应激障碍与地震中受到惊吓有关，而抑郁与失去亲人有关。因此，突发事件的心理干预是一项长期而艰苦的工作。在美国，红十字会、救世军和其他志愿者组织以及教会等均在灾害应对与恢复阶段开展心理干预活动。

此外，突发事件由于经常导致群死群伤，应急现场救援人员也可能成为创伤后应激障碍患者。消防队员、医疗工作者和警察由于职业原因目睹了许多残酷的现实，每天他们都会在社会中甚至在自己的部门中看到恐怖、惊人的伤亡。反复发生的创伤事件将产生一种积累效应。因此，应急救援人员出现体重减轻、愤怒、抑郁、酗酒、愧疚、胸痛、头疼、记忆减退、失眠等症状，也许就是创伤后应激障碍的信号和征兆。

在突发事件的响应与恢复阶段，应急管理部门应动员全社会的精神卫生资源，特别是发挥心理专家、红十字会及慈善组织的作用，对社会公众特别是受害者及家属进行必要的心理干预和疏导。一方面，我们要通过媒体等手段对灾区公众的心理进行整体性的引导；另一方面，我们要对重点人群如应急救援人员进行特殊的心理干预。比如，我们可以采取"分享叙述法"缓解应急救援人员的压力。应急响应者可以在精神卫生专家的引导下，讨论关于突发事件处置的感受。

数字资源6-1
拓展阅读：
国外重大突发公共卫生事件心理危机干预措施及启示

为此，我们需要采取以下措施。一是将心理承受能力的培养作为公共安全教育的一项长期内容。通过公共安全教育，有效地增强社会公众的心理承受能力，减缓突发事件的冲击。二是鼓励社会公众灾时开展自救、互救活动，使人们相互激励，实现社会的集体理性，减轻突发事件对个体心理的震荡。三是对突发事件中心理脆弱的群体给予物质和精神上的特殊关爱。我们要利用学缘、事缘、血缘、业缘、地缘等关系，疏导、安慰这些人，减轻他们的精神压力，缓解他们的心理伤害，帮助他们渡过难关。四是开展专业的心理咨询和治疗。应急管理部门应建立心理救援队伍，设立心理医生档案库。在突发事件发生后，利用专业人士的科学知识和技能，排解心理脆弱者的精神压力，帮助他们客观、冷静地看待现实问题。五是做好长期心理恢复的准备。由于突发事件的心理问题可能会有很长的间歇期，因而对患者的干预必须持之以恒。

（五）灾害事故损失补偿

1. 政府补偿

在恢复重建过程中，政府下拨救灾款项以帮助灾区恢复生产生活秩序，这是灾害事故损失补偿的主要手段，古今中外概莫能外。"9·11"事件发生后，美国联邦应急管理署（FEMA）、小企业局（SBA）和纽约州下拨了大笔救灾款项。到2001年12月，总拨款额度已经超过了7亿美元。其中，以公共援助基金的形式拨款3.44亿美元，帮助纽约市修复受损的基础设施，恢复关键的服务，清除、运输废墟；以赠款和贷款的形式提供个人援助超过1.96亿美元，用于修建临时住房等。

2. 灾害保险

灾害保险起源于1666年的伦敦大火。在那场大火中，伦敦城四分之三的建筑被毁。在18世纪早期的美国，费城很重视消防，有7家灭火公司，并为建筑物的性质及位置确立了明确的规章。在富兰克林·罗斯福的领导下，费城人建立了美国第一家火灾保险公司。

数字资源 6-2
拓展阅读：
加快构建巨灾
保险体系

灾害保险的优势包括以下两点：一是可以集中全社会的力量对灾害损失进行补偿，具有转移风险的作用；二是可以适应灾害补偿需求的波动，自我调适能力强。因此，灾害保险在灾害损失补偿中的作用非比寻常。在美国，社会公众、家庭和企业购买灾害保险的积极性很高，主要原因有以下三点：一是并非所有的灾害都能得到国家援助；二是国家援助所满足的只是基本需求，且有一个限定条件——其他手段不能实现；三是国家援助可能以贷款的形式体现。

灾害保险与应急管理有着非常密切的关系。在应急管理中，灾害保险的作用具体体现在以下三点：一是保险公司评估投保者的安全状况，有利于风险评估的全面与深化；二是保险公司积极推动安全文化建设，不遗余力地为应急建设做贡献，有利于贯彻预防为主的原则；三是灾害保险可以分担灾害风险。

目前，我国灾害保险的作用尚未得到完全发挥。政府应与保险机构合作，实行有选择的强制性责任保险，并通过财政、税收方面的优惠政策，扶持灾害保险企业。

3. 捐助

捐助主要包括国内社会捐助与国际社会捐助两种。灾害发生后，国内外社会各界出于人道主义，自发地捐款、捐物，这是灾害补偿的另一种手段。2001年1月

26日，印度西部古吉拉特邦发生强烈地震，影响了7904座村庄，造成2万多人死亡，超过16万人受伤，国际劳工组织、世界卫生组织等国际组织以及世界许多国家损失超过21亿美元。灾害发生后，联合国世界粮食计划署、联合国儿童基金会都对印度伸出了援助之手，为印度实现灾后恢复重建发挥了巨大的作用。此外，一些非政府组织在灾害捐助中以其中立、人道主义色彩及草根性发挥着独特的作用，是恢复重建不可忽视的重要力量。

（六）救灾资金管理

1997年出台的《民政部、财政部关于进一步加强救灾款使用管理工作的通知》规定救灾资金的使用范围主要包括以下四个方面：解决灾民无力克服的衣、食、住、医等生活困难；紧急抢救、转移和安置灾民；灾民倒房恢复重建；加工及储运救灾物资。

2008年实施的《救灾捐赠管理办法》第5条规定，救灾捐赠款物的使用范围包括以下几点：解决灾民衣、食、住、医等生活困难；紧急抢救、转移和安置灾民；灾民倒塌房屋的恢复重建；捐赠人指定的与救灾直接相关的用途；经同级人民政府批准的其他直接用于救灾方面的必要开支。

从以上文件来看，救灾资金必须用于与救灾直接相关的事项。如果救灾资金来源于企业或社会的捐助，救灾资金的使用还必须充分考虑捐赠人的意愿。救灾资金的使用应以效用最大化为目标，绝不允许被挤占、截留、挪用、盗用和贪污。否则，救灾工作的顺利开展就无从谈起，灾民的生命、健康与财产安全将无从保障；企业与社会参与抗灾救灾的热情将会泯灭，未来救灾资金的筹措将会面临巨大的困难，政府的公信力会降低，甚至国家在国际舞台上的形象也会受到玷污。

归纳起来讲，救灾资金的使用必须遵循以下四个原则。

1. 专项管理、专款专用原则

救灾资金不得挤占、截留、挪用、盗用和贪污，不得实施有偿使用，不得提取周转金，不得用于扶贫支出，不得擅自扩大使用范围，必须保证救灾资金用于灾害事故的救助。救灾捐赠受赠人应指定救灾资金专用账户，进行专项管理，以确保专款专用。

2. 统筹安排、重点使用原则

面对同样一场灾害事故，不同的地区、不同的人群脆弱程度有高有低。脆弱程度高的地区和人群，灾害事故的损害结果大；反之亦然。因此，为了确保公平和正义，救灾资金的使用不能平均分配，而应统筹安排、集中调配，突出重灾地区和重灾户，适当向老少边穷地区倾斜。为了保证救灾资金的重点使用，有关行政管理部门应在征得捐赠人同意的情况下，适当调剂捐赠款的分配。

3. 及时拨付、公开透明原则

灾害事故发生后，报灾、核灾应该做到迅速、快捷，救灾资金的分配、审批、拨付应做到高效、及时，必要时可特事特办、急事急办，先进行应急拨款，再办理结算手续。如果救灾资金不能及时拨付，灾害事故影响就不能及时得到控制，甚至出现扩大升级。救灾资金的使用必须规范、合理、公开、透明，将救助对象、分配方案、发放程序与救灾账目置于社会公众的监督之下。

4. 有效监管、注重效益原则

救灾资金的使用应当得到行之有效的监管，彻底扭转"重筹集、轻监管"的现象，使救灾资金发挥最大的效益。审计、民政等有关部门应对救灾资金的使用情况进行监管，并将结果及时公之于众，接受社会公众的监督。同时，司法部门要对挪用、贪污救灾资金等违法犯罪行为予以严惩，加大涉及救灾资金犯罪的成本，使救灾资金成为一条"高压线"。不仅如此，我们还要对救灾资金的使用进行合理的绩效评估，找出差距和问题，不断提升救灾资金的使用效益。

以往，恢复重建是自然灾害应对的一项主要活动，而事故灾难的影响主要局限在企业范围且影响可以快速消除，几乎不需要恢复重建。随着现代社会越来越复杂，各种系统的耦合性、互联性增强，事故灾难可能会造成自然巨灾般的影响。例如，一个城市的关键基础设施系统可能会因局部性事故而出现整体性崩溃，导致的后果一时难以恢复。从这个意义上说，事故灾难应急也要注重对恢复重建的思考，这也是底线思维的重要体现。

第三节　短期恢复与长期恢复

公共危机恢复涵盖诸多活动，有些是同时发生的，有些是依次进行的。大多数学者认为危机恢复可以分为若干阶段，尽管在阶段划分上尚存争议，但至少可以分为两个阶段——短期恢复和长期恢复。短期恢复包括现场安全与秩序维护、基础设施恢复、废墟管理等。长期恢复包括风险源控制、土地利用、工程建设、注重公共卫生、经济复苏、历史文化遗迹保护、环境补救、灾难纪念等。

一 短期恢复

突发事件应急救援与处置过程进入尾声后，下一步的工作就是为满足灾民的紧急需求而进行的短期恢复工作。短期恢复的任务在于满足危机受众的紧急需求，并为长期恢复做准备。

（一）现场安全与秩序维护

危机发生后，必须保证现场的安全和秩序。这主要是指保证已被疏散的民众在得到允许之前不会返回，以及保证其财物安全不受人为影响，同时维护好现场秩序，控制及有效防止各种影响人员安全和现场秩序、表现为恐慌和机会主义的非理性行为出现。

由于突发事件发生后可能引发其他次生或者衍生的严重社会问题或灾害，政府及相关部门必须认真负责监控，并采取相应的防范措施。同时，危机爆发后可能造成延续一定时间的紧张、失衡秩序状态。因此，恢复法律及公共服务、修复生命线工程、恢复正常的社会秩序，是一切危机恢复工作的前提和基础。

另外，在重特大突发事件的灾后恢复工作中，灾民的过渡性安置与救助工作也往往是工作的重点。灾民的过渡性安置可以根据灾区的实际情况，选择就地安置或异地安置、集中安置或分散安置，也可以采用政府安置与自行安置相结合的方式，即政府对投亲靠友或采取其他方式自行安置的受灾群众给予适当补助。过渡性安置地点应当选在交通条件便利、方便受灾群众恢复生产和生活的区域，并避开地震活动断层和可能发生洪灾、山体滑坡和崩塌、泥石流、地面塌陷和雷击等灾害的区域以及生产、储存易燃易爆危险品的工厂、仓库等。

（二）基础设施恢复

短期恢复的重要内容之一就是尽快检修受损的关键基础设施。为此，自来水厂、发电厂和电信部门等相关机构应当全力配合，医院、警察局和消防站等重要的公共机构也应尽快修复。《突发事件应对法》第59条规定：受突发事件影响地区的人民政府应当及时组织和协调公安、交通、铁路、民航、邮电、建设等有关部门恢复社会治安秩序，尽快修复被损坏的交通、通信、供水、排水、供电、供气、供热等公共设施。公共基础设施是优先恢复的重中之重，这在恢复计划中就应当予以明确。

（三）废墟管理

对于灾难产生的大量废墟，危机管理者必须予以重视。废墟的存在或移除在很大程度上决定了危机回应和恢复的有效性。譬如，如果玻璃和碎木没有从街道上移除，警车、救护车和消防车就无法安全顺利地通过，也就无法赶赴危机现场。废墟的存在也会引发公众对心理、安全、健康和环境的关注。民众容易受到废墟带来的身体伤害，如受命清理破损玻璃的人面临玻璃窗从天而降的威胁，居住在废墟处理站附近的居民由于废墟烧毁时散发的灰烬而呼吸困难。废墟的狼藉景象让身在其中的民众不由得伤感沮丧，导致心理压力加重。同时，废墟产生的有害物质也不利于自然环境。废墟的焚烧污染了空气，掩埋碎石对土壤和水环境也有一定程度的损害。

1. 废墟的类型

灾难所产生的废墟包括毁坏的树枝、泥泞、沉积物以及带有危险性的废物，如毁坏的夹板、电线、玻璃和动物尸体等。某一特定的灾难也会产生特定类型的废墟（见表6-1）。比如，由于台风带来巨浪和狂风，建筑会被毁坏，路上和停车场的沙石与灰尘会被移动。此外，这些灾难还会折断树枝，毁坏轿车、船只和居民家里的物品。

表 6-1　各种灾难所产生的废墟类型

	毁坏建筑	沉积物	破坏绿地	个人财产	灰烬和焦木
台风	√	√	√	√	
地震	√	√	√	√	√
龙卷风	√		√		
洪水	√	√	√	√	
火灾	√			√	√

灾难产生的大量废墟必须由危机管理者处理，这就是所谓的废墟管理。废墟管理是对灾难产生的碎石、被毁坏物和其他废物的收集、分类、储存、运输和清除（或循环利用）。废墟管理中对废墟处置的长期方案应基于环境友好的方式。值得一提的是，废墟管理与之前的损失评估也有紧密联系，如清除废墟能帮助人们顺利到达目的地，进行损失评估。

2. 废墟管理的有效方式

我们必须采取有效措施克服废墟管理中的一些典型问题，也必须尽快减少废墟数量，而这要在废墟分类之后才能完成。废墟可以分为植物废墟、矿物材料废墟和建筑废墟。植物废墟包括折断的树枝、树桩、树叶和庭院里的其他废物；矿物材料废墟包括来自被破坏的道路和桥梁的沥青和混凝土；建筑废墟来自被破坏的家庭、商业财产和其他各种结构，包括木材、金属、电线、绝缘材料、柏油、黏土或鹅卵石，以及其他各种材料。

我们可以采用多种方式减小这些废墟的体积。植物废墟经过切碎处理能减少一场灾难后至少75%的废墟总体积，切碎的植物废墟可以用作花园里的植物覆盖层；矿物材料废墟经过碾碎，可以用作路基，沥青和混凝土有时也能再度利用；建筑废墟有时能循环使用，破损的夹板可以制作成压制板。特殊情况下，也可以焚烧废墟以减少社区垃圾，但是，这样做要特别注意保护环境。循环利用和掩埋废墟也对空气、水源和环境的质量有一定程度的影响。

为了使废墟管理的监督更加便利，建议采取专人负责的方式，以使组织中的成员明确自身角色和职责。参与废墟管理工作的组织和个人都应该明白废墟管理在不同阶段是如何进行的。在危机发生前，应做好废墟管理的准备工作，着力对应急人员进行相关培训。在危机发生后，注意力应集中于废墟的转移和存放。一旦进入恢复阶段，废墟将被归类、回收、焚毁或掩埋。

3. 废墟管理的注意事项

（1）废墟管理与环境

为了减少废墟管理中产生的问题，必须对废墟临时贮存、永久贮存和最终丢弃的场地有所区别。废墟管理用地中，公用地是优先考虑的对象，以避免租期方面的问题；对场地的考虑还应包含噪音、交通和环境因素；避免居住地、学校、医院和其他环境敏感地域的场地；确保场地内有供重型卡车进出的通道；还有的使用露天市场甚至是机场作为贮存地。

环境专家或环保组织的参与更有助于人们从环境保护的视角开展废墟管理。他们能够提供相关的建议，以环境友好的方式处置废墟。通过媒体对政策的宣传，公众能够知晓如何协助废墟管理的进行。

（2）废墟管理的开支

为了减少废墟管理的过度开支，可以采取相关措施，如契约外包给私人承包商。契约应基于开支总额、单位价格以及时间和材料的一致性。开支总额契约提供完成相应范围工作所付的资金总额；单位价格契约基于卡车载重量，在废墟准确数目未知时，基于以往经验进行判断；时间和材料契约基于劳动力和装备的开支，并有时限规定，适用于公用道路清理。

人员和装备的使用在废墟管理中不应拘泥于形式，可以大胆创新，有的地方甚至利用在押的罪犯来帮助清理废墟。所有的花费必须严格审查，可以指派专人具体负责记录人员的工作时间、卡车使用情况、燃料花费等，这对于节省开支具有至关重要的作用。

二 长期恢复

长期恢复包括风险源控制、土地利用、工程建设、注重公共卫生、经济复苏、历史文化遗迹保护、环境补救和灾难纪念等。

（一）风险源控制

重视审视引发突发事件的源头是长期恢复的首要任务，即风险源的识别问题。人们要对风险源进行检查，确保从风险源控制事态的发展，不致出现死灰复燃的现象。风险源控制对于人为因素引发的风险是有效的，而对非人为因素例如自然灾害造成的风险则难度相对较大，但可以尽量控制自然灾害带来的危害，降低人类自身面临危机的脆弱性。

（二）土地利用

土地利用关系到人民群众的生命财产安全的风险大小问题。长期恢复为优化土地利用政策与规划提供了机会。关于土地利用，一般认为公用事业与重要基础设施应当远离危险区域，道路宽度和使用规则应当予以明确，土地划分的限制应当将人口密度纳入考虑范围，应当对土地进行绿化和植树造林，以减少洪灾、山崩或火灾的损害。应急管理部门应负起指导不符合现有要求的土地利用责任，对于以前投入使用且存在安全隐患的土地利用方式进行整改。

（三）工程建设

应急管理部门应排查工程建设过程中的安全工作，确保其符合相关安全规定，像消防安全要求、洪涝灾害易发地的建筑物标准等。从结构、布局等方面提升建筑物抵御灾害的冲击能力。应急管理部门要对工程建设的流程进行严格把关，防止工期缩短、流程简化引发新的问题与损失，要特别注意严格把关为低收入群体提供的住房质量。

（四）注重公共卫生

之前，人们针对以往发生的灾难总结出"大灾之后必有大疫"的经验。随着社会进步与公共卫生事业的发展，灾后疫情已得到有效控制，但这并不意味着能够放松警惕、掉以轻心。在长期恢复工作中，公共卫生仍然是必须高度关注、密切防范的重要问题。灾难发生后，一般会环境恶劣，人们的健康状况不能得到很好的保障，特别是污水、蚊虫易传播疾病，引发疫情，这是公共卫生环节需要高度重视的。

（五）经济复苏

长期恢复阶段，经济复苏是至关重要的任务。当地政府应当对受灾地区进行经济复苏与发展的规划，依据灾后情况研究适合的发展道路与当前时期的发展任务。在受灾地区自力更生的基础上，上级政府部门应在经济上给予受危机冲击严重的地区一定的支持，例如提供经济补助，提供贷款、项目和政策优惠等。特别是兴办基础设施的公共工程，这既能拉动当地经济发展，又可以创造大量的就业机会，帮助灾民自食其力渡过难关。

（六）历史文化遗迹保护

保护历史文化遗迹是危机处置面临的问题，也是恢复重建中需要关注的问题。高层应急管理部门及人员对于珍贵文物的保护会有较多的考虑，而一线员工与基层干部则缺乏对历史文化遗迹的保护意识。因此，在长期恢复中，一方面要加拨资金保护历史文化遗迹，另一方面要加强宣传教育，让广大居民树立保护历史文化遗迹的意识。

（七）环境补救

突发事件有可能引发有毒有害物质泄露，给自然环境、人类生活带来不同程度的破坏性影响。环境问题是事关人类可持续发展的重大问题，在危机恢复工作中应当采取相应的补救措施，尽量使对环境的负面影响降至最低。

（八）灾难纪念

不忘却灾难、纪念灾难彰显了社会的文明和成熟。人们希望通过对灾难的纪念寄托哀思，谨记教训，振奋精神，继往开来。长期恢复还应包括建立纪念碑、设立纪念日等灾难纪念活动。这类活动应精心策划，公开举行，鼓励公众参与，以获得积极的社会效果与示范意义。

数字资源 6-3
5·12 汶川特大
地震纪念馆

表 6-2 为中国台湾 "9·21" 地震重建策略，其包含长期重建的全部内容。

表 6-2　中国台湾 "9·21" 地震重建策略

第一阶段	第二阶段	第三阶段	第四阶段
（1）健全重建法律机制； （2）分阶段筹编特别预算，突破财政困境； （3）全力冲刺公共部门的公共设施复建； （4）启动 293 所学校重建工程； （5）积极协调解决住宅重建相关财政困难问题； （6）在维护现有法制安定性要求下，放宽社会组织各项重建门槛； （7）以信保基金协助弱势族群跨越重建门槛； （8）以生态规划与生态工程进行大地重建； （9）体察政府有限、民力无穷，建立政府与民间合作典范。	（1）将灾区正名为重建区，期盼早日完成重建； （2）成立土石流专案处理小组和紧急处理小组，勘查、诊断土石流危险并进行处理； （3）打通并完成重建区所有省道、桥梁、观光联络要道； （4）全力冲刺学校重建进度； （5）重建区产业已逐渐复苏； （6）住宅重建步入正轨。	（1）新校园的实现； （2）公共设施的复建； （3）启动住宅及社区重建专案； （4）1990 年 12 月 31 日前完成 10 栋全倒集合住宅重建及 96 栋集合住宅之修复补强工程； （5）恢复就业市场供需机制； （6）由重建区出发，推动台湾生态旅游； （7）全力修复震灾受损古迹 36 处。	（1）解决住宅重建土地权属不清问题，全力加速集合住宅重建； （2）1990 年 12 月 31 日前完成 7 栋集合住宅易地重建工程，10 栋原地重建工程，2 处都市更新重建； （3）妥善解决加入 WTO 后可能使失业率恶化的问题； （4）水蓄观点、自然工法、生态工法完成大地重建； （5）推动 100 处社区总体营造，落实新城乡政策； （6）实现地区防灾与防灾经验的传承； （7）引进新产业，提高重建区企业生产力。

案例研讨

山东寿光开展灾后恢复重建工作

2018 年 8 月 18 日和 19 日，受台风 "温比亚" 影响，山东寿光多地连降暴雨。8 月 20 日上午，随着泄洪流量的增加，弥河沿岸的村庄开始遭遇河水倒灌，多村相继被淹。寿光沿岸多个村庄遭遇河水倒灌，大量民居、农田、大棚及养殖场等损失惨重。

至 2018 年 9 月 15 日，寿光市各项抗灾救灾工作取得了阶段性胜利，已全面转入灾后重建阶段。为打好这场硬仗，寿光市成立了灾后重建指挥部，制定了恢复重建 1 个总体意见和群众住房、水利设施、道路交通设施、市政基础设施、蔬菜大棚修复重建、金融支持灾后重建 6 个专项方案，坚持把灾后重建与乡村振兴、产业振兴、农业设施的升级换代结合起来，与美丽乡村建设、美丽村居、农村环境整治、乡村旅游结合起来，与组织振兴、农村产权制度改革、发展壮大集体经济结合起来，全面提升重建质量。其灾后重建的近期目标是"大干二十天、面貌大改观"，9 月份全面铺开重建工作；远期目标是"大干一整年，建设新家园"，确保 2019 年 10 月 1 日前全面完成重建任务。

（1）群众住房重建情况

积极开展灾害应急救助、倒塌损坏房屋恢复重建补助、临时生活困难救助等各项工作。对各类救灾资金的分配和使用，严格遵循相关工作规程，纪委监委、审计等相关部门全程参与监督。对于受灾群众住房修复重建工作，在搞好鉴定复核的基础上，对需修缮加固的房屋，2018 年 10 月底前完成修缮加固；对被鉴定为危房和已倒塌的房屋，展开重建；对整体迁建的 4 个村，已全部完成选址和修建性规划的编制，2019 年 10 月 1 日前完成迁建。

（2）水利设施重建情况

所有损毁河道堤防已全部完成临时加固修复，正在对其余 32 项水毁工程进行测量和施工图设计，确保 2019 年汛期前全部完成加固维修工作。在纪台、稻田、洛城三个乡镇开挖"四横六纵"排涝工程 75.8 千米，累计排水 2850 万方。为从根本上解决农田排涝问题，编制了全市农田除涝规划。对全市所有河道的防洪规划进行重新评估和设计，2019 年汛期前完成 17 项河道除涝重点工程，全面提升防洪除涝能力。

（3）交通道路重建情况

坚持应急抢通与全面恢复重建相结合，2018 年 9 月 10 日前已实现境内所有交通干线紧急抢通，完成道路修复 3.4 万平方米。加快推进损毁道路修复重建，确保 2018 年 11 月底前完成受损较轻县乡道路修复，2019 年 7 月底前完成大修道路等设施重建。

（4）市政设施重建情况

对道路排水、城市桥梁、照明亮化、环卫设施、园林绿化等进行了全面筛查，按照先急后缓原则进行修复。

（5）蔬菜大棚修复重建情况

积极组织大棚蔬菜灾后定植生产，对受损较轻的蔬菜大棚，采用土袋修补法、混凝土加固法等多种方式进行加固；对坍塌严重的大棚，设计了

12 种新模式、新材料的棚型,供农户自主选择实施重建。截至 2018 年 9 月 14 日,全市需要重新定植的大棚为 2.02 万个,已完成定植 16638 个;需要加固修复的大棚 3.2 万个,累计加固修复 21758 个,其中完成定植 12399 个,争取在 2018 年 10 月 1 日前,以上两类大棚全部完成修复定植。

(6) 金融支持重建情况

为落实省、市出台的支持灾后重建有关政策措施,帮助受灾群众做好恢复生产贷款工作,组织金融部门到各镇街区进行政策宣传,逐家逐户摸清群众受灾情况、修复重建投资及贷款需求等信息,全面展开受灾农户建档立卡工作,提高审批效率,及时发放贷款。截至 2018 年 9 月 14 日,各银行机构共发放救灾贷款 939 笔、11561 万元,有效满足了受灾群众灾后重建资金需求。

 讨论题

1. 公共危机恢复可以分为哪两个阶段?
2. 从公共危机的恢复与重建视角来看,山东寿光洪灾事件有关部门采取了哪些方面的恢复与重建措施?
3. 在上述案例材料中,你认为山东寿光洪灾事件有哪些成功的做法和经验?

数字资源 6-4
案例研讨参考答案

本章概要

灾后恢复重建主要包括四个方面的内容:一是物的恢复,二是人的恢复,三是社会秩序的恢复,四是社会规制的重建。

恢复重建的过程基本上可归纳为五个阶段,即准备阶段、计划阶段、实施阶段、验收阶段与反思阶段。

在突发事件的恢复重建过程中,人们往往会面对一系列关键而棘手的问题,主要包括恢复重建的选址、住房的恢复重建、经济的恢复重建、心理干预、灾害事故损失补偿以及救灾资金管理等。

危机恢复可以分为两类——短期恢复和长期恢复。短期恢复包括现场安全与秩序维护、基础设施恢复、废墟管理等。长期恢复包括风险源控制、土地利用、工程建设、注重公共卫生、经济复苏、历史文化遗迹保护、环境补救、灾难纪念等。

核心概念

恢复重建　恢复监管　短期恢复长期恢复

第七章

公共危机的应急社会动员

学习目标

1. 了解应急社会动员是一种包括事前、事中、事后三个阶段的全过程的动员,强调全社会力量的参与。
2. 了解应急社会动员的类型划分及不同划分方式的特点。
3. 理解应急社会动员的法律依据和基本原则。
4. 掌握应急社会动员的主体和客体,以及应急管理实践的经验借鉴。

情景导入

汶川震后应急社会动员

2008年四川汶川地震发生后,胡锦涛立即做出指示,要求尽快抢救伤员,确保灾区群众生命安全。温家宝当即赶赴灾区,现场指挥抗震救灾工作。应对巨灾时,多元主体协同参与,形成党委领导、政府主导、社会各方面力量充分支持的集体行动体系。国家地震、减灾、民政、卫生、公安等部门和解放军、武警部队迅速协调联动,紧急支援灾区抗震救灾。云南、贵州、西藏等周边地区立即派出地震专家驰援灾区,广东、广西、湖南等省也快速准备支援灾区,随时准备奔赴灾区。中华慈善总会、红十字会、中国扶贫基金会等非政府组织迅速启动专业性资源动员机制,全力募集和调拨救援物资。高校与青年志愿者组织快速组织进行义务献血和捐款捐物。全国各社区、农村、企事业单位和社会组织的人们都在牵挂着灾区同胞的生命安危,并以各种方式投入这场抗击巨灾的战役。

《突发事件应对法》第6条规定:"国家建立有效的社会动员机制,增强全民的公共安全和防范风险的意识,提高全社会的避险救助能力。"有效的危机管理离不开社会各界力量的广泛参与,社会动员作为一种发动社会力量参与危机管理的方法,是有效控制和应对危机的方式之一。它可以在短时间内动员社会各方面的资源和力量,形成巨大的应对危机的社会合力。

第一节　应急社会动员的概念和类型

一　应急社会动员的概念

（一）概念的演变

"动员"（mobilization）一词最初用于军事领域，主要指"战争动员"。它最早起源于普鲁士，其基本含义是"集合、装备以及准备出师作战"。后来，动员主要指一个国家为赢得战争而采取紧急措施，由平时状态转入战时状态，统一调度人力、物力和财力的活动。这一概念于1903年传至中国。

随着人类社会的演进，"动员"的概念从军事领域外延到社会领域，并形成了"社会动员"这一概念。在西方学术界，"社会动员"的概念由K.道易治（Karl Deutsch）首次提出，用于表示人们所承担的绝大多数旧的社会、经济、心理状态受到侵蚀而崩溃的过程，即人们获得新的社会模式和行为模式的过程。也就是说，社会动员指现代化过程中个人思想方式和行为方式的转变。美国著名学者萨缪尔·亨廷顿（Samuel P. Huntington）认为，社会动员是一种政治发展的手段，是为实现特定政治目标而激发社会成员积极性和创造性的行为和过程。20世纪90年代，联合国儿童基金会将"社会动员"定义为由公众广泛参与、依靠自身力量、实现特定社会发展目标的运动。它吸纳方方面面的社会力量，包括决策者与政策制定者、意见领袖、官僚与技术治国论者、专业团体、宗教协会、商业与产业、社区与个人。由此可见，社会动员作为一种有计划地促进社会变化和发展的策略，强调发挥各相关方面的作用。一个完整的"社会动员"的概念必须涵盖社会动员的主体、客体、手段等内容。

（二）概念的界定

从字面上看，应急社会动员是社会动员在公共危机管理领域的延伸。我国的《突发事件应对法》和《国家突发事件应急体系建设"十三五"规划》虽然对建立社会动员机制提出了明确的要求，但并没有对应急社会动员做出明确的解释。《北京市突发事件总体应急预案（2016年修订）》指出，应急社会动员即突发事件社会动员，是指应对突发公共事件时，各级人民政府、社会团体、企事业单位在政治、经济、科技、教育等方面统一组织的动员准备、实施和恢复活动。但是，这个定义也存在明显的缺陷，如没有强调动员在危机预防与准备中的作用、混淆了应急社会动员的主体与客体等。

结合中国的具体国情，我们认为，正确理解应急社会动员必须注意以下两个方面。

首先，应急社会动员不同于政治动员。尽管二者均强调宣传、发动和组织社会公众、实现社会力量的有效参与，但是，应急社会动员的范畴要大于政治动员，政治动员只是为政治目的而进行的社会动员，意识形态色彩明显。

此外，我国的应急社会动员不同于西方国家。在西方国家，应急社会动员主要是自下而上自发地开展动员。而在中国，应急社会动员主要是各级政府发动企业和社会力量，广泛地参与应急管理活动。中国是一个政府主导型的社会，这决定了应急社会动员主要是由政府对社会进行动员。也就是说，我们所说的应急社会动员更多的是政府对社会的动员，而不是社会的自我动员。

其次，应急社会动员不同于国防动员或战争动员。国防动员是应对战时紧急状态的一种措施，而应急社会动员主要应对非战时突发事件，如自然灾害、恐怖袭击等；战争动员的前提是国家由平时状态转入战时状态，在这种情况下，社会的常态运行秩序往往被刻意打乱，而应急社会动员则需要尽可能地维持社会的正常运转秩序，更确切地说，应急社会动员目的本身就是恢复社会的正常运转；战争动员或国防动员是一种自上而下发布命令式的动员，而在应急社会动员中政府发挥主导作用，全社会力量联动配合，公众自发、有序地参与。

近年来，我国国防动员体系越来越强调应急功能的发挥。2010年2月26日通过的《国防动员法》为此预留了接口。《国防动员法》第3条规定："国家加强国防动员建设，建立健全与国防安全需要相适应、与经济社会发展相协调、与突发事件应急机制相衔接的国防动员体系，增强国防动员能力。"第16条第2款规定："国防动员实施预案与突发事件应急处置预案应当在指挥、力量使用、信息和保障等方面相互衔接。"在应对危机事件的过程中，我们一方面要注意国防动员与应急社会动员的不同，另一方面要注重发挥国防动员在应对危机时的作用。

基于以上两点，本书认为，应急社会动员是指为了有效预防和成功应对危机，各级政府充分发挥主导作用，通过宣传教育、组织协调等方式，调动企业和其他社会力量的积极性，整合全社会的人力、物力与财力等资源，形成预防与应对突发事件合力的一个过程。其中，应急社会动员的主体是政府；客体是企业和社会力量及其所掌握的资源；社会力量包括志愿者与非政府组织、社区与公民个人。应急社会动员的手段主要是宣传教育与组织协调。

二 应急社会动员的类型

（一）按动员规模划分

从动员规模上看，应急社会动员可以分为局部动员和整体动员。其中，局部动员是指针对某一范围内部分地区所实施的社会动员；整体动员则是在某一范围内的整个地区所实施的社会动员。相对而言，整体动员适用于危害大、不确定性强、波及范围广、具有传染性的危机。

（二）按动员对象划分

从动员对象上看，应急社会动员可以分为应急人力动员、应急物资动员、应急财力动员、应急避难场所动员、应急交通运输动员等（见表7-1）。

表7-1 按动员对象的不同，应急社会动员的分类

分类	内容
应急人力动员	对社会上满足应急需求的人力资源进行挖掘、分配、利用
应急物资动员	对社会上满足应急需求的物资进行集中储藏、征收、调配、使用
应急财力动员	筹集、拨付应急所需资金
应急避难场所动员	开放既定的应急避难场所并对可能被开辟为应急避难场所的建筑物如学校、宾馆等进行征用
应急交通运输动员	提高交通运输的应变能力，组织和利用国家、社会交通运输力量，以运送应急人员、应急装备、应急物资，主要包括铁路运输动员、公路运输动员、水路运输动员、航空运输动员、管道运输动员等

（三）按动员时序划分

从动员时序来看，应急社会动员可分为前期动员、中期动员与后期动员三类。按照危机演进的顺序，公共危机管理由四个阶段组成，即减缓（mitigation）、准备（preparedness）、响应（response）和恢复（recovery）。其中，减缓与准备是事前阶段，响应是事中阶段，恢复是事后阶段。无论是在事前、事中阶段，还是在事后阶段，应急社会动员都是不可或缺的。

1. 前期动员

前期动员即减缓与准备动员。在减缓阶段，应急社会动员表现为：在紧急情况或灾害发生之前，动员各种社会力量，预先采取措施，消除或减弱致灾因子的影响或风险，如志愿者团体对公众进行防灾、减灾方面知识的宣传教育等。在准备阶段，应急社会动员表现为：在紧急事件发生之前，动员各种社会力量，采取措施，做好灾害响应及后果管理的准备。比如，在社区范围内，公民之间签订防灾互助协议，开展各种形式的防灾演练等。

2. 中期动员

中期动员即响应动员。在响应阶段，应急社会动员表现为：在灾害发生过程中或发生之后，动员各种社会力量，立即采取措施，控制灾害的后果，将灾害所带来的损失最小化，比如，利用红十字会、中国慈善联合会为汶川灾民提供有关服务等。

3. 后期动员

后期动员即恢复动员。在恢复阶段，应急社会动员表现为：在灾害发生后，动员各种社会力量，立即采取措施，使社会情况恢复到公众可以接受的水平。比如，动用非政府组织的力量，为灾民捐款、捐物，为其提供必要的生活条件，对其进行灾后心理干预等。

（四）按动员方式划分

从动员方式来看，应急社会动员可分为软动员和硬动员。软动员是常态社会动员，主要是指公共危机管理宣传教育，其主要作用在于向社会公众宣讲、普及公共安全知识，传播公共安全文化，提高公众在紧急状态下逃生避险、自救互救的技能，明确自身在公共危机管理中的权利、义务与角色期待。硬动员是非常态社会动员，指政府以强制力为基础，综合利用非政府力量的公共危机管理资源，有效地应对危机。

案例

2023年济南市地震应急避难场所启用演练暨防震减灾宣传活动在泉城公园举办

2023年5月12日是第15个全国防灾减灾日，为进一步提高全社会防灾减灾意识，增强各级各部门、各单位应对地震等突发事件的应急处置能力，更好地满足群众应急避险需求，多部门单位联合在泉城公园应急避难场所举办演练及宣传活动，旨在强化地震科普，提高社会公众应急避险能力。

上午9时30分，随着济南市抗震救灾指挥部指挥长一声令下，演练正式开始。演练模拟济南市发生5.8级地震，在市抗震救灾指挥部的统一指挥部署下，各救援力量迅速投入灾情现场，开展应急救援，开启地震应急避难场所；街道办事处各部门组织力量迅速在棚户区搭建临时指挥所和安置帐篷，安置受灾群众，电力、供水、通信、医疗等队伍开展抢修、救护；开展地震知识宣传与普及、对群众进行组织引导。

同时，济南市地震监测中心还在广场布置防震减灾科普知识展示，现场发放防震减灾科普宣传资料。组织地震知识有奖答题活动，市民群众积极参与。工作人员帮助答疑解惑，引导市民学习掌握防震减灾、应急避险等有关知识。

数字资源 7-1
党史上的今天
（9月8日）

第二节 应急社会动员的法律依据与基本原则

一 应急社会动员的法律依据

面对突发事件进行应急社会动员在法律条款上是有依据的，我国宪法、《突发事件应对法》、《国家突发公共事件总体应急预案》以及其他一些法律，均对于应急社会动员做了响应规定。

（一）宪法中的一些规定

我国宪法第 13 条第 3 款规定："国家为了公共利益的需要，可以依照法律规定对公民的私有财产实行征收或者征用并给予补偿。"

（二）《突发事件应对法》的相关规定

《突发事件应对法》从以下六个方面对应急社会动员做了明确规定。

1. 社会动员机制建立的明确提出

第 6 条规定："国家建立有效的社会动员机制，增强全民的公共安全和防范风险的意识，提高全社会的避险救助能力。"

2. 公民、法人与其他组织参与应急管理的义务

第11条规定:"有关人民政府及其部门采取的应对突发事件的措施,应当与突发事件可能造成的社会危害的性质、程度和范围相适应;有多种措施可供选择的,应当选择有利于最大程度地保护公民、法人和其他组织权益的措施。公民、法人和其他组织有义务参与突发事件应对工作。"

第14条规定:"中国人民解放军、中国人民武装警察部队和民兵组织依照本法和其他有关法律、行政法规、军事法规的规定以及国务院、中央军事委员会的命令,参加突发事件的应急救援和处置工作。"

3. 确立应急社会动员补偿原则

第12条规定:"有关人民政府及其部门为应对突发事件,可以征用单位和个人的财产。被征用的财产在使用完毕或者突发事件应急处置工作结束后,应当及时返还。财产被征用或者征用后毁损、灭失的,应当给予补偿。"

4. 专兼结合的应急救援队伍建设

第26条规定:"县级以上人民政府应当整合应急资源,建立或者确定综合性应急救援队伍。人民政府有关部门可以根据实际需要设立专业应急救援队伍。县级以上人民政府及其有关部门可以建立由成年志愿者组成的应急救援队伍。单位应当建立由本单位职工组成的专职或者兼职应急救援队伍。县级以上人民政府应当加强专业应急救援队伍与非专业应急救援队伍的合作,联合培训、联合演练,提高合成应急、协同应急的能力。"

5. 开展应急宣传培训与演练

第25条规定:"县级以上人民政府应当建立健全突发事件应急管理培训制度,对人民政府及其有关部门负有处置突发事件职责的工作人员定期进行培训。"

第28条规定:"中国人民解放军、中国人民武装警察部队和民兵组织应当有计划地组织开展应急救援的专门训练。"

第29条规定:"县级人民政府及其有关部门、乡级人民政府、街道办事处应当组织开展应急知识的宣传普及活动和必要的应急演练。居民委员会、村民委员会、企业事业单位应当根据所在地人民政府的要求,结合各自的实际情况,开展有关突发事件应急知识的宣传普及活动和必要的应急演练。新闻媒体应当无偿开展突发事件预防与应急、自救与互救知识的公益宣传。"

第30条规定:"各级各类学校应当把应急知识教育纳入教学内容,对学生进行

应急知识教育，培养学生的安全意识和自救与互救能力。教育主管部门应当对学校开展应急知识教育进行指导和监督。"

6. 赋予属地基层应急社会动员责任

第 55 条规定："突发事件发生地的居民委员会、村民委员会和其他组织应当按照当地人民政府的决定、命令，进行宣传动员，组织群众开展自救和互救，协助维护社会秩序。"

（三）其他相关法律法规的决定

《防震减灾法》第 8 条规定："任何单位和个人都有依法参加防震减灾活动的义务。国家鼓励、引导社会组织和个人开展地震群测群防活动，对地震进行监测和预防。国家鼓励、引导志愿者参加防震减灾活动。"《破坏性地震应急条例》第 20 条规定："在临震应急期，有关地方人民政府有权在本行政区域内紧急调用物资、设备、人员和占用场地，任何组织或者个人都不得阻拦；调用物资、设备或者占用场地的，事后应当及时归还或者给予补偿。"

另外，《国家突发公共事件总体应急预案》和《国家自然灾害救助应急预案》等相关应急预案也有规定。例如，《国家突发公共事件总体应急预案》规定："充分动员和发挥乡镇、社区、企事业单位、社会团体和志愿者队伍的作用，依靠公众力量，形成统一指挥、反应灵敏、功能齐全、协调有序、运转高效的应急管理机制"，"加强宣传和培训教育工作，提高公众自救、互救和应对各类突发公共事件的综合素质"。《国家自然灾害救助应急预案》规定："建立和完善社会捐助的动员机制、运行机制、监督管理机制，规范突发自然灾害社会捐助工作"，"完善社会捐助表彰制度，为开展社会捐助活动创造良好的社会氛围"。

二 应急社会动员的基本原则

应急社会动员活动必须遵循一些基本原则。这些基本原则起着保障应急社会动员活动统一、规范、协调和稳定的重要作用。

（一）以人为本原则

应急管理的根本宗旨是保护广大公众的生命健康与财产免受突发事件的侵害和影响。在应对突发事件的过程中，应急管理者面临的价值选择是多重的，但应急管理的核心是人，必须体现以人为本的原则，做到应急社会动员为了公众、依靠公众。

（二）依法动员原则

应急管理是公共管理的重要内容。在大力倡导依法治国、依法行政的今天，政府以及有关部门必须做到依法动员。依法动员就是在应急社会动员实施过程中以现行法律、法规、规章为依据，确保动员行动的合法性，有效处置突发事件的同时，最大限度地保障社会公众的权益。

（三）分级、分层、分阶段原则

我国将突发事件分为四级、四类。与此相应，应急社会动员也应该遵循科学、理性的要求，体现分级、分类的原则，并在动员的范围、力度等方面有所反映。不仅如此，应急社会动员还根据应急管理的不同阶段表现不同的特点，实现常态的应急社会动员与非常态的应急社会动员相结合，政府主导、强制与群众自发、自愿相结合，自上而下与自下而上相结合。

（四）强制性与灵活性相结合的原则

应急管理需要以行政机关相对的合法强制力为最终保障，有时要牺牲局部利益以保障整体利益，牺牲少数人的利益以保障大多数人利益，牺牲眼前利益以保障长远利益。因而，应急社会动员有时体现出一定的强制性特征。但这种强制性不是无限制的，而是相对的、有条件的，在不强制不足以维护最广大社会公众的公共安全、不强制不足以维护社会生活正常运行的情况下才体现。

（五）合理补偿原则

在当前我国建设社会主义市场经济条件下，对于应急社会动员，特别是强制性应急社会动员措施给企业、家庭及公民个人造成的物质、经济损失，应该在进行科学评估的基础上，给予合理补偿，以调动社会力量参与应急管理的主动性和积极性。

（六）军民结合、平战结合原则

我国有强大的武装力量，并形成了成熟的国防动员模式，而战争发生的概率很低，为了使国防资源使用效率最大化，应当在确保国家安全的情况下，本着军民结合、平战结合的原则，将国防动员与应急社会动员整合为国家动员，努力实现应急应战一体化，做到武装力量平时应急、战时应战。

第三节　国外应急社会动员

在应急管理实践中，美国、日本、俄罗斯、澳大利亚、英国等国积累了丰富的社会动员经验。对此，我们应该根据中国的具体国情，有比较、有借鉴地予以吸收和采纳。

一　非政府组织

非政府组织因特殊的宗旨和性质，可以在公共危机管理中发挥独特的作用，是应急社会动员不可忽视的力量。许多国家对参与应急服务的非政府组织力量进行分工与整合，使其安全、有序地开展应急工作。

（一）建立非政府组织合作网络

在公共危机管理中，美国特别注重发挥国际红十字会、红新月会等慈善性非政府组织的作用。美国红十字会成立于1881年，在全国各地都拥有分支机构。1905年，美国红十字会得到国会的授权，成为全美应急响应的协调机构。1906年，旧金山发生8.3级大地震，478人死亡，25万人无家可归，美国红十字会首次开展了有效的救灾协调工作。目前，美国在应急管理中借助红十字会覆盖全国的组织网络体系，防范和应对各种灾害与灾难。

美国于1970年成立了全国救灾行动志愿组织（NVOAD），对其下辖的30多个从事公共危机管理的非政府组织进行整合，以免任务重叠、资源浪费。该组织以"4C"为宗旨，即合作（cooperation）、沟通（communication）、协调（coordination）、协作（collaboration）。

（二）发挥宗教团体的救灾功能

在美国，救世军是一种基督教的社会活动组织，成立于1865年。它在全球109个国家都有分支机构，组织体系庞大。救世军户籍分布范围广，而且实行准军事制度，体系严密，内部拥有军旗、军服和军阶。这使得救世军在公共危机管理中指挥有力、令行禁止、反应迅速、效率很高。2001年6月，美国得克萨斯州遭遇热带风暴，引发了洪灾，因气候因素政府的援助无法送达，救世军在灾害发生的前四天为1980个家庭发放了必要的生活物资。

在俄罗斯，东正教教会在公共危机管理中具有不可替代的作用。在精神救助方面，教会人员深入医院，通过讲解东正教经典中关于生、老、病、死的教义，使那些心灵上和肉体上受到巨大伤害的人在一定程度上减轻痛苦，重新看到生的希望；在物质方面，教会可以为灾民提供资金支持。

（三）支持以救灾为导向的非政府组织

"9·11"事件后，美国诞生了大约350个慈善组织。在2005年的卡特里娜飓风过后，大约又有400个新的慈善组织产生。不同的人群围绕某一次灾害救援任务分工，形成应急临时性组织。其中的成员彼此磨合，在救援工作中形成默契，加上美国政府对这些组织的及时扶持，相信它们将会在未来的危机应对过程中表现得更有效率。

案例

恐怖袭击后美国的全社会参与

1955年，美国俄克拉荷马城联邦大楼发生爆炸事件。上百个公共组织、非营利组织、私人组织以及自发的志愿者参与其中。美国红十字会为公共危机管理人员提供了食品和住所，为受害者及其家人提供了帮助。私人公司也给予了公共危机管理响应者大力支持。

在"9·11"事件救援行动中，数百个组织、几千名志愿者参加。餐厅、食品企业、救灾组织为公共危机管理响应者和执法者提供食品；美国红十字会协调数万名志愿者的招募和部署工作；私人公司在物质上给予支持，为公共危机管理响应者提供从搜救装备到干净的袜子、内衣等物品，还在休息区配备了大屏幕电视、躺椅及按摩治疗师。美国防止虐待动物协会、宠物救援和其他动物福利组织搜寻、救助那些因主人疏散而被留在公寓的宠物。救援组织清理从塔楼上掉落的灰尘和废物所掩盖的公寓和企业。志愿咨询师在事后的几个月内为公共危机管理响应者、执法者以及受害者提供心理咨询服务。

二　应急志愿者

在国外，特别是在发达国家，志愿者组织发展历史悠久、数量众多，涉及范围非常广泛。它们在公共危机管理方面发挥着不可忽视的作用，其经验和做法值得我们借鉴。

（一）建立完善的组织

在澳大利亚，当灾害发生时，每一个州的应急服务中心、红十字会、森林防火队、冲浪泳者救生俱乐部、营救服务站等志愿者组织都积极抗灾。

在德国，志愿消防队是消防救援力量体系的重要组成部分。德国的职业消防队员有27000多名，而志愿消防队员则达130万名。志愿消防队员已经成为应急救援的主要力量，承担了70%以上的应急救援任务，是德国救助体系的支柱和基础。

在英国，应急志愿服务组织资源雄厚。英国主要的应急志愿服务组织包括英国红十字会、皇家英国妇女志愿者协会、圣约翰救伤队、皇家全国救生艇协会、国际营救队和英国医生紧急救护协会等。这些组织可以随时参与到公共紧急危机的救援中。

（二）开展经常性的培训

培训是志愿者组织工作的一项重要内容，也是志愿者工作周期的重要一环。一般情况下，报名参加志愿者组织后首先就是接受与工作相关的培训，比如红十字会志愿者要接受急救护理专业知识的培训，消防志愿者则要接受消防专业培训。

在澳大利亚，参加公共危机管理的志愿者必须接受培训并达到职业标准，必须能熟练操作各种复杂的抗灾设备。志愿者需要进行的一系列培训包括水上划船、安全急救、灾害财产保护等。

德国联邦政府在志愿者培训方面有着一整套健全的培训制度和由浅入深、专业配套、科目齐全的培训课程以及经验丰富的教官队伍。培训的种类主要有基础培训、指挥培训和技术含量较高的业务培训。此外，不同种类的培训所需时间也各不相同。基础培训一般为120小时，最长不超过6个月；技术含量较高的业务培训一般在1周左右；学生假期培训则需要1~3周。

英国的应急响应演练主要由应急志愿者组织通过联系政府和应急部门（如警察局、消防队等）借用场地，定期展开，一方面作为日常培训的内容，另一方面检验应急方案是否能在真实场景正常运转。志愿者接受的培训包括沟通能力和团队合作技能培训、灾后民众心理疏导培训等。

（三）提高专业化水平

应急救援的许多工作都必须由专业人员完成。所以，国外有许多志愿者本来就是从事某些专业工作的人员，比如医护人员、心理干预人员等，他们平时的工作内容与应急救援工作高度相关。

在日本，志愿者虽然是业余的，却具有专业资质。他们在参加志愿工作前都要接受专业的培训和严格的考核。德国技术救援署（THW）的救援队伍覆盖各个灾种，其中 6 支联邦政府救援队和 33 支水处理快速反应分队是德国政府救援行动中的重要力量。THW 队伍还包括 16 支建桥、处理油污队，66 支电力供应、指挥、通信、后勤队，132 支水灾救援队，264 支基础建设队和 810 支技术分队。这些救援队的队员都是经过专业培训的志愿者。

（四）建立有力的保障系统

成熟的志愿者组织内部结构完备，可以为志愿者行动提供包括信息、技术、设备、后勤、资金等在内的完善的保障，可以保证志愿者行动的顺利开展。

澳大利亚的志愿消防员享受政府给予的火灾伤害保险。如果参加火灾扑救，志愿者所在单位不得扣发工资；如果因灭火救援负伤，工资照发，医疗费则由保险公司支付。所有志愿消防站均由政府按照规划建设营房和配备车辆，每个消防站配有 1~3 辆消防车和各种装备。

德国联邦政府应急技术救援部门在全国各地设有 665 个社区志愿者组织站（点）。这些站（点）的办公用房、仓储设施、装备仪器、应急救援车辆均由政府配置，队员均是当地的志愿者。

（五）与政府部门建立伙伴关系

发达国家的第三部门发展充分，与政府部门形成了良好的合作关系。例如，加拿大联邦政府于 2006 年 6 月提出一项推动志愿部门发展的计划（Voluntary Sector Initiative，VSI），该计划旨在提高志愿部门的组织能力，并改善政府与志愿部门的互动关系。这项计划为期 5 年，耗资 9500 万加币。

土耳其的志愿者应急救援组织阿库德在灾害和危机应急救援中享有很高的声望，其影响仅次于军队。阿库德与政府有多方面的合作，比如承担政府的防灾工程项目、编制《城市搜索与救援国家标准》、研究完成《伊斯坦布尔洪水和急流安全分析报告》与《亚达那（Ceyhan）地震安全分析报告》等。

三 企业

国外非常重视以市场化的手段来应对危机。企业是政府应对危机的重要伙伴，企业不仅要有自己的应急计划和救援力量，还要承担一定的社会应急责任。

（一）强化企业参与公共危机管理的责任与能力

在日本，行业协会要求企业必须参与公共危机管理。企业要建立自己的自卫消防队等应急救援力量，制定应急规划，编写应急手册，储备必要的应急物资和装备，进行应急演练，与市民防灾组织合作。

2001年1月26日，印度发生古吉拉特邦大地震。印度斯坦建筑公司（Hindustan Construction Company Ltd.）总部接到位于灾区的项目部的请求：向灾区火速调运更多的资源，支持抗震救灾工作。该公司派出了重型工程设备以及熟练的技术人员前往救灾，并捐献了资金。

（二）发挥保险业的作用

在公共危机管理过程中，发达国家强调保险业分摊和转移风险的意义，并以此作为国家灾害损失补偿的补充手段。这体现了国家与市场两个机制的有机结合，既体现政府履行确保公共安全的职责，也可以唤起全社会防灾、救灾的热情。

在美国，政府特别注重利用保险及再保险机制来分担灾害所导致的后果，减轻自身所承受的沉重负担；在日本，政府鼓励社会公众购买生命保险；在澳大利亚，绝大多数财产均参加了灾害保险，保险公司将部分保费交给政府，经批准后，返回给消防部门作为预算经费使用；在新西兰，根据法律规定，每户家庭均应投保家庭地震灾害保险，保险费由商业保险公司代为收取，然后全部转交给地震委员会。保险行业的介入使政府有效地向市场分散了风险，同时也推动了保险公司宣传公共安全文化。

（三）发展应急救援产业

在发达国家，应急救援产业是仅次于银行、邮电、保险业之后的第四大服务产业。它可以在政府的委托下，开展救援有偿服务，是对政府应急救援的有效补充。SOS、安盛、欧急、优普等国外市场化的应急救援机构已经开始进入中国市场。应急救援产业可提供的服务包括以下几点。一是应急教育与培训，即为政府、企业、社会组织和公民个人提供应急知识与技能，培养应急人才，为救援队伍培训与演练提供场地。二是应急信息服务。告知应急利益相关者有关应急服务需求及参与机会，协调各种救援力量，征集专家或志愿者。三是社会救援服务，如组建应急救援公司，以市场化的手段为处置突发事件服务。四是应急物流服务，如为应急工业产品提供仓储、运输等服务。五是应急咨询服务。为政府、企业、非政府组织、公民个人提供公共危机管理、安全、法律及心理等方面的知识。六是应急融资服务。发展各种基金会，为应急队伍的发展提供资金等。七是应急保险业。发展巨灾保险，分摊社会风险。八是应急中介性服务。为应急产品、技术及服务的供需双方提供交流平台。

（四）依托行业协会建立应急网络

2002年1月，印度建筑联合会（Construction Federation of India）发出倡议，建立印度灾害资源网（India Disaster Resource Network）。这个联合会是印度国家级大型民用工程公司的产业协会，汇集了全国最大的几个建筑承包商，其中包括成立于1926年的积极投身应急危机管理的印度现代化大型工程建设公司——印度斯坦建筑公司。

印度灾害资源网的成员均为公司，这些公司承诺，在灾害管理领域，提供工程、建筑、运输和后勤服务等方面的装备、设施，成为政府和人道主义组织的助手。这个网络的宗旨是以协调、有效地提供技术人员、产品、服务的形式，为灾害准备与应急响应做出贡献。印度灾害资源网的目的是对政府、非政府组织的救援行动进行补充与支持，与其他应急力量形成协调、互补的关系。

此外，印度灾害资源网还包括秘书处、咨询委员会和指导委员会。其中，秘书处负责协调参与的战略及管理事务，作为网络的节点；咨询委员会由灾害管理专家组成，指导印度灾害资源网的工作；指导委员会由创始公司组成，对印度灾害资源网进行领导，使得印度灾害资源网的倡议能够得到实施、监督，有利于各种活动的开展。

四 社区

在国外，社区事前要进行风险评估，事中要具有一定的独立应对危机的能力或配合公共部门应对危机的能力，事后要有较强的灾后恢复能力；对社区志愿者要开展一定的培训，并采取保护措施，使他们量力而行，对具有应急专业技能的志愿者要进行调查、登记。社区内人与人之间的信任和关怀是守望相助的前提条件。

社区是美国公共危机管理的基本单元，也是美国应急社会动员的重点所在。美国在公共危机管理中注重培养社区的参与意识和参与能力，这主要表现在以下几点。

（一）建设防灾型社区（disaster-resilient community）

建设防灾型社区的目标有以下几点：使灾害所造成的伤亡降至最低；公共部门

进入灾区时，能顺利协助社区救援而不受阻碍；在无公共部门协助的情况下，社区能够独立进行灾害应对工作；灾后社区能够依照灾前形式复建或是依照灾前共同规划模式进行重建；灾后社区经济能力能够迅速恢复；灾后复建或重建社区能够在未来数年内负起公共危机管理责任，确保社区灾害（不可抗力导致的自然灾害除外）不再重蹈覆辙。

（二）开展社区灾害评估

开展社区灾害评估的主要任务是确认社区内可能致灾的地点、研究灾害防范的范围、制作相关社区地图，并充分利用现有公共资源渠道，针对社区致灾地点查找和防范易致灾的隐患。

（三）推行社区可持续减灾计划

社区可持续减灾计划的主要内容是：了解社区所在位置的潜在自然灾害；检查居民房屋建筑的安全性；检查社区内的避难场所；在社区内设置灾害预警、示警以及通信中断后的紧急报告系统；在社区内准备紧急救助设备并进行日常的演练等。

（四）形成邻里守望制度

邻里守望制度要求社区的每个居民在注意自身安全的同时，关注社区内其他成员的安全。这个制度强调对他人的人文关怀，有效地维护了社区的安全和秩序，同时对整个社会的安全起到积极的推动作用。

"街区守护者"项目主要是训练社区居民掌握如何充当警察局"耳目"的基本技巧。当发现犯罪行为或者其他危机情形时，这些守护者有责任及时向警察局报告。辅助警察由自愿协助当地治安部门工作的志愿者组成。他们由警察局录用、训练、装备，他们的主要作用是协助警察进行着装巡逻，并将观察到的紧急情况及时报告给警察局。

（五）实施市民梯队计划

市民梯队计划的目标是使美国市民、邻里和社区与政府一起应对犯罪、灾害和恐怖袭击的威胁。纽约市的市民梯队行动委员会下设社区应急响应团队，这是一种辅助性的社区救援组织。它的主要任务是：查明当地社区中所有受过危机应急训练的专业人士和机构；协调这些人士和机构，与当地接受过基本训练的志愿者通力合作，形成一个危机应对团队；当危机发生时，在保证自己安全的同时，减少社区损失。

五 防灾减灾教育

在国外，防灾减灾教育受到特别的重视，已被纳入学校教育。在社会上，防灾减灾教育努力塑造公共安全文化，注重提高社会公众自救、互救的意识与能力，强调公众自救、互救与政府公救相结合。

（一）设立"防灾日"及防灾教育机构，集中开展公共安全教育

日本是一个灾害频发的国家。1923年9月1日，日本发生关东大地震，伤亡惨重。此后，日本将每年的9月1日确定为本国的"防灾日"。在"防灾日"这天，日本要举行大规模的防灾演练，首相亲自参加。另外，日本各地还建有多处公共安全教育基地——防灾馆，向社会公众传授公共安全常识。1955年，阪神大地震过后，日本保留了部分震灾遗址，社会团体出资捐助了专门的纪念馆，人们在馆内可以收看大地震的录像。2016年，日本上映由著名导演庵野秀明拍摄的科幻电影《新哥斯拉》，再现了政府处置突发危机事件的全过程。影片在灾难场景的还原上采用3D技术，给观众以身临其境的感觉，这对于公共安全教育来说，具有非凡的意义。

（二）培养公众自我教育的意识，传播应急救援知识

为了有效地应对危机，日本政府在提高民众防灾意识和普及防灾知识上付出了很多的努力。日本依照"关于推进减灾国民运动的基本方针"，形成了自救、互救与公救相结合的模式：小灾靠自救，中灾靠互救，大灾靠公救。在灾害来临时，首先是公民自救，其次是社区与邻里的互救，最后是在自救与互救的过程中等待政府的公救。日本在应急社会动员中特别强调社会公众参与的自主性，东京都要求都民和单位树立"自己的生命自己保护""自己的城市和市区自己保护"的意识。

为了提高全民的应急救护知识和技能水平，日本政府派出消防管理专家及消防队员向社会公众宣传、普及救护知识，增强社会公众自我救护、相互救护的技能。其中包括向社会各部门（包括各企业公司）推出"应急治疗指导员制度"，培养具备一定救护专业知识和救护技能的应急治疗指导员，再通过他们向本单位员工传授应急救护知识和技能；推广应急救护技能的鉴定工作，对具有应急救护能力的市民进行认定，增强社会公众的自救与互救意识等。

在澳大利亚，政府非常重视公民的防灾、救灾、自护、自救培训教育，利用各种宣传渠道，建立防灾教育基地、应急救援学校等，实施公共安全教育，确保公民具备在遇到危险时保护生命和财产所必需的常识和能力。2002年澳大利亚游客在印

度尼西亚的巴厘岛遭到恐怖袭击后,澳大利亚政府加强了对公民的反恐怖教育。2003年初,澳大利亚的每户居民都收到了政府的一份"反恐知识邮包",其中包括《反恐指南手册》、冰箱贴和动员信。《反恐指南手册》长达20页,对公众遭遇恐怖袭击的自救和他救做出指导;冰箱贴上写有政府开通的24小时反恐怖热线的号码和国家安全机构官方网站的网址;动员信为澳大利亚时任总理约翰·霍华德亲自撰写,体现了政府对公民参与反恐怖活动的重视。

在英国,为了让每位市民了解发生火灾时的自救常识,伦敦消防和应急策划局在2004年进行了2.5万次居民家访,并对这些家庭的防灾能力进行了评估。此外,英国政府还为60岁以上的公民建立了专门的火灾救助热线,对青少年进行防火教育,解答他们有关火灾的疑问。不仅如此,2004年,英国每个家庭都收到了一本用16种语言出版的反恐怖手册,其中提供了紧急救援相关建议、联系电话和实际操作信息。

在美国,美国联邦应急管理署向公民发放了400多页的应急手册《你准备好了吗?》,其中包括灾前了解风险和危险的信号、购买风险、制订使用的应急计划、配备应急包、志愿帮助他人,灾中实施应急计划、帮助别人、按照应急官员的指示和建议行事,灾后修理受损财产、避免未来的损失等具体内容。

(三)推动公共防灾减灾教育进课堂

在日本,中小学生每年都要完成特定课时的公共安全教育课程。1995年阪神大地震后,日本更加重视学校的公共安全教育,组织编写了《危机管理与应对手册》等防灾教材,向各个学校发放,指导中小学开展防灾教育活动。2000年,日本又编写了一套专门面向小学低年级的教材——《思考我们的生命和安全》。

在俄罗斯,为了提高中小学生的安全意识与自救能力,莫斯科市的部分学校相继开设了"生命安全基础"课程,并试图向全国推广。其目的在于使学生形成对自身周围安全问题的自觉和负责的态度,培养学生认识和评价生活环境中危险及有害因素的基本知识和技能,传授其自救和互救的方法。课程内容根据不同年级学生的特点进行不同的设置。

(四)提高个人与家庭的应急准备水平

日本特别强调公民个人和家庭在应急准备与响应中的责任。东京都要求公民平时注意防火,准备好灭火器及防灾用品,包括水、食品、药物、袖珍收音机等,预先确定地震等灾害发生时家庭成员之间的内部分工、避难方式及联络方式。此外,公民有参加各种类型的防灾应急演习的义务,并融入社区合作机制。

第四节 应急社会动员的对象与网络构建

一、应急社会动员的对象

（一）应急社会动员的主体

在我国现阶段的应急社会动员体系中，各级政府是应急社会动员的主体。具体而言，应急社会动员的主体是党委领导下的政府社会动员组织机构。它主要包括三个组成部分，即决策机构、领导机构和执行机构。

1. 决策机构

应急社会动员的决策机构是社会动员准备与实施的统帅机构和社会动员组织体系的神经中枢。它主要负责适时做出应急社会动员准备与实施的决策，确定应急社会动员准备与实施的方针、原则、政策和计划，审议、发布有关社会动员的法规，监督应急社会动员领导机构执行应急社会动员法规的情况。

2. 领导机构

应急社会动员的领导机构是领导落实与执行应急社会动员任务的机关，其主要责任有以下几点：分析、研判突发事件的规模、特点、威胁程度及发展趋势，就应急社会动员的方针、政策提出具体建议；组织相关部门拟定应急社会动员的计划、方案，并负责组织实施；组织有关部门建立、健全应急社会动员机制，组织协调、检查监督各部门、各行业、各地方完成应急社会动员的任务；组织应急社会动员的宣传、教育、演练活动，不断提高各种社会力量的应急社会动员能力。

3. 执行机构

应急社会动员的执行机构主要负责应急社会动员任务的落实与执行。

（二）应急社会动员的客体

应急社会动员的客体是各种非政府力量所拥有的人力、物力和财力资源。根据我国的实际情况，应急社会动员的客体可以分为以下六类。

1. 武装力量

我国的武装力量包括中国人民解放军现役部队、预备役部队、中国人民武装警察部队和民兵,它们可以根据有关法律、行政法规、军事法规,参加突发事件的应急救援与处置活动。

2. 企事业单位

企事业单位除了做好本单位的安全管理工作之外,还要体现一定的社会责任感,响应政府的号召,为应对突发事件贡献力量。如企业派出内部的应急救援队伍参加抢险救灾活动,发布应急管理信息,根据协议保障应急物资的生产和供给,优先运送救灾物资等。

3. 群众团体、民间组织、基层自治组织

它们是政府在应急社会动员中需要重点整合、统筹的资源,在灾害防范、救援、医疗救护、灾后重建等方面发挥着重要的作用。比如,《红十字会法》第11条第1款规定:"开展救援、救灾的相关工作,建立红十字应急救援体系。在战争、武装冲突和自然灾害、事故灾难、公共卫生事件等突发事件中,对伤病人员和其他受害者提供紧急救援和人道救助。"

4. 社区

社区在应急管理中的地位举足轻重,是应急社会动员中非常重要的一个方面。社区参与可以增强公众的公共安全意识,及时地排除公共安全隐患,也可以在突发公共事件发生后的第一时间有效地组织公众进行自救与互救,将其消极影响降低到最低。

5. 家庭

社会由家庭组成,家庭因社会而存在,家庭与社会是密不可分的有机体。家庭作为社会的最小组织单元,当突发事件来临时,做好家庭防护是"内外兼修"的工作,既关系着每家每户的内部安定与和谐,也关系着家庭所在社区和基层的工作局面。只有将亿万家庭有效组织动员起来,基层社会的突发事件应急工作才会有一定的基础。

6. 公民个人

公民个人有接受应急社会动员的义务。当突发事件来临时,公民个人要积极开展自救、互救,并服从突发事件发生地人民政府、居民委员会、村民委员会或者所属单位的指挥安排,投入应急救援之中,协助维护社会秩序。

二 应急社会动员的网络构建

政府除了要将企业和其他社会力量纳入自己的应急体系，还必须与其共同编织一个社会动员的网络体系，彼此之间形成密切合作、协调的伙伴关系。只有这样，企业和其他社会力量的参与才是有序、有效、有力的，否则，动员的结果有可能是彼此冲突或重复建设，很难形成应对危机的合力。

在公共管理中，网络就是指一个有着多个节点（不同的机构或组织）、多重联系（包括正式联系与非正式联系）的管理结构。那么，在公共危机管理网络中，政府、企业、非政府组织等都是不同的节点，它们之间存在各种正式与非正式的关系。应急管理网络的目标是制定政策、实施计划，在灾害发生时降低脆弱性，减少生命与财产的损失，保护环境，促进多组织的协调。

公共危机管理网络一旦形成，各个节点就会充分地发挥各自的知识、技能与资源优势，为提高危机处置的效能服务。当然，公共危机管理网络正常运行的前提是各个节点对自己所扮演的角色与承担的责任有着准确的理解和把握。其中，政府公共危机管理部门应该吸纳相关的节点，使企业、非政府组织等熟知自身在公共危机管理中的权利与义务。

公共危机管理网络上的各个节点可以通过正式的制度建立经常性的联系，如不同区域可以签订应急互助协议，也可以通过非正式的渠道密切彼此之间的关系。社会资本可以促进公共危机管理网络的政策运行。作为公共危机管理的重要协调者，政府应为各个节点之间的联络与沟通创造条件或搭建平台，使得多个组织能够围绕一个共同的目标而协调互动，例如，推动区域、组织、部门之间签订灾害援助协议。

公共危机社会动员网络的形成主要取决于以下三个条件：一是灾前的联系，这使得一个组织熟知其他组织的知识、技能和能力；二是方便、快捷地共享灾害信息的手段；三是携手满足应急管理需求的意愿。所以，对于政府公共危机管理部门而言，以下措施是至关重要的：相关部门组织进行综合性公共危机管理的培训；相关部门组织联合制定危机应急预案；相关部门、组织形成定期或不定期的灾情会商制度；相关部门、组织签订应急互助协议；相关部门、组织开展应急演练；相关部门、组织建立相互兼容的应急信息技术平台，共享危机信息。

案例研讨

"4·20" 雅安芦山地震中的应急社会动员

2013年4月20日，四川省雅安市芦山县发生了7.1级地震，震源深度13千米，截至2013年4月24日10时，共发生4045次余震，其中3级以上余震103次，最大余震5.7级，地震涉及受灾人口152万，受灾面积12500平方千米。截至24日14时30分，地震共造成196人死亡，21人失踪，11470人受伤。

（一）应急响应

地震发生后，中共中央总书记、中华人民共和国主席、中央军委主席习近平立即做出重要指示，要求抓紧了解灾情，把抢救生命作为首要任务，千方百计救援受灾群众，科学施救，最大限度减少伤亡，同时要加强地震监测，切实防范次生灾害。要妥善做好受灾群众安置工作，维护灾区社会稳定，并对军队和武警部队做好抗震救灾工作做出重要指示，强调地震已给当地人民生命财产安全造成重大损失，灾情就是命令，要部署部队迅速投入抗震救灾第一线。我国决定启动国务院抗震救灾一级响应。中国地震局启动地震应急一级响应。中国红十字总会也启动应急响应，并已从中国红十字会成都救灾备灾中心调拨500项帐篷到受灾地区。此外，国家减灾委员会、民政部针对四川雅安7.0级地震灾害紧急启动国家三级救灾应急响应。

（二）军警行动

根据习近平总书记的重要指示精神，成都军区第13集团军立即启动救灾预案。4月20日8时20分，2120名抢险救灾指战员带领173台救护车、挖掘机、装载机以及4架直升机紧急出动，奔赴灾区展开救援。

4月20日10时后，空军11252机组与海军航空兵4101机组先后抵达震源地上空展开作业；11时左右，陆军航空兵编队在灾区降落。重庆也派出4个救援队伍赶赴灾区。

2013年4月20日11时40分左右，成都军区铁拳师炮兵团第一支救援力量300余人到达芦山县。芦山县人民武装部也集结了200余名民兵分赴各主要交通要道，开始抢修生命通道。同时，由李世明司令员指挥，成都军区部队派遣第二梯队2000余人前赴芦山县救灾，出动救援车辆216台，2架直升机也同时起飞。

据四川省公安消防总队报告，至2013年4月20日12时，雅安市公安消防支队芦山大队已完成对县城主城区的第一轮搜救，救出29名被困群众，其中27人生还。

截至2013年4月20日15时40分许，解放军和武警部队投入雅安灾区震区第一线的救援兵力达7491人，成都军区和武警部队还有1万多兵力随时可以增援。截至16时，陆军航空兵部队已经派出9架直升机（分别为直-9Z和米-171），另有35架各型直升机做好准备工作。此外，空军出动了2架侦察机。海军也出动了1架遥感飞机赶往灾区。

（三）民间行动

地震发生后，芦山县人民医院成立医疗指挥中心。由于医疗条件有限，很多伤员被转送至成都市的四川大学华西医院等进行救治。包括四川省人民医院在内的多家医院均启动应急预案,设立了临时指挥部,明确了地震病人的救治流程,也疏散了各个临床科室症状轻微的患者,为接治伤员做好准备。

中国红十字总会从中国红十字会成都救灾备灾中心调拨500顶帐篷到受灾地区。重庆、贵州、山东、广东等省及香港、澳门红会来电准备参与救灾。当地民众自发将从家中拿出的粮食做成一大锅一大锅的粥,免费发放给伤员和救援人员,也有各种义工在街头、在各个岗位参与救援。

4月21日上午11时许,舟曲县春江广场聚集了上千群众,大家纷纷向雅安地震灾区捐款献爱心。短短一个小时内,共为地震灾区捐款100万元。各大商业银行、公益组织、企业以及公众人物参与捐款,助力地震的恢复重建。

 讨论题

1. 从动员时序角度,此次地震体现了什么类型的应急社会动员?
2. 你怎样看待此次地震的应急社会动员?结合案例说明。
3. 结合本案例,举例说明你身边的应急社会动员的事例,并谈谈你的感受。

数字资源 7-2
案例研讨参考答案

本章概要

应急社会动员是一种全过程的动员,包括事前、事中、事后三个阶段,强调全社会的参与。

应急社会动员的类型可以按照四种方式划分,即动员规模、动员对象、动员时序和动员手段。不同的划分方式有不同的特点。

应急社会动员需要依靠法律的权威来保证其有序运转;应急社会动员的六个基本原则保证应急社会动员活动统一、规范、协调、稳定。

我国应急社会动员的主体主要是政府,客体主要包括武装力量、企事业单位、民间团体、社区、家庭以及公民个人等。

在应急管理实践中,国外积累了丰富的经验,我们可以有比较、有借鉴地吸收和参考。

核心概念

应急社会动员　全社会参与　突发事件　政府　公众

第八章

公共危机应急管理的社会力量参与

学习目标

1. 了解公共危机应急管理的社会力量参与主体有政府、企业、非政府组织、志愿者、家庭和社区等。

2. 理解并掌握企业参与应急管理的形式、非政府组织参与应急管理的优势。

3. 理解并掌握家庭和社区参与应急管理的优势，以及志愿者参与应急管理的方式。

情景导入

致力创新与引领示范

2023年初，西城区消防救援支队选送的《西城区"3+1"社区消防工作联防联调体系》一文在北京市安全生产委员会办公室、北京市突发事件应急委员会办公室联合举办的"2022年首都应急管理创新案例征集评选活动"中荣获二等奖序列第一。该文通过近年来的典型做法、创新点以及取得的成效，充分展现了西城区消防救援支队大栅栏消防救援站（以下简称大栅栏消防救援站）在防灭火工作上全面发挥的主观能动性。

1. 形成专职消防志愿者团队

大栅栏消防救援站联合街道组建了北京市第一支专职消防志愿者团队"妈妈消防队"，在防火宣传、消防工作建设、合作共建等方面形成长效机制，有效改善了长期以来防火宣传不彻底的不良局面。

2. 以全覆盖的模式开展防灭火工作

大栅栏消防救援站联合街巷保安、微型消防站、社区居委会和社区居民，形成联防、联调、联训的局面。全面建立辖区社会面防火力量联控网，建立应急处置机制和全流程响应机制，更好地带动消防安全工作走入寻常百姓家，打破以往消防队独立作战的尴尬局面。

3. 建立长效沟通机制，摆脱"临阵磨枪"模式

大栅栏消防救援站与社区居委会建立联合消防工作室，结合社区内部的火灾隐患定期开展沟通交流，制定各种预防措施，在专业队伍的带领下，分片、有序进行，开展"大兵团"式的联合行动。

第一节 应急管理的企业参与

一 企业参与应急管理概述

作为现代社会中最重要的组织形式之一，企业是社会系统的有机组成部分。社会的发展离不开企业，企业的发展同样离不开社会。突发事件不仅会给社会公众的生命、财产和健康造成严重的影响，也会使企业的经营生产遭受严重的损失。因此，企业有承担社会责任、参与应急管理的义务。

（一）企业参与应急管理的资源与优势

企业具有雄厚的经济实力，是应急管理的重要主体之一。企业参与应急管理不仅有必要，而且有优势，可以在经济发展的过程中减轻政府压力。在我国，各级党委和政府是抗灾救灾的指挥主体。突发事件的预防、紧急救援救助和恢复重建等工作会耗费大量的资源。如果单纯依靠政府出资救灾，将会造成各级财政负担过重。随着我国经济的发展，大量的社会财富存在于企业之中。企业在取得大量社会财富的同时，也应积极承担相应的社会责任。许多企业生产应急救援物资，拥有自己的应急救援队伍和应急救援装备，可在危机处置过程中一展身手。

目前，社会对于企业承担社会责任的呼声日益高涨。参与应急管理是企业承担社会责任的具体体现，也可以为企业赢得一定的知名度、美誉度。一个企业长期奉公守法、诚实守信、乐于承担社会责任，可以提升自身在社会公众心目中的形象，增加企业的无形资产。当社会公众的生命、健康与财产安全受到巨大威胁时，企业挺身而出，伸出援手，更有利于企业的长远发展。

总体而言，企业参与各项应急管理活动，一方面可以降低自身的风险，保证企业的发展，维持国家经济的稳定，另一方面可以提高企业资源的共享度，发挥最大的社会效益，促进社会的和谐发展。

（二）企业参与应急管理的形式

1. 参与救援

危机发生后，企业可以派出自身的应急救援队伍，携带应急救援装备，赶赴现场进行救援。此外，企业还可以派出运输设备，运送应急救援物资。

2. 动员生产

危机发生后，企业必须遵守国家相关法律法规，不囤货居奇、哄抬物价。同时，企业还要开足马力，对急需的应急物资实行动员生产，及时提供高质量的产品与服务，为救灾物资的筹备提供便利。

3. 捐赠

企业是社会财富的"聚宝盆"。企业在危机发生后，奉献爱心，向危机发生地捐款、捐物，是企业承担社会责任的具体表现之一。

4. 提供技术、产品及服务

有些企业拥有自己的应急技术和产品，可直接参与救灾活动，并提供相应的服务。由于长期的专门化生产，企业员工对本企业所拥有的技术及装备都极为熟悉。而政府部门在技术装备上相对来讲处于劣势。在危机应对过程中，政府通常主要起组织协调和管理作用，具体的技术操作则由技术部门来完成。企业将其所拥有的技术装备用于对突发事件的应对，可解政府的燃眉之急。

5. 开发保险及金融产品

危机发生后，人们的生命财产会遭受巨大的损失，保险则是一种分担风险、降低损失的有效途径。保险企业应加快自身发展，开发各种危机保险产品，以减少人们的损失，分担政府的压力。金融企业也可以开发金融产品，为危机救助提供服务。

6. 发展应急产业

应急产业是政府应急救援的得力助手和有益补充。它可以弥补政府僵化的纤维状组织反应迟钝、创新不足等缺点，调集全社会的力量与资源，形成应急救援的强大合力，提高应急救援的效率。发展应急产业，以市场机制合理配置应急资源，是对政府危机应对能力的重要补充，有助于增强我国社会整体事件应对能力，能够产生极大的社会效益。

（三）企业参与应急管理的收益

1. 为企业发展赢得商机

一个企业长期奉公守法、诚实守信、乐于承担社会责任，可以提升自身在社会公众心中的形象，增加企业的无形资产。特别是当社会公众的生命、健康与财产安全受到巨大威胁时，企业挺身而出、伸出援手，有利于企业的长远发展。

2. 加强企业的安全管理

企业参与应急管理，不管是通过供给合格的救援物资，还是捐款捐物，甚至是直接参与突发事件救援，都能够增强企业及其员工对突发事件后果的感性认识，促使企业员工思考如何避免和防范突发事件，进而强化安全意识，做到防微杜渐，减少企业的损失。当然，从另外一个角度讲，企业加强自身的安全管理也是对社会的重要贡献，因为企业内部的风险可能会扩散到社会之中。

二 企业如何参与社会应急管理

（一）应急预案的衔接

企业为了避免突发事件的扰动、确保自身的正常运行，必须进行业务持续性规划的制定与管理。企业业务持续性规划的主要步骤如图 8-1 所示。

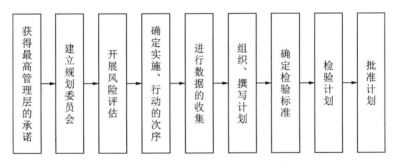

图 8-1　企业业务持续性规划的主要步骤

地方政府应结合辖区可能发生的突发事件制订应急管理计划。企业应关注、了解政府的应急管理计划，使自己的应急预案与政府的应急管理计划彼此衔接，同时政府和企业在应急管理中应建立相互协作的伙伴关系。

首先，企业在制定应急预案时，要注意与政府应急管理计划的兼容。在条件允许的情况下，企业可直接参与政府应急管理计划的制定。例如，一些大型石化企业，其本身就是地方政府应急管理的重点对象。企业的安全直接关系到所在地区的安全。因此，企业应该积极参与政府应急管理计划的制定，使企业的应急预案与政府的应急预案对接，保证应急处置的顺利、高效。

其次，企业应该了解所在地的应急管理计划，找准自身的角色定位，明确自身可以通过何种途径发挥作用以及如何发挥企业自身的优势。企业在参与应急管理的过程中，应该注重与政府的互动和沟通，两者不断磨合。

(二)突发事件的信息共享

企业与周围的环境息息相关,在安全问题上尤其如此。企业内部如果发生安全事故或者其他突发事件并可能危及周围单位和居民,就必须立即通知可能受到影响的单位和居民,并向当地和上级有关部门报告,以便有关部门及时采取措施,保证公众的生命与财产安全。

(三)联合演练和救援

企业的安全和所在社区的安全是不可分割的有机整体,因此,企业不仅在内部应该进行应急预案的演练,还应该与所在社区居民进行联合灾害演练。例如,生产危险化学品的企业有义务向附近居民宣传危险化学品相关知识,制定危险化学品泄漏后居民疏散预案,并进行联合演练。突发事件的处置需要多个部门的配合,如市政设施破坏抢修可能涉及众多公用设施企业。不同企业的协调合作与应急联动尤其重要。政府应急管理部门可针对这类情况组织企业进行联合演练,提高合成应急的能力。

(四)灾后恢复重建

企业是社会经济政策运行的重要环节。灾后企业应设法快速恢复生产,及时为社会提供各种产品,避免因急需物品短缺引起社会的动荡。企业与所在社区有不可割裂的联系,二者共生共荣。企业与社区互有需求、相互依赖:企业的发展离不开社区为其提供的劳动力和其他资源支持,社区也离不开企业提供的产品与服务。因此,企业不仅要注重灾后自身的恢复,也要关注所在社区的恢复,帮助社区居民进行恢复重建。这样就可以营造良好的企业-社区关系,进而为企业的生存和发展创造地利、人和的条件。

三 巨灾条件下的企业援助

(一)慈善捐助

我国有互助互济、扶弱济困的优良传统。改革开放以来,慈善事业与时代精神相结合,进一步发扬光大,在减灾、救灾方面发挥越来越重要的作用,产生了积极而深远的社会影响。捐赠是企业社会责任的一项重要内容。突发事件发生后,企业可向各级民政部门、红十字会、中华慈善总会、中国乡村发展基金会等部门和组织捐献善款。

（二）应急物资的供给

突发事件打乱了人们的正常生活秩序，社会对一些救灾用品的需求急剧扩张。企业可以利用自身的储存、生产优势及时提供应急物资或扩大生产应急物资规模。

（三）人力、设备和技术的投入

企业在参与应急管理方面具有独特的优势：首先，企业拥有很多可用于救灾的先进设备，如测绘公司的航摄测绘技术设备；其次，企业拥有很多可用于救灾的技术和保障人员，如无线通信技术、技术保障人员等；最后，有些企业自身就建有应急救援队伍，如不少矿山企业都建立了自己的应急救援队伍。

（四）开发保险产品

保险可以分散突发事件风险，起到社会"稳定器"和"减震器"的作用。我们应该扩大突发事件保险覆盖范围，以提高抗御突发事件风险能力、促进社会安定为基本目标，不断创新突发事件风险分担机制，用保险补偿分担灾后救济重任；积极倡导保险企业在已有人身、财产保险险种的基础上，增加突发事件保险的有关险种，并动员突发事件多发地区的群众、企业主动购买突发事件保险，以减少人们的损失，分担政府的压力。金融企业可以开发特定的金融产品，为危机救助服务。坚持在政府扶持与市场运作并重的基础上，发挥商业保险机构和投保人的作用，共同分担、转移风险。

（五）发展应急产业

我们可调动各行各业的优势，开发具有实效性的防灾、抗灾、救灾产品。应急产业可以弥补政府僵化的纤维状组织反应迟钝、创新不足等缺点，调集全社会的力量和资源，形成应急救援的强大合力，提高应急救援的效率，同时可以推动企业发展、提升中国应急技术水平。我们可以从以下几个方面入手进一步推动应急产业的发展。

1. 应急技术与设备的研发

应急管理的高效运行需要先进的技术与设备来保障。目前，我国应急技术和设备的研发还不够充分，需求和供给存在巨大缺口。而企业可以凭借自身的技术优势开发应急设备，满足应急需求。这不仅可以为企业的发展带来机遇，还会推动我国应急技术的进步。

2. 应急物资的储备与运输

应急物资的储备是应急管理工作的重要基础,企业在这方面可以大有作为。企业可以与政府合作,代替政府进行应急物资和生产能力储备,实现政府储备与商业储备相结合、实物储备与生产能力储备相结合。企业可以利用自己的库房在流通中进行应急物资储备,如与政府签订协议,在平时流通过程中保持一定比例的库存,以满足减灾救灾的物资需求。另外,政府还可以出资保障企业在应急状态下具有及时扩大生产的能力,满足瞬时增加的产品需求。运输企业可以利用自身的优势参与减灾救灾物资的运输,提高运输效率。企业按照市场规律,参与减灾救灾物资的储备和运输,充分利用社会资源,将会壮大减灾救灾的力量。

3. 应急救援业务的市场化

在我国,突发事件种类多、发生频率高。企业必须参与应急救援,满足社会的应急救援需求。在发达国家,应急救援产业是仅次于银行、邮电、保险业的第四大服务产业。目前,中国需要发展应急救援产业,使之成为政府减灾救灾工作的重要补充。例如,我们可以吸纳退役军人、武警、消防官兵等组成应急救援队伍,按照市场经营模式运作。

4. 减灾救灾金融产品的开发

突发事件造成的损失大,时常带来突然膨胀的资金需求。如果由政府全部负担,必然会是一个沉重的包袱。世界许多国家针对易发突发事件,建立突发事件商业保险制度,如地震保险、火灾保险等,确保灾民在灾后得到及时救济,灾区的社会稳定和生产生活尽快恢复。

案例

企业捐款捐物紧急驰援京冀两地

2023年7月底,受台风"杜苏芮"影响,华北、黄淮等地出现极端降雨过程,引发洪涝和地质灾害,造成北京、河北等地重大人员伤亡。一方有难,八方支援。为保障人民群众生命财产安全,多地多部门启动应急响应,调动人力物力,众志成城,开展防汛救灾工作。与此同时,企业界纷纷行动起来,积极捐款捐物,与京冀人民群众站在一起,共同抗灾。

灾情发生后,多家企业对外表示向灾区捐款,用于救灾抢险和保障当地人民群众生活需要。据公开信息不完全统计,消费餐饮企业捐赠总额超6000万元,多家茶饮连锁捐赠总额超1000万元;体育服饰企业捐赠总额超 1 亿元；车企捐赠超 1.6 亿元；互联网、科技企业捐赠总额超 4.5 亿元，腾讯字节捐 1 亿元；医疗企业捐赠超过 1000 万元；顺丰捐 1000 万元，大北农捐 1 亿元，方大集团捐 6000 万元。除了捐款，许多企业也在力所能及的范围内，积极筹措救灾物资，为受灾群众紧急提供最直接的帮助。京东集团公益基金会和广发基金等多家企业基金会积极筹集物资；伊利、今麦郎和农夫山泉等企业为灾区群众提供安全的饮用水；水滴公司、大润发和元气森林等企业为灾区群众和救援队伍提供救援物资，保障其食物供应。一些企业也发挥自身特有的能力，为抢险救灾提供一份助力。多家保险公司启动重大突发事件应急预案，应赔尽赔、快赔早赔，守护人民群众生命财产安全。淘宝上线"我为涿州买本书"专场，帮助涿州受灾图书商家共渡难关。太医管家紧急上线抗汛问诊专区为受灾民众提供免费线上问诊服务，并提供抗汛期间的健康生存指南。

第二节 应急管理的非政府组织参与

在应急管理中，非政府组织的参与是政府应急力量的有益而必要的补充。特别是随着政府从"全能政府"向"有限政府"转变，非政府组织在应急管理中发挥的作用越来越受到人们的重视。

一 非政府组织参与应急管理的独特优势

非政府组织是以社会人员自发组织形式组织起来的，它没有政府机构等级制导致的僵化死板等缺点。非政府组织灵活的组织形式和活动方法使其在危机管理中具有一些独特的优势。具体来说，这些优势主要表现在以下几个方面。

（一）灵活性优势

政府是科层制的结构，它的行动必须具有规范的程序，这对于保证它日常运作的协调性和公正性是必须的，但也制约了其对于突发危机事件的反应能力。对于出现的新问题，政府组织往往由于严格的层级体系或某些政治、价值因素而反应缓慢或者不做反应，这也成为政府在社会治理中工作效率低下的最主要掣肘因素。在政府危机管理中，尽管各国政府都意识到这个问题，并积极建设危机应对机制，但在应对危机事件时仅靠政府做出反应是不够的。非政府组织作为一种社会自治方式，其决策是分散而独立的，它们可以对危机事件做出即时反应，灵活地调整自己具体的工作方向和工作内容，解决危机事件带来的社会问题，提供多样化的而不是单一的服务，并迅速渗入事件的各个环节。在时间作为一个关键因素的危机应对过程中，非政府组织无疑是一个不可替代的角色。

（二）专业性优势

非政府组织的成员一般来自某一专业领域，他们因为共同的志向与目标集结在一起。自非政府组织成立的那一天起，他们就有自己明确的目标，即关注某一类社会问题或救助某一弱势群体，并且根据自己的目标设定标准来吸纳组织成员。无论是在实际的活动开展中，还是在管理组织的事务中，这些成员的思维逻辑与角度都不像政府部门的成员那样容易受到思维惯性的束缚，常常能够在横向与纵向上提升政府处理公共事务的广度和深度，给复杂的非例行的社会公共治理带来新的思维和转机。从危机管理预警角度来讲，非政府组织的成员对某一特定类型的危机事件比一般工作人员具有更超前的预见性和洞察力，因此，非政府组织在危机事件预警中具有重要的作用。

（三）贴近民众优势

非政府组织作为一种社会公益性组织，更多地体现为一种公益性和社会性。它能够深入社会基层、贴近民众。在危机事件管理的参与中，非政府组织在帮助社会弱势群体方面能够发挥重要作用。许多活跃在社会基层的非政府组织，经常深入民众，及时地了解一些弱势群体的生活状态，与他们保持密切的联系，并通过各种途径，为这些群体提供救助。非政府组织还可以利用自身与外界沟通、联络的优势，及时沟通民众与政府、组织与组织之间的关系，向政府反映民众的需求，促进问题的解决。在危机事件发生时，非政府组织的公益性宗旨使得它能够进行广泛的社会动员，聚集社会资本，有效地整合社会资源，调动民众的力量投入危机事件的应对工作。

（四）整合社会资源优势

危机事件发生后，很多热心人士都有为受灾地区民众捐款捐物的愿望。除被动接受社会捐赠的组织渠道外，有些非政府组织还主动面向公众开展了形式多样的募捐活动。在募捐中非政府组织能得到民众支持与信任的原因在于其本身不以营利为目的，其所从事的一切活动都是利他性的公益活动。正是因为这一点，非政府组织成了除政府之外募集应对危机事件资源的生力军，它们能够有效地通过国际关系，募集国外援助；通过游说、呼吁等方式引起社会公众对危机的重视，劝说营利组织参与应对危机活动，如捐款、捐物等。

（五）推动应急管理国际化优势

由于非政府组织的特殊性质，它们参与应急管理，可以借助国际网络，争取更多的国际援助，引进国外先进的应急装备、技术和理念，提高我国突发事件的应对效率。长期以来，我们出于国家安全等方面的考虑，对非政府组织设立了较高的门槛。其实，公民组织的发育和成长是一个不可遏制的潮流。中国自己不发展非政府组织，西方国家势必会以提供资金等方式进行扶持，反而会对中国的国家安全构成威胁。世界上大多数国家都有不同的公民组织，不同的人群围绕某一次灾害救援任务分工，形成了一个个应急临时性组织。其中的成员彼此磨合，形成一种默契。如果政府及时扶持组织的发展，它将会在未来的突发事件应对过程中表现得更有效率。

二 非政府组织在危机事件管理各阶段的参与

随着非政府组织作为平衡政府与市场的重要力量的不断壮大，其地位与作用也日益显现。非政府组织在一些危机事件中扮演着越来越重要的角色，无论是在危机事件的预防阶段、准备阶段，还是在危机事件的响应阶段、恢复阶段，都有非政府组织的身影。

（一）危机事件预防阶段的参与

在危机事件预防阶段，非政府组织主要是通过宣传的方式，提高公众的危机意识，尽力将危机事件扼杀在萌芽状态。在危机爆发前及时消除危机的根源，抑制危机的发生，可以避免危机产生的严重后果及带来的破坏。所以，鼓励公众树立危机意识以预防危机是极其重要的。非政府组织凭借自身所具有的专业优势，通过在社区进行大量有效的宣传，使危机观念深入人心。

（二）危机事件准备阶段的参与

在危机事件准备阶段，非政府组织的预警作用突出。一方面，非政府组织作为政府与群众的中间桥梁，可以利用自身的亲民性及广泛的社会渠道，在危机潜伏期大量收集危机信息、及早发现危机的根源，为危机的预警提供信息，同时利用自身专业性优势，分析危机可能产生的各种原因，为政府提供一些专业化的政策建议及应对措施。另一方面，非政府组织是进行防灾宣传教育的主要社会渠道。非政府组织产生于社会基层，由一些致力于改变危机的特定人群组成，他们能根据当地情况及自身的经验进行防灾宣传教育。这些宣传大都因地制宜、贴近实际其简便易行，甚至有时比政府部门编制的纲领性宣传材料更具针对性，更易于被民众掌握。

（三）危机事件响应阶段的参与

危机事件响应阶段是整个公共危机管理过程中最重要的阶段。在这一阶段，非政府组织主要通过两个途径参与。一是迅速传递信息。危机事件的处理要求信息传递及处理准确迅速，政府各部门由于要遵循相关的制度流程，在危机应对过程中各部门之间的审批会导致信息传递延误，甚至出现互相推诿的现象，而非政府组织则不存在上述情况，社会基层社区、社团和公益组织等可以通过各种信息渠道及时向政府部门反馈信息，便于政府部门进行准确决策。二是提供资源支持。在危机应对的过程中需要大量的物资支持，物资是否充足直接决定着危机能否得到有效抑制、公众情绪能否得到稳定。而非政府组织能够通过游说和呼吁等方式以引起社会对危机事件的重视和支持，并致力于筹集资金和物品来积极参与危机应对。

（四）危机事件恢复阶段的参与

在危机事件恢复阶段，非政府组织积极参与危机管理的各种后续工作。首先，它以社会身份整合各种危机产生的信息，并分析危机产生的原因，为政府全面构建危机管理体系提出很好的建议。其次，它参与危机管理的评估工作，不仅可以为政府提供信息，协助政府评估受灾群体的损伤程度，确保政府部门将救灾资源发放到最迫切需要的人群手里，还可以评估政府相关部门在危机管理过程中的资源运用效率，以第三方的身份客观地评估政府在应对危机的过程中采取的措施。

三 完善非政府组织参与应急管理的机制

（一）建设完善非政府组织参与应急管理的外部环境

1. 建立政府与非政府组织良性互动的危机应对机制

一方面，政府需要主动寻求与非政府组织建立联合治理的格局。政府要转变观念，把非政府组织视为应对危机事件的重要力量，明确非政府组织在危机事件应急预案中的责任，把非政府组织纳入总体公共资源的范畴，在宏观层面对非政府组织参与危机管理的途径与分工方式做好部署，使非政府组织的力量能够充分地使用和发挥；通过对公共危机管理中非政府组织任务的部署，明确非政府组织的责任，使非政府组织把好责任关。另一方面，非政府组织也要积极探寻与政府协作的途径。

在政府与非政府组织的新型协作机制中，政府把部分危机管理权力交出，必然会留下权力的真空地带。这时，非政府组织就应主动探寻与政府的协作途径，及时与政府对接，做好补位工作。

2. 培育社会公共意识，强化参与意识

由于非政府组织具有志愿性特征，其发展从根本上说是建立在高度发达的社会组织基础上的。非政府组织要获得良好的发展，离不开社会公众的公共意识与参与意识。提高公众的参与意识可以从以下几个方面进行：一是培育公民成熟健全的权利意识，使公民在尊重他人权利的前提下实现自我权利，在遵守社会法律道德规范的前提下维护自身利益，在履行社会责任的前提下保障个体权利；二是大力扶持社会组织的发展，在公民的政治参与过程中，社会组织在个人与国家之间起到了巨大的缓冲和中介作用，它们不但促进了社会整合和群体间的认同，而且使国家与社会公众能够密切沟通，在一些重要事项上容易达成共识；三是培育公民政治参与的文化，即通过社会组织的培育和成长来实现有序的政治参与，让公民清楚自己的政治权利与应当承担的监督和参政的责任。这样当公共危机来临时，社会公众才会自发自觉地协同非政府组织共同应对危机，提高社会的危机自救能力。

3. 健全法律体系与监督制度，优化非政府组织参与的法制环境

（1）完善立法

第一，通过立法，降低非政府组织登记注册的门槛。在我国，目前应该首先降低服务性、公益型的社区组织登记门槛。按照我国 2016 年修订的《社会团体登记管理条例》，全国性的社会团体需要有 10 万元以上活动资金，地方性的社会团体和跨行政区域的社会团体需要有 3 万元以上活动资金。另外还有场地、30 个以上的单位会员、上级主管部门、财务人员等方面的要求。由于登记注册门槛较高，目前我国一些社区组织实际上并没有登记。对于这类非政府组织可以先由居委会负责登记并在街道备案，待条件成熟后再正式办理登记。

第二，对现有的非政府组织条例与办法进行修正和完善。时机成熟后，完善的非政府组织法律体系自然水到渠成。当前，要对我国非政府组织有关税收、财务、会计、票据、工资、人事管理和员工社会保障等政策进行立项调研，争取制定政策、法规，尽快将社会组织的日常管理工作全面纳入法制轨道。

（2）健全非政府组织的监督制度

第一，对政府监督体制进行改进，使其合理化。改进政府监督体制应建立完善的监督体系，对非政府组织的监管由重视入门管理转变为重视过程管理，在降低对非政府组织入门审批门槛的基础上，重视对其日常工作的监管。

第二，建立非政府组织问责制。问责制赏罚分明，对于非政府组织出于故意或者过失，不履行或者不正确履行法定职责，以致损害社会公共利益、损害相对人的合法权益的行为进行内部监督和责任追究。

第三，完善社会监督机制，建立社会监督工作的长效机制和定期反馈制度，不断创新监督形式，畅通监督渠道。

（二）提高我国非政府组织素质与危机管理能力

1. 加强非政府组织的理念建构，加强其自律性

成熟的非政府组织都有明确的组织目标与发展方向，而组织目标与发展方向是由非政府组织的理念或使命决定的。理念或使命可以体现非政府组织所从事的工作性质。非政府组织的本质是公益性的，但在历史上非政府组织长期受到高度集中的计划经济体制影响，在改革开放后又受到社会营利动机的驱动，因此，强调组织理念与使命建构，有利于非政府组织时刻明确自己的公益性质与发展方向，并在此基础上加强自律性，逐步走向良性发展的轨道。

2. 建立非政府组织内部的危机应对机制，深化其专业治理能力建设

首先，非政府组织应加强内部危机管理制度建设，弥补国家立法危机管理微观层面的空白，如制定非政府组织内部危机管理的基本程序、明确工作人员的权责等。其次，非政府组织要提高应对公共危机的专业治理能力。由于目前我国非政府组织尚未得到社会公众的普遍认同，社会地位不高，再加上非政府组织经费短缺，内部工作人员收入水平不高，对优秀专业人才缺乏吸引力，因此，非政府组织要解决人力资源缺乏的问题，除了提升筹资能力、扩大经费来源外，还需要进行多方面的努力：一是完善激励机制，对优秀专业人才以及有突出贡献的人员，适当给予奖励，提高他们的薪酬水平；二是开展人才培训，探索与高校联合办学的机制，鼓励与支持专业人才继续深造，通过访问交流的形式开阔人才视野；三是促进智力引进，吸引优秀人才加入非政府组织队伍。最后，要使非政府组织在危机管理中充分发挥作用，还需要形成一套完善的管理体系，包括良好的财务管理、人力资源管理、组织控制等，只有这样才能在整体上提高非政府组织的素质与水平，增强其危机治理能力。

3. 建立非政府组织多渠道融资体系，解决其资金短缺问题

非政府组织应当建立包括政府财政支持、社会捐助、在政策允许范围内收费等在内的多渠道融资体系。非政府组织要大力发展公共筹募机构和监督机构，以促使资金筹募机制多元化；在开展公益活动的同时，开展与自身业务相符并不以营利为目的的合法经营活动，提高经营性收入比例，努力做到自力更生。

（三）与国际非政府组织加强合作

第一，主动与国际非政府组织交流经验，学习先进的危机治理经验，要在自然

灾害、环境保护、遏制犯罪等方面加强与国际非政府组织的交流，加强资源共享与学习，主动引进资金、经验、人员、信息和国外先进的危机运作方式，学习国际非政府组织介入危机管理的模式、介入程度、介入领域等方面的知识与技术，进而形成适合我国的危机管理模式。

第二，积极探索开展国内外各项合作，与比较成熟的国际非政府组织签署合作框架协议，建立长期的互助合作机制。必要时可以选派非政府组织内部优秀人才前往非政府组织发达的国家学习先进经验。在对先进经验进行系统分析、学习的基础上，结合我国的实际情况，建立合适的危机管理机制。

第三节 应急管理的家庭和社区参与

从某种意义上来讲，作为一种社会关系的整合，家庭和社区不仅是社会的有机组成部分，更是一个小型的社会。家庭和社区在包括应急管理在内的社会管理中扮演着不可或缺的角色。尤其对于中国来说，家庭和社区的参与有助于扭转单纯依靠政府应急的局面，有效聚合、调集应急管理所需要的人、财、物资源，并且贴近社会公众生活，可以对突发事件做出直接灵活的反应，极大地推动应急社会动员的发展。

一 家庭和社区参与应急管理的意义

（一）有助于危机的快速预警

社区是因地缘关系组成的社会生活共同体。当危机来临时，社区中的公众是最直接的承灾主体。由于危机与公民切身利益密切相关，社区公众一旦被动员起来，便具有很高的防灾、抗灾意识与热情。应急管理的第一要点便是信息的收集、传递以及分析。相对于政府自上而下的发布指令到实施救援，家庭和社区组织可以利用广泛的民众基础，通过各种渠道收集和传递大量危机事件的有效信息，迅速组织当地居民的疏散和避难工作，从而最大限度地保证发生危机地区的居民安全。而且，社区公众对社区具有一定程度的认同感和归属感，政府把社区作为基层应急单位，可以充分调动公众的主动性、积极性和创造性，并且对于突发事件的预测和评估都是第一时间的，不仅能及时对突发事件进行时效性预判，更重要的是能向各方面做出预警。社区的快速预警功能在协助政府部门的有效决策和救援工作的迅速开展方面发挥着重要的作用。应急物资的筹备、运送和使用，包括社区内储备的应急物资、应急设备等的使用等，都离不开家庭和社区在信息方面的收集和传达。

（二）有助于危机的快速处理

社区拥有大量可调配使用的人力、物力和财力。我国的农村社区同质性强，成功的社会动员容易产生一呼百应的效果；我国的城市社区异质性强，虽然整合需要一定的努力，但公众的社会交往广泛，与外界联系密切，在许多突发事件的地理位置、交通状况、人口情况等方面都具有独特的优势，在政府部门了解之前或未能及时到达的地方，能采取针对性的应急措施，以最快的速度对突发事件做最基本甚至是科学的应急处理。社区参与不单单是民主的重要体现，社区汇集的不同专业技能、知识背景的人才也可以在公共危机管理中一展身手，如医务工作者可以进行医疗急救等。

（三）有助于增强公众的公共安全意识

经过多年发展，我国社区开展了多种多样的文化活动，如社区文化节、艺术节、科普节等，这为我们进行公共安全教育、普及公共危机管理知识提供了良好的平台。长期以来，我们的社会公众公共安全意识淡薄，在公共危机中避险逃生的知识匮乏、技能薄弱，这与我们缺少公共安全教育有着相当大的关系。弘扬公共安全文化、加强公共安全教育、强化公众的公共安全意识，是应急社会动员的题中应有之义，也是世界各国的通行做法。其中，社区是公共安全教育的"前沿阵地"。社区体制的完善有利于人们形成以平等、互利、互信、合作为基础的关系。

随着社区的发展与成熟，社区自治的观念逐渐深入人心。越来越多的带有草根性、志愿性的非政府组织投入社区服务过程。这对于培育社区意识、增进公民之间的信任、形成相互守望制度、确保社区安全起到了关键性作用。中国传统社区也有相互守望的习俗，但那是以"熟人社会"为前提的。在现代生活方式的冲击下，中国社区特别是城市社区中"熟人社会"的基础土崩瓦解。因此，我们需要推动社区参与公共危机管理，以此来增强社区责任意识，培育自主的公民精神，塑造现代意义上的新型相互守望制度，预防和控制公共危机的滋生。

社区参与可以帮助我们从源头上防止危机，比如社区承担一定的社会化功能，在社会化过程中，人们习得社会认可的价值观念和行为模式。

可见，社区在公共危机管理中的地位举足轻重，是应急社会动员中非常重要的一个环节。社区参与可以增强公众的公共安全意识、及时地排除公共安全隐患，也可以在公共危机发生后的第一时间有效地组织公众进行自救与互救，将其公共危机的消极影响降到最低。此外，社区参与公共危机管理还有助于我们推进民主化进程，促进社会组织的完善和发展。

二 社区参与应急管理的作用机理

（一）社区在突发事件发生时的作用机理

突发事件的发生通常会有某一隐患因素由量变到质变达到一定的临界点而最终导致事件发生的过程规律。在突发事件发生过程中，应急管理作用机理在于快速做出响应，阻断突发事件发生过程，减缓突发事件的发生。社区是突发事件的直接场所，社区居民是突发事件的直接受害者，突发事件的效果控制关系着社区组织和居民的切身利益。社区凭借自觉的意识、依托有限的资源开展危机预警和预控，成为应对事件的第一响应者。危机事件发生时，社区群众、志愿者及其他基层社会组织可以利用距离上的优势第一时间到达现场，收集并传递相关的危机信息，进行初步的应对和自救工作，配合协助政府部门启动相关预案，及时有效地进行处置，将事态控制在萌芽状态，防止事件的发展和演化。

（二）社区在突发事件发展中的作用机理

突发事件的发展是指在一定环境内，突发事件在空间上的扩展和烈度上的增强，外界因素可推动事件的恶化，也可阻止事件的恶化。突发事件的发展过程中，应急管理的作用机理在于对突发事件进行空间上的隔离，并尽量遏制、缩减突发事件发生的强度。社区在这一过程中扮演着重要的角色。社区的应急自救活动有助于减缓突发事件的恶化发展趋势，限制突发事件的规模和危害程度。

（三）社区在突发事件演化中的作用机理

突发事件的演化是指不同的事件在发生发展过程中性质、类别、级别、物质及化学形式、范围及区域等各种变化的过程。在突发事件演化过程中，应急管理的作用机理在于实施路径控制，采取有效措施，减少耦合因素，防止新的危机事件的发生。社区在突发事件的演化过程中，一方面可以提供全面的信息，配合政府部门对灾难的后果做出初步估算，协助政府进行策略选择和评价；另一方面可以配合相关部门启动应急预案，控制事态，防止事件演化而产生次生灾害。灵活应变是社区和各类社会组织的相对优势，社区和基层社会组织依靠其灵活性，能够有效配合政府部门处理由突发事件的演化所产生的新的危机问题，将危机事件的损害尽量降到最低程度。

（四）社区在善后处置中的作用机理

突发事件结束后，善后处置、社会救助和恢复重建等是重要而长期的工作，关系着社区群众和各类基层组织的利益和生活质量的提高。政府在突发事件发生后的恢复重建方面起着主导作用，重在全局性的统筹工作，但在提供长期性和针对性的服务方面则具有一定的局限性。而社区作为基层社会管理单位，能够弥补政府在这方面的不足。社区在人力资源的筹集和支持、照顾伤残等弱势群体、灾后心理救援、污染物的收集、现场清理以及危机意识的宣传等方面具有较强的优势。社区基层组织或志愿者团体能够独立承担或辅助政府部门在这些方面展开工作。

三 家庭和社区参与应急管理的措施

中国是政府主导型社会，社区参与应急管理需要从观念到措施实现如下一系列转变。

（一）推动治理变革的深入，调动社区参与的积极性

如果将正在不断受到冲击并发生转变的"单位制""单位人"作为影响社区参与应急管理的外在原因，那么，社区建设、管理和发展中的"行政权力本位"则是影响社区参与应急管理的内在原因。目前，在向社会主义市场经济转轨的过程中，政府的治理理念有待进一步深化，社区和政府之间的关系还未完全理顺，"以政代社""政社不分"严重地抑制了社区参与应急管理的积极性。我们需要不断强化公共治理理念，淡化"行政权力本位"思想。为此，政府必须不断转变治理理念，更多地实行参与式的管理，不断对社区分权，提高社区在应急管理中的参与度。

（二）开展社区公共安全教育，提高公众对于公共危机的防范能力

应急管理需要关口前移，实现防患于未然。预防在应急管理中占据突出的地位。但我国的公共危机预防能力比较弱，原因之一就是公共安全教育力度不够。基于公众接受心理方面的原因，人们对于政治运动式的公共安全教育本能地秉持排斥的态度。但是，社区是一种公众自我教育、自我管理的组织，其管理的主体与客体均为公众。所以，社区建设和管理贴近公众生活，具有强大的亲和力。公共安全教育如果被纳入社区建设与管理的议程之中，将形成一种可以覆盖全社会、经常起作用的力量，可以增强公众的风险意识，提高公众对于公共危机的防范能力。

（三）改善社区的组织结构，维护社区参与应急管理的热情

社区是一种自我管理、自我服务、自我教育的组织。作为社区重要的机构，居

民委员会不应该带有浓厚的行政色彩，因为政府与居民委员会是指导与被指导的关系。然而，在现实中，这种关系却常被扭曲为领导和被领导。单一的行政主体与社区管理的多元化需求之间存在矛盾，而且问题的解决方式经常是牺牲社区自治权力，强化政府职能，进而导致了高额的行政成本。这影响了基层社区组织的正常发育，更泯灭了社区自发地参与应急管理的热情。从国外的经验来看，社区之所以在应急管理中能够发挥巨大的作用，与其相对于政府的独立地位有很大的关系。因此，我国在强调社区参与应急管理的同时，必须改善社区组织结构。

（四）探索社区应急机制，科学、有序地参与应急管理

每个社区都具有自己的特征。社区应该根据这些特征，进行科学的风险分析与预测，编制应急预案，并通过演练不断地对预案进行修正，同时，成立社区应急领导组织及救援队伍，避免突发事件来临时群龙无首的状况。社区应对社区内居民情况分门别类地进行登记，为经过一定培训的居民进行应急管理业务资格认定，组织居民签订灾害互助协议等。此外，社区要根据自身风险情况，配备一定的应急硬件设施。

需要说明的是，社区参与应急管理并不意味着社区可以参与所有突发事件的救援工作。比如，美国的社区应急响应团队不负责大型消防，不进行特殊灾难物质清理工作，如放射性物质、化学物质和生物物质事件等，不参与超出其能力的医疗、消防和搜救工作。不仅如此，社区志愿者团体应该依法、有序地参与应急管理，以避免次生、衍生灾害的发生。

第四节 应急管理中的志愿者参与

一 志愿者参与应急管理的特点

（一）多样性

首先，志愿者的构成具有多样性。大量的社会公众通过党政机关、社会组织招募，企业组织、社会团体自发形成等多种渠道参与应急管理志愿服务。他们来自各行各业，有企业白领、农民、工人、个体户、学生等，呈现全民化、社会化倾向。其次，服务对象具有多样性。从公安民警、社区工作者等一线工作人员到

孕妇、老人、残疾人等特殊群体，再到普通居民，志愿者参与应急管理的服务对象基本覆盖所有需要帮助的群体。最后，服务方式具有多样性。由于政府的救助是宏观层面的，一般是在普遍领域提供服务，而志愿者组织类别众多，涉及应急、心理辅导、关注残障人士等多个领域，因此志愿者组织提供的服务相对政府来说更加多元化。

（二）非营利性

由于志愿者组织本身具有非营利性特征，志愿者组织在应急救援中的救助是充满人道主义的、不求物质回报的。这种志愿精神不仅可以提高服务的质量、降低救援成本，而且能够很好地动员社会公众，调动一切可以利用的资源，弥补政府公信力受损带来的动员资源有限的不足，能够最大限度地动员人力和物力资源投入应急管理活动。

（三）亲民性

与政府不同的是，很多志愿者组织都来自社会、贴近民众，这有利于其在危机发生时及时了解危机信息，并立即采取措施，将损失降到最低。而且志愿者组织的这种亲民性有利于动员社会各方力量参与救援和提供资金救助，这在一定程度上也弥补了政府资金方面的不足。另外，近年来政府公信力受损事件时有发生，而志愿者组织的这种特殊身份，更容易获得公众的信任，缩小了与弱势群体之间的心理距离，在一定程度上也降低了救援的难度。由于志愿者组织深入基层，能够准确地把握信息，因此能够科学地做出决策、高效地开展工作，还能把信息快速、准确地反馈给政府，使得政府马上进行决策，快速启动应急救援方案。同时正是因为志愿者组织来自群众，深得民心，才能动员更多志愿者及志愿者组织参与救灾活动，真正实现"一方有难、八方支援"。

（四）灵活性和迅速性

志愿者组织内部的组织机构与政府不同，一般都是扁平化的组织结构，因此在信息的传达和命令的执行方面效率较高。志愿者组织的这种迅速性在应急管理过程中至关重要，因为志愿者组织可以根据灾区的实际情况具体问题具体分析、灵活高效地完成救援任务。另外，志愿者来自群众，对当地风俗习惯相当熟悉，在救援过程中遇到突发情况时能够迅速灵活地解决问题并且适应当地的生活。志愿者组织还能深入基层了解受灾群众所需，在这一点上志愿者组织还承担着政府与群众沟通桥梁的作用。

二 志愿者参与应急管理的方式

（一）筹措与合理分配资源

志愿者组织通过发挥应急救助服务功能参与应急管理。志愿者能够在灾害应急管理的紧急救援过程中筹备救援资金，进行物资运输，较好地维持受灾地区的秩序，对受灾地区人民提供心理安抚与救助。与此同时，志愿者也能在灾害应急管理的灾后重建阶段协助政府开展援助和灾区重建工作，使得受灾地区人民的利益得到进一步的保障。

（二）提供信息交流平台

志愿者具有获取信息的快捷性、丰富性等优势，其针对某一地区的某一问题能够获得更加直观的信息，做出更加到位的反应。志愿者通过促进社会的协调、积极参与社会治理、建设信息交流平台等方式参与应急管理。其中，建设的信息交流平台不仅仅是短时间用来应急，更重要的是重视长期的经验交流、课程培训与灾害应急知识的推广，还关注对灾害发生后不同时期、不同地区的人们应对自然灾害的应急能力的培养。

（三）宣传引导与心理重建

志愿者通过对儿童、妇女以及老人这些弱势群体进行心理重建、制订相应的安养计划、提供专门的家庭咨询辅导计划等方式参与应急管理，以减轻灾区人民的压抑与恐惧心理，使得他们能够更快地从阴影中走出来。另外，志愿者也十分重视记录受灾地区灾后重建情况，传播受灾地区的文化作品与摄影作品，帮助受灾地区人民恢复对灾区重建的信心，提高受灾地区人民的认同感、归属感，有效地传承灾害应急经验。在参与灾后重建的过程中，志愿者组织还专门设立了如何防灾、怎样备灾以及减灾方面的培训知识与课程。

（四）提供专业服务

志愿者组织中一般都会有具备一定专业知识和相关工作经验的救助人员，能够提供一定专业性的帮助。这些组织成员基于相同的兴趣与责任，结成一股社会力量。他们提供的信息和专业知识以及基于组织宗旨的社会行动，对于及时发现社会隐患、做出秩序内的调适、增强社会应急能力具有重要的意义。

三　国外志愿者参与应急管理的经验

在国外特别是在发达国家，志愿者组织发展历史悠久，数量众多，涉及范围广泛，其中不乏专门针对危机管理的志愿者组织。它们在公共危机管理方面发挥着不容忽视的作用，其经验和做法值得我们借鉴。

（一）美国

1. 重视志愿者资源

美国的应急管理体系是一个网络反应系统，架构了从国际到国内，从联邦政府、州政府、地方政府、私人部门到志愿者组织的网络体系（见图 8-2），政府对志愿者组织在应急管理中的影响力的认可度可见一斑。美国具有丰富的志愿资源，其志愿者机构是救助体系的一个重要组成部分。志愿者组织在多种危机事件中都可以提供援助。在援助过程中，志愿者组织之间相互协调，并且与政府相互协调，以满足社区的灾难援助需求。在危机事件恢复重建的救助过程中，地方紧急救助小组通常是由私人部门和非政府组织组成的，如各地红十字会、救世军、教堂以及其他人道主义团体。这些组织的职能范围包括提供紧急食品、衣服、家庭用品、避难所、医疗费、清除、修理及重建等至关重要的援助。

志愿者组织在危机情报提供、应急救援、危机监控等方面发挥至关重要的作用。同时，它们也成为城市危机应急救助中不可或缺的一支队伍，既减轻了政府的负担，也增强了民众的信任。

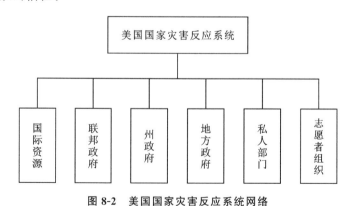

图 8-2　美国国家灾害反应系统网络

2. 较好的志愿服务激励和保障机制

在应急志愿服务的激励方面，为了培养公民的公益精神和志愿意识，美国从学生抓起，把志愿服务时长作为学生必修课，不修满相应的学分，不予毕业。对于从事志愿服务达到一定水平的志愿者在升学、就业以及工作岗位晋升方面提供一定的优惠和激励政策，很多企业都会将提供过志愿服务作为招聘的条件之一，国家还会对参与应急救援的志愿者组织给予一定的经济补贴。美国的《全国社区服务法案》明确规定，对于每年志愿服务超过1400小时的志愿者，国家会根据救援的现实情况给予一定金额的奖学金。美国还会定期召开志愿者表彰大会，形成了人人积极做志愿者的良好风气。

另外，在志愿者的人身保障方面，美国制定了相应的预防风险的控制体系。美国对志愿者的人身安全保障主要包括以下几个方面：应急管理中车辆事故索赔；志愿服务活动当中进行专业救援时的伤害索赔；第三方对志愿者的赔偿；志愿者在救援过程中无意对他人造成的伤害该如何处理等。有了这些保障，志愿者参与应急管理活动便无后顾之忧，也会积极寻求与政府合作进行应急救援的更好路径。

（二）德国

1. 规范的志愿者组织的培训体系

德国公众参与志愿服务的热情较高，全国有大约30%的人参与志愿服务活动，且医疗、消防、通信等多领域都有一定数量的专业志愿者。德国志愿者的专业化程度较高，因为德国非常注重对志愿者的培训工作，专门成立了德国技术救援署（THW）为全国600多个社区志愿者组织开展规范化培训工作。培训内容包括应急救援的常识和技巧、专业技术以及领导、组织、协调能力的培养等。

2. 稳定的志愿服务资金支持

德国的志愿者组织参与应急管理活动相对通畅，主要原因是德国对志愿者组织的资金支持比较稳定。这主要包括两个方面的内容。一是整个社会都为志愿服务提供资金支持，其中政府出资最多，占比90%左右，社会对志愿者组织的捐款占3%左右。德国还利用降低税收的方式鼓励一些企业机构对志愿服务组织捐款，不仅解决了志愿者组织在应急管理中的资金紧张问题，还大大提高了志愿服务在公众心中的知名度，品牌效应非常明显。二是严格规划志愿者组织资金支出结构。德国联邦政府提供的志愿服务活动资金主要被划分为三个部分：一部分归派遣方，用于志愿服务项目的筹备和总结评估；一部分归接收方，用于对志愿者的培训、管理和食宿补贴；最后一小部分被分发给每位志愿者，以备志愿活动中的不时之需。

(三)日本

1. 健全的志愿者参与应急管理的法制环境

日本是一个自然灾害多发的国家，出于应对灾害应急管理的需要，日本在1961年出台了素有"灾害管理宪法"之称的《灾害对策基本法》。该法积极推进志愿者组织参与救灾活动，还明确规定灾难发生后，对于积极参与应急救援的志愿者及志愿者组织，政府该如何接纳和分配相应的工作职责。为了与志愿者组织进行更好的合作，日本制定了《防灾志愿者纲要》，在纲要中规定志愿者组织参与应急救援必须进行登记，以便在救援过程中能够与政府协调行动。日本1998年出台的《特定非营利活动促进法》明确规定了志愿者组织参与应急救援的权利。志愿者组织从此获得了参与应急救援的合法途径，同时简化了志愿者组织取得合法地位的程序。这些制度和法律法规的出台，使得日本政府和志愿者组织都能够对应急管理做出制度性的反应，也让广大志愿者组织明确了政府对于其参与应急管理的态度，极大地调动了志愿者组织参与应急管理的积极性，为志愿者组织与政府合作奠定了坚实的法律基础。

2. 发达的应急信息网络共享平台

日本在应急管理中与志愿者组织形成畅通的合作渠道，与日本利用发达的信息科技手段分不开。日本在与志愿者组织之间的联动共享机制的建设上，设置了五大信息系统（见图8-3），这五大信息系统相互协作，构成了一个发达的应急管理信息网络共享平台，便于应急处置的协调和沟通。日本志愿者组织与政府之间的合作很

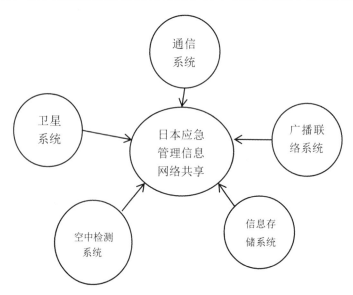

图 8-3 日本应急管理信息网络共享平台

大一部分依赖于这个应急管理信息网络共享平台。人们通过该平台可以及时掌握灾情信息，而且这个平台存储了大量的心理救助、医疗救助、资源调配等专业人才，在紧要关头，只要社会发出需求指令，这种需求便会发送给相应的志愿者。志愿者会在适合他们的岗位上发挥至关重要的作用。这种应急管理信息网络共享平台加强了政府与志愿者组织之间的沟通，为志愿者组织与政府合作提供了良好的信息渠道。

四 如何推动志愿者参与应急管理

目前，中国社会对志愿者、志愿者组织和志愿精神的了解还不够深入。许多人认为，做志愿者就是"学雷锋、做好事"，是青少年社会实践的一种形式。不少人存在对志愿行动的误解，如一些用人单位认为志愿者就是免费劳动力。这不仅使一些志愿者在参加志愿行动时感到尴尬，也直接阻碍了我国志愿事业的发展。媒体应该大力宣传志愿者和志愿者组织，弘扬志愿精神，使志愿者和志愿者组织获得社会的认可，让志愿精神深入人心，使志愿行动成为一种风尚。同时，政府应该对贡献突出的志愿者和志愿者组织进行嘉奖，以此促进志愿事业的发展。

志愿者组织是一种公民的共同体，有强烈的志愿精神，是连接公民和政府的重要纽带。志愿者组织作为一个整体，比零散的志愿者个人更能形成巨大的力量，可以为服务对象提供更好的帮助。志愿者组织可以凝聚志愿者，提供服务平台，为志愿者提供培训，提高志愿者的工作技能，让社会更多地了解志愿者。志愿者组织可以将个人凝聚起来，整合多方资源，实现更高的目标。

首先，志愿者组织可以弥补志愿者个人能力的局限性。一项志愿工作有时候需要多人合作才能完成，有时需要保证持续性，个人在时间和精力上都难以达到这些要求。而志愿者组织恰恰可以弥补个人的这些不足，可以组织多人同时或接力参加某项工作，形成一股强大的合力。

其次，志愿者组织可以提高工作效率。志愿者组织可以统筹安排，根据志愿工作的需要以及志愿者的特长合理分配志愿者，避免志愿者资源配置的盲目性和不均衡性，充分发挥志愿者个人的特长。这有利于保障志愿者团队的分工协作，最大限度地从整体上发挥志愿者的工作效益。此外，志愿者组织还可以为志愿者提供系统、专业的培训，包括应急志愿者心理耐受力的培训等。

再次，志愿者组织可以提高社会的信任度。通常情况下，组织比个人更容易得到社会的认可和支持，比较有社会影响力的志愿者组织更是如此。比如，为开展某项志愿行动募集资金，以个人的名义很难实现，但如果有志愿者组织开展此项活动，相对来说要容易得多。

最后，志愿者组织可以为志愿者提供归属感。志愿者组织是由有共同目标的人组成的共同体。成员能从组织中找到归属感，从中获得精神慰藉，有利于志愿活动的持续性和稳定性。

政府组织和志愿者组织之间是合作的关系。在应急管理中，志愿行动是政府行为的有益补充。政府应该为志愿者组织的成长创造良好的环境，为公民参与应急管理提供良好的路径和机会，进而推动应急社会动员机制的发展。国外大灾之后，不同志趣的志愿者一般会结成新的志愿者组织。我们也应在政府有关部门的统一指导下，维持志愿者热情，推动志愿者组织的发展。同时，政府在装备及后勤保障方面，对于志愿者组织应给予必要的支持。

案例研讨

让宁乡人民安居的抗洪力量——众志成城，温暖宁乡

2017年6月22日至7月9日，湖南省遭受近年来历时最长、范围最广、强度最大的降雨过程，给全省造成严重的损失，其中宁乡县（现为宁乡市）受灾最为严重，但其抗洪救灾高效，使民众及时得到救助。

此次暴雨造成全省14个市州120个县市区受灾，经市县报灾，省民政厅核实，全省共有1223.8万人受灾，全省转移安置162.1万人，需紧急生活救助47.1万人，倒塌房屋1.8万户5.3万间，严重损房2.4万户6.8万间，一般损房11.1万户28.3万间，直接经济损失381.5亿元。其中，宁乡县是被曝光最多的重灾区之一。宁乡县发生历年同期历时最长、范围最广、雨量最多、强度最大的强降雨，遭遇了有水文、气象记录60年以来最为严重的自然灾害。因此，宁乡抗洪抢险成为社会的焦点。

一、政府综合调度与紧急救援

宁乡县各级各部门在县委、县政府、县防指及各位县领导的有力调度和现场指挥下，全县防大汛抗大灾的工作全面有力有序进行。长沙市领导和县领导对防汛抗灾工作高度重视，陈文浩等市领导，周辉等全体县领导奔赴宁乡县防汛重点部位现场督战，为确保人民群众生命财产安全一线指挥调度，积极应对、全力以赴，奋力迎战特大暴雨灾害。汛情期间，宁乡县多次召开防汛抗灾工作动员会、会商会，对气象监测、值班值守、指挥调度、灾害防御、应急处置等方面进行周密部署，切实做好"防大汛、抢大险、救大灾"的准备。6月24日，全县启动Ⅲ级应急响应，7月1日启动Ⅱ级应急响应，7月2日启动Ⅰ级应急响应，明确"五个到位""八个杜绝""十项重点工作"，集中所有力量防汛抢险救灾。同时，各级干部群众也亲自上阵，在汛情最危险、灾情最严重、情况最紧急的地方昼夜奋战，坚守河坝、水库、堤垸，排除险情、排查隐患。省防指进行高位调度支持，调集武警官兵、冲锋舟支援宁乡抗洪救灾，上级主管部门给予宁乡人员设备支持。

二、社会组织优化配置救援力量与资源

1. 湖南省红十字会参与人道救援与广泛动员社会爱心力量

湖南省红十字会积极募集筹措发放救灾款物,帮助受灾群众渡过难关。截至7月8日,省红十字会共募集救灾款物价值1160万元,同时,携同蓝天救援队、爱心服务队和各级红十字会医务工作志愿者,在当地党委政府的指挥和减灾委的协调指导下,积极参与灾区人道救援、医疗服务等防汛抗灾工作。

2. 湖南省慈善总会举行慈善捐赠仪式

面对严峻的灾情,湖南省慈善总会积极开展赈灾募捐活动,自7月1日起至7月10日,共募集慈善物资价值500多万元;同时采用慈善+互联网的方法,线上募集爱心善款209万元;线下通过捐赠热线和接收善款银行专户,接受社会各界赈灾捐款2152万元。湖南省慈善总会根据省民政厅提供的灾情信息,将这批善款善物有序转运发放到宁乡、辰溪等重灾县。

3. 其他社会组织强大的募集力量与动员力量

壹基金联合救灾网络联合长沙善行社会工作服务中心、怀化市志愿者协会等8家社会组织,以及湖南中粮可口可乐、招商物流等企业共同行动,搭建社会救灾平台并展开行动;长沙市绿舟防灾减灾促进中心携手中国社会福利基金会、芒果微基金紧急行动,6月30日至7月8日针对湖南灾区采取紧急救援行动,共向湖南灾区紧急运送价值220余万元的救灾物资,支援灾区救灾工作。截至7月11日,宁乡县慈善会共接受社会各界爱心捐款5544万元,爱心物资价值1522万元,根据县人民政府发布的灾情,统筹分配,不断发往灾区,送到群众手中。

三、企业大力支援

1. 湖南华程抢险及时

6月30日至7月8日,湖南华程建设工程有限公司参与宁乡县12处抗洪抢险及灾后街道、市场淤泥清扫、河堤修复,共出动了600余人次,耗资40余万元。同时,公司内部广泛发动员工献爱心捐款活动,公司及员工共为宁乡县捐款13万余元,并对县内金洲镇、历经铺街道、白马桥街道等6个重灾乡、镇、村赠送救援急需物资。

2. 三一重起大型救援救灾设备发挥关键作用

7月2日上午,三一重起党委在集团党委的指挥下,迅速发动各支部,组织资源与力量,赶赴长沙、湘潭、宁乡等受灾区域,全力支援抗洪抢险及灾后重建工作。在持续数日的救援行动中,三一重起高效率地清理了灾区倒塌树木、路灯、房屋等,保证交通畅通,使救援物资能够及时进入。

3. 中联重科接受政府的统一部署

7月4日,中联重科集结了127名由高新区中联重科城市综合应急救援队、预备役连、民兵连等组成的联合抢险救灾队,并紧急调派87台大型

设备,连夜赶往宁乡救灾。据了解,此次中联重科共派出21台起重机、8台挖机及洒水车、清扫车、垃圾转运车等87台设备,两批应急救灾连队员先后抵达宁乡,连夜展开救援、清洁城市,力争尽快还市民一个干净、舒适的家园。

四、社会公众志愿协助

在洪灾中,志愿者作为一支不可忽视的力量,成为抗洪救灾的生力军,为"雷锋家乡学雷锋"活动增添浓墨重彩的一笔。

1. 慈善义工参与慈善义工联合会展开紧急救援行动

6月30日中午,宁乡县慈善会发动了宁乡慈善义工联合会所有义工团体和个人义工,配合政府收集数据,处理灾情。近200名义工自愿加入参与抗洪抢险志愿服务活动,一支抗洪抢险志愿服务队伍被迅速组织并行动起来。

2. "救灾防病志愿服务活动"倡议,志愿者响应

7月3日上午,宁乡县人民医院院党委、院工会、团委联名发起了"救灾防病志愿服务活动"倡议,工作人员和志愿者等2000余人投入消毒防病工作中。

3. 社会公众组成志愿者开展救援救灾行动

为了尽快恢复美好的生活环境,宁乡100多位热心的志愿者集聚南苑社区,帮助这里的商户和居民进行清扫,为重建家园而共同奋斗。

 讨论题

1. 从案例中,我们可以得出公共危机应急管理的主体有哪些?
2. 结合案例说明在应急管理(救援)过程中,参与主体各自扮演着什么角色,如何发挥作用。
3. 结合案例说明政府、社会组织、企业和社会公众四者的公共危机应急管理多元协作模式是怎样的,其理想的模式又是怎样的。

数字资源 8-1
案例研讨参考答案

本章概要

目前,我国有效参与突发事件应急管理的社会力量主要有企业、非政府组织、家庭和社区、志愿者等。

企业参与应急管理的形式主要为参与救援、动员生产、捐赠、提供技术产品及服务、开发保险及金融产品、发展应急产业。

非政府组织参与应急管理主要有灵活性优势、专业性优势、贴近民众优势、整合社会资源优势、推动应急管理国际化优势。

家庭和社区参与应急管理的优势主要为有助于危机的快速预警、有助于危机的快速处理、有助于增强公众的公共安全意识。

志愿者参与应急管理的方式主要有筹措与合理分配资源、提供信息交流平台、宣传引导与心理重建、提供专业服务。

核心概念

公共参与　非政府组织　志愿者

第九章

公共危机应急保障体系

学习目标

1. 了解公共危机应急保障与应急资源的概念。
2. 理解应急保障体系涵盖的六大要素：应急人力保障、应急物资保障、应急资金保障、应急技术保障、应急法律保障、应急避难场所。
3. 理解并掌握如何构建和完善应急保障体系。

情景导入

构建联调联战共同体　提升应急保障能力

潍坊高新技术产业开发区汶泉发展区西瀑沙河岸边，数十人焦急等待。潍坊雷霆应急救援队2名队员驾驶冲锋舟迅速到达落水人员身边展开救援，及时将溺水人员抬上冲锋舟。上岸后，救援人员迅速通过心肺复苏、人工呼吸进行急救，一场仿真救援行动在10分钟内完成。

据悉，潍坊高新区新昌发展区、清池街道联勤党支部积极发挥雷霆救援队等社会救援力量的专业技术优势，请队员或实战演练或走进课堂，进行防溺水知识宣讲和应急演练活动。镇街、教育、公安和应急力量等建立联防联控机制，确保责任到人、强化监督、狠抓落实，坚决守护居民的生命安全。

同时，潍坊市将镇街安全消防建设纳入政府治理体系和治理能力总体框架中加以推进，并成立了"镇街安全消防联调联战行动党支部"，充分发挥基层党组织战斗堡垒和统筹协调作用，以党建赋能基层应急管理体系建设。截至2021年底，潍坊市已初步构建安全消防联调联战共同体，共建成安全消防联调联战行动党支部153个，实现镇街（园区）全覆盖，在排查治理安全隐患、防范应对台风"烟花"等事故灾害中发挥了重要作用。

第一节 公共危机应急保障概述

一 公共危机应急保障的含义

公共危机应急保障是正确调配人、物、财、信息技术等应急资源的过程，而应急资源是在公共危机应急管理过程中所必需的各类保障性资源的总称，它既包括为预防危机而事先储备的资源，又包括危机发生后在短时间内迅速征调或积极响应的各类资源；既包括人力资源、物质资源、财政资源等有形资源，又包括各种社会文化与政治资源，如权力、权威、各种制度、组织和信息等无形资源。为了更好地应对突发公共事件，2006年1月8日，国务院发布并实施《国家突发公共事件总体应急预案》，其中，应急保障以独立专章的形式出现，由此可见应急保障的重要性。该预案指出，各有关部门要按照职责分工和相关预案做好突发公共事件的应对工作，同时根据总体预案切实做好应对突发公共事件的人力、物力、财力、交通运输、医疗卫生及通信保障等工作，保障应急救援工作的需要和灾区群众的基本生活，以及恢复重建工作的顺利进行。

二 公共危机应急保障的特征

（一）应急保障实施主体的特定性

突发事件发生后，政府有关部门按照自身职责和相关预案的规定，承担突发事件的应对与应急保障的责任，因为面对突然发生且来势汹汹的带有巨大破坏性的突发事件，普通的公众很难凭自身的力量去应对。此时，政府及有关部门作为强大且拥有较强的凝聚力的组织，是突发事件的主要领导者，能够带领公众有秩序地、有效地渡过危机，帮助公众回归正常的生产生活轨道。

（二）应急保障工作的伴生性

应急保障工作在突发事件的应对中并不是单独起作用的，它是应急管理众多体系的一部分。应急保障主要是负责突发事件应对中的资源保障与调度，为突发事件应对中的其他工作提供人力资源、物质基础、经济支撑和信息通信等基础保证，促使整个突发事件处置过程顺畅进行。

（三）应急保障需求的随机性

突发事件的随机性决定了应急保障需求的随机性。突发事件的种类不同，对应急保障的各种资源需求的种类、数量、需求地点也不同，存在很大的随机性，而且突发事件的动态发展使得应急保障工作具有极大的不确定性，特别是应急物资需求的随机性使人们很难做出预先的物资储备与生产计划。

（四）应急保障工作的时效性

突发事件具有突发性，一般是在难以预料的情况下发生，且很有可能造成严重的社会危害，这就决定了应急物资的供给不可能像一般的企业内部物流或供应链物流那样根据客户的订单或需求提供产品或服务。应急物资的供给是在物资需求产生后，要求动员组织在极短的时间内提供所需要的应急物资。如果超过时限，应急物资可能会失去应有的作用。同时，突发事件发生时，应急救援队伍是抢险救灾的主要力量，事关生命和救灾全局。由于突发事件本身的特性，应急保障具有紧迫性，短时间内需要应急救援队伍对突发事件进行回应与处置，要求应急救援队伍快速、及时、准确地调配和就位。

三 公共危机应急保障的目标

应急保障工作主要服务于突发事件全生命周期的应对、处置，因此应急保障在突发事件应对的不同阶段有着不同的保障目标。在突发事件发生前，进行应急资源的储备、日常养护和资源评估工作；在突发事件的应对过程中，对应急资源进行科学合理的分配和调度活动。根据突发事件发生前、发生后两种状态，突发事件的应急保障可以分为事发前应急保障工作和事发后应急保障工作，其中事发后应急保障工作也可以分为突发事件紧急处置的应急保障工作和事件后期的恢复、重建的应急保障工作。我们在这里主要介绍突发事件紧急处置的应急保障工作的目标，主要包含以下几点。

（一）有效传递应急信息

突发事件发生前，应该建立预防和预警机制。通过应急信息平台监控，有效监测突发事件的发生，可以让应急管理者对灾害形势进行估计，有利于提前做好预防与应急准备。突发事件发生后，当地政府需要在一定的时间内收集事件的预警信息，包括事件类别、事件发生的地点、事件发生的起始时间、事件可能影响的范围等内容。当地政府组织各部门在进行先期处置的同时，还需要根据事件的分级情况上报相关部门，以便及时获得上级部门的救援支持。再者，当地政府要及时向公众发布预警信息，让公众及时了解突发事件的发展态势，这也可以保障灾区以外的社会公众的知情权，让想加入或想捐钱、捐物帮助灾区的热心人能及时了解突发事件处置的情况，增强全国上下抢险救灾的凝聚力。

（二）减缓或遏制突发事件发展态势

突发事件发生后，速度就是生命，越早发现与制止，越能减缓事态的恶化、降低人员的生命与财产损失，也越能降低救援不及时引发次生灾害的概率。因此，突发事件发生后，应急保障要保证在极短的时间内聚集足够多的应急救援人员赶赴突发事件现场，利用充足的、专业的救援设备，及时控制突发事件发展态势。

（三）受灾区域搜索与救援

以人为本是突发事件处置的原则之一，该原则强调生命至上、生命无价的价值理念。在大灾大难前，人的生命变得不堪一击，个人能够发挥的力量极其有限。应急保障及时派遣足够多的人员利用专业设备对被困人员进行搜救、转移与救助，最大限度地减小人员伤亡。

（四）基本生活保障与后勤保障

突发事件发生后，特别是地震发生后，灾区公众的生产生活都会脱离正常的轨道，吃、喝、住、行等基本生活条件都得不到保障。应急保障就是在突发事件发生后，通过各种方式及时把应急物资发放至灾区，让灾民在恢复正常的生产生活前，基本的生活需求得到满足。此外，应急保障也需要做好应急救援人员的后勤保障工作，保证应急救援人员能够吃好、喝好，让救援人员保持充足的体力，帮助其更好地进行救援工作。

（五）医疗卫生的保障

灾区公众除了吃、喝、住、行等基本需求以外，还有医疗和卫生保健方面的需求，特别是对于受伤人员来说。突发事件发生后，受到交通状况、医疗条件或不宜远程搬运伤员等因素的限制，当地的医疗和卫生保健需求强烈。应急保障工作要向灾区提供一定数量的医护人员以及充足的医疗物资，确保灾区的医疗卫生需求得到满足。

> **案例**
>
> **重庆市渝北区加州花园小区居民楼火灾扑救：应急保障的时效性**
>
> 2020年1月1日16时55分，重庆市渝北区加州花园小区A4幢居民楼（共30层）2层阳台发生火灾，火势蔓延至30层阳台并蹿至部分居民室内，造成多人被困。火情发生后，相关人员迅速成立现场指挥部，组织救援处置工作。重庆市消防救援总队迅速调派42辆消防车、250余名指战员到场处置。现场指挥部坚持"救人第一、科学施救"，确定"灭救同步"的作战方案，采取"分区攻坚、逐户清理"的措施，组织攻坚力量全力阻止疏散被困群众，全力阻止火势蔓延扩大，明火于1月1日20时许被扑灭。经过全力扑救，安全营救被困群众68人、疏散200余人，火灾未造成人员伤亡。
>
> 按照高层建筑火灾扑救相关规程，重庆市消防救援总队精准调派高层建筑灭火救援专业队到场处置。首战力量到场迅速，充分利用建筑内部固定消防设施，第一时间组织攻坚力量深入建筑内部救人灭火，采取"内攻近战、内外结合、上下合击、逐层消灭"的战术措施，分层疏散被困群众，有效控制了火势蔓延。

第二节 公共危机应急保障体系

应急保障主要涵盖人、物、财、技术、法律、应急避难场所六个方面，这是突发事件应对中最为重要的六个要素，也是最基础的六个方面。现代应急管理保障体系通过专业技术机构和人员的参与合作，为应急管理提供技术智力支持；通过物资储备、财政预算、临时疏散，为应对危机提供物力、财力、场所的保障；通过法律制度的支撑，为突发事件的应对程序提供合法的支持。

一、应急人力保障

根据《国家突发公共事件总体应急预案》的相关规定，我国应急救援人员主要由三大部分人员组成：第一部分是在突发事件处置过程中发挥不同作用的不同类别人员组成的专业救援队伍，比如公安（消防）、医疗卫生、地震救援、海上搜救、矿山救护、森林消防、防洪抢险、核与辐射、环境监控、危险化学品事故救援、铁路事故、民航事故、基础信息网络和重要信息系统事故处置，以及水、电、油、气等工程抢险救援队伍等救援人员；第二部分是各种社会力量组成的应急救援辅助队伍，包括社会团体、企事业单位、志愿者以及国际间的救援支持人员等；第三部分是中国人民解放军和中国人民武装警察部队组成的骨干和突击力量。

（一）应急管理人员

由于突发事件具有突发性，我们需要培养储备一批业务精通、素质过硬的应急管理人员，既包括政府机关和直属单位的应急管理机构的工作人员，也包括对公共安全影响较大的工矿企业、商业单位中的主管领导和相关专业工作人员。

（二）专业应急队伍

专业应急队伍是突发事件应急行动的骨干力量，主要包括消防、公安、交管、医疗急救、市政等基本抢险救援队伍，以及人防、地震、防汛、矿山、工程抢险人员等专业救灾队伍。

（三）应急专家队伍

应急专家队伍为政府应急工作提供专业咨询，通过学术活动促进对国内外应对公共危机经验教训的研究，寻找科学途径，为应急管理提供决策建议，减少应急代价。

（四）非政府组织和志愿者队伍

非政府组织和志愿者队伍是应对突发事件的主要力量。这些队伍不仅在直接处理突发事件时起到很大的作用，还在宣传、培训公众、提高公众自救和互救能力方面发挥重要的作用。有些非政府组织和志愿者队伍中有很多专业人士，他们具有相关领域的专业知识，对危机的处理有一定的经验。因此，各级政府应动员非政府组织及志愿者队伍积极参与应急救援工作。

（五）解放军和武装警察部队

根据《国家突发公共事件总体应急预案》相关规定，中国人民解放军和中国人民武装警察部队是处置突发公共事件的骨干和突击力量。

二 应急物资保障

突发事件在类型、性质、规模、地区、气候等方面的差异为应急物资生产、采购、储存等环节的应急能力带来了严峻的挑战。如何应用科学的方法对多灾种情况下的应急资源保障工作进行优化管理，成为我国应急保障资源管理中迫切需要解决的问题。

（一）应急资源的分类

为了有效管理应急运作系统，我们需要对应急资源进行分类。国内外学术界对应急资源的分类基本有以下两种思路。一种思路是按照应急资源自身的属性来分类，如《国家突发公共事件总体应急预案》将应急保障分为人力资源、财力保障、物资保障、基本生活保障、交通运输保障、通信保障等。另一种思路是按照应急资源的用途和需求进行分类：一是按照应急资源用途分为第一应急资源（食物、饮用水、棉被、衣物等生活必需品）、第二应急资源（用于现场救援和工程抢险装备保障的各类机械设备）、第三应急资源（交通运输工具）、第四应急资源（信息渠道和设备）；二是按照应急资源的需求紧急程度分为生命救济资源、通信资源、交通运输资源、应急物资资源和应急交通资源。

（二）应急物资的布局

我国已经建立了救灾储备物资管理制度。在储备布局上，截至2023年7月，应急管理部已在31个省（区、市）拥有126个中央级储备库，储备了955.2万件、总价值达37.3亿元的中央应急抢险救灾物资。在储备品种上，中央救灾物资包括帐篷、被服、装具3大类14个品种，涵盖受灾群众急需的棉衣被、睡袋、帐篷、折叠床等。目前，我国基本形成了符合中国国情的分级管理、反应迅速、布局合理、种类齐全、规模适度、功能完备、保障有力的"中央—省—市—县"四级救灾物资储备体系。

（三）应急物资的筹措

一般来讲，应急物资的筹措是指为筹集各种应急物资而进行的活动及所采取的措施和方法。应急物资的筹措主要有以下几种渠道。

1. 应急物资储备

应急物资储备一般是为保证一国国民经济协调发展和应对战争、各类灾害等可能带来的意外困难而进行的物资储存。应急物资储备是在危机发生后的第一时间能够快速抵达事发现场的物资，因此，应急物资储备是应急物资筹措的首选渠道。应急物资储备一般储存专用性强、生产周期长、不易腐烂变质的物资。

2. 生产能力储备

应急物资种类丰富，要做到完全储备既不可能也没有必要，但是可以预留或储备其生产能力。对于生产周期比较短、平时储存又不经济的物资，可以通过设立充足的应急物资储备金，摸清有关应急物资生产的能力，必要时可与相关应急物资生产厂家签订协议，确保物资需求膨胀时可通过厂家扩大生产规模保障应急物资供应。此外，由于一些危机事件的发生远远超出了人们的认知范畴，一些需要的应急物资还未出现，这时就需要建立专门的科研、生产机构来进行开发研制。

3. 市场采购

市场采购是指根据筹措计划，在物资储备、征用不足等情况下实行的政府集中采购。市场采购是应急物资筹措最有效、最直接的方式，也是最重要的方式。应急物资的采购一般在应急准备阶段进行，以保障危机发生时能够迅速投入使用。若突发事件处理过程中出现物资短缺，也要在紧急状态下进行应急采购活动，确保应急工作顺利进行。

4. 征用

由于救灾过程时间紧迫，许多物资难以及时获得，有时需要临时征用一些物资生产流通企业的物资。当然，在征用的过程中必须遵守《突发事件应对法》等相关法律法规，不能损害相关群体的权益。救灾结束后，要根据所征用物资的品种、规格、数量和市场价格与供应商进行结算和补偿。而在突发事件发生后，如果需要大量应急物资、设备，可以无偿使用国家机构、军队的所有资源。

5. 社会捐赠

社会捐赠是救助工作的重要力量。社会捐赠能够在较短时间内聚集数目较大的物资，因此在突发情况下，应该组织动员国内社会各界、外国政府、港澳台地区及国外的组织、单位、团体、个人开展捐赠活动。社会捐赠可以在一定程度上聚集潜在的社会资源，减轻政府的负担。

（四）应急物资的管理

加强应急物资的管理可以有效提升我国对突发事件的应对能力，这就要求我们进一步完善重要应急物资储备制度，实现各类应急物资的综合动态管理。在进行应急物资储备工作时，我们要注意以下几点：一是根据危机的具体情况和对危机发展的预测，调查判断在原有应急资源基础上，现在和将来的危机反应需要什么样的资源、需求量的大小、对质量和地点的要求及如何获取尽可能多的资源等，以利于开展应急保障资源的整合和优化；二是在资源获取后，如果不需要立即或全部用于当时的危机应对，那么就需要储备那些暂时不用的资源；三是危机资源的获取和储备应当不断重复地进行，不能等到储备资源耗尽时才考虑资源的补给，以使资源的获取和储备能跟上危机发展的需要。

三 应急资金保障

应急资金是危机保障系统的基础。政府需要在对应急需求进行评估的基础上，按照高标准，为危机保障系统建设投入资金。在危机保障系统投入方面存在这样一个"悖论"：保障系统越有效，资金投入的必要性似乎就越小，似乎保障系统只有在应对危机时捉襟见肘，资金投入的必要性才能彰显。这种"悖论"主要源自我国应急体系长久以来形成的"轻预防、重处置"的观念。

《国家突发公共事件总体应急预案》规定："要保证所需突发公共事件应急准备和救援工作资金。对受突发公共事件影响较大的行业、企事业单位和个人要及时研究提出相应的补偿或救助政策。要对突发公共事件财政应急保障资金的使用和效果进行监管和评估。鼓励自然人、法人或者其他组织（包括国际组织）按照《公益事业捐赠法》等有关法律、法规的规定进行捐赠和援助。"政府的财政拨款是应急财力保障的基础。

（一）应急资金的来源

我国应急财政资金的来源主要有财政拨款、社会捐助、政策保险和商业保险三种。其中，财政拨款包括行政管理费、事业费支出和各种专项拨款。应急资金来源渠道比较狭窄，投入不稳定。为了体现公共危机管理的社会动员原则，我们必须实现应急资金筹措渠道的多元化，通过进一步完善资金管理与配置机制，充分吸引国内外企业、社会组织、个人和国际组织进行资助或投资，形成以政府财政投入为主、其他财政来源为辅的多元化财政支撑体系。

1. 财政支持机制

从1998年年底开始，我国就开始建立公共财政制度，目前已初步形成公共财政制度框架。突发事件一旦发生，势必引起一系列社会危机和公共问题。在保证危机应对的资金需求上，公共财政责无旁贷。国家有关法律法规也明确规定，财政部门有满足公共危机管理资金基本需要的职责。

2. 保险协助机制

目前，我国社会公众的灾害保险意识还比较薄弱，保险企业开发的灾害保险品种不多。从另外一个角度看，我国的保险业在灾害管理中的作用空间还很大。大力发展保险业不仅可以降低政府的应急财政负担，而且能够提高我国公共危机管理的财政保障水平。

3. 捐赠协助机制

改革开放以来，我国经济发展取得了令世人瞩目的成就，社会中蕴藏着大量可用于抗灾救灾的资金和财富。通过社会动员，我们可以将社会中的抗灾救灾潜力转化为抗灾救灾实力。企业和社会的捐助不仅可以大大减轻政府的财政负担，提高国家应对危机的能力，而且可以激发社会公众众志成城、和衷共济、迎难而上、勇于挑战的信心和士气，提高社会的和谐程度，产生良好的社会效益。

（二）应急资金的管理

2018年12月29日全国人大常委会第二次修正的《预算法》第40条规定："各级一般公共预算应当按照本级一般公共预算支出额的百分之一至百分之三设置预备费，用于当年预算执行中的自然灾害等突发事件处理增加的支出及其他难以预见的开支。"因此，应在一般公共预算中增设突发事件应急专项准备资金，并根据应急管理的需要逐步提高资金提取比例。突发事件发生后，一方面应根据实际情况调整部门预算内部结构，削减部门支出预算，集中财力应对突发事件；另一方面经政府批准启动应急专项准备资金，必要时动用公共财政应急储备资金。此外，还可以在资金保障机制中实施风险转移，鼓励自然灾害多发地区的公民、法人单位和其他组织购买财产和人身意外伤害保险。

财政部2004年制定的《突发事件财政应急保障预案》关于应急资金保障的主要原则包括以下几点。一是根据突发事件的影响程度，确定采取不同的财政收入、支出政策，以快速拨付资金等方式进行支持。二是确立了按照现行事权、财权划分原则，分级负担。属于中央政府事权的，经费由中央财政负担；属于地方政府事权的，经费由地方财政负担。三是按照"特事特办、急事急办"的原则，及时拨付处置突发事件的资金，专款专用，禁止挪用、截留。

四 应急技术保障

（一）应急技术保障概述

技术保障是危机管理保障体系的重要组成部分，是体系运转的技术条件和技术手段，主要包括科技支撑体系和应急信息平台建设。目前我国公共危机的技术支撑和应急平台建设尚不完善，为了保障应急管理职能的充分发挥，必须加强公共危机管理的应急技术保障建设。

2006年1月8日，国务院发布并实施的《国家突发公共事件总体应急预案》就"科技支撑"做了专项规定："要积极开展公共安全领域的科学研究；加大公共安全监测、预测、预警、预防和应急处置技术研发的投入，不断改进技术装备，建立健全公共安全应急技术平台，提高我国公共安全科技水平；注意发挥企业在公共安全领域的研发作用。"2007年8月30日通过的《突发事件应对法》第34条规定："国家鼓励公民、法人和其他组织为人民政府应对突发事件工作提供物资、资金、技术支持和捐赠。"该法第36条还规定："国家鼓励、扶持具备相应条件的教学科研机构培养应急管理专门人才，鼓励、扶持教学科研机构和有关企业研究开发用于突发事件预防、监测、预警、应急处置与救援的新技术、新设备和新工具。"可见，我国非常重视应急技术保障在应急管理体系中的应用。

（二）应急技术保障的作用

先进的科学技术不仅能在突发事件发生前为人们提供精准的预警信息，让公众提前进行一系列的准备行动，避免突发事件可能带来的损失，还可以在处理突发事件时，帮助人们克服种种技术困难，有效遏制突发事件发展态势。技术含量高的应急设备能降低人员伤亡程度，帮助应急救援人员快速收集突发现场信息，帮助现场救援人员快速进行障碍破除、伤员搜救、伤员搬运等应急救援工作。应急设备的研究与发明进度，对应急设备的供应与使用起着决定性作用。2014年，国务院办公厅发布的《关于加快应急产业发展的意见》再次提及，发展应急产业是提升应急技术装备核心竞争力的重要途径。我们应不断进行自我创新，研发出在处理复杂突发事件时，更具适应性、可靠性和安全性的应急技术装备。

（三）应急技术保障的建设

1. 科技支撑体系的建设

提高应急管理科技含量、促进应急管理工作信息化是当前世界各国应急管理发展的趋势。无论是在应急管理的准备与防范阶段，还是在应急管理的处置、救援及善后工作优化阶段，科技的支撑始终是应急管理工作的科学化保障。建立完善的应急管理科技支撑体系，应该从以下几个方面努力：一是针对应急管理各个环节出现的问题统筹布局，加强顶层设计，强化薄弱环节；二是加大科研项目的经费支持力度，大力发展应急产业，培养专业的技术人员，提高应急处置技术水平；三是建立全国统一的应急信息处理中心，完善信息收集处理和传递体系，为政府快速、准确地做出决策提供支撑；四是通过资源整合，完善专业处置应急机构的协同参与机制，充分发挥应急机构的作用，综合调动各种专业处置机构的积极性，逐步建立和完善防灾减灾国家科技支撑体系。

2. 应急信息平台的建设

应急信息平台是指以现代信息通信技术为支撑，软硬件相结合的突发事件应急保障技术系统。这个平台具备日常管理、风险分析、监测监控、预测预警、动态决策、综合协调、应急联动与总结评估等多方面功能，是实施应急预案、实现应急指挥决策的重要载体。

五 应急法律保障

（一）应急法制

应急法制是指各种以应对危机、战胜危机为目的的法律制度所形成的法律制度体系。应急法制的基本功能是在公共危机状态下，在整个国家生活与社会秩序受到巨大冲击，需要运用国家紧急权力来控制和消除危机时，调整非常状态下国家权力与公民权利之间的各种社会关系，保障全社会能够恢复正常的社会生活秩序和法律秩序，维护和平衡社会公共利益与公民合法权益。

长期以来，我国的应急法律法规多是调整某个单一灾种的部门法，如《消防法》《防震减灾法》等，无法适应现代突发事件管理对多灾种综合性应对的要求。2003年，在SARS危机之后，"紧急状态"概念被引入我国立法。后来，考虑到立法资源的配置必须着眼于当前最紧迫的社会需求，而我国当时最迫切需要的是集中规范普通的应急管理。《突发事件应对法》的出台使我国有了一部集中规范的应急管理基本法。目前，我国已初步建成以宪法为基础，以《突发事件应对法》为龙头，以各种单行性应急法律规范如《国家安全法》《传染病防治法》《安全生产法》《防洪法》等为主干的应急法制体系。

（二）应急法律的特征

1. 内容和对象的综合性、边缘性

由于危机产生原因的多方面性、表现形式的多样性、损害程度的多层次性、危机性质的差异性、调控任务的多目标性，应急法律必然会有很强的综合性、边缘性。它涉及政治、经济、文化、社会等众多领域，覆盖治安、卫生、防震、消防、市场、外交、舆论等多方面的内容。

2. 适用的临时性和预备性

一般的法律部门调整的是社会的常态，它经常性地在法律规定的时间和空间区域

发挥调整作用；而应急法律调整的是社会的非常态，只有在危机有产生的危险性或危机已经爆发的情态下，它才在特定的时间或特定的区域发挥调整作用。应急法律在非危机的正常状态下不能适用，一般也不会把危机时期建立起来的制度转化为平时的制度。

3. 实施过程具有很强的行政紧急性

在非常规状态下，与立法、司法等其他国家权力相比，与法定的公民权利相比，行政紧急权力具有某种优先性和更大的权威性，例如可以限制或中止某些法定公民权利。在突发事件发生时，即便没有针对某种特殊情况的具体法律规定，行政机关也可进行紧急处置，以防止公共利益和公民权利遭受更大损失。

4. 立法目的上更强调对权利的保障性

一般的法律强调对权利的保护，应急法律则更强调对公民权利的保障，这是因为在紧急状态下，更强大的紧急权力更容易被滥用，公民权利更容易受到紧急权力的侵害。因此，各国的应急法律无不强调对公民权利的保障。

5. 法律制裁具有更强的严苛性

正所谓"治乱世用重典"，应急法律是针对危机对社会的高破坏性和对公众利益的高损害性制定的，调整的是社会非常态下的权利义务关系，所以它与社会常态下的法律相比具有更强的严苛性。

（三）我国应急管理的法治建设

1. 树立正确的应急法律意识，做好应急预案，明确政府法律职责

应当将应急工作纳入政府日常管理工作范围，通过一系列关于应急管理的法律规定，强化政府在应急管理中的责任。对于各级人民政府来说，要尽量运用常规的法律手段来解决一般危机事件。对于常规的法律手段无法解决的紧急状态，各级人民政府应当按照严格的法律程序，通过依法行使紧急权力、采取必要的法律手段，应对紧急局势，尽量降低人员伤亡或财产损失。

2. 紧急情形下实施应急法律法规

紧急情形发生时，当地政府应当首先实施一般性质的应急法律规范。目前，我国在许多领域都制定了相应的应急法规，如《破坏性地震应急条例》《核电厂核事故应急管理条例》等。此外，要加快紧急状态立法，根据现行宪法关于紧急状态的法律规定，尽早出台紧急状态法。通过该法确立宣布和实施紧急状态的标准，赋予各级人民政府相应的紧急权力，以使其采取必要的紧急措施。

3. 以应急管理职权为核心的行政法规

在各级人民政府下设专门的应急管理行政主管部门，改变目前应急法律分散立法的局面。可以以设立的应急管理行政主管部门的应急管理职权为核心，出台相应的行政法规，规定在一般紧急情形出现时，如何通过政府自身的常规应急体制来处理各种紧急事件和危险局势。

4. 协调各类法律法规之间的关系

我们要注意协调各类法律法规之间的关系，比如在高一级法律中明确低一级法律的实施条件，使各个法律在实施时能够相辅相成、相得益彰，而不是相互冲突，给政府行使紧急权力带来法律上的麻烦。我们还要积极研究在香港、澳门和台湾地区实行紧急状态的法律条件，时机成熟的时候，可以作为法律预案在一定范围内予以公布，以备不时之需。

六 应急避难场所

我国城镇化进程的不断加快，使得越来越多的人聚集到城市，城市的人口越来越密集，城市建立应急避难场所成为一种趋势。自2003年我国首个应急避难场所在北京建成后，我国应急避难场所的建设工作热情不减。2017年7月，国务院办公厅印发的《国家突发事件应急体系建设"十三五"规划》指出，在"十三五"期间，要实现"应急管理基础能力持续提升"的分目标，不仅提到"突发事件风险管控体系基本形成，完成公共安全风险评估并编制公共安全风险清单"等目标要求，还指出"城乡社区和基础设施抗灾能力稳步提升，应急避难场所满足常住人口紧急避难需求"的目标要求。我国首个应急避难场所运行管理的国家标准，即《地震应急避难场所运行管理指南》（GB/T 33744—2017）在2017年12月1日起正式实施，这对我国应急避难场所灾前的日常管理、灾时的应急启用和灾后的安置运行等工作进行了有效的规范。在国家相当重视应急避难场所建设的背景下，各个省份的应急避难场所工作也在如火如荼地开展。比如中国应急服务网消息显示，广西在2017年12月30日起正式实施地方标准《地震应急避难场所场址及配套设施要求》和《地震应急避难场所运行管理规范》，并且2017年广西在全区已建成各类地震应急避难场所104个。

应急避难场所作为紧急疏散的灾民安置点，在整个紧急疏散工作中起着关键性作用。为了做好紧急疏散的保障工作，应急避难场所应具备以下特点。

第一，交通便利。应急避难场所的道路应四通八达，这主要是为了在进行紧急疏散的应急响应行动时，紧急疏散的居民能快速到达应急避难场所。同时，便利的交通也可以让外界救援物资顺利输送到应急避难场所。

第二，空旷宽敞。在高楼林立的城市中如果发生较大的突发事件，比如地震，倒塌的房屋往往会导致人员伤亡，因此应急避难场所要避免建在周围高楼密集的地方，这不利于保证被疏散人群的安全。

第三，具有引导指示信息。现在一般的高楼建筑都会有逃生通道的安全指示信息标识，以便发生突发事件后，楼层内部人员能快速找到逃生通道。应急避难场所平时使用率不高，普通人很少会注意应急避难场所的位置，这不利于紧急疏散时，居民快速进入应急避难场所。所以，应急避难场所附近应有明显的逃生指示标志，方便公众快速找到。

第四，远离加油站、核电站等地方。加油站、核电站都具有易燃、易爆危险品，一旦成为恐怖袭击的对象，大量的人群聚集在此，极易产生二次伤害，后果不堪设想。

第五，与本地区人口数相匹配。突发事件发生后，也不一定是全部人口都聚集到应急避难场所，但以防万一，在进行应急避难场所建设规划时，还是要先对本地区的人口数进行提前了解，建设与本地区人口数相匹配的应急避难场所，以免在需要紧急疏散人群时，应急避难场所空间不够。

第三节 公共危机应急保障能力

一 应急保障实战能力

应急保障实战能力的强弱关乎突发事件应对的成败，其强弱主要体现在突发事件应急处置过程中的应对速度与效率以及灵活应对与创新的水平。应急保障实战能力的提升，离不开平时的应急管理实践、各种突发事件预控措施的开展，也离不开对工作不足之处的剖析与经验的吸取。目前，我国突发事件的应急管理主要存在以下问题：部分预案过于理想化，可操作性不强；缺乏专业救援队伍的突发事件应对练习与演练；缺乏专业的危机管理人才；社会救援力量缺乏专业的救援行动的培训与演练；普通公民缺乏应对突发事件的知识，自救能力弱；应急物资储备的种类不齐全、经费投入不足等。加强应急管理能力建设，可以从以下五个方面入手：第一，从纵向和横向两个维度健全应急管理体制，加强不同专业间的协作；第二，加强各项工作预警机制，完善应急预案的完备性、可操作性和合理性；第三，健全地区协调机制，不断提高应对能力；第四，整合全国的资源，加强应急保障力度；第五，利用各种信息传播媒介进行应急知识的宣传，构建社会应对网络。

应急保障实战能力的提升主要体现在有更为严密的组织、专业的应急管理者和包括基层应急队伍、救援突击力量和重点行业领域队伍、社会力量等在内的人力、物力、财力等保障，使突发事件能得到更快、更有效的解决。我国应急保障能力不断提升，这与我国应急组织的建设健全、应急队伍的不断建设、应急事件应对规范的制定等举措密切相关。除了《国务院办公厅关于加强基层应急队伍建设的意见》《国务院关于进一步加强防震减灾工作的意见》《国务院关于加强和改进消防工作的意见》《国务院办公厅关于加快应急产业发展的意见》等文件，我国还针对比较单一的应急保障实战能力提升进行了特定的内容规定，比如在国务院办公厅印发的《国家突发事件应急体系建设"十三五"规划》中，国家对应急保障实战能力的提升提出了比较全面的任务内容。

根据《国家突发事件应急体系建设"十三五"规划》相关规定，我们针对不同的应急保障内容，可以采取不同的措施来提高应急保障的实战能力。

第一，加强应急管理基础能力建设，整体提升基层的突发事件的预防、处置能力和水平。其主要工作措施包括以下几点：健全与完善突发事件风险管控体系；加强城乡社区抗灾能力；完善各类突发事件监测预警服务体系；强化城市和基层应急管理能力建设等。

第二，加强核心救援能力建设，为应急救援提供能力更强、更具综合性的应急救援队伍。其主要工作措施包括两点。一是进行省、市、县三级综合应急救援队伍标准化建设，强化应急救援队伍的人员配置、装备配置、日常训练、后勤保障、评估考核工作，健全应急救援队伍快速调动机制，提升其综合应急救援能力；增强公安特警、海警、公安消防和武警以及水电、交通、森林部队及防化力量的救援能力，进而加强应急救援突击力量的建设。二是提高重点行业领域的专业应急救援能力，主要是建成并完善重点行业领域的应急救援队伍，推进应急救援基地建设，强化应急救援能力。

第三，加强综合应急保障能力建设，为突发事件的应对提供结构优良的应急平台、及时的信息保障、充足的物资保障、有力的紧急运输保障。其主要工作措施包括以下几点：一是继续推进国家综合应急平台体系、部门专业应急平台建设，以及以"天地图"为基础的应急信息资源"一张图"的信息共享平台建设；二是通过完善基础设施、配置相关设备和制定不同类别通信系统的现场应急通信互联互通标准、提升通信技术水平等增强应急通信保障能力；三是通过健全物资保障管理制度、完善现有的物资储备库体系、健全物资储备标准等方法，完善应急物资保障体系；四是通过健全应急运输补偿机制、紧急运输服务队伍体系、应急物流体系等，提高紧急运输保障能力。

第四，加强社会协同能力建设，更加合理、有效地运用社会的人力、物力、财力等资源。其主要工作内容包括提升公众自救互救能力、支持与引导社会应急力量发展、强化应急管理科技支撑能力、推进应急产业发展。

第五，进一步完善应急管理体系，抓好突发事件应对的顶层设计工作。应急管理体系的完善仍应坚持以"一案三制"为工作核心，继续推进应急管理法律法规和配套体系、应急管理组织体系、应急管理工作机制、应急预案体系的完善工作，为应急管理工作提供坚实的法律保障、严密的组织体系、协调有序的工作机制和科学的应急预案。

二 应急保障协调能力

在现代社会，许多突发事件具有多样性、突发性、综合性甚至跨国性等特点，要求与事件相关的各部门齐心协力、通力合作，充分发挥各自的力量，成功实施跨部门行动，共同完成应急处置。在这个过程中，既要确保各部门的专业性，又要注重整体处置的协调性，两者不能偏废。如果没有专业性的保证，应急处置就难以顺利、科学地开展；如果没有协调性的保证，各部门可能出现相互推诿、相互扯皮的现象，不仅延误突发事件的解决，还可能造成更大的灾害和问题。

进行有效的应急管理，除了严密的组织，必要的应急救援队伍、应急资金和应急救援物资等，我们还需要一个重要的角色对整个事件进行全局把控，他就是应急管理者。应急管理者的角色作用随着应急管理重要性的凸显而逐渐明显。米切尔·K.林德尔认为，灾害成本的剧增、公众突发事件意识的变化、企业正常运行的需要、危险区域人口的迅速增长导致突发事件破坏性的影响增大和应急管理的逐渐职业化等因素使得应急管理越来越重要。[①] 作为应急管理关键因素之一的应急管理者的重要性自然也就不言而喻了。

在应急管理中，虽然不同层次的应急管理者承担的职能存在一定的差异，但是应急管理者区别于直接到现场进行应急抢救的应急响应者的最明显特征，就是应急管理者主要负责应急管理中各种关系的协调，以确保整个应急救援工作顺利开展。这是任何角色都替代不了的。在突发事件的处置中，因需要从上到下各个层级、各个部门的配合，其中层级间、部门间的交流对接工作，是各层级、各部门主要负责人需要做好的工作，也就是说，他们成为应急管理者之一。但是因为各行各业有着自身的差异，要实现有效的沟通，还需要进行多方面的协调与合作。

我国应急处置协调联动能力亟待加强，资源整合能力有待进一步提高。这主要表现在以下几点：应急指挥系统功能尚不完善，应急管理地区分割、部门分割、条块分割、军地分割现象比较严重；应急救援队伍协同作战联合训练演练不够，应对突发事件时难以快速形成合力，各类应急资源无法有效整合；有关部门之间应急通信与信息系统标准不一，信息资源不能互联互通和充分共享。概括地说，可以从以下四个方面提升我国的应急保障协调能力。

第一，发挥突发事件指挥部的综合协调功能。根据国家应对突发事件总体预案以及有关专项应急预案的规定，突发事件发生后，要快速激活应急指挥平台，视情况成立应急指挥部和现场指挥部。应急指挥部根据突发事件的具体情况，以及有关

---

① 米切尔·K.林德尔等.应急管理概论[M].王宏伟，译.北京：中国人民大学出版社，2011：1-7.

预案的规定，协调调动有关部门赶赴现场、及时救援、调配物资等，迅速开展先期处置，避免部门、条块分割造成多头管理、贻误战机的现象。应急指挥部成立后，一般来说，要成立抢险救援组、卫生救护组、后勤保障组、计划参谋组、舆论宣传组等分支小组，整合有关职能部门，协调调动各方资源，提高合成应急、协同应急能力。各部门和分支小组在职权范围之内具有决策和指挥权力，但涉及部门、小组之间的配合、联动、协作时，则必须上报应急指挥部，由应急指挥部进行总体协调和安排，重要资源也由应急指挥部统一协调调动。

第二，加强应急管理各环节的协调能力。这主要可以从以下几个方面入手：一是开展联合应急演练，整合各种救援机构的资源，提高合成应急、协同应急能力；二是建立应急物资目录及标准，针对现有物资储存时间、地点、类别、数量等建立数据库，制订各种物资储备计划，对应急物资储备进行科学布局、合理调度、及时补充；三是建立全国统一的突发事件应急信息平台，加强跨部门、跨地区的信息交流与情报合作，为应急决策与指挥提供权威的信息支撑与保障。

第三，以规划为抓手，推进应急保障协调能力建设。通常国家、部门和地方的应急管理体系建设规划中会以相当大的篇幅对应急保障协调能力提升做出规划。有了规划中规定的任务、项目、措施，应急保障协调能力建设就有了重要的制度保障，所需资金就容易落实到位，需要跨部门合作的工作也相对容易推动。因此，科学合理地开展应急体系建设规划工作，对于系统地提高应急保障协调能力具有重要的意义。

第四，以突发事件为契机，促进应急保障协调能力提升。突发事件应急处置过程是对应急保障协调能力的最好检验。在突发事件应急响应之后，我们可以清楚地看到应急保障的短板。此时，推动以补短板为目的的专项应急保障协调能力建设最为容易。

三 应急资源调动能力

在应对突发事件时，建立覆盖面广、层次多、动员力强的社会协调联动机制，整合政府、市场、社会等多方面资源，是防范危机、减少损失、成功处置危机的重要保障。

（一）政府各层级、各部门间的资源调用

为了突破突发事件应对中，政府各层级、各部门间的资源调用困境，必须完善应急管理体系，提升政府各层级、各部门在合作上的默契程度，提高政府各层级、各部门应对突发事件时的资源调用能力，把握应急突发事件的有效处置时机。我国通过建设与完善各种应急管理机制、出台相关法律法规，积极构建全国上下应急资源互通有无、密切配合的应急管理体系。

国务院办公厅印发的《国家突发事件应急体系建设"十三五"规划》总结了"十二五"时期，我国突发事件应急体系建设取得的重要进展，如"健全中央统筹指导、地方就近指挥，分级负责、相互协同的抗灾救灾应急机制，建立中央统筹指导、地方作为主体、灾区群众广泛参与的灾后恢复重建机制，确立党政同责、一岗双责、齐抓共管、失职追责的安全生产责任体系"，"成立国家预警信息发布中心和国家应急广播中心，实施自然灾害防灾减灾工程、隐患排查治理工程，建立网络舆情和各类突发事件监测预警体系，突发事件防范能力明显增强"，"初步建成国家应急平台体系"等。该规划同时指出，"十三五"时期，国家在应急管理体系的完善工作中，坚持"资源整合、突出重点"的基本原则，在充分利用政府和社会已有应急救援和保障能力资源的基础上，梳理部门和地方需求，合理规划需进一步补充、完善和强化的建设内容，重点完善信息和资源共享机制，提高核心应急救援能力、社会协同应对能力和基层基础能力。

健全完善应急协调联动机制，通过部门间应急协调联动机制、区域间应急协调联动机制和地区间应急协调联动机制等的建设，实现部门间、区域间与地区间突发事件应对和防范中的资源整合、优势互补的目的。这也将提高特重大突发事件发生时，应急资源在政府各层级、各部门间的调用能力。

（二）社会资源调用

关于社会力量参与突发事件的应对管理，我国许多文件都进行了明确规定。在社会力量的人员动员方面，《突发事件应对法》第 6 条规定："国家建立有效的社会动员机制，增强全民的公共安全和防范风险的意识，提高全社会的避险救助能力。"对于社会力量参与社会资源征用的规定方面，《突发事件应对法》第 11 条规定，在有关人民政府及其部门积极采取措施应对突发事件，最大限度地对公民、法人和其他组织权益进行保护时，"公民、法人和其他组织有义务参与突发事件应对工作"。在社会资源征用方面，《突发事件应对法》第 12 条规定："有关人民政府及其部门为应对突发事件，可以征用单位和个人的财产。被征用的财产在使用完毕或者突发事件应急处置工作结束后，应当及时返还。财产被征用或者征用后毁损、灭失的，应当给予补偿。"

《国务院办公厅关于加强基层应急队伍建设的意见》中关于基层应急队伍管理体制机制和保障制度的完善工作中也提到，积极动员社会力量参与应急工作，在志愿者的工作内容、提供志愿服务渠道、建立志愿者信息库和志愿者的管理和培训等方面下功夫。

国务院办公厅印发的《国家综合防灾减灾规划（2016—2020 年）》指出，发挥市场和社会力量在防灾减灾救灾中的作用，鼓励各地区探索巨灾风险的市场化分担模式，加强防灾减灾宣传教育，将防灾减灾教育纳入国民教育体系，推进灾害风险管理相关学科建设和人才培养。推动全社会树立"减轻灾害风险就是发展、减少灾害损失也是增长"的理念，努力营造防灾减灾良好文化氛围，提升全民防灾减灾意识和自救互救技能。

国务院办公厅印发的《国家突发事件应急体系建设"十三五"规划》在"加强综合应急保障能力建设"部分也对社会力量参与应急工作进行了规划，提出提升公众自救互救能力、支持引导社会应急力量发展、强化应急管理科技支撑能力、大力推进应急产业健康发展等。

对于社会力量参与应急管理，我国还出台了更详细、更全面的社会力量活动规范，使社会力量在参与国家事务的管理过程中，行为更加规范，自身权益保护更有保障。比如2017年12月1日起施行的《志愿服务条例》就是为了对在我国开展的志愿服务以及与志愿服务有关的活动进行规范，它有利于国内志愿服务事业的健康发展，能够为祖国的建设提供更多的志愿服务力量。

应该看到，现代社会中突发事件的应急管理，其实是资源的有效集聚与不同利益群体之间博弈的过程，在巨大的危机和挑战面前，一个国家、一个民族、一个社会是否有力量，能否摆脱危机、有效地应对挑战，不仅取决于防御机制、资源状况、社会成员的素质，而且取决于是否具有完备的社会动员机制。在危机面前，有效的社会动员是形成国家、民族和社会整体力量的重要条件。有效的社会动员，能够将社会的人力、物力、财力等各种有用资源发动起来，形成有生力量；如果没有有效的动员，各种社会资源就处于潜在分散状态，不能形成现实的有生力量。因此，建立强力有效的社会动员机制，是应对突发事件的重要途径。

（三）国外资源调用

随着区域化进程加快，全球一体化意识深入人心，国家之间、地区之间的关系越来越密切。在这种共同发展的关系下，如果合作的一方出现需要救援的情况，另一方应积极伸出援助之手，在互帮互助的友好关系中实现共同发展的双赢局面。在国家事务上，中国对世界一些需要帮助的国家提供积极友好的援助，帮助他们渡过难关。但是，中国发展中国家的地位仍然没有改变。在一些事情上，中国有时候需要借助外力。政府需加强与其他国家的友好合作，构建更为健全与完善的应急保障体系。在突发事件发生后，可以通过借助国际人道主义的渠道，比如国际非营利组织间的合作，或者通过国家间签订合作协议等形式，让我国拥有稳定可靠的国际应急救援资源的来源，帮助解决突发事件。

四 应急产业的支撑能力

现代公共危机的应对离不开先进的技术和装备。应急技术与装备必须满足公共危机处置的要求，与危机管理制度相吻合。在应急保障体系建设中，发展应急产业能够有效提升我国的应急保障能力。2014年，国务院办公厅发布的《关于加快应急产业发展的意见》,将中国应急产业的发展推入快车道,明确了提升应急物资生产动员能力,需要进一步厘清需求、优化流程、建立机制、优化产能协同保障和区域布局,增强应急物资和装备的应急转产能力。

发展应急产业,首先要对应急产业进行科学的界定。学者魏际刚在2012年提出了应急产业的两种分类方法[①],其中根据应急产品针对的应急环节,可以将应急产业大致分为四类:一是针对各类应急事件发生前的预防性产品和服务,主要涉及应急事件发生前的咨询服务、信息收集、应急保险、应急预防等;二是针对各类应急事件发生时的功能性产品和服务;三是针对应急事件结束后的后续或相关性产品和服务,主要涉及应急后续的法律、经济和人事处理,以及相关的装备技术、物资保障和金融保险等。四是综合性应急产品与服务,主要是提供应急前、应急中、应急后两个或两个以上环节的产品和服务。

《国务院办公厅关于加快应急产业发展的意见》提到的应急产业重点发展方向有以下四个:一是监测预警,围绕提高各类突发事件监测预警的及时性和准确性,重点发展监测预警类应急产品,同时发展突发事件预警发布系统、应急广播系统及设备等;二是预防防护,围绕提高个体和重要设施保护的安全性和可靠性,重点发展预防防护类应急产品;三是处置救援,围绕提高突发事件处置的高效性和专业性,重点发展在现场保障方面、生命救护方面、抢险救援方面的处置救援类应急产品;四是应急服务,围绕提高突发事件防范处置的社会化服务水平,创新应急服务业态。

2015年6月25日,工业和信息化部、国家发展改革委印发了《应急产业重点产品和服务指导目录(2015年)》(以下简称《指导目录》)。《指导目录》根据《国务院办公厅关于加快应急产业发展的意见》确定的四个重点领域及其发展方向,进一步细分产品和服务,形成了领域、发展方向、细分产品和服务三级结构。一级分别为监测预警产品、预防防护产品、处置救援产品和应急服务产品等4个领域,二级分别为自然灾害监测预警产品、事故灾难监测预警产品等15个发展方向,三级分别为地震灾害监测预警产品、地质灾害监测预警产品等266个细分产品和服务。总体上看,《指导目录》明确了今后一段时间国家重点鼓励发展的应急产品和服务内容,涵盖消防产业、安防产业、安全产业、防灾减灾产业、信息安全产业、公共安全产业、应急救援产业、医疗救援产业、应急通信、应急物流等。

发展应急产业的必要性来自危机应对的现实要求。我国是一个各类突发事件频发的国家,但危机应对能力整体上仍然存在诸多薄弱环节。这主要是因为我国各类应急产品的生产和提供不能做到规模化、市场化,生产企业效益较低,发展动力不足,应急产业的引导扶持政策措施还有待完善;各类应急救援服务主要由政府提供,除当前同样发展尚不成熟的应急志愿行动之外,没有其他有效补充政府能力的途径。所以,发展应急产业是增强我国危机应对能力的必然选择。

---

① 魏际刚. 加快发展应急产业的思路和建议[J]. 重庆理工大学学报(社会科学版),2012,26(1):1-6.

发展应急产业能实现良好的经济效益。应急产业的形成和发展，是经济社会发展到一定阶段的产物，也是社会分工深化的结果。从起源看，应急产业脱胎于传统产业但又不同于传统产业。正因如此，应急产业的产业边界与产业内涵有着相当大的模糊性和动态性，与其他产业部门的交叉和渗透较深。它是一个跨产业门类、跨应用领域，与其他经济部门相互交叉、相互渗透的综合性新兴产业。

一个新兴产业的形成，必将产生巨大的经济效应和社会效应。发展应急产业有助于现有应急资源的整合利用，有助于培育新的经济增长点，促进就业。在很多国家，应急类产品的研发、制造、销售以及应急服务的提供，已经形成了较大的市场规模，成为新的经济增长点。在我国，虽然也有一些企业在应急类产品研发、生产上取得了较好的市场效益，但整体来说发展水平较低，至于应急救援服务市场更是几乎处于空白状态。我国应急市场规模庞大，如能形成应急产业，将产生巨大的经济效益。

案例研讨

应急管理常态化，提升应急保障能力

北京作为我国的政治、经济、文化中心，在应急管理的发展中也起着引领作用。随着人们"轻预防、重治理"的应急管理观念发生改变，应急管理工作逐渐常态化，各种预防控制措施逐渐落实，有效地降低了突发事件带来的危害和损失。

北京在应急管理工作常态化的主要表现如下。2014年5月21日，北京市民政局召开新闻发布会，向市民推出一份详尽的"家庭应急物资储备建议清单"，这份清单所列举的储备物资为应急物品、应急工具和急救用品三大类，有效地帮助广大市民了解家庭应急储备物资所需内容，进一步推动北京市居民家庭进行物资储备，为居民自救互救提供物资保障。2017年5月，北京应急宣传保障体系再添一抹亮色，北京交通广播会以"北京应急广播"的名义，加入北京市应急抢险救险队伍，帮助其做好应急管理工作，以及应急知识、预报预警等信息的大众传播工作。2018年1月，北京在应急保障工作中再次进行创新，开通了北京的首条常态化应急保障和航空旅游航线，这也开创了我国城市应急保障和航空旅游的先河。

无论是鼓励与引导家庭进行应急物资储备，企业利用自身优势加入应急管理信息的传播，还是应急保障工作的创新，最终都指向注重平时应急保障工作的准备，从而达到避免或者减少突发事件带来的社会动荡与损失的目的。

讨论题

1. 中国其他城市如何向北京看齐，更好地提升应急保障能力？
2. 我们还可以从哪些方面入手，未雨绸缪地做好应急保障工作？
3. 我们如何在应急管理演练中检验家庭和企业的日常应急工作准备，以便有针对性地采取措施、提高应急保障能力？

数字资源 9-1
案例研讨参考答案

本章概要

公共危机应急保障是正确调配人、物、财、信息技术等应急资源的过程。

应急资源是在公共危机应急管理过程中所必需的各类保障性资源的总称，它既包括为预防危机而事先储备的资源，又包括危机发生后在短时间内迅速征调或积极响应的各类资源。

应急保障体系主要涵盖应急人力保障、应急物资保障、应急资金保障、应急技术保障、应急法律保障、应急避难场所六个方面，这是突发事件应对中最为重要、最为基础的六要素。

核心概念

应急保障体系　应急人力资源　应急物资　应急资金　应急保障能力

第十章

公共危机应急沟通与网络舆情

学习目标

1. 了解应急沟通的定义、特点与功能。
2. 了解应急沟通的原则、主体与客体、内部沟通与外部沟通。
3. 理解公共危机信息发布的原则、环节及策略。
4. 理解并掌握舆情监控的概念及策略,掌握引导和干预公共危机舆情的策略。

情景导入

成都第四十九中学生坠楼事件

2021年5月9日18:40许,成都市第四十九中学高二学生林某某在学校发生高坠事故,不幸离世。5月10日,网友"@人生就像泡沫"在网络发布信息,称自己的孩子在学校从楼道坠楼身亡,但学校拒绝家长进入学校,并不提供监控等信息。消息一经发布,立刻引起了社会的高度关注。

5月10日至5月11日,成都市第四十九中学、成都市成华区教育局、成都市警方先后发布了相关简要声明,但这些声明并未平息谣言,社会上反而出现了更多的质疑声音——为何不能提供关键性视频证据?校方与教育局甚至警方之间是否存在相互勾结掩盖真相,使普通百姓蒙冤的情况?央视、人民网等官方媒体也加入质疑队列,提示"学生坠亡通报需以更多事实回应"。

5月13日,先是新华社还原成都第四十九中学学生坠亡事件经过,再是媒体对坠亡学生活动轨迹进行公开,最后央视披露相关监控视频,终于让整个事件真相大白。造谣者相继失声,并且部分造谣用户已注销账号。该事件最终在媒体以确凿证据辟谣之后画下句号。

第一节　应急沟通概述

一　应急沟通的定义、特点与功能

（一）应急沟通的定义

学者王宏伟认为，应急沟通是应急管理者和社会公众建立良好关系，以进行信息交流和反馈的双向过程。[①] 他以沟通是否发生在应急组织内部为划分标准，把应急沟通划分为应急内部沟通和应急外部沟通。前者指发生在应急组织自身的各种沟通；后者的沟通主体，除了应急组织，还包括应急管理者与社会公众。并且，王宏伟认为，应急沟通包括风险沟通和危机沟通两种。风险沟通的时间是危机发生前，主要作用是防患于未然，并且沟通是长期的。相对而言，危机沟通则是在危机发生后，主要内涵是紧急应对，沟通是短期的。但是风险沟通和危机沟通这两者并不是完全分开的，两者之间没有明显的界线。随着事态的进展，风险沟通有可能会向危机沟通转变。学者刘铁忠把突发事件中的沟通统称为就风险问题进行信息和意见交换的互动过程[②]，其中涉及主体主要包括个体、群体和公共机构；涉及内容是突发事件带有风险性质的多种信息和其他表达关切、意见的信息，或是出于风险信息和管理风险的需要，做出的法律制度安排等反应信息。整个风险沟通不仅包括向公众发出预警信息，而且涉及对公众保护行动的引导信息。本书认为，应急响应的沟通是突发事件整个应急沟通的主要部分，应急响应活动的目的是尽量挽救人类的生命和财产，以达到维护社会稳定、维持国家安定的目的。[③] 但应急响应活动不一定出现在突发事件发生之后。在应急事件发生前，危机事件开始显露端倪，相关部门监测到危险的信号或接到自下而上的报警信息后，开始进行危机信息的发布、人群疏散等紧急预防性工作，这也属于应急响应活动。我国自然灾害频发，虽然我们不能违背大自然的规律，不能阻止灾害发生，但我们可以通过提前进行信息监测和展开紧急预防行动，尽量减少国家的损失。

因为沟通贯穿突发事件应对的整个过程，结合以上学者的观点，我们可以把应急响应中的沟通理解为狭义的应急沟通或狭义的风险沟通或危机沟通。

[①] 王宏伟. 公共危机管理概论 [M]. 北京：中国人民大学出版社，2016：212-213.
[②] 刘铁忠. 危机管理理论与实践 [M]. 北京：北京理工大学出版社，2020：158-161.
[③] 黎昌珍. 突发事件应急处置的协调联动机制研究 [M]. 北京：人民出版社，2018：129-130.

（二）应急沟通的特点

因为突发事件具有突发性、紧迫性、危害公共性和复杂性等，所以应急沟通具有以下特点。

1. 沟通目的的明确性

这主要体现在以下两点。一是在检测到危机信号的时候，应急沟通注重预警信息的发布和沟通，使相关人员了解突发事件的详细信息，进行一些具有预防性的行动。比如居民在接到暴风雨来临的预警信息后，进行一定的生活物资储备，或者在接到台风预警信息后，将受台风影响地区的居民进行紧急转移。二是在突发事件发生之后，应急沟通是进行灾区人员疏散、调配救援力量和物资的信息沟通。在这个沟通的过程中，在保证信息准确性和完整性的基础上，注意用词简洁、明确，保证信息接收者能快速、有效地理解信息，从而做出相应的响应行动。

2. 沟通对象的公共性

突发事件特别是灾难性的突发事件影响范围一般比较广。因而突发事件发生后，政府需要进行沟通交流的对象不仅仅是灾区的居民或者媒体，还包括全国各地的民众甚至国际友人，这不同于把风险沟通的主体分为政府、媒体和公众三部分的做法。

3. 沟通内容的阶段性

在应急响应中，应急沟通的内容会随着时间的推移或者事态的转化升级而发生变化。危机沟通一般分为危机潜伏时期的沟通、危机爆发时期的沟通和事态平稳阶段的沟通。其中，危机潜伏时期的沟通主要是政府部门内部的沟通，危机爆发时期的沟通主要是政府、媒体和公众之间的沟通，事态平稳阶段的沟通主要是应对政策的沟通。可见，根据每个阶段事件发展的不同情况，需要沟通的主要内容也会发生变化，这使得沟通内容更具目的性和明确性。

4. 沟通时间的持续性

沟通贯穿突发事件的始终。应急沟通虽然是突发事件沟通的主要部分，但不是突发事件沟通的全部，应急沟通后仍会有灾区生产、生活恢复的工作沟通，所以应急沟通具有承上启下的作用，在时间上具有持续性。

5. 沟通方式的多样性

在应急沟通过程中，因为事态具有突发性、紧急性等特点，政府需要采取各种措施，把监测到的预测信息或者是自下而上接到的报警信息快速向特定人群发布。学者刘铁忠把我国政府在风险沟通中主要使用的沟通方式归纳为四类，分别是平面媒体、户外媒体、电波媒体、网络媒体，体现了沟通方式的多样性。①

（三）应急沟通的功能

应急沟通在公共危机管理中发挥着转化性、催化剂式的关键作用，这主要表现在以下几个方面。

1. 危机识别预警

危机都会有一个生命周期，即潜伏期、爆发期、蔓延期、结束期。如果公共部门拥有健全的沟通渠道、快速灵敏的沟通机制、积极主动的沟通主体、有效及时的反馈，决策中枢就可以及早发现危机诱因，及早发现潜在危机，洞察非常态因素，采取相应措施及时消除隐患，把危机消灭在萌芽状态。此时，应急沟通就起到了一种识别、预警的作用。

2. 危机决策辅助

危机决策是一种非程序化决策，其特点是信息缺失使得决策基础具有不确定性、不可预见性。而应急沟通可以最大限度地弥补危机决策急需的信息和资源，实现决策的针对性、前瞻性。

3. 危机资源整合

危机事件的影响范围是非常广泛的。应急沟通可以让受到危机影响的内部利益相关者和外部利益相关者紧密地连在一起，成为休戚与共、生死相依的命运共同体。大家齐心协力、共同参与、共渡难关。

4. 危机监控

有效的应急沟通可以发挥重要的监督和控制作用，但这一点常被人们忽视。一方面，在公共部门中，上级主管部门通过与所属部门进行沟通交流，发现其存在的问题。上级主管部门的权威性会使所属部门及相关人员产生一种压力，从而驱动下属部门对存在的问题进行整改，这样就可以消除危机诱因。另一方面，通过上行沟通，一般职员以及大众传媒把存在的问题及时反馈上级领导部门，也能使存在问题的组织和人员产生一种压力，促使其面对问题，采取措施进行整改。

---

① 刘铁忠. 危机管理理论与实践 [M]. 北京：北京理工大学出版社，2020：171-176.

5. 危机修复

应急沟通可以让危机事件的目击者、受害者、其他利益相关者了解危机的基本情况，知晓如何预防危机和避免伤害，缓解其焦躁心理，舒缓其紧张情绪。尤其是危机管理者亲临危机现场，与相关部门和受影响民众直接进行面对面的沟通，会让处于危机中的民众感受到政府与其同在，感受到政府和社会的关心、帮助，这更有助于稳定民心。

二 应急沟通的原则

理论发展和实践经验显示，应急沟通不仅向公众发出预警信息，还会引导公众的自我保护行为。各应急响应主体在交流沟通的过程中，需要遵循以下原则。

（一）保证沟通主体的广泛参与

应急沟通应该面向公众，用多样的沟通方式促使公众积极参与突发事件应对，在互动交流中把握公众的具体情况，做好预防或公众引导工作。

（二）保持沟通渠道的畅通

因为公众不能像一些政府部门或专业组织一样具有专业的监测仪器监测地震、台风等危机事件的信息，他们一般通过政府部门发布的信息了解突发事件。如果政府或相关部门未能及时进行信息预报，导致正式的沟通渠道无法让公众获取足够多的信息，非正式渠道的小道消息就会产生并散布，极易引起公众恐慌，对公众行为产生误导。这不但会对社会稳定产生不良影响，也有可能对后期正确的信息发布与疏散等行动引导产生强烈的干预后果。

（三）维护政府形象

政府部门在和媒体、社团组织或个人沟通的时候，应该注意对外的一致性。对于一个事实的报道，不同部门不能各自为政、自说自话，而是应该在互相交流、尊重事实的基础上统一口径，对外进行信息发布。这样可以避免信息朝令夕改给政府的形象造成损害。

（四）尊重公众的知情权

危机事件一旦发生，政府部门应该迅速做好相关信息的收集和对外信息发布工作的部署，满足公众的知情权，而不能忽略公众的知情权，或出于对自身政绩的考虑而隐瞒事情的真实情况。

（五）沟通内容合理与及时补充

沟通内容合理是指明确哪些信息是可以公开的、哪些信息是不能公开的。一般来说，对危机事件救援没有关联却关乎国家安全的信息不公开，但对于能公开的信息要及时更新公布。这主要有以下两方面的原因：一是随着时间的推移和事件的发展，一些事件的信息也会变化，为了保证信息的时效性，要及时进行跟踪报道；二是突发事件具有突发性，之前的报道可能存在一些错误，及时更新内容也是对前面的错误内容进行纠正的做法。

三 应急沟通的主体与客体

应急沟通过程中存在不同的参与者，每个参与者都有自身的特点与属性。参与者的特点与属性决定了应急沟通模式的特点，同时会对应急沟通策略产生重要的影响，最终影响应急沟通效果的实现。

（一）应急沟通的主体

应急沟通的主体是在应急沟通中起主导作用的人或组织。应急沟通的主体一般由涉事企业和相关政府部门组成，个别情况下还包括个人或者其他组织。应急沟通的主体可以选择和决定沟通客体、沟通介体、沟通环境和沟通渠道，在沟通过程中处于主导地位。

如果是企业过失导致危机发生，涉事企业是应急沟通的主体。这种应急沟通主要具有以下三个特征：第一，与政府相比，企业在各个资源方面优势不明显，公众相对不容易认可，同时由于企业在沟通中的资源条件有限，应急沟通也会面临一些阻力；第二，在这种情况下，政府不承担主要责任，只是行使其基本职能，维护公众的合法权益，而涉事企业则对公众进行直接的利益补偿；第三，在企业责任型危机中，由于以追求利益为主要目标，企业可能会缺乏沟通意识，忽视公众的知情权，导致公众产生负面情绪，造成不良影响，影响社会和谐稳定，这时候一般需要政府出面进行沟通。

如果危机或突发事件由政府主导救援，不涉及企业，政府就是应急沟通的主体。这时候的应急沟通主要具有以下特征：第一，政府承担主要责任，最大限度地维护公众的生命安全和切身利益，政府的行为直接影响政府公信度及形象；第二，在政府责任型危机中，政府本身在社会中处于主导地位，政府通过合法的权力约束尽可能地实现沟通过程中的信息一致；第三，在沟通中，一般政府拥有大部分的信息资源，并且占有相关沟通渠道，如果政府不能正确运用这些资源，让信息处于真空状态，就容易滋生谣言，引发公众恐慌。

（二）应急沟通的客体

应急沟通的客体一般是在沟通过程中，应急沟通的主体要进行沟通的对象。应急沟通的客体是沟通过程的出发点和落脚点，因而在沟通过程中具有积极的能动作用。应急沟通的客体一般包括受害者和普通大众。受害者一般是指在危机中被直接伤害或者家属遭到伤害的受众。普通大众是指非直接受害的那些公众，虽然他们没有受到伤害，但是他们会关注危机或者突发事件处置的过程，并通过他们自己的声音来成为某个观点的传递者。

我们可以按照应急沟通的客体受教育程度，将其进行分类（见图10-1）。

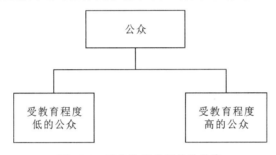

图 10-1 应急沟通的客体的分类

受教育程度不同，应急沟通对应急沟通的客体产生的影响也会不同。在一些危机事件出现的地方，由于经济比较落后，公众受教育程度低，他们对于很多基本的科学常识了解不够，出现谣言时容易盲目跟风，或者因为不了解而产生不必要的心理恐慌，这些都不利于应急沟通的实现。

一些文化程度较高的受众则往往能从自身的经验和知识出发，形成自身的看法，不容易被普通大众误导，但容易成为"意见领袖"，这也有可能不利于应急沟通的实现。

（三）应急沟通的介质

应急沟通的介质主要是指在沟通中传递信息的人或物。如图10-2所示，它主要包括媒体、传播信息的其他人等。其中，传播信息的其他人主要指传递信息的组织代表、第三方、新闻发言人。

**数字资源 10-1
新媒体环境
下的危机沟通**

政府在进行沟通时，可以选择的沟通形式往往是多种多样的，不仅可以选择媒体，还可以在运用媒体这一平台的同时，选择媒体之外的其他形式。在一些情况下，政府需要派组织代表与大众当面交流。组织代表一方面传递政府的意愿，另一方面扮演

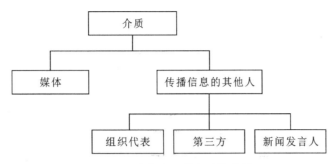

图 10-2 应急沟通的介质的分类

着政府与大众之间的介质这一角色。在一些情况下,新闻发言人能够作为政府与大众之间的介质。新闻发言人借助媒体,召开新闻发布会,传达相关信息。还有一些情况下,第三方可能作为应急沟通的介质,其利用一些媒体平台传送相关信息,但信息内容可能更倾向于政府或企业。

应急沟通的介质主要有以下几个特点:第一,借助不同的平台,可能形成不同的沟通方式,而不同的沟通方式也可能导致不同的沟通效果;第二,它是连接应急沟通主体与客体的纽带,无论是主体还是客体,都要通过一定的介质进行沟通;第三,不同的介质自身具有不同的特点,根据不同的危机选择适当的介质,有利于应急沟通的实现。

四 应急沟通的内部沟通与外部沟通

(一)内部沟通

1. 主体内部沟通

开放的内部沟通有利于集思广益、迅速对危机做出反应。主体内部沟通要告知主体各部门危机真相和采取的具体措施,做好耐心细致的解释工作,传达主体形象修复的具体措施。这样,在危机来临之时,各个部门、组织的各个层次才能进行危机管理的协调工作。还要对主体的工作人员进行安抚,使其统一口径,避免对外部公众包括对前来采访的记者发泄不满情绪。

2. 与上级部门沟通

涉事主体或部门应在第一时间将危机发生的起因、拟采取的措施等以书面报告的形式呈报给当地政府或直接上级主管部门并接受调查。在与上级部门沟通的过程中应当及时地、实事求是地汇报事态发展情况,并与上级有关部门保持密切联系以求得帮助指导。

（二）外部沟通

外部沟通的重点在于应急沟通的主体与客体进行交流，避免沟通交流错位引发二次危机。外部沟通需要坚持及时沟通、公开透明的原则。危机事件关系到公众的生命安全，甚至相关产业和地区的发展，必须公开透明。政府和企业要及时沟通，公开有关信息，但政府与企业之间既不能越位，也不能错位。外部沟通主要包括与媒体的沟通以及与受害者、目击者、利益相关者等目标群体的沟通等。

1. 与媒体的沟通

媒体是政府与公众沟通的桥梁，是对危机信息进行过滤、筛选的"把关人"，是政府危机信息的传播中介。由于媒体的独立性，一味隐瞒危机信息可能会使负面影响扩大；而正确利用媒体，正视媒体影响力，尽快提供全部真实情况，则可以引导群众。与媒体沟通时，政府应当向新闻媒介及时通报危机事件的调查情况，及时处理动态信息。在危机潜伏期，发挥媒体的预防教育和信息预警功能；在危机爆发期，通过媒体积极引导公众舆论、稳定社会情绪，报道危机化解进展；在危机的事后处置和反思时期，借助媒体提供解决措施、宣传重塑政府形象。

当然，与媒体进行沟通时，要慎重选择新闻发言人。因为在危机处理阶段，政府新闻发言人在危机管理外部信息沟通中处于重要地位，是直接面对媒体表明政府立场或进行政策解释的窗口人物。与媒体沟通的有关内容在前文已有所阐述，此处不再赘述。

2. 与受害者、目击者、利益相关者等目标群体的沟通

社会重大突发事件往往与公众的切身利益紧密相关，这些公众一般是危机的受害者、目击者或其他利益相关者。如果他们得不到确切的危机应对信息，便会陷入恐慌之中。因此，在危机发生时，政府应通过公开、顺畅、权威的沟通渠道，及时、全面、准确地告诉公众事件真相，提高政府工作的透明度，满足公众的知情权。

政府要通过有效沟通把危机状况、应对措施、相关事态发展传递给公众，并得到公众的反馈，以帮助政府进行科学决策。这样，政府就可以通过发挥信息沟通的舆论导向功能来稳定公众情绪，引导公众正确地对待突发的危机事件。一方面，对直接危机受害者的沟通应当确定专人与受害者进行接触、确定关于危机责任方面的承诺内容与承诺方式、制定损失赔偿方案和善后工作方案等。另一方面，应及时向政府部门的合作伙伴、社会机构、社区公众等利益相关者通报危机事件及其处理措施，以便寻求合作，迅速组织社会各种力量实现危机救助，全面消除事件的不良影响。

第二节 公共危机的信息发布

信息发布是应急沟通的重要活动。它是政府向社会公众传播公共信息的行为。公共危机的信息发布就是行政机关依照法定程序将其在行使公共危机管理职能的过程中所获得或拥有的危机信息，以便于知晓的形式主动向社会公众公开的活动。信息发布与预测预警有部分的重合，行政机关在掌握预警信息的基础上向社会公众发出警报的行为也可被看作信息发布。

一、信息发布的原则

突发事件的信息发布，不仅有助于政府机关内部成员了解突发事件、进行各个部门的工作部署，还有助于提高公众对于紧急工作的配合程度，减弱政府部门在执行紧急撤离等强制性命令时，可能受到的来自不了解突发事件公众的各种阻力。在突发事件信息发布的时候，要遵循一定的原则。

（一）对外口径的统一性

在官方正式消息发布前，总会有心急的公众被网上各种谣言或流言蛊惑，可能引起社会恐慌。因此，政府在对外发布消息时，口径需要保持一致，否则网上流言所造成的恐慌非但不能得到缓解，还会愈演愈烈，不利于政府形象的维护。

（二）及时性与连续性

新闻信息具有"明日黄花"的说法，这强调的是新闻信息发布的及时性。突发事件的信息也强调及时性，并且因为突发事件具有突发性、紧迫性等特征，信息的发布更要迅速、及时，因为一秒之差，也许就是千万条生命能否获救的关键。信息发布具有连续性，是因为突发事件并不是静止的，它的发展有可能瞬息万变，所以政府部门要进行连续的事件情况报道，更新事件的发展动态，让公众及时根据最新的消息做出相应的行动。

（三）事件的全面性与真实性

政府部门在发布信息时的全面性指政府在发布信息时应该注意把事件的原委

说清楚。在最开始的信息报道中，可能会因为对事件情况了解得不够深入，发布的信息有所缺失，政府应该随着对事件了解的不断深入，及时对前面发布的信息进行补充完善，甚至纠正之前的错误信息。反映事件真实性的信息才具有价值。在实践中，我们会遇到一些突发事件发布信息失真的现象，这主要是因为部分官员出于避免引发公众过度恐慌情绪的考虑，对事件的一些真实情况进行隐瞒，还有可能是部分官员出于自身的政绩考虑，直接掩盖突发事件的真相，向公众隐瞒事件的真实情况。

（四）用词的通俗性与凝练性

突发事件信息的发布应力求篇幅短小、用词通俗凝练。特别是带有行为引导的紧急信息，较长的篇幅与啰唆冗长的语句，不仅让公众浪费大量时间去获取对自己有用的信息，而且有可能使重要的提示信息被其他不重要的信息掩盖，使公众得不到有效信息的指导而错过响应的最佳时期。强调信息用词的通俗性，是因为每一个行业都有自身的专业术语和专门的沟通符号。突发事件信息发布的客体是普通公众，由于理解能力、受教育程度、知识水平等因素的限制，他们不可能对行业的专业术语和符号都有深入的了解，因此在发布信息的过程中过多地运用专业术语会大大影响他们对信息的获取程度，这将极大地减弱信息发布的功能。

（五）方式的灵活性与多样性

随着时代的进步，突发事件的信息传播方式更加灵活多样。相较之前大部分用广播、电台、收音机等老式媒介传播信息，现在我们可以运用电话、手机等通信工具和各种专业网站、QQ、微博、微信等信息传播平台进行信息发布。信息发布方式的多样性，不仅可以快速、及时地把信息传到更大的范围，还可以照顾特殊人群，满足他们信息获取的需要，比如在校学生通过学校广播获取事件信息，聋哑人通过观看视频或图片获取事件信息，视障人士通过收音机了解事件信息等。所以突发事件信息发布应该注意运用多种发布方式，以确保信息传播的人群范围足够广，特殊人群也能及时接收到突发事件的紧急信息。

二 信息发布的环节

通常，社会公众会通过家庭成员及亲朋好友组成的非正式网络获得突发事件的最新信息。作为信息发布者，政府必须确保公众能够从不同的信息渠道获得有关突发事件的最新权威信息，如报纸、广播、电视、网络等。不同信息源发出的信息必须一致，不能相互矛盾与冲突，否则将让公众无所适从。

（一）信息发布的四个关键环节

现代社会是信息社会。行政机关可以通过多种方式发布突发事件信息，也可以根据需要选择一种或几种方式来完成信息发布的任务。在选择信息发布方式的过程中，行政机关应综合考虑突发事件的性质、程度、范围，传播媒体的特点，目标受众的范围与接受心理等，确保信息发布的有效性。

总体来说，信息发布的整个流程中有以下四个关键环节：第一，进行突发事件相关信息的收集、整理与分析、核实工作，确保信息客观、准确与全面；第二，根据舆情监控，确定信息发布的目的、内容与重点、时机，同时有关行政机关要对拟发布信息进行保密审查，剔除涉及国家秘密、商业秘密和个人隐私的内容或对其做一定的技术处理；第三，确定信息发布的方式，以适当的方式适时向社会公众发布；第四，根据信息发布后的舆情，进行突发事件信息的后续发布或补充发布。

（二）信息发布的常用方式

信息发布常用以下几种方式。

第一，发布政府公报。行政机关可以政府公报的形式，向社会公众正式发布有关突发事件应急管理的预案、通知及办法等。

第二，举行新闻发布会。新闻发布会一般指政府或部门发言人举行的定期、不定期或临时的新闻发布活动。行政机关可以定期或不定期召开新闻发布会，通过新闻发言人向媒体发布突发事件与应急管理的相关信息，回答媒体的提问，解答社会公众关心的热点问题。

第三，拟写新闻通讯稿。行政机关拟定关于突发事件的新闻稿件，并通过具有一定权威性的广播、电视、报纸等媒体进行发布。

第四，政府网站发布。行政机关可利用受众广泛、传播迅速的政府网站发布信息，并与受众进行信息交流。

第五，发送宣传单、发送手机短信等。

三 信息发布策略

根据公共危机事件演进过程，政府信息公开包括事前公开、事中公开和事后公开。恰当的政府信息公开应当基于公共危机生命周期三个阶段的不同特点，做到有的放矢。这样才有助于政府牢牢把握危机管理的主动权，促使危机事件快速、平稳、有序地解决。公共危机三个阶段有各自不同的信息发布策略。

（一）危机潜伏期：及时、权威、客观、真实地公开

危机潜伏期是政府通过监测与分析发现潜在的危机可能发生，政府对危机信息进行监控、收集、识别与处理。对已确认的危机信息，向公众进行权威性公布。此阶段政府的职责是识别和描绘可能出现的危机，发出必要的警报，以得到应有的重视。

1. 及时公开

及时公开即第一时间主动公开。在危机的初期阶段，危机信息已经开始显露，虽然政府监控与预警到的危机信息并不是很全面，但危机事件发生后，政府应第一时间发布信息。因为当今传媒如此发达，政府在危机出现征兆时失声只会造成小道消息满天飞，不仅无益于事件的解决，反而会对政府形象造成呈几何级数放大的损失。按照危机管理专家杰斯特的"三T法则"，危机出现后的24小时内，是应对危机的最佳时机，即所谓的"黄金24小时"。"非典"就失误于此，"非典"开始时，政府和整个新闻媒体几乎全体处于失语、缺位状态，以至于引起了严重的社会恐慌。与此形成鲜明对比，2008年的汶川大地震以及2013年的雅安大地震中的政府信息公开，被称为"落实《政府信息公开条例》的典范之作""达到政府信息公开的极致"。几乎在危机爆发的同时，政府就及时公开了有关灾情的各种信息，从一开始就牢牢掌握了话语权和主导权，安抚了人们的不安和恐慌情绪，避免了小道消息的不良影响，体现了政府的社会管理水平，提高了全社会救灾的效率，修复了政府在国际的公共形象。《突发事件应对法》第39条第2款规定："有关单位和人员报送、报告突发事件信息，应当做到及时、客观、真实，不得迟报、谎报、瞒报、漏报。"虽然有规章可依，汶川地震的这次自然灾害也为《政府信息公开条例》的实施开了一个好头，但是"有法可依"并不必然等于"有法必依"。

2. 权威发布

权威发布即对于已确认的危机信息，向公众进行权威性公布。这在危机开始时期尤为重要。在危机苗头初现时，由于消息来源极度缺乏或者与权威渠道沟通不畅，公众中出现了多种声音，使公众处于恐慌不安的状态。2009年6月7日，河南开封杞县一辐射厂发生放射源卡源事件，从6月7日事件发生到7月12日开封市政府召开新闻发布会通报情况，前后时隔一个多月，这就为谣言留下了极大的传播空间。随着"放射源将爆炸"谣言的出现，大批群众在无法核实消息正确性的情况下纷纷奔向周边县市"避难"，杞县县城一度沦为"空城"。即使政府在7月12日召开了新闻发布会，但流言蜚语依然存在，甚至媒体也仍有别的声音，恐慌情绪仍在蔓延，危机仍在加剧。7月18日，当地电视台连续播放澄清谣言的通报，并由中国原子能

科学院辐射安全中心主任、研究员、博士生导师陈凌在现场发布没有危机的信息，群众才陆续返家。一位农民称正是专家的话让他相信了政府所述。

新闻发布制度是解决这一问题的重要方式。新闻发言人代表政府对新闻媒体和公众进行信息公开，由于其专业素质和权威地位，其信息的准确性和权威性能得到社会认同。

3. 内容保障

内容保障即客观、真实地公开相关信息。提供客观、真实的信息是公共危机信息公开的前提。如果信息不真实，公开得再多、再及时、再权威也只会引起社会及公众更大的不满，损害政府的形象，并导致危机事件进一步升级。

通过对危机信息进行及时、权威、客观、真实的公开，政府抢占了话语先机，让公众形成了"先入为主"的概念，这一方面满足了公众的知情权，避免了不必要的恐慌，减弱危机后来带来的伤害；另一方面提高了政府的形象地位，增强了公众对政府的信任，从而为危机的最终解决创造了良好的先决条件。

（二）危机爆发期：统一、全面、多样、互动地公开

1. 信息发布主体口径统一，牢牢把握话语权

危机信息发布时，信息只要出现稍许偏离，后果都可能不堪设想。所以，越是危急时刻，越要明确信息公开的唯一出口，要明确怎么说、谁来说、跟谁说，最好确定统一的发言人。最好的办法是召开新闻发布会。我国 1983 年正式建立新闻发言人制度，但实践中基本局限在中央一级人民政府，地方政府和大的机构新闻发言人制度并不完善。同时，新闻发言人的素质也亟待提高。在 2011 年 7 月的温州动车追尾事故中，当时铁道部新闻发言人王勇平因"至于你信不信，我反正是信了"这句话而引起轰动，反映出当时我国的新闻发言人制度还远不成熟，大多数新闻发言人只是部门利益代言人，与基于公共价值的真实信息传播者的要求还有不少差距。

2. 信息公开内容全面、实时，把握传播节奏

由于危机具有不确定性，面临时间压力，政府在危机爆发后即使努力收集信息，也无法做到全面翔实。为了及时进行信息公开，政府需要采取连续报道、滚动式信息发布、定期举行新闻发布会等形式来及时补充危机最新信息，多角度、全方位地进行报道，满足公众的知情权，防止信息不充足带来的猜忌。危机信息通常来得快且繁多杂乱，公众容易眼花缭乱，分不清主次，所以信息公开还要注意全方位公开与重点公开相结合，并以事实信息与行动信息为主。如"7·23"温州动车事故，新浪新闻中发布了新闻发布会视频、温总理的态度、遇难者信息、爱心接力、微博寻人等各种信息。全面、实时的信息公开一方面可让公众抓住危机的重点，明白政府

正在做和正要做的事情，增强社会向心力和凝聚力，另一方面可充分发挥公众的力量，利于危机的尽快解决。

3. 信息公开渠道多样化，满足公众需要

《信息公开条例》第 23 条规定："行政机关应当建立健全政府信息发布机制，将主动公开的政府信息通过政府公报、政府网站或者其他互联网政务媒体、新闻发布会以及报刊、广播、电视等途径予以公开。"危机信息除了由新闻发言人在新闻发布会上传达给媒体之外，还要通过互联网、广播、电视、报纸等尽量多的途径尽快传达受众。互联网在当前社会发挥了巨大的传媒作用，政府网站、网络新闻、电子公告、网络论坛、微博等都在公共危机信息传播中发挥了重要的作用，因此政府在信息公开中要充分有效地利用互联网。

4. 政府与媒体、公众良性互动，引导社会舆论

危机信息传播渠道多样化同样带来很多棘手的问题，如"眼球"效应、"舆论绑架"效应、传播学中的"沉默的螺旋"效应等。政府只有处理好和媒体、公众的关系，才能真正引导公众舆论，赢得社会的支持。公共危机信息公开的主体是政府的某个机关，客体是社会公众，而媒体则是信息传输的主要中介，只有三者形成良好的互动，公共危机才能得到更好更快的解决。在政府与媒体的关系上：一方面，政府要信任媒体，学会与媒体打交道，通过新闻议程来引起媒体的注意力，通过新闻发布满足媒体的知情权，通过新闻预案防止不对称信息炒作，通过横向沟通把换位思考理念传递给记者，支持媒体对自己的良性监督；另一方面，政府要对媒体加强正当的管理，防止记者为了"博眼球"而误导舆论，偏离正确的方向，要让媒体的声音真正代表政府的声音。在政府与公众的关系上，公众的声音一般出现在网络论坛、微博、博客，社会舆论通过网络媒介集中表现出来，就会形成"舆论绑架"效应，处理不当就会引发政府的形象危机和信任危机，所以政府要注重公众情感，坦诚应对公众的合理诉求，有策略地引导社会舆论，增强公众情感上对自己的依赖、行动上对自己的支持，营造良好的社会舆论环境，使事态朝着有利于危机解决的方向发展。

（三）危机恢复期：适时反馈，重建公众信心

危机应急结束之后的阶段是社会由无序到有序的恢复过程，是不良影响逐渐减少并慢慢恢复常态的过程，是对过去进行反思和总结、对未来进行管理和预设的过程。政府一方面要认真总结分析并公布信息汇总情况，以尽快消除危机对人们造成的消极态度和不良影响，使社会尽快恢复常态；另一方面要提供面向未来的信息，如未来的投资发展、重建项目、重建规划等，激发人们对未来美好生活的信心与向往。

1. 危机信息要适时反馈

政府要提供全面的信息汇总，包括危机造成的损失，救援物资的发放，危机后的生产、生活秩序的恢复，危机评估的结果，对受灾人员的赔偿、补偿与救济，对精神受到伤害的人们的心理干预等，使人们感受到政府的可靠与可信赖，尽快从悲痛的心理中恢复过来，重拾对未来生活的信心。

2. 信息要绘制美好前景

政府不仅要提供全面的恢复工作的信息，还要提供面向未来的信息，如未来的投资发展、重建项目、重建规划等，形成整个社会同舟共济的局面，激发人们对新生活的向往，变危机为动力，使得政府的形象得到提升，社会凝聚力和进取精神进一步增强。

案例

广西南宁"泡药沃柑"事件

2021年3月15日，有媒体报道称，每年12月到次年4月底是沃柑的采摘季，为防止腐烂，果商会将部分沃柑经过抑菌农药浸泡或喷洒后再推向市场。在沃柑的主要产区广西南宁市武鸣区，部分果商为保证沃柑品相，擅自调高除菌农药的稀释浓度，泡药后安全间隔期被忽视，不经储藏直接上市，果农称他们从来不吃。

此番报道在网络上引起轩然大波，如果不能及时控制舆论，将会严重影响沃柑销售，造成果农重大损失。3月15日接近22时，广西南宁市农业农村局官网头条发布消息紧急回应，沃柑是耐贮存的水果，树上保鲜可达5个月，采后不经任何处理常温下可存放1个月以上。如需延长保鲜期，可采摘后经过洗选加工环节，规范使用保鲜剂进行果品保鲜，这对食用者健康不会构成任何负面影响。经及时辟谣，此次事件没有造成更大的损失及消极影响。

第三节 公共危机事件的舆情监控

一 舆情监控的概念

舆情监控是指对网络上各类信息进行汇集、分类、整合、筛选等技术处理，形成对网络热点、动态趋势、网民意见等的实时统计报表，以发挥预警、防范、处置作用的过程。总的来说，完整的舆情监控包括如图 10-3 所示的几个阶段。

图 10-3　完整的舆情监控流程

广义上的舆情监控可以理解为在互联网平台上开展的舆情监控行为，其不针对特定事件，而是作为一种周期性的风评和考量存在；狭义上的舆情监控则是针对特定时期、特定突发事件产生的网络舆情进行监控，并根据反馈的监控结果，指导后续工作的开展。

在突发事件中，舆情监控发挥着非常重要的作用。一是有利于提升网络舆情的引导和管理水平。在电子信息技术发展到一定程度的今天，信息的传播方法已经改变了许多，特别是在互联网上，随便一件普通的负面事件都可能引起轰动，甚至扩散到全世界。如果政府部门没有采取合适的应对方法，负面舆情完全爆发以后就会很快产生大规模的负面效应。舆情监控系统可以为政府第一时间获得负面舆情的信息，提升网络舆情引导和管理水平，对政府的形象声誉进行有效的维护，将信息传播的主动权掌握在自己手中。

二是帮助政府探察民意。由于网友数量不断增加，海量舆情信息中也包含公众的需求。监测和分析网络舆情可以帮助舆情服务机构获得舆情信息和舆情研究报告等资料，而系统化梳理信息，其实也是阶段性地反映了民意，拥有一定的决策参考价值。特别是当今社会大数据信息挖掘技术不断发展，舆情监测服务机构不再只有单一的功能，其在探索网民行为和群体特征等多个维度上能够进行交叉纵横分析，得到客观有效的分析结果，能够破解将舆情作为民意调查手段的样本代表性模糊的难题。虽然网络民意并不能够完全对等真实客观的民意，但不可否认的是，舆情是社会态度在一定程度上的客观反映。

二 舆情监控与危机管理

在危机管理中发挥舆情监控的作用是非常重要的，其大致包括预测预警、信息报送发布、决策处置、社会动员、恢复重建、调查评估等。

（一）舆情监控与预测预警

在危机管理中，预测预警机制的过程基本如下：对危险要素不断进行检测并且对危险要素出现的可能性进行客观公正的分析，做出比较科学的风险评估报告；如果风险评估报告的结果指示突发事件并不会发生，即刻返回系统继续进行检测；若是风险评估的结果指示突发事件有可能发生，那么就应该向社会公众发出不同程度的警示信号；如果社会公众开展了有效的应对行动，预测预警系统的过程就算结束了。利用舆情监控，我们能够分析可能产生危机的风险来源，对它的发展趋势进行分析判断。与此同时，利用舆情监控，我们能够知道社会公众对风险的认知能力和相应的行为倾向，从而用对应的渠道、准确的言论、恰当的方法发布警示信号，促进社会公众第一时间进行相应的行动，为抵抗危机做好准备。

（二）舆情监控与信息报送发布

信息报送发布即信息报送与信息发布。信息报送是在危机管理过程中各级人民政府及其有关部门、监测网站及公众、专业机构、法人或其他组织收集、报告、传递危机信息的活动。从信息的流向来看，信息报送可以划分为三个方面，即信息的上传、信息的沟通和信息的扩散。在这三个方面中，信息的上传是信息由下往上的流通，信息的扩散是信息由上往下的流动，除了纵向的对流以外，信息在横向上的对流也拥有水平交换的关系，就是信息的共享和交换。

在进行危机的预防和应对时，政府部门能够通过舆情监控，拥有获取有关危机信息的主动权，并且进行对比、区别、整合和分析，形成舆情信息快速报告，为科学决策提供一手资料。从这个方面来看，舆情称得上是社会公众在某种程度上对危机信息没有进行有关筛选、整合处理活动的报送。由此可见，如果把信息报送和舆情监控结合在一起，通过舆情来证明、整理报送信息，就能够保证危机决策的准确性。

信息发布是指由法定的行政机关依据法定的规则流程，将其在行使应急职能过程中所获得的危机信息，利用便于知晓的形式主动向社会公众公开的活动。在进行危机管理的时候，舆情监控能够让政府更快速地了解社会公众的心理情况，整合研究信息发布的着重点，有规律地对公众加以引导，让流言与谣言在信息公开面前不攻自破，防止社会出现不必要的恐慌。不仅如此，舆情监控还能够让我们在第一时间判断最初发布信息的状态,依照社会公众的要求,进行额外发布或继续发布,实现信息发布的动态化和持续化。

(三) 舆情监控与决策处置

危机爆发之后,危机管理部门应该在时间紧迫、资源极度有限和状态不稳定的情况下,通过已经掌握的信息第一时间做出决断,选择最佳方案,并采取一定的措施。利用舆情监控,我们有机会在最短的时间内获得有关危机的信息,降低危机的不稳定性,强化科学决策,提高处置的成功概率。

在危机的处理过程中,舆情监控能够获取民智,构成群策群力、一同面对危难的局面。危机具有突发性和不稳定性。因为政府组织是一种层级网络结构,而且试错成本非常高,所以政府在面对应急情况时一般创新能力比较差,灵活程度比较低。舆情监控能够吸收民众智慧,有利于我们做出比较科学的决策,提出更高效率的危机应对方案。

(四) 舆情监控与社会动员

我国是政府主导型社会,危机管理存在比较单一的以政府为主导的不利倾向,社会资源、第三部门的情报很难结合在一起。为了快速、及时地面对危机,减少应急产生的行政成本,政府应该构建及时有效的社会动员机制,让非政府部门、企业、公众、个人等力量结合在一起,化作一股强大的应急整合力。

利用舆情监控,政府聚集、分析、采用相关危机的信息和应对意见,集百家之长,与公众进行沟通和互动,这有利于提高社会公众参与危机管理的积极性,提高应急社会动员更深层次的发展。应急社会动员的关键价值有两方面:一方面,减少危机管理的压力,提高危机管理的响应程度;另一方面,减少危机管理的成本,谨慎利用民力又高效利用民力,达到藏资源于大众间,保障于社会之中,化潜力为实力。

(五) 舆情监控与恢复重建

恢复重建实施的过程中,应强化目标管理、监督检查、绩效考核、责任追究,确保恢复重建目标任务落到实处。具体包括以下几点:一是对恢复重建资金和重要物资的筹集、分配、拨付、使用,实行全过程跟踪审计和动态管理,确保重建资金按照规定专款专用,重建物资安排使用规范合理;二是认真履行项目管理程序,严格执行项目法人责任制、招标投标制、合同管理制、工程监理制和竣工验收制;三是建立健全恢复重建资金、项目和物资档案登记制度;四是及时公布资金安排、物资使用、项目进展,接受社会监督,确保灾后恢复重建全过程的公开与透明。

（六）舆情监控与调查评估

对危机和预防进行考察从而获取必要的有关信息就是危机管理中的调查评估。我们在调查评估的基础上展开评价和判断活动。调查评估的意义主要包含两点：一是总结教训，弥补危机管理存在的缺陷与不足；二是总结经验，加强危机管理的体制机制和预案。如此一来，危机管理部门就可以在面对危机的过程中提高自身的管理水平，加强学习能力，让危机管理工作变得更加完善。

三 舆情监控的策略

近年来，由于我国转型期社会矛盾不断出现以及社会公众的民意表达需求越来越强烈，从南京的彭宇案、上海闸北的杀警案，再到聂树斌案、"罗一笑事件"等，都能够看见网络舆情热点在不断地增加。特别是在复杂的环境中或者面临利益冲突时，舆情的负面效应极其容易被放大，导致正常社会秩序遭到破坏。这些轰动网络的舆情案例让更多的社会公众认识到，网络舆情可以对政府有关部门的决策产生影响力。因此，政府非常有必要加大对网络舆情的监控力度。

数字资源 10-2
拓展阅读：
公共事件成为网络舆情的"火山口"

（一）在法律和行政层面规范网络舆情监控

构建完整、细腻、可操作的法律结构，可以为政府部门进行网络舆情监管和执法行为提供有效的法律依据，与此同时，应该做好公开和解释工作，以更加有效地维护公众的权益，为社会秩序稳定和国家安全保驾护航。在行政行为方面，要进一步明确行政权力的主体和责任的主体，构建多元化的行政管制方案，从不同角度对网络参与者的行为产生预警和威慑力。

（二）推进大数据在网络信息监管领域的应用

政府部门要在关键领域展开大数据应用示范，并不断扩大应用的范围。例如，利用大数据增强事态预测和应急处置的力量、增强情报分析能力，利用大数据提升舆情研判、预警和应对的力量，利用大数据辅助公众参与政府决策和政策制定，利用大数据倾听民意、找出社会矛盾等。与此同时，也能应用大数据在网络舆情高发领域（如医疗卫生、食品安全、执法失当、征地拆迁、吏治反腐等）进行风险评估以及重点监测，预防安全事故以及群体性事件的发生。

（三）提升政府部门对舆情的监测效率和防控能力

政府部门舆情监测效率的提升，主要表现在以下三个方面：一是利用舆情的发展速度，分析事件对社会的影响和涉事主体与社会公众之间的关系；二是利用关键词检索、数据抓取、消息分类、聚类等技术方法，第一时间获取公众的关注重点；三是利用监测界定各方面舆情主体，分析各个舆情主体背后的利益诉求。

政府部门舆情防控力量的提升，主要表现在以下三个方面：一是在数据监测和分析上，迅速发现谣言，防止有害信息扩散；二是利用监测信息分析得出的报告，有目的地回应、解答公众的困惑，降低不满情绪；三是利用舆情的发展转变，积极、有效地分析情况，完善处置，将舆情控制在一定范围内。

（四）建立专业的数据化管理队伍

专业队伍的构建是政府高效进行舆情监控的重要因素。舆情监控的精确化、智能化发展需要大数据的支持，而如今最主要的任务就是全方位提高政府部门的数据化水平。

建立专业的数据化管理队伍可以从以下几个方面入手。第一，构建数据化的舆情监控队伍。因为客观条件的限制，当前阶段可以以科研机构和高校为核心，吸引国家资助或者建立专项支持基金，也可以直接从商业部门吸收专业性人才，并给予其相应的福利报酬，还应当注意人才资源的传承和持续的培养，不可仅简单引进而不考虑后续工作。第二，在人才招聘上充分利用人才的多样性原则，关注复合型人才。例如，在大数据领域应该关注数据、物流、计算机、金融、通信等方面，在社会管理领域应该关注掌握统计学、心理学、犯罪学、公安学、传播学和社会学知识的复合型专业人才，同时还要对人才提出拥有创新、坚韧、好学等优良素质、背景多样化、经验丰富等更高层次的要求。第三，落实人才储备保障政策。利用制度和效益来吸引人才、留住人才，政府管理部门可以进行效仿新型的高新企业留住高科技专业人才的方式，让人才为国家所用，可以通过事业编或企业编的模式将人才纳入政府机构，引入客观公正的绩效考核机制，让人才在舆情监控一线部门充分发挥作用。

（五）推进舆情监控与其他公共资源的有效整合

如今，不同地区信息化和智能化的发展水平不一致，挖掘与利用已掌握的信息资源的程度也不相同。因此，政府部门应当充分利用各个部门、各个行业所掌握的关键信息和情报，发挥资源整合的巨大优势，提高防控效率和精确度。比如，接入网络的端口都有固定的分配好的 IP 地址，许多社交网站都要求使用者进行身份识别，有的平台要求使用者利用手机号码来注册登录。要对发送信息的人员进行识别，就需要和移动通信运营商、罪犯管理系统、人口管理系统、社保记录、就医记录、宾馆旅客管理系统、网吧人员管理系统等进行结合，发挥信息资源的交叉综合分析和整合优势，提高识别的准确性。当今社会公共安全突发事件愈演愈烈，舆情事件从线上演变到线下的过程是建立在网络社交软件和平台基础上的，这个过程是可以控制的。想要实现高效、迅速处置和提前防范，还应该对社会公众流动住宿的动态信息、通信设备登记、街面监控信息、网络使用信息等情报实施动态分析。这就要求我们将现有的公共资源进行整合，在有需求时系统能够高效地搜索到数据，并且实现迅速反应。总而言之，只有推进舆情监控资源和其他公共资源有效整合，才能实现不同类型资源之间的优势互补，从而发挥数据资源的最大价值。

第四节 公共危机网络舆情干预与引导

一 公共危机网络舆情的特点

随着互联网的高速发展与信息技术的进步，公众开始通过信息化的方式表达自身的态度和看法，网络舆情因此产生。网络舆情通过网络信息等技术手段及时发布与获取，效率高并且覆盖范围广。公共危机网络舆情主要有以下特点。

（一）突发性

引发网络舆情的通常是与人们生活息息相关的话题。一个热点事件加上一种情绪化的意见和评价，可以在短时间内引起广泛关注。公众通过社交媒体随时随地发表意见和评论，个体意见迅速汇聚起来，形成群体意见。公众的互动使群体意见的声势不断壮大，网络舆情的形成和爆发往往非常迅速，能在短时间内形成强大的舆论攻势。

（二）信息不确定性

网络舆情中信息的不确定性主要来源于话题的多元性。随着互联网开放性和互动性的增强，公众发表意见的渠道越来越畅通。网络舆情的话题极为宽泛，涉及政治、经济、社会、文化、军事、外交等各个方面，参与主体来自社会各个阶层各个领域。信息的爆炸式增长使网络舆情的信息不确定性显著提高，一方面曝光信息（话题）本身可能是未经证实的信息，另一方面信息在传播过程中经过加工、意译，内容会变得夸张、扭曲，使信息的真实性大打折扣。

（三）情绪化现象严重

网络舆情中有真实的民意反映，也有网络推手策划的虚假信息和造谣诽谤。受各种主客观因素的影响，网络舆情在发展过程中常常表现出缺乏理性的一面，以年轻人为主的网民群体比较感性化和情绪化，网上经常出现一些漫骂和过激言论，有些人甚至把互联网作为发泄情绪的场所，大肆渲染消极、情绪化的氛围，煽动更多网民响应，最终将网络舆情推向恶性舆情。

（四）受众范围广

网络舆情通常涉及公众关心的社会民生、社会治安、社会公正等方面的问题，容易吸引来自社会各个阶层的关注，受众范围广。另外，移动互联网和社交网络的发展使网民数量和网民的上网时间大大增加，极大地扩大了网络舆情的受众范围，给政府监管带来很大压力。

（五）传播速度快

传统媒体向数字化、网络化发展，网络媒体成为新闻传播的主要载体，一个网络舆情事件可以在极短时间内被上千家媒体转载，而社交媒体的发展又使信息以惊人的速度在普通网民间传播。大众传播与传统的人际传播、组织传播实现对接，大大加快了信息的传播速度，使群体意见可以在极短的时间内聚集、扩散和蔓延。

二 公共危机网络舆情干预与引导策略

（一）建立全面的网络舆情监测机制

在面对突发事件引发的网络舆情时，网络舆情监测是网络舆情应对的首要步骤。特别是针对网络交流平台、微博等网上舆论，政府要第一时间进行预警和追踪，及时发现，及时应对，将各种类型的不良信息扼杀在萌芽状态，将舆论引导的主动权掌握在自己手中，进一步形成迅速反应、及时运作的网络舆情监测机制。

（二）构建健全的网络舆情保障机制

构建健全的网络舆情保障机制就是为舆情管理提供充分而有效的人力、财力、技术等方面的支持。人力是确定网络舆情的责任管理人员，而信息技术、搜索引擎技术和数据挖掘等技术方面的创新和发展，为网络舆情的应对提供了相应的技术支撑，同时舆情分析师、专家学者组建的智力保障同样不可或缺。此外，政府还需要协调与社会组织、科研机构以及新闻媒体的关系，为网络舆情的保障工作保驾护航。当然，广大网友仍然是事件的后续监督者，地方政府需要及时总结舆情应对中的经验教训，处理好政府、媒体、民众之间的沟通关系，从最根本的原则上减少网络舆情危机。

（三）建立政府和社会合作的舆情监控机制

尽管政府在网络舆情监测中占据主导地位，但公众与新闻媒体的力量同样不容忽视。首先，应当发挥政府在舆情监控过程中的主导作用，比如完善基础设施建设、组织构建以及相应的制度安排；其次，应当充分发挥各类社会组织的参与作用。政府可以通过购买服务、委托外包等方式，让非政府部门或相关组织参与舆情监控。这些部门或组织在收集相关数据、研发相应技术方面具有专业优势。此外，还必须充分发挥社会公众的舆情导向作用。目前，我国有很多自媒体、娱乐明星等"网络红人"，他们在网络舆情引导方面发挥着关键有效的作用。

（四）健全突发公共事件网络舆情管理机制

目前，我国已经建立了比较完整、健全的突发公共事件管理体系，这对突发事件网络舆情的管理有着重要的作用。根据我国《国家突发公共事件总体应急预案》相关规定，在突发公共事件发生后，突发公共事件的处置需要统一领导、分级负责、快速反应、协同应对。在突发公共事件发生后，国务院要派出相关工作组对相关工作进行指导，国务院应急管理办公室肩负值守应急、信息汇总和综合协调的职责，发挥运转枢纽作用。国务院有关部门依据有关法律、行政法规和各自的职责，负责相关类别突发公共事件的应急管理工作。具体负责相关类别的突发公共事件专项和部门应急预案的起草与实施，贯彻落实国务院有关决定事项。地方各级人民政府是本行政区域突发公共事件应急管理工作的行政领导机构，负责本行政区域各类突发公共事件的应对工作。国务院和各应急管理机构建立各类专业人才库，可以根据实际需要聘请有关专家组成专家组，为应急管理提供决策建议，必要时参加突发公共事件的应急处置工作。在突发公共事件中，国务院工作组可以充分利用广播、电视、报刊、通信、通信网络、警报器、宣传车或组织人员逐户通知等方式，发布、调整和解除预警信息，对老、幼、病、残、孕等特殊人群以及学校等特殊场所和警报盲区应当采取有针对性的公告方式。特别重大或者重大突发公共事件发生后，各地区、各部门要立即报告，最迟不得超过 4 小时，同时通报有关地区和部门。应急处置过程中，要及时续报有关情况。这些制度的建立保证了政府在突发公共事件中拥有获得准确危机信源的能力，为我国公共危机网络舆情的引导提供了良好的保障。另外，作为危机管理者的政府在危机时刻往往对媒体的管理力度更大。在此期间，政府对媒体的管理更多的是带有强制性的行政命令，在危机时刻，政府往往间接制定了媒体的报道议程和报道基调，使媒体统一口径对公众进行危机信息宣传。

（五）构建权威的突发公共事件信息发布制度

党的十八以来，我国政府的突发公共事件信息发布制度不断完善，突发公共事件发生后，政府会召开新闻发布会让公众知晓事情真相和处理进展。新闻发言人都受过专业培训，具有良好的专业素养。新闻发布会根据事件的进展情况举办，以此保障公众对事件的知情权。同时，随着网络的发展和自媒体的出现，我国政府开始尝试使用政务微博向公众发布权威信息。在此需要指出的是，确保突发公共事件信息发布制度的完整有效，必须健全政府的新闻发言人制度，做到统一口径、树立权威，避免多部门多渠道多发言人对突发事件进行不同角度解读的情况发生，避免国内外各界人士对政府公报信息的误读和误解。在处置突发公共事件的过程中，政府应秉持坦诚、真诚、负责的态度发布灾难信息，坚决杜绝语焉不详、模棱两可的态度，同时积极做好政府信息的保密工作，防止未经审核的信息外流。

三 和谐网络舆论空间的构建

（一）积极应对网络谣言

第一时间公布事件的真相是消除网络谣言消极影响最有效最直接的手段。政府应当发挥信息主场优势，结合权威专家、机构、科学数据等，全方位、多角度与谣言对抗，第一时间发布真相，用客观真相打破谣言，牢牢掌握话语主动权。比如，在 2005 年的"8·12"天津滨海新区爆炸事故后，网络上一度出现相关谣言和批判，引发了社会公众的恐慌和质疑情绪，但权威媒体迅速介入，进行滚动式连环报道，及时阻止谣言的传播，第一时间发布真实的事件动态，有效地消除了谣言带来的负面影响。

数字资源 10-3
专家课堂：
危机沟通与
舆情管理

（二）灵活运用舆论引导技巧

对于突发事件舆论的有效引导，本质上是为了让公众的信息需求得到满足。在信息的传播过程中，公众会表现出完全不同的情绪和反应方式，只有利用好公众的各种反应，才能够更好地应对各类事件。政府要选择比较合情合理的方式向大众公开信息，与其进行良好的沟通，同时充分发挥舆论引导的作用。政府要在不同的时间点，面对不同的情况，做出不同的方案。人们如今对信息的即时性要求不断提升，当事件刚刚爆发时，公众需要事件的实时报道，这就要求媒体在第一时间及时发布与现场有关的信息。当事件进入下一个阶段时，媒体要充当政府和公众沟通的桥梁，将公众的情绪和反应及时反馈给政府，在进行初步的筛选工作后，为政府提供有效的信息，帮助政府做出更好的决策。在事件的后期，媒体应持续对舆情进行引导，通过大量报道对整件事情进行分析，让所有人都能够在该事件中学习成长，并且进行自我反思。

（三）建立政府与公众进行互动的网络平台

政府要借助网络平台，第一时间引导网络舆情，为社会公众答疑解惑，从而引导公众产生对政府工作的理解与信任。这样，公众将会更理智客观地看待整个事件的发展，他们在网上发表的言论也会更加理性客观。由于这些舆论是基于公众的冷静思考发出的，也就避免了消极舆论造成的负面影响。政府应当开通与公众进行互动的网络平台，比如网络意见箱、意见帖等，让公众能够主动表达自己的看法和意见以及自身真实的利益诉求。这种互动的网络平台不仅有利于公众发表自己的真实看法，有利于塑造倾听于民、为民着想的政府形象，而且在突发事件发生时，能够及时辟谣解惑，通过与公众的积极沟通引导并疏通公众的情绪，维护社会稳定。

（四）提升公众法律意识，利用法律手段实施有效监管

目前我国很多网民缺乏法治意识，网络媒体素质普遍不高，导致网络舆论具有无序化和不合理的特征，容易影响以法治网的有效性。为了解决这个问题，政府在引导网络舆情的过程中，必须加强对网络舆论的监控力度，加强对焦点事件的舆论引导力度。政府要把公众呼声当作第一信号，真正得到公众的拥护和爱戴，这样才能巩固网络舆情的社会公众基础，降低网络舆情事件发生的概率。同时，政府还要注意规范舆论行为，加强公众的法治观念，鼓励网络媒体曝光那些蓄意扰乱网络秩序的不正当行为，引导网民用理性客观的方式表达自身的利益诉求，促进有序化和合理化的网络政治参与机制的形成和完善。

案例

大连轿车撞人逃逸案

2021年5月22日11时47分许，在大连市中山区五惠路与友好街路口，一车牌号为辽B63N××的黑色轿车在人行横道撞击行人后逃逸，造成5人死亡、5人受伤。因车祸现场极为惨烈，事发视频一经发布就迅速冲上了微博等网络平台的热搜榜单，引发群众热议。因肇事车辆为宝马，网上言论一边倒地认为该驾驶不是毒驾就是酒驾。

因网络关注度高，事故发生后三小时，大连市警方对事故信息进行了网络通报："肇事逃逸驾驶人刘某（男，31岁）已被抓获，案件正在进一步工作中。"于5月23日10时左右，大连市警方又对网友极度关注的问题进行了网络通报："经检验鉴定，排除其毒驾、酒驾嫌疑，其具体犯罪原因正在调查中。"

5月23日14时，大连市人民政府新闻办公室召开新闻发布会，由大连市公安局副局长曲波通报大连"5·22"案件有关情况，将查明的案件事实公布："5月22日，犯罪嫌疑人刘某因投资失败无法接受，失去生活信心，遂产生报复社会心理。11时40分许，刘某驾车沿唐山街行驶至五惠路路口时，在等候绿灯指示后突然在7秒钟内将所驾车辆车速从0时速加速至108公里/小时（该路段限速60公里/小时），并冲闯红灯，以驾车冲撞路人的极端方式实施犯罪，造成5死5伤。检验鉴定，排除犯罪嫌疑人刘某酒驾、毒驾、服用精神类药物和精神病史嫌疑，其作案时头脑清楚、思路清晰，选择作案地点、目标明确。目前，犯罪嫌疑人刘某因涉嫌以危险方法危害公共安全罪被公安机关依法刑事拘留。案件正在进一步工作中。"这让关注此事的网友们及时了解了情况，避免漫天谣言、有损政府公信力的情况发生。

案例研讨

齐齐哈尔中学体育馆坍塌致11人遇难

2023年7月23日，齐齐哈尔市第三十四中学体育馆发生屋顶坍塌，此次事故最终造成11名师生遇难。8月14日，国务院安全生产委员会发布重大事故查处挂牌督办通知书，黑龙江省要依照《生产安全事故报告和调查处理条例》等相关法律法规及规章规定，抓紧组织开展事故调查，迅速查明事故原因，严格按事故调查规定提出处理意见。

7月23日14时56分，黑龙江齐齐哈尔市消防救援支队指挥中心接报，齐齐哈尔市第三十四中学体育馆发生屋顶坍塌，齐齐哈尔市消防救援支队迅速调集力量赶赴现场开展救援。

7月24日晚，齐齐哈尔市召开新闻发布会，介绍齐齐哈尔市第三十四中学体育馆坍塌事故相关情况。发布会上通报，已组织建筑方面的专家对事故原因进行了初步调查。与体育馆毗邻的教学综合楼施工过程中，施工单位违规将珍珠岩堆置体育馆屋顶。受降雨影响，珍珠岩浸水增重，导致屋顶荷载增大，引发坍塌。目前，公安机关已对教学综合楼施工单位相关责任人立案侦查，依法采取刑事强制措施。

在救援结束后，网络上还有大量对于此次事故的质疑，主要为以下三点。

疑问一：学校为何没有及时出面沟通？

学生家长坦言孩子被送医5个小时都没人出面沟通解决，纷纷质疑学校的态度。悲剧发生之后，学校方面对此事处理的态度十分不妥，没有及时安抚家长的情绪。并且当家长到达学校的时候，也没有机会在第一时间与医生进行沟通，甚至都没有见到孩子最后一面。

疑问二：施工单位承接过多项政府项目与学校工程，为何违规操作没有被发现？

该涉事单位公司成立于2009年，经营范围包含建设施工、住宅室内装修等业务，和多数建筑公司差不多。但值得关注的是，这家公司曾中标多个学校工程项目，还参与了很多政府项目。在违规操作的过程中，为何相关部门没有严格审查该项目，及时发现问题？

疑问三：学校对教学楼建筑管理为何缺乏重视？

此前体育馆附近其实正在筹建新的教学楼，这本无大碍，但是各种需要用到的建筑材料毫无规则地随意摆放，对学生的学习以及生活造成了很大的影响。之前就有很多学生反映过，但都没有得到学校重视。

 讨论题

1. 为何及时召开的新闻发布会没有起到应有的作用，网上仍然质疑重重？
2. 在遇到重大突发事件舆情时要如何正确地应对？
3. 面对公众质疑要如何去干预与引导舆论？

数字资源10-4
案例研讨参考答案

本章概要

沟通贯穿突发事件应对的整个过程，应急响应中的沟通可以理解为狭义的应急沟通或狭义的风险沟通或危机沟通。因为突发事件具有突发性、紧迫性、危害公共性和复杂性等，所以应急沟通具有沟通目的的明确性、沟通对象的公共性、沟通内容的阶段性、沟通时间的持续性以及沟通方式的多样性的特点，并在公共危机管理中发挥着转化性、催化剂式的关键作用。

本章主要介绍应急沟通的定义、特点与功能，应急沟通的原则、主体与客体、内部沟通与外部沟通；公共危机信息发布的原则、环节及策略；舆情监控的概念及策略；引导和干预公共危机舆情策略，促成和谐的网络舆论空间的构建。

核心概念

应急沟通　内部沟通　外部沟通　网络舆情　信息发布　舆情监控　舆情引导

第十一章

公共危机救灾捐赠与受赠管理

学习目标

1. 了解救灾捐赠活动涉及劝募人、捐赠人、受赠人等多方相关者，捐赠款物在各利益相关者之间输送。
2. 理解并掌握救灾捐赠并非一次性的工作，频发的灾害决定了救灾捐赠活动应当建立成熟的运作机制。
3. 理解救灾捐赠管理涉及多方面的工作，实现良好有序的救灾捐赠需要多方面协调、多维度考量。

情景导入

河南水灾捐赠款物的具体使用

2021年7月20日，河南中北部出现大暴雨，部分地区出现特大暴雨。针对河南省连降暴雨引发险情，全国各地纷纷向河南省捐赠救灾款物。

截至2021年8月2日，河南省慈善联合总会已累计接受救灾捐赠款物41.9亿元，其中资金40.13亿元，物资1.77亿元。河南省慈善联合总会相关负责人表示，该会"防汛抗洪 驰援河南"慈善项目接受的所有捐赠款物均依据慈善法的相关规定要求，根据捐赠人意愿和慈善捐赠资金拨付审批程序，按照省抗洪救灾指挥部批准的拨付方案，及时拨付河南省各地市慈善会，由当地慈善会报当地指挥部，再由指挥部根据当地灾情进行统筹救助。而接受的定向捐赠资金要按照捐赠人意愿使用，接受的非定向资金按照河南省防汛救灾总体部署要求，由河南省防汛抗旱指挥部统筹安排，用于受灾人员的紧急转移安置、基本生活救助、医疗救助、基层基础卫生服务设施的恢复重建和自然灾害救助物资的采购、储存和运输等项支出。

第一节 救灾捐赠与受赠概述

一、救灾捐赠与受赠的概念

在我国，救灾捐赠是自然灾害管理的主要措施，但并不局限于自然灾害。救灾捐赠的概念在国家灾害管理实践中不断拓展完善。原民政部救灾司、原国家减灾中心于2009年起草的《社会捐助基本术语》指出：救灾捐赠是指自然灾害发生时，有组织、有管理地发动以救灾为目的的捐赠活动；在捐赠意向上，救灾捐赠限定于捐赠人对捐赠款物的使用，有着明确的使用意向，如使用范围、地区等，但不指定特定受益人。在《救灾捐赠管理办法》中，救灾捐赠扩大了适用范围："在境外发生特大自然灾害时，需要组织对外援助时，由国务院民政部门参照本办法组织实施社会捐赠，统一协调民间国际援助活动"，"自然灾害以外的其他突发公共事件发生时，需要组织开展捐赠活动的，参照本办法执行"。从广义的角度看，救灾捐赠是指自然灾害或者其他突发公共事件发生后，以应对灾害或促进灾后重建为目的，通过有效整合社会资源，无偿为灾区捐献款物、服务，从而帮助解决灾区民众生活困难或促进灾后重建的整体过程。从狭义的角度看，救灾捐赠是指捐赠人基于利他主义、社会规则等动机，自发地响应募捐人，向受赠人捐献款物、服务的阶段性过程。与捐赠人相对应，受赠人是通用的法学术语，结合《慈善法》《民法典》《救灾捐赠管理办法》等法律文件的相关规定，受赠人接受捐献款物与服务，实现捐赠款物集结并进行调配使用的环节即为受赠。综合来看，狭义的救灾捐赠与受赠分别对应募捐与捐赠、接受与调配使用等环节，而广义的救灾捐赠可以涵盖以救灾为目的、以捐赠为手段的整体性过程。广义的救灾捐赠是法律文件、学术研究中更为常用的概念。

在应对公共危机的过程中，应急社会动员与救灾捐赠管理是一体两面，两者都着眼于有效地整合社会资源，提供紧急物资援助和服务援助，以妥善解决公共危机。应急社会动员强调通过法律、法规、政策等多种形式，有效调动市场和第三部门的人力、物力与财力资源，并将其投入解决公共危机的动态过程；救灾捐赠管理的目的是将社会公众无偿捐献的人力、物力与财力资源进行合理高效的调配使用，使其直接服务于公共危机管理，并维持社会动员的可持续性。从物资和服务资源的有偿性来看，救灾捐赠管理的社会资源具备完全的慈善性和社会公益性；而应急社会动员的服务类型可以划分为无偿的志

数字资源 11-1
拓展阅读：
救灾捐赠中的
慈善信托

愿服务动员和有偿的商业服务动员。当然，即使是有偿的商业服务动员也表现出明显的利他主义情怀。

二　救灾捐赠与受赠的特点

救灾捐赠是慈善捐赠、公益捐赠、社会捐赠等概念的子概念，是其中的一方面，其范围限定于以救灾或救援突发公共事件为目的。同时，救灾捐赠是社会救助事业的一部分，属于社会公益事业的范畴。由此，救灾捐赠既具有慈善捐赠等活动的共性，也具有自身的独特性。

第一，捐赠意图的利他性。利他主义是作为利己主义、个人主义的对立理论出现的。从对象关系来看，利他主义主要在具有血缘关系的主体之间发生，但利他的范围不局限于亲戚、家庭，人类的利他主义是大量存在的。从对象的广泛性来看，利他主义既可以针对特定的主体展开，也可以针对那些不特定的对象来实施。尽管捐赠活动是在利他主义驱动下产生的行为，但也不排除在这种利他主义动机外，夹杂一定程度"自利"的可能——捐赠人基于名誉、社会准则、社会资本等特定情境而做出利他行为。

第二，捐赠目的的慈善性。慈善性是救灾捐赠的伦理道德属性，中国传统文化中的慈善思想就是一种自然的扶弱济困思想，即同情人、关怀人的思想，既讲求人性本善、皆有同情心，也持有"善有善报"的积德行善心理。

第三，捐赠方式的广泛性。一般来说，救灾捐赠的方式分为现金、实物和志愿服务等三种形式，这也是救灾捐赠实践中最为常见的捐赠方式。随着相关法律政策的完善和社会公众慈善捐赠意识的增强，实践中的捐赠方式不断拓展丰富，出现了提供专业技术服务的科技捐赠，设置信托基金并委托公益慈善组织投资管理、定期进行捐赠活动的信托捐赠，将个人拥有的不动产使用权在一定时间转让出去的使用权捐赠，以及许可证协议、活动赞助等其他方式的捐赠。

第四，捐赠价值的无对价性。救灾捐赠并不要求受赠人、受益人做出对等程度的补偿，强调捐赠人为帮助受灾民众解决生活困难而做出的无私奉献。捐赠行为完全是自愿的、无偿的，无论是捐赠者还是管理者都不追求经济效益。捐赠者有指定捐赠对象、了解救济过程和效果的权利，管理机构同时对捐赠者和灾民负责，灾民享有无须事先履行任何义务而无条件接受救济的权利。

第五，捐赠对象的公共性。基于慈善目的的救灾捐赠具有公共性，这主要表现在以下两个方面：一是救灾捐赠必须具有公共目的，救灾捐赠是以救灾为公共目的进行的捐赠，力求保障灾区民众的基本生活，使灾区民众摆脱生活困难的局面；二是捐赠受益人应该具有不特定性，即捐赠人不能将捐赠款物的受益对象限定在有具体数量的范围内，否则捐赠即为私人行为而非慈善或公益。救灾捐赠以灾区民众等特定群体为救助对象，但在灾区民众中不排斥任何个体，任何民众都有可能因受灾而需要救助。因此，救灾捐赠对象具有公共性。

三 救灾捐赠的类型

在目前的救灾捐赠工作实践中，经常性社会捐助已经成为重要的发展方向。由此，救灾捐赠可以分为集中性社会捐赠和经常性社会捐助两种类型。

（一）集中性社会捐赠

集中性社会捐赠是在自然灾害以及其他突发公共事件发生后的一段时间内，在政府动员和慈善组织公开募捐的情况下，包括个人、企业等在内的社会力量踊跃捐献款物、服务来支援灾区。从内生机理的角度来看，捐赠行为能够在灾害发生后的一段时间内集中产生——重大灾害往往在有限的时空展开，灾区是局部的，灾情持续的时间是短暂的，灾区民众所受灾情往往能唤起社会各界的同情心，激发社会民众的利他主义动机，或者形成担负社会责任、支援奉献灾区的舆论氛围，促使企业和社会组织出于互惠动机、遵守社会准则和"广告效应"等踊跃捐献款物、志愿服务。在重大灾害发生后，公民角色、企业的社会角色、非政府组织与非营利组织的公益角色会出现急剧扩张的现象，社会各界力量会表现出明显的合作意向及参与灾害救援的意愿，自发开展或积极参与各种救援行动，以救灾为目的的集中捐赠行为会在灾后一段时间内达到高潮。

（二）经常性社会捐助

与集中性社会捐赠的集中性、突击性相对应，经常性社会捐助有着经常性、常态化的特点，是临时募捐方式向常态化、制度化迈进的重要体现。经常性社会捐助与集中性社会捐赠有以下区别。首先，从持续时间上看，集中性社会捐赠主要集中于灾害发生后的紧急救援阶段，并可能维持到灾后重建阶段，其持续时间是有限的；而经常性社会捐助则要求实现捐赠行为日常化、生活化，捐赠行为是长期的、动态的。其次，从运行机制上看，集中性社会捐赠的运行机制是根据灾情紧急响应展开的，而经常性社会捐助的运行机制是在日常生活中已经制度化、程式化的。再次，从发挥作用上看，集中性社会捐赠发挥灾后紧急救援的作用，是一种事后救助；经常性社会捐助同样发挥救助灾民的作用，只是通过日常的科学援助，还能发挥事前预防的作用。

总之，集中性社会捐赠是灾害发生后所产生的集中的大规模的社会捐赠过程，其捐赠动机始于社会民众对灾民的深入共情，社会民众的同情心、利他主义倾向和社会责任感。经常性社会捐助是在人们日常生活中以救灾防灾为目的所进行的持续性、常态化的捐赠过程，其捐赠动机不仅始于社会民众的共情能力和企业等组织的社会责任感，还依赖于慈善文化的培育和社会主义精神文明的建设。虽然两者有鲜明差异，但其并非排斥关系，而是相辅相成的关系。

四 救灾捐赠管理的多维度考量

救灾募捐活动展开后，一时间大量的物资款项汇集至受赠人或救灾管理机构。但是灾区的灾情有所差异，灾区民众的生活需求多样且紧迫，这时候如何兼顾效率与公平？捐赠人有明确的捐赠意向，开展救灾工作也需要多方面支持，那么捐赠意向与多样需求如何协调？救灾捐赠管理涉及多方面工作，实现良好有序的救灾捐赠需要多方面协调、多维度考量。

（一）救灾的速度要求与公众的公平要求

在重大灾害发生后，紧急救治伤员、转移被困群众、解决灾区民众的生活困难成为救灾工作的第一要务，救灾的紧迫性可能使得救灾捐赠管理者忽视救灾工作的整体性。包括捐赠人、灾区民众在内的社会公众既要求捐赠款物迅速有效发放，又关注物资捐款分配使用的公平性。救灾的速度要求与公众的公平要求是捐赠管理需要综合协调的重要方面。

（二）公民角色急速扩张与紧急一致性消失

公民角色在灾害发生后会出现急速扩张，公众出于利他主义、社会责任等会表现出心系受灾群众、不计个人利益得失、踊跃捐献款物的高尚觉悟，整个社会呈现紧急一致性，社会各界较为紧密地团结起来以支援灾区为第一要务。随着救灾工作的持续深入，灾情得到缓解，公民角色出现回落，社会紧急一致性也逐渐消退，社会公众此时会关注捐赠款物的使用情况、救灾工作的经验教训、个人利益得失等方面的内容。救灾捐赠管理者需要掌握此项规律，细致全面地进行捐赠管理工作。

（三）救灾捐赠管理的效率性与安全性

救灾捐赠管理是一项庞大的系统性工作，涉及应急管理、民政、外交、宣传、交通等多个部门，牵涉部门多、利益广；为保证救灾捐赠工作的合理规范，还需要纪检、监察、审计部门的内部监督，以及媒体、社会公众的外部监督，确保捐献款物的安全性。但是，保证捐赠款物使用的安全性有时会与提高捐赠款物使用的效率性产生冲突，如果确保安全性，有时难免会造成救灾款物调配使用不及时。

（四）尊重捐赠人意愿与满足救灾多样化需求

对于定向救灾捐赠，管理者必须尊重捐赠人的意愿，不能随意处置。不过，救灾工作的需求是多方面的，灾区民众的需求也是多样化的，有时捐赠者的意向与救援灾区的需要并不能有效契合。救灾捐赠管理者应在尽量尊重捐赠人捐赠意向的同时，兼顾救灾的多样化需求。

（五）政府监管的严格性与社会组织的灵活性

救灾捐赠管理具有严肃的政治内涵，直接关系着公众的福祉和政府形象，政府必须对救灾捐赠进行严格的监管。政府的救灾管理需要吸纳社会组织的参与，弥补政府救灾力量的不足，但社会力量在统筹安排、服务全局方面存在一定的缺陷。因此，在政府的监督指导不可或缺与社会组织的灵活参与同样重要的情况下，如何统筹协调政府和社会组织，是救灾捐赠管理者需要认真思考的一个难题。

第二节　救灾捐赠与受赠体系构成

一、救灾捐赠与受赠的利益相关者

救灾捐赠与受赠的利益相关者主要包括劝募人、捐赠人、受赠人、受益人等。

（一）劝募人

劝募人是指有组织地以救灾为目的的募捐活动发起方。劝募人是募捐活动的主要发起者和宣传者，承担着传递灾情信息、呼唤社会公众捐赠、组织募捐活动等重要责任。

《救灾捐赠管理办法》规定："救灾募捐主体是指在县级以上人民政府民政部门登记的具有救灾宗旨的公募基金会。"2018 年，民政部发布的《社会组织登记管理条例（草案征求意见稿）》重新对基金会概念进行了规范——"基金会，是指利用自然人、法人或者其他组织捐赠的财产，以提供扶贫、济困、扶老、救孤、恤病、助残、救灾、助医、助学、优抚服务，促进教育、科学、文化、卫生、体育事业发展、防治污染等公害和保护、改善生态环境，推动社会公共设施建设等公益慈善事业为目的，按照其章程开展活动的非营利法人。"根据以上政策条例，我国基金会是不以盈利为目标、专注于推动公益慈善事业发展的公益性慈善组织。作为救灾募捐主体的基金会必须具备两项资格：一是具有救灾宗旨，二是具有公开募捐资格。并非所有慈善组织都能够面向公众开展募捐活动，根据《慈善法》第22条的规定，"慈善组织开展公开募捐，应当取得公开募捐资格。依法登记满二年的慈善组织，可以向其登记的民政部门申请公开募捐资格"。但是，我国对公募基金会的救灾宗旨认定缺乏清晰的界定，尚不明晰哪些公募基金会具有救灾宗旨。在我国救灾工作实践中，临时性审批认定是确认救灾募捐主体的主要方式，与政府关系密切的慈善组织更容易被认定为合法的救灾募捐主体。例如新冠疫情防控阻击战中，有关部门批准了湖北省红十字会、湖北省慈善联合总会等五家慈善组织开展救灾募捐活动。截至2019年底，全国共有公募基金会1915家，共有5670家非公募基金会。

重大灾害发生后，政府在动员社会公众和组织捐赠方面发挥着不可替代的主导作用。这与我国政府主导型社会的特点有着密切的关系。层级严密、资源丰富、执行力强的政府部门能够迅速动员社会公众，凝聚社会各群体的救灾资源和潜力，同时合理合法地快速展开募捐活动。这些都是社会慈善组织所难以做到的。在参与国际救灾援助的过程中，政府部门更是实际上的募捐主体，是向国际社会通报灾情、呼吁国际援助的唯一主体。因此，政府部门既是救灾工作管理机构，也是实际上的救灾募捐主体。我国救灾募捐主体主要包括政府有关部门和具有救灾宗旨的公募基金会。

（二）捐赠人

作为募捐活动的对象，捐赠人是捐献款物、服务的来源者，是救灾捐献行为的主体。《救灾捐赠管理办法》第2条第1款规定："在发生自然灾害时，救灾募捐主体开展募捐活动，以及自然人、法人或者其他组织向救灾捐赠受赠人捐赠财产，用于支援灾区、帮助灾民的，适用本办法。"在我国，社会公众、企业、社会组织都是重要的捐赠主体。改革开放之后，我国也更加主动、规范、多元地接受国际救灾援助。在"5·12"汶川特大地震抗震救灾中，我国打破不接受国际救灾援助惯例，不仅主动呼吁并接受爱国华人华侨、国际友好人士、境外非政府组织与非营利组织的救灾资金、物资与设备援助，还本着"邻近、快捷"原则首次允许外国政府派遣的专业救援队、医护和卫生防疫人员、志愿者赶赴灾区参与救援。因此，在我国，救灾捐赠主体主要包括以社会公众、企业、慈善组织为代表的自然人、法人和社会组织；在危害重大的巨灾发生后，爱国华人华侨、国际友人、国际组织、境外企业与社会团体同样属于救灾捐赠主体；在政策允许的情况下，外国政府也是潜在的捐赠人。

（三）受赠人

受赠人是指负责接收、运输、调配所捐献的资金物资与技术服务，并将其分配给受益人使用,以达到灾害救助目标的机构或组织。受赠人在尊重捐赠人意愿的基础上有资格接收、调配与使用捐献的资金物资,但其同时负有向社会公开使用信息、为捐赠人开具收据并接受社会监督的义务。受赠过程即法定受赠人接收捐赠人捐献的款物与服务,实现捐赠款物集结并调配使用的过程。《救灾捐赠管理办法》第3条规定:"本办法所称救灾捐赠受赠人包括:(一)县级以上人民政府民政部门及其委托的社会捐助接收机构;经县级以上人民政府民政部门认定的具有救灾宗旨的公益性民间组织;法律、行政法规规定的其他组织。"第11条明确:"乡(镇)人民政府、城市街道办事处受县(县级市、市辖区)人民政府委托,可以组织代收本行政区域内村民、居民及驻在单位的救灾捐赠款物。"

《公益事业捐赠法》明确:"公益性社会团体和公益性非营利的事业单位可以依照本法接受捐赠。"在接受境外捐赠的直接用于救灾的物资时,民政部门负责接收、管理并及时发放到受灾地区;如涉及其他部门,民政部门须会同其他部门共同办理。在民政部救灾应急指挥部职责分工上,救灾捐赠组负有接收境内外救灾捐赠款物的职责。综合来看,我国救灾捐赠的受赠人主要分为:政府民政部门及其相关部门;受政府委托的社会捐助接收机构,如乡镇人民政府、街道办事处;社会组织,包括公益性民间组织、以发展公益事业为宗旨的基金会、慈善组织等社会组织和公益性非营利的事业单位。在救灾捐赠实践中,政府集劝募人、受赠人与管理者的角色于一身,如果缺乏有效的制衡,容易引起社会公众的质疑。

此外,针对2020年新冠疫情常态化形势,民政部在规范新形势下慈善捐赠工作时强调,积极利用慈善捐赠,通过资助、购买服务等方式,支持社会工作服务机构及行业组织、志愿服务组织、心理援助机构对重点人群精准开展心理疏导、精神提振、融入融合等服务。由此可见,以社会工作服务机构、心理援助机构为代表的社会服务机构虽然不是救灾捐赠的法定受赠主体,但也成了某种意义上的间接受赠人。

(四)受益人

救灾捐赠的受益人是受到灾难损害、直接受益于救灾捐赠的自然人、法人和组织。受益人是捐赠活动的最后受益者,也是灾害救助的目标所在。受益人与受赠人的区别在于,受赠人以救助受益人为目标,负有接收、管理调配、发放所捐献的资金物资的职责,而受益人是最终的被救助者。捐献的资金物资经受赠人转移至受益人,供其使用以解决其因灾导致的生活困难。

二 救灾捐赠与受赠的过程

救灾捐赠与受赠的过程需要经历募捐环节、接收环节、管理与使用环节、信息公开环节、监督管理环节等。在救灾捐赠工作实践中,政府民政部门建立救灾捐赠导向机制,探索建立救灾捐赠需求制度、救灾捐赠接收机构评估发布制度、救灾捐赠款物使用引导等多项制度。各项制度相互联系衔接，贯穿救灾捐赠与受赠的全过程。

（一）募捐环节

当自然灾害或其他突发公共事件发生后，政府等劝募人及时、准确地向社会公众通报灾情信息与明确规定、公布接受捐赠的渠道，同时通过义演、义卖等多种形式并借助现代媒介开展舆论宣传，以此呼吁社会各界踊跃捐赠支援救助灾区的过程，即救灾募捐。《救灾捐赠管理办法》第8条规定："国务院民政部门可以根据灾情组织开展跨省（自治区、直辖市）或者全国性救灾捐赠活动，县级以上地方人民政府民政部门按照部署组织实施。经同级人民政府批准，县级以上地方人民政府民政部门组织开展本行政区域内的救灾捐赠活动，但不得跨区域开展。在县级以上地方人民政府民政部门开展的救灾捐赠活动中，同级人民政府辖区内的各系统、各部门、各单位在本系统、本部门、本单位内组织实施。"第10条规定："具有救灾宗旨的公募基金会，可以依法开展救灾募捐活动，但在发生自然灾害时所募集的资金不得用于增加原始基金。"关于境外捐赠，由国务院民政部门负责对境外通报灾情，确定是否接受境外捐赠和受援区域。

根据国家法规政策规定和救灾的需要，我国进行动员、开展募捐的主体主要包括政府民政部门以及其他部门、具有救灾宗旨的公募基金会。政府民政部门是开展募捐的重要主体，政府民政部门及其相关部门根据不同的灾害类型、不同的灾害损失，以及灾区不同的救助阶段对救灾款物的捐赠需求进行评估，建立救灾捐赠物资需求信息发布制度和规范，引导公众根据灾区的需求进行捐赠。公募基金会开展募捐活动可以分为两种情形：一是公募基金会自行组织开展或联合其他社会组织开展募捐活动接受社会救灾捐赠；二是公募基金会在民政部门的发动和统一安排下，具体实施救灾募捐活动。

（二）接收环节

我国现行救灾捐赠制度规定，受赠人应当向社会公布其名称、地址、联系人、联系电话、银行账号等。受赠人接受救灾捐赠款物时，应当确认银行票据，当面清点现金，验收物资。捐赠人所捐款物不能当场兑现的，受赠人应当与捐赠人签订载明捐赠款物种类、质量、数量和兑现时间等内容的捐赠协议；捐赠人违反捐赠协议逾期未交付捐赠财产的，受赠人可以要求交付，捐赠人拒不交付的，受赠人可以依法向人民法院申请支付令或者提起诉讼。这样规定的意义有以下几点：一是便于捐赠人实施捐赠行为；二是避免、防范各类以救灾捐赠募捐名义实施诈骗等违法犯罪行为；三是在一定程度上解决了捐赠人与受赠人信息不对称的问题；四是有利于社会公众对受赠人的救灾募捐和管理行为进行监督。

在接受境外捐赠方面，国务院民政部门、县级以上地方人民政府民政部门与公募基金会都可以接受境外捐赠，公募基金会在接受境外捐赠物资时须向民政部门备案。救灾捐赠必须坚持自愿的原则，尊重捐赠人意愿，受赠人必须当面点清受赠现金、验收物，并向捐赠人开具财政部门统一监制或印制的捐赠票据。捐赠票据应当载明捐赠人、捐赠财产的种类及数量、票据日期等。此外，捐赠票据也是捐赠人对受赠人在分配与使用捐赠财产中的不合理、不合法行为进行监督的依据。

（三）管理与使用环节

救灾捐赠管理需要满足尊重捐赠人意愿的原则。我国的救灾捐赠管理制度明确指出，对捐赠人指定救灾捐赠款物用途或者受援地区的，应当按照捐赠人意愿使用。《公益事业捐赠法》第5条也规定："捐赠财产的使用应当尊重捐赠人的意愿，符合公益目的，不得将捐赠财产挪作他用。"《社会组织登记管理条例（草案征求意见稿）》第54条同样规定了"社会组织应当根据与捐赠人、资助人约定的期限、方式和合法用途使用捐赠、资助"。也就是说，未经捐赠人同意，捐赠不得被擅自处理。尊重捐赠人意愿既是对捐赠人权利的尊重，也是对包括捐赠人在内的社会公众的慈善热情的保护。

在灾害救助的过程中，过于执着捐赠人意愿可能会导致救灾捐赠款物过分集中，难以全面统筹灾区需求，不利于迅速、及时、有效地实现缓解灾情的目标。因此，在捐赠款物过于集中统一地方的情况下，经捐赠人书面同意，省级以上人民政府民政部门可以调剂分配捐赠款物。出现捐赠款物过于集中的原因是多方面的，可能是灾害救助需求信息宣传不到位，使得捐赠人难以掌握全面的需求信息，无法做出正确的捐赠决策；也存在部分捐赠人过分执着于个人意向，或者盲目追求媒体的广告效应，甚至出现利用定向捐赠向其利害关系人进行"假捐""诈捐"，以逃避税负的违法犯罪现象。为打击上述违法犯罪行为，我国《慈善法》第40条第1款规定："捐赠人与慈善组织约定捐赠财产的用途和受益人时，不得指定捐赠人的利害关系人作为受益人。"

在捐赠款物的调配使用方面，我国设立了专门的救灾捐赠账户接受社会救灾捐赠，使其与财政救灾支出区别开来。国务院民政部门可以统一分配、调拨在全国性或跨省级区域性捐赠活动中募集到的资金物资；县级以上人民政府民政部门可以根据灾情和灾区实际需求，统筹平衡和统一调拨分配救灾捐赠款物，但需要报上一级民政部门备案统计。具有救灾宗旨的公益性民间组织可以按照地方政府的灾区需求，制定分配、使用救灾捐赠款物的方案，需要报同级人民政府民政部门备案，并接受监督。这是因为政府能够较为全面地掌握灾区需求信息，通过指导救灾社会组织有效分配救灾款物，提升其使用效率；政府财政是救灾支出主体，救灾社会组织根据政府提供的灾区需求分配、使用捐赠款物，能够实现社会捐赠与政府财政支出的有效协调；通过备案能够为政府审计部门或其他监督主体提供基本信息。

在捐赠款物的运输方面，在国务院民政部门负责调拨的救灾捐赠物资中，属于境外捐赠的，其运抵口岸后的运输等费用由受援地区负担；属境内捐赠的，由捐赠方负担。县级以上地方政府民政部门负责调拨的救灾捐赠物资，其运输、临时仓储等费用由地方同级财政负担。在实际工作过程中，民政部门还要与交通、民航、铁路等部门沟通，协调解决灾区救灾物资紧急调运和救灾捐赠物资的运输问题，保证运送救灾捐赠物资的车辆免除通行费用、优先快速通行。

在捐赠款物结余的处理方面，受赠人必须对救灾捐赠现金物资进行分类并建立登记表册，严格规范使用范围，一般情况下只能本年度内分配使用，不得滞留。处理不适用的与多余的捐赠物资有以下两种方法：一是对物资过剩、不易储存运输、不适用于救灾宗旨的境内外捐赠物资，可以进行变卖，但前提是经过捐赠人同意，并报送县级以上人民政府部门批准；二是对于可重复使用的物资，可以及时回收保管，并纳入地方救灾物资储备。

综合来看，救灾捐赠管理部门需要做好救灾捐赠款物的使用引导工作，救灾捐赠资金物资既要用于救灾应急的必要支出，也要用于灾后的恢复重建。在尊重捐赠者意愿的前提下，在灾区重建规划框架内，管理部门应统筹灾区需求和捐赠者意愿，承建或认建重建项目，引导捐款投向困难多、需求大的地区和可以集中体现捐赠者爱心的领域或项目。

（四）信息公开环节

救灾捐赠信息公开、透明是提升公众对救灾募捐信任度、提高救灾捐赠水平的重要工具和手段。救灾捐赠信息的公开、披露应包括救灾捐赠的接受情况、使用情况、发放的程序和流程，以及政府对救灾捐赠进行监管的详细信息等。政府同时充当了救灾捐赠的实际募捐主体、法定受赠人和管理者，在缺少有效制衡的情形下，容易引起社会公众的质疑。因此，政府在灾害救助中的信息公开工作非常重要。应急管理部救灾捐赠办公室下设综合协调组的职责包括以下几点：设立救灾捐赠工作热线电话，解答公众在救灾捐赠方面的有关咨询；组织召开新闻发布会，适时向社会公布灾情和灾区需求情况；定期向社会公示救灾捐赠款物的接受和使用情况。救灾捐赠、募捐活动及款物分配、使用情况的社会公布一般每年不少于两次，集中捐赠和募捐活动一般应在活动结束后一个月内向社会公布信息。

公益慈善组织同样需要严格落实信息公开制度，接受管理部门、审计部门和社会公众的监督，提升组织公信力。《慈善法》第73条规定："具有公开募捐资格的慈善组织应当定期向社会公开其募捐情况和慈善项目实施情况。公开募捐周期超过六个月的，至少每三个月公开一次募捐情况，公开募捐活动结束后三个月内应当全面公开募捐情况。慈善项目实施周期超过六个月的，至少每三个月公开一次项目实施情况，项目结束后三个月内应当全面公开项目实施情况和募得款物使用情况。"在实际的救灾工作中，政府民政部门指导公益慈善组织在募捐前向社会公布捐赠者的权利义务、资金使用计划等，在捐赠过程中定期公布详细的收入和支出明细，捐赠收入中列有工作人员工资福利和行政办公支出的，也应同时予以公布。

（五）监督管理环节

在我国，救灾捐赠的监督主要包括以下形式。

1. 受赠人自我监督

《慈善法》明确规定，慈善组织的章程应当载明组织的内部监督机制，慈善组织应当执行国家统一的会计制度，依法进行会计核算，建立健全会计监督制度，并接受政府有关部门的监督管理。社会组织可以根据需要设立常务理事会、监事与监事会。监事与监事会的职责在于检查基金会、社会服务机构财务和会计资料，监督常务理事会遵守法律法规、章程的情况，并有权向常务理事会提出质询和建议。

2. 行政监督

行政监督包括民政部门监督，财政部门监督，税务、审计监察等职能部门监督，海关、侨务等部门监督等。

（1）民政部门监督

慈善组织每年须向其登记的民政部门报送年度工作报告和财务会计报告，审核报告中包含的年度开展募捐和接受捐赠情况、慈善财产管理使用情况等。登记管理机关履行社会组织的设立、变更、注销登记，以及监督条例执行情况等职责；业务主管单位履行社会组织设立、变更、注销登记前的审查，审核组织年度工作报告与财务会计报告，以及协助登记管理机关与其他相关部门的执法活动等。

（2）财政部门监督

慈善组织接受捐赠人的款物捐赠时，应当开具财政部门统一监（印）制的捐赠收据，以合理规范捐赠活动；具有公开募捐资格的慈善组织开展募捐活动的年度支出不得低于上一年总收入的70%或者前三年收入平均数额的70%，年度管理费用不得超过当年总支出的10%，其他慈善组织的年度支出和管理费用由国务院民政部门会同财政、税务部门制定，国务院财政部门按职能履行对慈善组织的监管义务。

（3）税务、审计监察等职能部门监督

救灾捐赠中捐献的款物能够依法享有税收优惠，但慈善组织弄虚作假骗取税收优惠的，由税务机关依法查处；同时，县级以上人民政府民政部门应当会同监察、审计等部门及时对救灾捐赠款物的使用发放情况进行监督检查。

（4）海关、侨务等部门监督

接受国际救灾援助需要多部门配合协调，确保国际救灾援助迅速有效。"5·12"汶川地震发生后，民政部与外交部、海关总署、民航局等积极协调、相互配合，共同建立特事特办、简化手续、通关验放的快速通道，在办理时采取先登记放行、后补办手续的方法，最大限度地为接受救灾援助物资提供方便。

3. 捐赠人监督

捐赠人对救灾捐赠活动拥有法定的监督权。捐赠人的监督权包括捐赠财产的主导权、使用的知情权和建议权、更改捐赠财产用途的同意权。救灾募捐分为面向公众的公开募捐和面向特定对象的定向募捐，其中对捐赠人指定救灾捐赠款物用途或者受援地区的，应当按照捐赠人意愿使用。对于捐赠款物过于集中和救灾捐赠物资并不适用于灾区的情况，经捐赠人书面同意，政府民政部门可以报请批准后予以调剂分配或公开拍卖。同时，捐赠人有权向受赠人咨询救灾捐赠财产的使用、管理情况，并提出意见和建议。对于违反捐赠协议规定用途、滥用捐赠款物的社会组织，捐赠人有权要求其改正，对于拒不改正的社会组织，捐赠人有权向民政部门投诉、举报或者向人民法院提起诉讼。

4. 公众和媒体监督

救灾捐赠、募捐活动及款物分配、使用情况等信息必须向社会公开，信息公开是实现公众和媒体有效监督的必要条件。国家重视并鼓励公众、媒体对救灾捐赠等慈善活动进行监督，对违法违规行为进行曝光，发挥舆论或社会监督作用；或者向登记管理机关或者其他有关部门投诉、举报。

综合以上内容，我国救灾捐赠监督可以划分为两类，即内部监督和外部监督。其中，内部监督包括受赠人自我监督、行政监督，外部监督包括捐赠人监督、公众和媒体监督。经过多年探索，我国逐步建立起救灾捐赠接收机构评估发布制度，引导公益社会组织按相关规定对即将举行的募捐活动进行备案，民政部门同时在网站上公开相应公益社会组织的年检和评估情况，鼓励公众向年检合格、管理规范的公益慈善组织捐赠，发挥优秀公益慈善组织的骨干作用，维护捐赠者的合法权益。通过梳理我国关于救灾捐赠的法律法规可以归纳出我国救灾捐赠体系中各利益相关者的大致关系（见图11-1）。

数字资源11-2
我国救灾捐赠
行政监管存在的
问题与国外
成功经验

三 救灾捐赠激励机制的探索

如前文所述，公民角色在灾害发生后极速扩张，随着灾情得到缓解，公民的捐赠热情与社会紧急一致性又会很快消失。如何能够长久地维护捐赠热情，使得捐赠者产生持续的捐赠动力？答案就在于探索建立救灾捐赠激励机制。我国关于社会捐赠的激励性规定散见于各个类别的应急管理和慈善组织法律法规，从类别上可以分为表彰奖励和税收激励；从形式上可以分为奖章、荣誉称号、冠名权等精神性激励和奖金、税收优惠等物质性激励。下面简要介绍表彰奖励和税收激励。

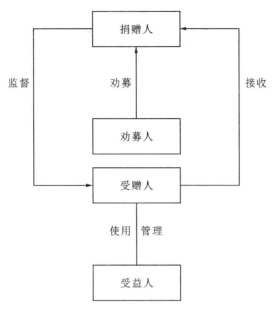

图 11-1 捐赠活动中的利益相关者

（一）表彰奖励

从 2003 年开始，民政部设立了社会捐赠方面的政府奖——全国爱心捐助奖，专门用来褒扬积极参与公益事业，在社会捐助活动中做出突出贡献的单位和个人，当年就有 208 个单位和个人被民政部授予爱心捐助奖，在全社会引起强烈反响和关注。2005 年 11 月 20 日，民政部、中华慈善总会联合主办首届"中华慈善奖"评选活动，这是我国首次政府部门与社会慈善组织共同举办的慈善大会。民政部在会上强调把完善表彰奖励制度、发挥先进典型的示范作用作为发展慈善事业的基本措施之一，将"爱心捐助奖"提升为"中华慈善奖"，表彰对公益慈善事业做出特殊贡献并在社会上具有深刻影响的个人，"中华慈善奖"也成为中国慈善公益事业最高级别的国家政府奖。《公益事业捐赠法》《救灾捐赠管理办法》《慈善法》都有条文明确规定对做出突出贡献的自然人、法人或其他组织予以政府表彰，其中，《慈善法》第 90 条确定："经受益人同意，捐赠人对其捐赠的慈善项目可以冠名纪念，法律法规规定需要批准的，从其规定。"在完善政府表彰奖励制度的同时，民政部也鼓励社会组织探索社会表彰奖励制度，各地公益组织、媒体和地方也组织了多种形式的表彰评奖活动，如慈善组织年末举办的公益表彰晚会、《公益时报》社编制发布的"中国慈善排行榜"、《中国慈善家》杂志社编制的"中国慈善名人榜"等。

关于救灾捐赠的表彰奖励规定，不仅体现在慈善公益领域，还体现在应急管理表彰奖励的体系中。目前，我国应急管理表彰奖励相关法律法规依据可分为三类：第一类是应急管理法律法规中的表彰奖励规定，即相关应急管理法律法规明文规定对在各类突发事件中表现突出的个人和单位给予奖励；第二类是专门规范表彰奖励的功勋荣誉表彰的法律法规,即党和国家功勋荣誉表彰制度框架下的法律法规;第三类是人员管理法律法规中的表彰奖励规定,即专门适用于公务员、事业单位工作人员、军队人员、人民警察等某一群体表彰奖励的专门性规定。通过梳理可以发现,当前应急管理法律法规中,大多都已明确规定有关主体可对在各类突发公共事件中表现突出的个人与单位给予表彰奖励;专门规范表彰奖励的功勋荣誉表彰法律法规适用于全体人民(见表11-1)。因此,以上法律法规为表彰奖励做出突出贡献的捐赠人提供了法律依据。救灾捐赠的表彰形式主要包括授予荣誉称号、颁发证书、颁授个人奖章或集体奖牌、颁布奖励决定、举行专门的颁授仪式、予以冠名纪念等。在政府积极宣传慈行善举与正面典型,努力弘扬中华民族互助共济传统美德的举措下,各行业、各单位出台了多项配套措施,保障荣获表彰人员的权益。对个人而言,荣获国家荣誉或行业高水平荣誉的民众将会享受规定等级劳动模范和先进工作者的待遇,同时个人薪酬有可能得到提升,有利于得到提拔或晋职晋级;对企业法人或社会组织而言,荣获表彰奖励能够提升企业或组织形象,增强企业或组织知名度,从侧面发挥"广告效应"的良好宣传作用。

表 11-1 适用于全体人民的应急管理表彰奖励的授予主体、对象及标准

相关法规	批准授予主体	荣誉类别	授予对象	授予标准
《国家功勋荣誉表彰条例》	全国人大常委会	共和国勋章	个人	在中国特色社会主义建设和保卫国家中做出巨大贡献、建立卓越功勋,道德品质高尚,群众公认
	全国人大常委会	国家荣誉称号	个人	在经济、社会、国防、外交、教育、科技、文化、卫生、体育等各领域各行业做出巨大贡献、建立卓越功勋,道德品质高尚,群众公认
	党中央、国务院、中央军委	荣誉称号	个人或集体	在建设和捍卫中国特色社会主义伟大事业中作出突出贡献、具有崇高精神风范,以及在抢险救灾、处置突发事件或完成重大专项任务等工作中表现突出、事迹特别感人,群众公认
	党中央、国务院、中央军委	表彰奖励	个人或集体	坚决贯彻执行党的理论和路线方针政策,模范遵守宪法法律,在中国特色社会主义伟大事业中做出突出贡献,道德品质高尚,群众公认
	部门和地方有相关表彰权限的部门	表彰奖励	个人或集体	坚决拥护中国共产党的领导,模范遵守宪法法律,道德品质高尚,事迹突出,群众认可

续表

相关法规	批准授予主体	荣誉类别	授予对象	授予标准
《国家功勋荣誉表彰条例》	党中央、国务院、中央军委以及经其批准的省级党委政府和国家机关	荣誉性纪念章	个人（参与该项工作的全体人员）	参与特定时期、特定领域重大工作
《"中国青年五四奖章"评选表彰办法（试行）》	经省级团委、青联联合提名，团中央、全国青联研究后直接授予	表彰奖励	青年个人或集体	在突发事件和具有广泛社会影响的重大事件中做出特殊贡献
	经省级团委、青联联合提名，团中央、全国青联研究后直接授予	表彰奖励	青年个人	在应对重大突发事件或抗击自然灾害中英勇牺牲并引起广泛社会影响
《关于五一劳动奖章奖励和待遇的规定》	中华全国总工会可即时授予	表彰奖励	个人或集体	在国际国内有重大影响的事件中，国家经济建设和国防建设中，抢险救灾等危急情况下以及在全国总工会书记处批准的全国示范性劳动竞赛中做出突出贡献
	经省、自治区、直辖市总工会申报，可授予或追授	表彰奖励	个人或集体	省、自治区、直辖市人民政府授予革命烈士称号，或省（部）党委做出学习（表彰）决定

（二）税收激励

目前，我国尚未形成系统的慈善捐赠税收激励政策体系，相关激励政策分散在各个单项税种的法律性文件中，例如《企业所得税法》《个人所得税法》《增值税暂行条例》及其相关实施条例。我国税收制度体系中有关慈善捐赠的税种主要集中于企业所得税和个人所得税，在流转税（也称货物劳务税）和财产行为税中也有一些与慈善捐赠相关的税收激励政策。税收激励对象主要是企业、个人和慈善组织。部分捐赠所得税前扣除政策如表 11-2 所示。

表 11-2　部分捐赠所得税前扣除政策

税收激励对象	适用范围	税前扣除比例	法规依据	捐赠行为
企业	企业用于《慈善法》规定的公益慈善事业的捐赠	12%	《企业所得税法》及其实施条例	间接捐赠
	企业向公益性社会团体实施的股权捐赠按规定视同股权转让，转让收入额以企业所捐赠股权取得时的历史成本确定	12%	《关于公益股权捐赠企业所得税政策问题的通知》	间接捐赠
	个人对非营利老年服务机构的捐赠	100%	《关于对老年服务机构有关税收政策问题的通知》	间接捐赠
	向农村义务教育的捐赠	100%	《关于纳税人向农村义务教育捐赠有关所得税政策的通知》	间接捐赠
	通过中国老龄事业发展基金会等 8 家基金会进行的公益、救济性捐赠	100%	《关于中国老龄事业发展基金会等 8 家单位捐赠所得税政策问题的通知》	间接捐赠
	对一般性的公益、救济的捐赠	30%	《个人所得税法》及其实施条例	间接捐赠
慈善组织	享受免税资格的慈善组织收入，包括接受捐赠的收入、规定财政拨款外的政府补助收入等五类	免税	《关于非营利组织免税资格认定管理有关问题的通知》《关于非营利组织企业所得税免税收入问题的通知》	—

2008年1月1日，我国合并了内外资两套企业所得税条例，颁布并开始施行《企业所得税法》，原有的慈善捐赠企业所得税政策废止。《企业所得税法》第9条明确规定："企业发生的公益性捐赠支出，在年度利润总额12%以内的部分，准予在计算应纳税所得额时扣除；超过年度利润总额12%的部分，准予结转以后三年内在计算应纳税所得额时扣除。"我国企业的慈善捐赠行为可以划分为间接捐赠和直接捐赠两种，划分依据即捐赠是否通过中间机构。通过中国境内的非营利性的社会团体或国家机关进行的捐赠即为间接捐赠，可以税前扣除；直接面向受赠人的捐赠为直接捐赠，不符合税前扣除条件。2016年1月1日起，企业向我国境内的公益性社会团体实施的股权捐赠，应按规定视同转让股权，转让收入额以企业所捐赠股权取得时的历史成本确定。企业进行股权捐赠后，可以按照企业所捐赠股权取得时的历史成本作为依据来确定捐赠数额，并以该捐赠数额进行税前扣除。2016年9月1日起施行的《慈善法》确认了捐赠人的捐赠财产用于慈善活动的和慈善组织及其取得的收入都依法享受税收优惠政策，"企业慈善捐赠支出超过法律规定的准予在计算企业所得税应纳税所得额时当年扣除的部分，允许结转以后三年内在计算应纳税所得额时扣除"；同时还明确规定"境外捐赠用于慈善活动的物资，依法减征或者免征进口关税和进口环节增值税"，"受益人接受慈善捐赠，依法享受税收优惠"。

综上，我国企业慈善捐赠税收激励以企业所得税限额税前扣除激励政策为主导，企业的间接捐赠行为才可以享受税收优惠政策，在捐赠方式上采取现金捐赠可以享受税收优惠，劳务捐赠和实物捐赠不能享受税收优惠。优惠政策又可以按优惠程度分为两类：一是按比例扣除，即限额扣除；二是全额扣除。我国企业慈善捐赠税收优惠程度为限额扣除，在一些特殊时期针对一些特殊、紧急事件可以全额扣除，例如"5·12"汶川特大地震时期全额扣除政策截至2008年12月31日，玉树和舟曲灾后重建时期全额扣除政策截至2012年12月31日。

在个人慈善捐赠税收优惠激励政策方面，1994年1月1日起实施的《个人所得税法》规定，个人将其所得对教育事业和其他公益事业捐赠的部分，按照国务院有关规定从应纳所得税额中扣除，以救助灾害为目的的救灾捐赠同样包含在内。个人通过有关机构向公共慈善事业和自然灾害严重地区、贫困地区进行的慈善捐赠，在个人所得税应纳税所得额30%以内的部分，可以在个人所得税税前扣除。财政部、国家税务总局等部门通过规章、通知等方式对可享受税前扣除资格的社会团体进行特许，将个人慈善捐赠税收优惠程度分为两类：一类是个人的慈善捐赠可以按照慈善捐赠全额扣除；还有一类是按照30%的比例扣除。

在慈善组织税收优惠激励政策方面，申请享受免税资格的慈善组织需要报送包括资金来源与使用情况、财务报表与审计报告、公益活动与非营利活动明细等在内的八项材料，经过审批之后才能获得免税资格，获得免税资格的慈善组织的免税期为5年；在期满前3个月，慈善组织需要主动提出复审申请，不申请或者复审不合格的，其免税资格到期将自动失效。慈善组织免税收入的范围包括以下五类：接受捐赠的收入；除规定财政拨款以外的政府补助收入；征税以外的收入在银行存款获得的利息收入；按照省级以上民政、财政部门规定收取的会费；财政部、国家税务总局规定的其他收入。

第三节 我国救灾捐赠与受赠管理的模式

一 政府主导型模式

从理论上讲，慈善属于社会范畴，是不同于政府及市场的"第三域"。慈善捐赠管理既不遵循市场利润至上的逻辑，也不遵循政府公共服务的逻辑；很多人也据此将慈善归为社会组织的职责范围。但是，救灾捐赠并非一般的慈善捐赠，可以将其视为在灾害条件下以救灾为目的的慈善捐赠；而救灾又是政府提供公共服务的重要表现，中国自古就有大灾之年政府开仓放粮、赈济灾民的政策。政府的救灾以提供公共服务为目的，但要借助社会组织、公众等民间力量，这两者似乎存在矛盾和冲突，实际上两者存在折中与协调的空间：政府力量保证救灾工作的迅速响应与高效救援，但同时给政府带来巨大的资金压力等；社会力量能够汇集巨大的财力、物力与人力，长效支持救灾工作的推进，但社会力量分散、响应不及时、难以统筹协调。国务院办公厅2016年3月公布修订后的《国家自然灾害救助应急预案》，预案明确规定了"坚持政府主导、社会互助、灾民自救，充分发挥基层群众自治组织和公益性社会组织的作用"的工作原则，明确了政府力量与社会力量相互结合实施灾害救助的工作思路，也显示了救灾捐赠管理以政府为主导的特征。

从行政文化的角度看，我国属于政府主导型社会，处于"强政府-弱社会"的力量背景下，也就是政府行政力量占据主导地位，基层社会自治力量和各类社会组织积极参与社会治理。我国的行政体制具有高度集中的特点，政府的行政权力集中的特点突出，政府往往会从人心向背、政权稳定的角度审视救灾捐赠问题，将其视为影响政权稳定的重大事项。公共危机管理以输出公共安全为目的，作为一种公共产品，公共安全具有效用的不可分割性与受益的非排他性，难以完全由市场和社会力量提供。救灾工作以政府为主导的必要性主要包括以下几点：第一，政府是国家财力、物力的主要掌控者，拥有绝对的资源主导权，救灾工作涉及方方面面，只有通过政府充分调动与统筹兼顾，才能全面高效地开展救灾工作；第二，积极领导和开展救灾工作是政府职能的体现，也是政府的职责所在，救灾工作中的政府主导不仅包括救济扶持，还包括救灾的动员、组织、协调和管理等工作。

自新中国成立以来，救灾捐赠管理一直处于政府的主导控制下。1978年改革开放之前，我国长期处于"总体性社会"的计划经济体制下，政府完全控制和掌握经济和社会资源，社会民众在经济状况上处于绝对平均的贫困状态，缺乏进行救灾捐赠的物质基础；计划经济体制下的公有制企业承担了经济发展和社会维持的双重职责，公有制企业的"社会角色"突出，缺乏进行救灾捐赠的社会资源和组织基础；新中国成立伊始面临着西方国家的封锁、禁运与颠覆政策，险峻恶劣的政治环境使得新中国对国际救灾援助持排斥和拒绝的态度。为缓解中央政府财政不足的压力，党和政府号召灾区民众开展生产自救、社会民众互助互济，并有限度地从社会募集救济物资。但总体上，新中国成立初期既缺乏救灾捐赠的物质基础、社会资源和组织基础，在对救灾募捐的态度上又呈现强烈排斥的状态，救灾捐赠几乎完全依靠政府救济，救灾捐赠管理呈现由政府全能控制的状态。

从救灾的具体工作模式来看，20世纪90年代以前的救灾工作主要依赖中央政府大包大揽，从救灾资金、物资到具体的救灾政策、指挥都由中央政府承担，这不仅使得中央政府任务繁重、压力巨大，还造成了中央统筹制定的救灾政策难以应对地区性问题、地方政府部门推诿扯皮等问题。民政部于1993年11月提出了救灾工作分级管理、救灾款分级承担的新思路，开启了从中央到地方分级管理救灾工作的改革进程。职能的丰富、责任的明晰与财政的压力使得各级地方政府探索来自社会的补充力量，救灾工作的社会化程度开始不断加深，救灾捐赠管理的政府全能控制状态逐渐调整为政府主导模式。表11-3体现了以上救灾工作模式的变化状况。

表11-3 1981—2005年救灾经费支出情况和社会捐赠合计情况（单位：亿元）

时期	全国自然灾害救济费	中央级救灾经费	地方救灾经费	社会捐赠款物合计
"六五"时期	35.2	27.1	8.1	—
"七五"时期	56.4	51.3	5.1	—
"八五"时期	94.1	82.9	11.2	—
"九五"时期	171.5	112.3	59.2	161.3
"十五"时期	247.6	170.1	77.5	181.2

资料来源：中华人民共和国民政部：《中国民政统计年鉴（2006）》，中国统计出版社，2006年版。

政府主导模式并不意味着政府独导救灾捐赠管理的全能控制状态，该模式注重社会力量的参与，重视将社会救灾潜力转化为现实救灾力量，以弥补政府力量的不足。政府吸纳企业、非政府组织、公众等社会力量参与灾害管理，有效发挥了社会力量联系广泛、贴近民众、自主灵活、风险承受能力强等优势。但救灾工作分级管理体制改革并没有触动"强政府-弱社会"的力量对比，政府在救灾捐赠管理中统揽一切的倾向明显，各种社会力量处于被动参与、被动借用的处境。政府掌握大量资源、主导救灾工作的模式虽然发挥了巨大的作用，但其弊端也越来越明显：第一，政府行为的持续性难以得到保证，在救灾工作中政府总会考虑多个目标，并根据社会形势不断调整，从而影响了政府行为的持续性；第二，政府的动员模式容易将问题政治化，淡化对于法律的需求，迟滞救灾法制化进程；第三，政府的救灾行为难以满足灾区公众多样化、个性化的救助需求；第四，政府系统中的官僚主义容易阻碍灾情信息传递、决策执行，存在信息扭曲、效率低下等弊病；第五，政府的试错成本过高，抑制了其救灾活动和模式的创新。此外，在现行的救灾捐赠管理中，政府集劝募人、受赠人、管理者与监督者的角色于一身，对其约束手段单一、约束作用有限，可能出现的腐败现象极易影响救灾捐赠工作效率，并引发政府信任危机。

二 救灾捐赠管理模式的转变方向

与我国政府主导型的救灾捐赠管理模式相比，国外的社会捐赠事务一般由社会慈善机构负责。政府主导的救灾捐赠活动容易使捐赠这种社会行为转化为政府行为，违背捐赠意愿上的自发性、自愿性，也难以满足多样化、个性化的灾害救助需求。公共安全的公共产品属性决定了救灾捐赠难以完全由市场和社会力量承担，因此，救灾捐赠管理模式应实现政府和社会力量的双向合作、共同治理。

（一）合作共治

自 1978 年以来，我国救灾捐赠的发展演变实质上就是救灾捐赠不断社会化的过程。新中国成立初期，以节约捐输、社会募捐、群众互助互济为主要形式的救灾捐赠活动，实际上是救灾捐赠社会化的萌芽；在中华民族救灾恤邻、扶危济困的传统美德下，群众间的互助互济是救灾捐赠社会化的初始形式。那救灾捐赠社会化具体内涵是什么呢？作为救灾减灾工作的一部分，救灾捐赠的管理职能曾长期由民政部门承担，而"民政工作社会化"的概念曾在 20 世纪 90 年代引发了广泛讨论，时任民政部部长崔乃夫对其进行了这样的定义："在政府的指导、组织、资助下，动员群众和社会各方面的力量，去办群众生活中迫切需要解决、群众自己认为应该解决又有能力去解决的问题。简言之，即发动群众去办自己的事情。"[①] 就民政工作的本质而言，民政工作主要是社会工作、群众工作，因而民政工作需要发动群众、依靠群众来推进；民政工作社会化的突出主体是人民群众，是人民群众实现自我管理的一种途径。救灾捐赠本就是汇集社会各主体、多方面的救灾力量，实现社会救灾潜力转化为救灾实力的过程，那么救灾捐赠的社会化就要求社会力量从为救灾工作捐献款物的被动参与者转变为主体行动者，以慈善组织、社会服务机构为代表的社会组织能够成为救灾捐赠的主体角色，承担着迅速响应、发起募捐、调配使用、透明公开、支持灾后重建与恢复等职责。

从国家与社会关系的角度来看，救灾捐赠社会化实质上是社会力量在与政府力量对比的过程中渐趋平衡的过程，两者从控制与被控制、主导与被主导关系逐渐调

---

① 蒋积伟. 新中国救灾工作社会化的历史考察［J］. 当代中国史研究，2010，17（6）：46-51，126.

整至互动、协商与合作的关系。救灾捐赠社会化的过程得益于社会制度的改革与经济体制的转轨——计划经济体制下的社会呈现由政府控制或主导的高度一体化格局，缺乏大规模社会捐赠的经济基础、社会资源和组织基础；在转向市场经济体制的过程中，社会制度也随之改革，社会力量得以从政府权力的强势覆盖中解脱，市场主体丰富多元、经济发展充满活力、社会组织蓬勃发展，政府权力逐步上收并向社会分权。以国家与社会两股力量作为二元分析维度，将社会的发育成长与国家权力的收放作为坐标，通过对国家与社会两股力量此消彼长、相互依存并相互带动的关系分析，可以将社会治理模式划分为全能控制模式、政府主导模式、社会自治模式和合作共治模式四种，具体如图 11-2 所示。

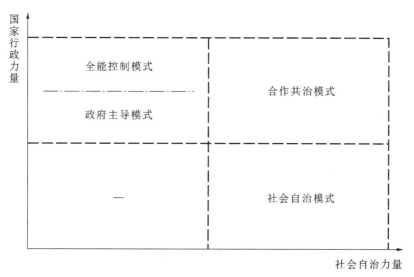

图 11-2　国家行政力量与社会自治力量博弈下的社会治理模式

合作共治型社会是在"强政府-强社会"背景下实现政府力量与社会力量协调合作、彼此依赖互动、共同治理的社会治理模式。与政府主导型社会不同，合作共治模式下的社会力量并非被动参与者的角色，其发挥着独立主体与合作者的重要作用。在参与方式上，政府主导模式下的社会力量参与是阶段性、分散性的，参与的领域受到较严格的限制，最终决策还是取决于政府的权威；合作共治模式下的社会组织可以持续参与决策的过程、决议的实施、过程与结果的监督等，同时在其优势性领域具有一定的决策权。具体到救灾捐赠活动上，首先，政府部门需要实现从"划桨"到"掌舵"的角色转变，改变自上而下统一筹集、分配使用救灾资源的工作方法，更多地借助社会组织的力量；其次，政府工作人员要转变理念、调整关系、简政放权，改变社会组织是配合者、附庸者的理念，将两者关系调整为协商、合作、彼此依赖的关系，在社会组织的优势性领域简政放权；最后，政府要开展更为广泛的社会动员，让更多公民和社会组织参与救灾捐赠管理，实现救灾捐赠管理的全社会参与。

（二）转变过程中的障碍

救灾捐赠社会化程度加深的过程就是以社会组织为代表的社会力量参与救灾工作体量愈发庞大、参与领域愈发广泛、发挥作用愈发突出的过程。救灾捐赠社会化程度不断深化的最终结果就是社会组织与政府部门成为相互协作、相互协商、彼此依存互动的合作共治关系。我国救灾捐赠的社会化进程始于1994年国务院主持召开的第十次全国民政会议，会议确定的救灾工作分级管理、救灾款分级承担的体制改革，促使地方政府积极发动社会力量参与救灾。经过四十多年的发展，我国救灾捐赠社会化程度不断加深，但在发展的过程中也遇到了很多困难。第一，政府部门的思想阻碍。在政府主导型社会中，救灾捐赠管理有着重要的政治影响，关系着百姓福祉、党和政府的形象，加上一些社会组织存在复杂的国外背景，因此，政府在政治安全方面顾虑重重。第二，政府长期作为救灾主体所形成的历史惯性。我国自古以来就有朝廷在大灾之年开仓放粮、赈济灾民的救灾传统，新中国成立之后的很长一段时期，政府一直是救灾工作的唯一主体，使得社会民众产生"救灾只能靠政府"的错觉。第三，国家权力对社会经济生活领域依旧保持着强势介入的姿态。进入社会转型期后，国家放松了对社会资源的控制，向社会让渡权力，但政治和行政因素依然以极强的辐射力和穿透力凭借新的形式积极介入社会经济生活，并保持着强大的组织和动员能力，这在一定程度上削弱了社会组织可利用的物质资源和组织基础。第四，社会组织自身的能力建设不足。我国社会组织的发育比较滞后，存在组织机构不健全、缺乏有效的自我管理与监督能力、专项业务能力低下、慈善意识薄弱等问题，难以有效地承担救灾任务。第五，政府与社会分离的不完全性。虽然社会组织在社会事务中发挥着越来越重要的作用，但社会组织更多地扮演参与者与配合者的角色，政府始终拥有权能上的绝对支配优势，并通过脱胎于原政府部门或事业单位的社会组织实现对社会领域的强势控制，使得其他社会组织依附于政府，难以获得在社会事务上平等对话的地位。第六，立法保障不完善，法制建设滞后。我国关于救灾捐赠的制度文件以行政法规为主，且多为灾害发生后临时制定的制度文件，通过国家权力机关立法颁布的法律文件较少，对救灾捐赠过程中的一些关键环节缺乏详细的条文规定。

三 我国救灾捐赠发展过程中的特色实践

党的十一届三中全会以后，党和国家实现了思想路线、政治路线与组织路线上的拨乱反正，民政工作也从以政治运动为中心转到以民政业务工作为中心，并确立了包括优抚安置、救灾救济、社会福利、婚姻登记等在内的主管业务，救灾捐赠工作得到了恢复和调整。民政部门结合我国国情和救灾工作特点，探索出许多救灾捐赠工作的特色实践。

（一）救灾与扶贫相结合

贫困与自然灾害是联系密切的两个概念。在漫长的封建社会时期，重大自然灾害是导致贫困的一个重要因素，陷入贫困状态的农民更加难以承受第二次灾害造成的损失，从而陷入受灾—贫困—加重受灾—加重贫困的恶性循环。党的十一届三中全会以后，农村实行家庭联产承包责任制，农业生产得到大发展，农民的经济收入有了较大提高，生活状况有了较大改善，但在边远山区等自然环境恶劣的地区，农民仍未摆脱受灾与贫困的恶性循环。针对农村经济发展不平衡和很多地区仍未摆脱贫困状态的情况，中共中央、国务院于1984年下发《关于帮助贫困地区尽快改变面貌的通知》，要求各地党委和政府务必帮助贫困地区农民摆脱贫困。

为此，民政部门经过研究认识到，贫困与自然灾害是密切联系在一起的，而扶持未受灾群众的生产，可以帮助部分困难群众脱贫致富，增强抗灾和自救能力。1985年3月，民政部联合财政部等八个部门向国务院递交了《关于扶持农村贫困户发展生产治穷致富的请示》，提出把扶贫和救灾结合起来，指出救灾款在保障灾民基本生活的前提下，可用于灾民生产自救，扶持贫困户发展生产。救灾款有偿收回的部分用于建立扶贫救灾基金，有灾救灾，无灾扶贫。主要措施包括以下几点：第一，救灾与扶贫相结合，对贫困户、多灾贫困县进行重点扶持；第二，救灾与防灾相结合，因地制宜调整农村产业结构；第三，发挥城市优势，以科技支援帮助贫困地区发展生产；第四，将救灾扶贫与社会保险相结合，帮助农民抵御风险。除此之外，政府还大力倡导、组织开展群众间的互助互济活动，建立经常性的救灾扶贫互助储金会。救灾扶贫互助储金会一般以乡（镇）、行政村为单位建立，经县级民政部门审批，实行会员制；储金会就是农民群众将自己分散的钱、粮集中起来，用来解决自己问题的具有互助性质的基层社会保障组织。

在救灾与扶贫相结合的思路指导下，救灾与扶贫募捐也实现了工作上的初步结合，1986年9月11日，民政部向国务院递交《关于在全国大中城市募集多余衣被支援贫困地区的请示》，获得批准于1986年秋季在全国大中城市开展一次为贫困地区募集衣被的活动。此次募集活动从1986年底持续至1987年初，在全国233个大中城市开展，共有2700多万人参加，共募集衣被3824万件，得到了全社会的广泛参与。不过，救灾与扶贫相结合的方法在一定程度上也增加了救灾工作的混乱性：首先，过于强调救灾与扶贫的结合，使得原本两种使用性质不同的资金混淆在一起，违背救灾资金专款专用的原则，也为挪用救灾款的行为提供了机会，贻误救灾响应的最佳时机；其次，配合救灾与扶贫相结合政策成立的救灾扶贫储金会、救灾扶贫经济实体等组织性质不明确、政企不分，常以救灾扶贫的名义从事以牟利为目的的存贷款、投资等金融业务，违法挪用救灾资金的现象泛滥，极大地增加了救灾扶贫金的风险性。

（二）慈善超市模式

慈善超市（charity supermarket）最早诞生于美国。我国的"慈善超市"是在经常性社会捐助活动的基础上发展来的，具有鲜明的中国特色，成为经常性社会捐助活动的创新模式。1996年1月21日，中共中央办公厅、国务院办公厅转发了民政部、国务院扶贫开发领导小组《关于在大中城市开展经常性捐助活动支援灾区、贫困地区的意见》，开始了对以募捐衣被为主要内容的经常性社会捐助模式的探索：第一，遵从自愿的原则，量力而行，鼓励城市居民自愿捐赠闲置的衣被、物品，就近、定向送往灾区；第二，各大中城市要建立随时捐赠、随时接收的社会捐赠工作站，做好捐赠物资的接收、仓储、运输、消毒等工作；第三，接收物资的仓储、消毒、整洗、包装、运输等开支由支援城市地方财政负担，受援地区由地方财政和中央财政共同负担；等等。该项文件的发布标志着经常性社会捐助活动的正式确立。截至2019年，全国共建成经常性社会捐助工作站、点（包括慈善超市）共1.3万个。

现代意义上的慈善超市源于美国1902年成立的"好意慈善事业组织"（Goodwill Industries International），其创始人埃德加·赫尔马斯（Edgar J. Helmas）认为帮助贫困者获得工作机会和能力要远胜于对其进行简单的施舍。慈善超市模式被引进我国救灾捐赠领域后经历了本土化的发展历程，现今我国的慈善超市是借用商业超市自选物品的载体形式，依托经常性社会捐助点或者社区工作站，募集和发放社会捐赠款物，从而达到解决城乡特困居民临时生活困难的目的。2003年5月，上海市将慈善超市作为构建社会主义和谐社会的"民心工程"，在普陀区开设了首家以"慈善超市"命名并开展活动的社区慈善组织。

从运作机制上进行审视，我国慈善超市最初是"官办形式"的，即在政府的主导和支持下设立，以原有的经常性社会捐助站为依托，建立以"爱心超市""阳光超市"等为具体形式的载体，以此为基础有计划、有组织地在城市社区中募集和发放社会捐赠款物，达到缓解城市困难群众生活困境的目的。在运营方式上，慈善超市的货品来源于包括居民自发捐献、接受企业积压产品、根据困难群众需求有导向性地展开募集等在内的广泛社会捐赠，采用前店后厂的经营方式，将接收的物资进行分类、洗涤、整理、修配、包装、估价、上架等一条龙作业后，在门店内将捐献物资以低廉的价格销售或救济给困难群众；在人员配置上以志愿者为主体，或由街道社区人员兼任、退休人员返聘等实现低成本运营。慈善超市的主要救助对象为城市低收入人群，具体对象涵盖辖区内的"三无"人员、低保家庭、低保边缘家庭，以及因遭遇突发事件而无法满足基本生活需要的对象等，以定点、定户、定期免费发放购物券的方式实施救助。

作为社会捐赠领域的一种新生事物，慈善超市在受到国家领导专门批示和政府部门大力推动后，在全国大中城市迅速崛起。但在慈善超市迅速发展的同时，不少慈善超市面临"断粮""断货"的困境，生存状况步履维艰。慈善超市的运营困境包括：向社会公众募捐困难，募捐所得有限，难以供应慈善超市运营；捐赠物品与实际需求有较大偏差；慈善超市主要依靠政府"输血"运营，缺乏自我维持能力；慈善超市未能与社区融合，社会公信力较低；等等。这些都是慈善超市在今后的运营过程中必须解决的重要问题。

（三）救灾对口支援模式

对口支援实践是中国特色社会主义政治实践的重要组成部分，是社会主义优越性的具体体现之一，也是中国各级地方政府在上一级政府统筹协调下进行横向转移和政府间互助协作的重要方式。新中国成立之初，城市里的党组织和政府部门会在农忙时节或灾情过后，分派各个机关前往村庄帮助收割庄稼或救援灾情，这一传统做法不断延续，并逐渐从工农协作发展至厂社协作、城乡结合的形式。虽然对口支援的实践早在20世纪50年代就已出现，但"对口支援"这一概念的提出是在1960年3月20日《山西日报》发表的一篇社论中，评论认为对口支援是一种工农结合、城乡结合、厂社协作的新形式，充分肯定了经纬纺织机械厂支援人民公社所采取的"对口支援、一包到底"的举措。除此之外，省与省之间较大范围的协作支援实践也已经展开。将对口支援作为一项国家政策始于1979年的全国边防工作会议，当时党中央与国务院提出组织内地省市对口支援边境地区和少数民族地区。我国的对口支援政策也正式进入实施和发展阶段。

经过四十多年的发展演进，我国的对口支援从最初的省际对口支援，发展到中央有关部委、企事业单位对西部民族地区经济发展较差的省份进行对口支援，同时省区之内发达地区对落后地区的对口支援也已出现，对口支援的内涵不断丰富和完善，对口支援的主体也不断增加，类型更加多样化。目前学术界尚未针对对口支援达成广泛共识，可查询到的权威界定见于《三峡工程移民工作手册》："对口支援，即结对支援，是社会主义制度优越性和大协作精神的体现，是区域、行业乃至部门间开展合作与交流的有效形式。"[①] 有学者根据对口支援政策的实践总结出其广义范畴和狭义范畴，广义的对口支援泛指某一地区政府、企业和其他组织对另一地区对应组织在特定时间、特定方向上较为稳定地进行援助和帮助的行为；狭义的对口支援是在中央政府主导和地方政府配合下，较发达地区对欠发达地区进行有限度的支援和帮助。从利益相关者角度看，中国特色对口支援的主体是经济发达的地区或者中央部委、直属企事业单位等；客体是中央政府指定的欠发达的西部地区或民族地区。在省区之内，对口支援的主体是经济发达的地区或省市所属部门、企事业单位等，客体是省市政府指定的省内欠发达地区。

根据援助内容，我们可以将对口支援划分为经济技术对口支援、干部对口支援、医疗卫生对口支援、教育对口支援、重大工程对口支援和灾害援助对口支援。其中，

---

① 国务院三峡建设委员会移民开发局. 三峡工程移民工作手册［M］. 北京：中国三峡出版社，2001：140.

灾害援助对口支援是对应救灾领域的对口支援活动，指我国经济发达或实力较强的省市和中央有关部委、企事业单位对特大灾害地区进行的结对支援和援助。在运行机制方面，在长期的对口支援实践中，一般由中央领导进行统一部署；2011年，中央成立了对口支援新疆工作部际联席会议办公室，主要由国家发展改革委负责，由中央组织部、中央新疆办、财政部、教育部等24个成员单位组成。对口支援的发起过程分为中央部署、地方动员、接洽商谈与贯彻落实四个环节。首先，由中央召开重大会议进行整体部署，确定总体援助方案和基本方向，出台相关援助标准和政策；其次，受援方和支援方在认真学习中央会议精神的基础上，分别组织召开动员大会，部署各自的工作重点；再次，支援方和受援方就援助事宜进行接洽商谈，共同确定具体的援助计划和实施方案；最后，支援方派出援助干部，贯彻落实援助计划。

数字资源 11-3
拓展阅读：
论我国灾害
对口支援制度的
法律治理优化

第四节　捐赠与受赠行为管理

救灾捐赠的发展既能弥补政府救灾力量的不足，减轻政府压力，又能满足灾害救助较强的多样性、灵活性、适应性的需求。良好、可持续的救灾捐赠运作机制是社会文明程度的重要标志，同时关系着广大人民群众的根本利益，影响着社会经济的协调发展与和谐社会的构建。我国救灾捐赠经过四十多年的发展，取得了耀眼的成绩，推动了慈善事业的发展进程；但同时也必须清醒地认识到，我国救灾捐赠工作仍然存在很多问题，面临着模式转变、持续运转的巨大压力。因此，政府和社会必须规范捐赠与受赠行为，有序管理捐赠与受赠活动，确保救灾捐赠机制可持续运行。

一　完善救灾捐赠的法律保障体系

立法保障不完善、法制建设滞后是我国救灾捐赠工作的重要阻碍，完备健全的法律法规体系是确保救灾捐赠工作顺利进行的重要法律基础。在我国四十多年的救灾捐赠工作历程中，救灾捐赠立法一直滞后于实际工作需要，成为制约救灾捐赠发展的"瓶颈"。救灾捐赠立法存在的主要问题包括以下几点。第一，立法层级低，缺少专项法律规定。规范我国救灾捐赠工作的多为各级政府制定的行政法规，虽然《慈善法》的颁布为救灾捐赠奠定了基本的法律基础，但救灾的特殊要求决定了救灾捐赠专项法律的必要性；诸多"通知""办法"等行政法规都是根据救灾捐赠工作中出现的问题临时制定的；在具体行政程序上，临时性审批、有限度的资格认定成为救灾捐赠工作中资格审定、政策审议的常见方式，这些都导致政策有效性受限，难以发挥长效作用。第二，体系不健全，部分环节缺少明确的法律规定。救灾捐赠涉及应急响应、表彰奖励、税收激励、信息公开、监督管理等多重环节，对这些内容的规定散见于一些政策法规文件，没有形成完备健全的体系，部分环节规定不明确或缺少规定，这将削弱救灾捐赠法律制度的地位，影响作用的发挥。

为此，应当强化、完善救灾捐赠立法，强化相关配套法律法规和实施细则的制定、修改工作，建立完备健全的法律法规体系，保障救灾捐赠工作顺利开展。一是加快立法工作，在国家层面依托《慈善法》制定有关救灾捐赠专项附属法律，对救灾捐赠的利益相关者做出明确的资格界定，对募捐、接收与管理使用等环节进行严格规范，以法律形式对救灾捐赠形成统一的原则指导和全面规范调整，提升救灾捐赠法律地位，以法律形式确保其在救灾中发挥应有的作用。二是制定相应的法规和实施细则，增强救灾捐赠法规的可操作性和实用性；根据社会捐赠专项法律制定对应的条例与实施细则，为救灾捐赠提出具体、规范的细则、程序与措施，满足救灾捐赠的实践需要，形成一套完整的救灾捐赠法律法规体系。

二　构建系统的救灾捐赠激励机制

经过多年探索与尝试，我国的救灾捐赠激励已经形成表彰奖励和税收激励两大机制。激励机制在促进捐赠行为的可持续性、维护捐赠人的捐赠热情等方面发挥了重要作用，通过维护捐赠人保持利他助人的高尚思想，间接促进了社会主义精神文明建设。不过，我国救灾捐赠激励缺乏系统完整的体系，整个救灾捐赠激励制度散见于奖励表彰行政法规、所得税法规文件中；救灾捐赠激励的条文规定缺乏内生联系，导致表彰奖励决定下达的随机性很强；同时，部分企业利用现有税收激励制度的不完善之处，做出避税、逃税、漏税的违法行为，严重破坏了现有制度的激励示范作用。

在表彰奖励方面，首先，由相关部门成立专门研究小组，系统规范地整理那些适用于表彰奖励救灾捐赠行为的政府文件，厘清相关表彰奖励制度的侧重点，形成有关救灾捐赠表彰奖励制度的清晰适用标准。其次，根据厘清的标准，对符合奖励标准的捐赠人进行程序化表彰奖励，形成合乎标准的、定期的表彰奖励程序。最重要的是，要引导各企业、各单位、各组织制定优待标准，对那些做出救灾捐赠突出贡献的个人给予优待，在全社会形成表彰合力。

在税收激励方面，首先，提高我国企业慈善捐赠税收优惠政策的立法层次，建构统一完善的税法机制，同时由相关政府部门对以往的政府通知、函件等相关文件进行系统规范整理，厘清各类税收优惠规定的交叉关系，形成统一清晰的慈善捐赠优惠标准。其次，扩大优惠政策的税种覆盖面，将税收优惠广泛覆盖财产行为税、流转税等类别，从而全方位支持社会捐赠事业发展。再次，放宽对捐赠方式的限制，允许多种类型的捐赠税前扣除,通过建立科学的捐赠评估体系,对实物捐赠、股权转让等进行科学评估、合理扣除。又次,减少对税前抵扣比例的限制,创新税前抵扣方法,例如根据企业经营利润状况,允许企业灵活选择向前几年结转抵扣、当年抵扣或延后几年结转抵扣。最后,有针对性地制定对个人捐赠、企业捐赠的税收优惠政策。

三 加速推进救灾捐赠的社会化参与进程

如前文所述,改革开放以来,我国救灾捐赠的演变历程实际上就是其社会化程度不断加深的过程,慈善组织参与救灾捐赠能够发挥其社会联系广泛、贴近民众、自主灵活、风险承受能力强的优势,不断多元化的社会利益主体也使得救灾捐赠工作有了更加广泛的选择。但救灾捐赠社会化的过程遇到了诸如政府对社会组织的不信任、政府主导模式的惯性作用等阻碍。要继续推进救灾捐赠的社会化参与进程,必须重新定位政府角色,进行正式制度改革。

第一,改革双重管理体制。我国对慈善组织实行双重管理体制,即慈善组织需要在民政部登记,同时接受业务主管部门的业务指导。设计双重管理体制是为了通过民政部门和业务主管部门的分工来强化管理,但在实施过程中业务主管部门既有"越位"又有"缺位",或者登记管理机关与业务主管部门相互推诿扯皮,甚至一些慈善组织因为找不到业务主管部门而无法登记。一些地方政府可以对该体制进行改革,将业务主管部门改革为业务指导单位,只负责指导而不进行管理。也可以参照国际经验,成立半独立于政府的统一的慈善组织管理机构,负责慈善组织的登记、管理和审计,并监督慈善组织的运行,评估和公开慈善组织的工作情况和财务报告。

第二,慈善组织需要加强自身专业能力建设,培养专业化的人力资源队伍。其一,需要在慈善组织内部实现治理结构创新,尽可能排除外界对社会组织的过多干预,从而提升决策和管理能力。其二,通过多种形式促进筹资能力建设,包括扩大捐赠群体、志愿者登门劝募,或积极争取境外捐赠与政府资源,建立项目导向型慈善筹资机制。其三,运用专门的知识、技能、工具和方法进行项目管理,提高项目管理能力。其四,利用市场机制对组织自身和项目进行宣传、策划和管理,从而提升慈善组织募集资金、物品和服务的能力,即慈善营销能力。其五,强化分工与团队协作,增强志愿者管理,提升人力资源管理能力。

第三,政府需要重新定位自身角色,实现政社分工、合力协作。政府应当转变观念,将自身从"主导者""管理者"的角色转换为"合作者""协调者",可以利用机构改革、职能转变的契机,将一些具体性、事务性的工作交由慈善组织处理,政府将主要职责确定在宏观救灾政策的制定、救灾法制化建设、构建救灾各环节的监督机制等方面。具体到救灾捐赠活动,政府需要调整其集劝募人、受赠人、管理者与监督者于一身的角色定位,找准慈善组织的优势,让慈善组织处理其擅长的领域,政府扮演好自身的监督者和合作者角色。

四 构建严密的监督机制和处罚机制

救灾捐赠本身具有极强的伦理道德属性，汇集社会民众的爱心与关心，同时还能得到表彰奖励、税收激励等优惠政策，所以社会公众对救灾捐赠中的贪污腐败或弄虚作假行为一般持"零容忍"的态度。因此，构建包括慈善组织自律、政府监督和社会监督在内的严密监督机制很有必要。

首先，慈善组织的自律与自我约束是监督体系的第一道防线。不断优化慈善组织的内部监控机制，要求慈善组织对资金的募集、管理与使用订立严格的规章制度，将资金收支情况进行年度审计并向社会公布。其次，由慈善组织管理机构制定统一的行业标准，定期评估和公布慈善组织工作情况、财务信息和受益人信息。在社会监督方面，以法律形式确认捐赠人、社会公众和新闻媒体的监督检查权利，特别是捐赠人享有充分的知情权和监督权，社会公众则可以在自行承担查询费用的基础上要求有关部门披露慈善组织相关信息。

监督的核心在于问责，严格的处罚机制是约束救灾捐赠不法行为的最后一道防线。税务机关在审查慈善组织后确认有违法行为的，应依法取消其一段时间内申请免税资格的权利。慈善组织管理机构可以通过评估和投诉进行干预和管理，慈善组织违法情节严重的，可以直接解除违法董事的职务，并移交司法机关处理。慈善组织管理机构主动发现或慈善组织被公众举报存在严重违法行为时，可以依法启动调查程序；给国家、捐赠人与受益人造成损失的，慈善组织及其负责人需要承担包括刑事责任、民事责任在内的法定连带责任。

案例研讨

灾后涿州：捐赠物资堆积如山，居民领取困难成现实

受台风"杜苏芮"残余环流影响，自 2023 年 7 月 29 日，华北地区陆续开始强降水。据了解，河北省涿州市是受台风"杜苏芮"影响最严重的地区之一，在洪水及强降雨的双重压力下，涿州市于 7 月 31 日晚启动红色预警。截至 8 月 1 日上午，这座 60 余万人口的小城，受灾人数已经达到 13 万人。为了帮助涿州市民渡过难关，全国各地纷纷伸出援手，捐款捐物支持救灾工作。

一、物资堆积如山

为了帮助灾区重建，全国各地的爱心人士捐赠了大量的救援物资。在洪水过后的几天里，涿州市收到了大量的救灾物资捐赠，声援者们纷纷行

动起来,将大量的食品、水、衣物、床铺等救援物资送到当地的仓库。据统计,截至8月9日18时,涿州市收到的社会捐赠款物价值达2.15亿元人民币,其中包括大量的生活必需品、医疗用品、防疫用品、救援装备等。在这些捐赠的物资里面,除了生活用品之外,大多数都是方便面和饮用水等食品。然而,就在人们以为一切将恢复正常之际,一个"奇怪"的现象出现了:大量的救灾物资没有及时发放给当地居民,而是堆积在仓库里,庞大的物资库存却出现了领取困难的问题。其中不乏一些临期食品,如此耽搁下去,还没发放完毕,就过了保质期。

二、领取困难成为现实

"我们这里的房子都被淹了,家具、衣服、粮食都没了。我们现在住在帐篷里,每天只能吃方便面。"一位市民说,"我们听说有很多救援物资送到了这里,但是我们却拿不到。我们去问领导,他们说要等待分配。我们等了好几天,还是没见动静。"近日陆续有爆料称,集中存放的捐赠物资堆积如山,但不接受群众自行领取。根据保管物资的单位不同,有的单位需要村里面带证明统一领取,有的单位则更为复杂,需要乡镇政府找民政局、商务局开单子和介绍信,并加盖公章,还需要乡镇领导签字盖章附物资清单才能领取。"这些物资都是社会各界的爱心和关怀,应该及时送到灾民手中。"一位参与救援的志愿者说,"可是我们发现有些地方的领导和工作人员很不负责任,他们不按照规定登记、分配、发放物资,而是任由它们堆放在那里。有些物资甚至被私自挪用或转卖。"此次在救援物资运抵涿州后出现的分配不合理、管理不善、信息不透明等问题值得人们重视。

对此,涿州市相关部门回应称,强降雨造成的自然灾害导致物资需求激增,而物流运输受到限制,无法将物资及时送达需要的地方。他们表示正在加紧处理物资分发问题,并向受灾群众表示歉意。毋庸置疑,这些救灾物资对于灾民来说是至关重要的,却由于物资分发过程中的一些问题,让百姓们无法顺利领取。

三、呼吁加强物资领取管理

捐赠物资堆积现象在很多地方都出现过,尤其是保质期短的食品和生鲜,经常出现百姓领不到、仓库发不出,最终白白被扔掉的情况。甚至有些地方还会出现捐赠物资被偷偷变卖的事情,这不仅没有解决灾民的生活困难,也寒了爱心人士的心。作为负责捐赠物资管理的政府机构,理应急群众之所急,取之于民用之于民,主动前移关注灾民需求,而不应该给物资的发放附加烦琐的手续。

对于这种现象,涿州市政府表示已经注意到,并将对相关责任人进行严肃处理。同时,涿州市政府也呼吁社会各界理性捐赠,避免重复或无效捐赠。"我们非常感谢社会各界对涿州市民的帮助和支持。"涿州市政府新闻发言人说,"我们也意识到救援物资管理存在的问题,我们将加强协调、监督和问责,确保救援物资能够及时、公平、透明地发放给受灾群众。同时，我们也希望捐赠者能够根据我们的实际需求，有针对性地捐赠物资，避免造成浪费和困扰。"

捐赠物资在仓库里堆积如山，但迟迟未能送到灾区人民手中。原本为了杜绝浪费和冒领的想法，却被过于僵化的程序所钳制。因此，涿州救灾事件呼唤我们反思，激发我们对社会捐赠的监管、透明度、效率以及相关问责机制的思考，并促使相关机构和组织加强制度建设，加大监督和问责力度，以确保社会捐赠能够真正落实到需要帮助的群体身上。

讨论题

1. 涿州洪灾中社会捐赠款物堆积事件中出现分配失灵的原因有哪些？
2. 政府在此次社会捐赠中扮演了什么角色？
3. 政府应当在救灾捐赠中发挥什么作用？

数字资源 11-4
案例研讨参考答案

本章概要

救灾捐赠活动涉及劝募人、捐赠人、受赠人等多方相关者，捐赠款物在各利益相关者之间输送。从涉及部门来看，救灾捐赠需要应急管理、民政、宣传、交通、检疫、外交、卫生等多部门配合，灾情通报、物资需求与调配使用等信息在部门间传递。从运作机制上看，救灾捐赠并非一次性的工作，频发的灾害决定了救灾捐赠活动应当建立成熟的运作机制。因此，救灾捐赠管理涉及多方面工作，实现良好有序的救灾捐赠需要多方面协调、多维度考量。

核心概念

救灾捐赠　救灾捐赠管理　利益相关者　捐赠过程　救灾捐赠社会化

参 考 文 献

[1][美]罗伯特·H. 伯姆纳. 捐赠：西方慈善公益文明史[M]. 褚蓥, 译. 北京：社会科学文献出版社, 2017.

[2][美]诺曼·R. 奥古斯丁, 等. 危机管理[M]. 北京新华信商业风险管理有限责任公司, 译校. 北京：中国人民大学出版社, 2001.

[3][美]萨缪尔·P. 亨廷顿. 变化社会中的政治秩序[M]. 王冠华, 刘为, 等译. 上海：上人民出版社, 2008.

[4][美]约翰·W. 金登. 议程、备选方案与公共政策[M]. 2版. 丁煌, 方兴, 译. 北京：中国人民大学出版社, 2004.

[5][英]安东尼·吉登斯. 第三条道路——社会民主主义的复兴[M]. 郑戈, 译. 北京：北京大学出版社, 2000.

[6] B. E. Gilliland, R. K. James. 危机干预策略[M]. 肖水源, 等译. 北京：中国轻工业出版社, 2000.

[7]曹杰, 于小兵. 突发事件应急管理研究与实践[M]. 北京：科学出版社, 2014.

[8]陈璟浩. 突发公共事件网络舆情演化研究[M]. 北京：知识产权出版社, 2018.

[9]陈月, 蔡文强. 应急管理概论[M]. 北京：中国法制出版社, 2017.

[10]崔乃夫. 关于民政工作社会化问题[N]. 中国社会报, 1991-5-31.

[11]董幼鸿. 应急管理[M]. 上海：上海人民出版社, 2014.

[12]冯小川. 建筑安全生产法律法规知识[M]. 北京：中国环境科学出版, 2004.

[13]高芙蓉. 突发公共事件应急管理[M]. 北京：经济科学出版社, 2014.

[14]高青莲, 游艳玲. 城乡社区参与公共应急管理的比较优势与作用机理分析[J]. 理论月刊, 2010(12)：143-145.

[15]高钰琳, 解亚宁. 突发公共危机事件的心理自我防护[M]. 广州：暨南大学出版社, 2005.

[16] 葛笑春，黄靖，李明星．中国企业慈善捐赠行为及其税收政策研究［M］．杭州：浙江工商大学出版社，2016.

[17] 弓顺芳．公共安全与应急管理理论与实践研究［M］．北京：团结出版社，2017.

[18] 韩颖．1978年以来中国救灾捐赠研究［D］．北京：中共中央党校，2011.

[19] 何露．国外城市危机管理中的社区参与及其启示［J］．经贸实践，2018（11X）：234.

[20] 洪凯．应急管理体制跨国比较［M］．广州：暨南大学出版社，2012.

[21] 黄典剑，李文庆．现代事故应急管理［M］．北京：冶金工业出版社，2009.

[22] 黄宏纯．突发事件全面应急管理［M］．北京：北京理工大学出版社，2018.

[23] 蒋积伟．1978年以来中国救灾减灾工作研究［J］．北京：中国社会科学出版社，2014.

[24] 寇丽平，孙静．公共安全危机管理［M］．北京：中国人民大学出版社，2015.

[25] 黎昌珍．突发事件应急处置的协调联动机制研究［M］．北京：人民出版社，2018.

[26] 李春艳．新冠肺炎疫情防控中的志愿者参与［J］．学会，2020（10）：28-34，54.

[27] 李栋，周静茹．突发事件预防与处置实务［M］．北京：中国政法大学出版社，2016.

[28] 李惠斌．全球化与公民社会［M］．桂林：广西师范大学出版社，2003.

[29] 李瑞昌．中国特点的对口支援制度研究——政府间网络视角［M］．上海：复旦大学出版社，2016.

[30] 李雪锋，等．应急管理通论［M］．北京：中国人民大学出版社，2018.

[31] 梁宏飞．日本韧性社区营造经验及启示——以神户六甲道车站北地区灾后重建为例［J］．规划师，2017（8）：38-43.

[32] 廖恳，黄晓伟，王锐．英国应急志愿服务的经验及对我国的启示［J］．行政管理改革，2012（2）：80-83.

[33] 林延光．当代中国慈善公益募捐发展研究——兼与美国的比较［D］．长沙：湖南师范大学，2014.

[34] 蔺雪春，李希红，朱婧．公共危机管理［M］．2版．成都：西南交通大学出版社，2018.

[35] 刘奕，翁文国，范维澄．城市安全与应急管理［M］．北京：中国城市出版社，2012.

[36] 刘奕．公共危机系统管理［M］．上海：上海人民出版社，2012.

[37] 陆亚娜. 重点突发事件的应对——政府与非营利组织协作之道 [M]. 南京：南京师范大学出版社，2016.

[38] 罗建军，蒋洲，等. 应急管理实务 [M]. 长沙：湖南人民出版社，2014.

[39] 马德峰. 慈善超市救助工程运作机制研究——以苏南地区为例 [M]. 苏州：苏州大学出版社，2019.

[40] 马怀德. 非常规突发事件应急管理的法律问题研究 [M]. 北京：中国法制出版社，2015.

[41] 苗崇刚，黄宏生，谢霄峰，等. 美国国家应急反应框架 [M]. 北京：地震出版社，2011.

[42] 民政部政策研究室. 民政工作文件选编（1985）[M]. 北京：华夏出版社，1986.

[43] 綦保国，杨道波. 慈善捐赠人权利研究 [M]. 北京：法律出版社，2019.

[44] 曲顺兰，许可. 慈善捐赠税收激励政策研究 [M]. 北京：经济科学出版社，2017.

[45] 任维德. 中国区域治理研究报告2017——对口支援政策 [M]. 北京：中国社会科学出版社，2018.

[46] 沙勇忠. 公共危机信息管理 [M]. 北京：中国社会科学出版社，2014.

[47] 宋劲松. 危机决策 [M]. 北京：中国人民大学出版社，2018.

[48] 孙多勇，朱桂菊，李江. 危机管理导论 [M]. 长沙：国防科技大学出版社，2018.

[49] 孙绍骋. 中国救灾制度研究 [M]. 北京：商务印书馆，2004.

[50] 唐钧. 公共危机管理 [M]. 北京：中国人民大学出版社，2019.

[51] 唐伟勤，唐伟敏，张敏. 应急物资调度理论与方法 [M]. 北京：科学出版社，2012.

[52] 滕五晓. 社区安全治理：理论与实务 [M]. 上海：上海三联书店，2014.

[53] 万明国，王成昌. 突发公共卫生事件应急管理 [M]. 北京：中国经济出版社，2009.

[54] 汪大海. 公共危机管理 [M]. 北京：北京师范大学出版社，2012.

[55] 王德迅. 日本危机管理体制机制的运行及其特点 [J]. 日本学刊，2020（2）：1-7.

[56] 王宏伟，李莹. 应急社会动员视野下的社区参与 [J]. 安全，2007（12）：3-6.

[57] 王宏伟. 反思我国应急预案工作的六大误区 [J]. 北京行政学院学报，2013（4）：46-51.

[58] 王宏伟. 公共危机管理 [M]. 北京：中国人民大学出版社，2012.

[59] 王宏伟. 新时代应急管理通论 [M]. 北京：应急管理出版社，2019.

[60] 王亮等. 应急物资系统规划与运作优化模型研究——应急粮食储备布局及配送为例 [M]. 北京：经济科学出版社，2018.

［61］王骚，李如霞．面向公共危机与突发事件的政府应急管理［M］．天津：天津大学出版社，2013．

［62］吴大明，赵歌今．国外地震灾害保险制度概况与启示［J］．中国安全生产，2019，14（3）：68-69．

［63］吴群刚，孙志祥．中国式社区治理——基层社会服务管理创新的探索与实践［M］．北京：中国社会出版社，2011．

［64］肖鹏军．社会危机管理［M］．广州：华南理工大学出版社，2018．

［65］谢玉华，李亚伯．管理沟通——理念·技能·案例［M］．3版．大连：东北财经大学出版社，2017．

［66］徐伟新．国家与政府的危机管理［M］．南昌：江西人民出版社，2003．

［67］薛澜，张强，钟开斌．危机管理：转型期中国面临的挑战［M］．北京：清华大学出版社，2003．

［68］俞晓晶．从对口支援到长效合作：基于两阶段博弈的分析［J］．经济体制改革，2010（5）：37-39．

［69］张成福，谢一帆．危机管理新思路［M］．北京：国家行政学院出版社，2015．

［70］张辉，刘奕，刘艺．突发事件应急决策支持的理论与方法［M］．北京：科学出版社，2017．

［71］张乃平，夏东海．自然灾害应急管理［M］．北京：中国经济出版社，2009．

［72］张奇林．中国慈善事业发展研究［M］．北京：人民出版社，2014．

［73］张学栋．政府应急管理体制与机制创新［M］．北京：社会科学文献出版社，2012．

［74］张永理．公共危机管理［M］．武汉：武汉大学出版社，2015．

［75］赵海林．从行政化到多元化：慈善组织运作研究［M］．北京：中国社会科学出版社，2013．

［76］赵子聿．国家安全危机管理析论［M］．北京：国防大学出版社，2014．

［77］钟开斌．对口支援：起源、形成及其演化［J］．甘肃行政学院学报，2013（4）：14-24，125-126．

［78］朱恪钧，谭晓梅．地方政府应急管理实践研究［M］．成都：四川人民出版社，2009．

［79］朱仁显，邬文英．从网格管理到合作共治——转型期我国社区治理模式路径演进分析［J］．厦门大学学报（哲学社会科学版），2014（1）：102-109．

［80］邹铭，史培军，周武光，等．中国洪水灾后恢复币建行动与理论探讨［J］．自然灾害学报，2002（2）：25-30．

与本书配套的二维码资源使用说明

  本书部分课程及与纸质教材配套数字资源以二维码链接的形式呈现。利用手机微信扫码成功后提示微信登录，授权后进入注册页面，填写注册信息。按照提示输入手机号码，点击获取手机验证码，稍等片刻收到4位数的验证码短信，在提示位置输入验证码成功，再设置密码，选择相应专业，点击"立即注册"，注册成功。（若手机已经注册，则在"注册"页面底部选择"已有账号？立即登录"，进入"账号绑定"页面，直接输入手机号和密码登录）接着提示输入学习码，须刮开教材封面防伪涂层，输入13位学习码（正版图书拥有的一次性使用学习码），输入正确后提示绑定成功，即可查看二维码数字资源。手机第一次登录查看资源成功以后，再次使用二维码资源时，在微信端扫码即可登录进入查看。